beck'sche reihe

bsr

Eine Engländerin, die einen deutschen Rechtsanwalt geheiratet hatte, schildert ihre während des Hitlerregimes in Deutschland verbrachte Zeit. Frau Bielenbergs Familie stand der Widerstandsbewegung – vor allem Adam von Trott zu Solz, Hans-Bernd von Haeften und Carl Langbehn – nahe, und ihr Mann selbst kam ins Konzentrationslager Ravensbrück, aus dem sie ihn durch mutiges und geschicktes Handeln befreien konnte.

Christabel Bielenberg lebt seit 1947 mit ihrer Familie in Irland und erhielt für ihr Buch den Richard Hillery Memorial Price for Literature 1968.

Christabel Bielenberg

Als ich Deutsche war
1934–1945

Eine Engländerin erzählt

Verlag C.H.Beck

Autorisierte deutsche Fassung von Christian Spiel
Die Originalausgabe erschien unter dem Titel
'The past is myself' im Verlag Chatto & Windus Ltd., London

Die Deutsche Bibliothek – CIP-Einheitsaufnahme

Bielenberg, Christabel:
Als ich Deutsche war : 1934–1945 ; eine Engländerin erzählt / Christabel Bielenberg. [Autoris. dt. Fassung von Christian Spiel]. – 7., unveränd. Aufl. – München : Beck, 2000
(Beck'sche Reihe ; Bd. 326)
Einheitssacht.: The past is myself <dt.>
ISBN 3 406 45973 0
NE: GT

ISBN 3 406 45973 0

7., unveränderte Auflage. 2000
Umschlagentwurf: +malsy, Bremen

Satz: Appl, Wemding
Druck und Bindung: C.H. Beck'sche Buchdruckerei
Printed in Germany

www.beck.de

Inhalt

Vorwort 7
Vorspiel 9
Die Jahre davor 12

I. Berlin

Der Blockwart 51
Kaltes Zwischenspiel 63
Ein Abendessen für Freunde 82
Unsere Nachbarn 87
Eine gefährliche Kaffeegesellschaft 96
Ein Spital im Salzkammergut 101
U-Boote 119

II. Rohrbach im Schwarzwald

Wir kommen nach Rohrbach 127
Invasionitis 138
Adam 145
Der amerikanische Pilot 156
Der 20. Juli 167
Russisches Zwischenspiel 195
Wieder nach Berlin 200
Berlin 212
Lexi 220
Besuch im Konzentrationslager Ravensbrück 234
Verhör in der Prinz-Albrecht-Straße 248
Rückkehr nach Rohrbach 266
Peters Rückkehr 280
Peter erzählt 285
Das Ende 297

Vorwort

Dieser Bericht über meine Jahre in Deutschland war urspünglich für meine Kinder gedacht, und zu meinen Kindern zähle ich auch meine Schwiegertöchter Charlotte und Angela von der Schulenburg und die vielen anderen, die ihre Ferien bei uns verbracht haben: Söhne und Töchter von Vätern, die als Gegner Hitlers und seines Regimes umkamen.

Seit dem Ende des Krieges ist eine Fülle von dokumentarischem Material zugänglich geworden. Historiker und Schriftsteller vieler Länder haben darauf aufgebaut und aus verschiedenen Blickwinkeln über diese Zeit geschrieben. Ihnen habe ich vielleicht eines voraus: Ich bin gebürtige Engländerin, durch meine Heirat wurde ich damals Deutsche, und ich habe die Zeit als Deutsche miterlebt. Ich war also dabei.

Ich bin meiner Schwägerin Elisabeth Burton und meinem Vetter Cecil King dankbar dafür, daß sie mich ermutigten, ursprüngliche Tagebucheintragungen zu einem Buch umzuarbeiten. Besonders bin ich Elke Jessett für ihre unermüdliche Hilfe zu großem Dank verpflichtet. Vor allem aber möchte ich meinem Mann Peter danken, dessen Geduld und Verständnis mir den Mut gaben, über sein Vaterland zu schreiben.

Für mich hat sich die Mühe gelohnt, wenn mein Buch dazu beiträgt, neues Licht auf eine Vergangenheit zu werfen, die meines Erachtens für die Deutschen noch immer unbewältigt und für die Engländer unverständlich ist.

Munny House, Tullow, Irland, 1968 *Christabel Bielenberg*

Vorspiel

(Herbst 1939)

„Ich spreche zu Ihnen aus Nr. 10, Downing Street. Heute morgen hat der britische Botschafter in Berlin der deutschen Regierung eine abschließende Note überreicht, in der festgestellt wird, daß zwischen uns Kriegszustand herrschen werde, sofern die britische Regierung nicht bis elf Uhr erfährt, daß Deutschland bereit ist, sofort seine Truppen aus Polen zurückzuziehen. Ich muß Ihnen jetzt mitteilen, daß eine derartige Zusage nicht eingetroffen ist und daß infolgedessen England sich mit Deutschland im Kriege befindet..."

Krieg mit Deutschland.

Krieg mit Deutschland – im Zimmer herrschte tiefe Stille, als hätte die präzise Stimme ins Leere gesprochen. Adam, der am Kamin lehnte, seufzte und drehte sich zum Radio hin, während Peter und ich regungslos auf dem Sofa saßen. Die Ansprache ging weiter, aber ich hörte nicht mehr zu. Es war, als suche jeder von uns in seiner eigenen Welt zögernd zu erfassen, was diese Worte wohl für uns bedeuten würden.

Krieg mit Deutschland – und doch hatte ich noch ein paar Tage zuvor mit meinen Eltern telefoniert (an jenem Tag waren in Berlin Gerüchte umgegangen, daß Hitler vor dem Abgrund zurückgewichen sei, daß er das Ganze abgeblasen habe); wir hatten, durch viele Meilen getrennt, miteinander gelacht, und Peter hatte zu meiner Mutter gesagt, daß er sie nun doch am nächsten Wochenende am Flugplatz Tempelhof abholen werde. Sie solle bitte meinen Burberry und meine Uhr mitbringen – wie üblich hatte ich bei meinem Besuch im Juli mancherlei vergessen. Und dann, nur achtundvierzig Stunden später, hatte Hitler seine Truppen doch in Polen einmarschieren lassen; seine ‚Geduld' war zu Ende. Und jetzt? Was würde jetzt passieren, wenn ich das Auslandsfernamt anriefe und die Nummer meiner Eltern verlangte? „Ich möchte England, Hatfield 2014, bitte." Was für eine Entschuldigung würden sie vorbringen, diese unpersönlichen Stimmen, die Verbindungen herstellten und Stecker einstöpselten? Deutsche, holländische, englische Stimmen. „Tut uns leid, wir können Sie nicht verbinden – wir sind im Krieg." Ich versuchte wieder zuzuhören, was im Radio gesprochen wurde – vom Gewissen war die Rede: „Wir haben ein reines Gewissen, wir haben alles getan, was ein Land zur Bewahrung des Friedens nur tun kann."

Zwei Tage vorher hatte eine andere Stimme von der ‚Ehre des deutschen Volkes' gesprochen und gleichfalls behauptet, alles getan zu haben, um den Frieden zu erhalten, aber ‚Ehre' oder ‚conscience', ‚Recht' oder ‚right', das Ergebnis war das gleiche: Krieg, der die Familien auseinanderreißt, Freunde trennt, junge Männer dazu bringt, einander zu töten. Peter und Adam auf der einen, meine Brüder auf der anderen Seite – so würde der Krieg aussehen.

Das Zimmer wirkte plötzlich ganz klein, viel zu klein, und ich stand auf und ging durch die Flügeltüre in den Garten. Peter machte eine Bewegung, als wollte er mich aufhalten, lehnte sich aber, weil er mich wohl verstand, wieder zurück und ließ mich gehen. Die Luft draußen war mild und warm. Der durchdringende Kieferduft vom Grunewald hing über dem Garten, und es war sehr dunkel.

Ich setzte mich auf das Ziegelmäuerchen, das unsere Blumenbeete vom Rasen trennte, und starrte ins Dunkel. Ein schmaler Lichtstrahl aus unserem Wohnzimmer erhellte meine Fußspuren im taufeuchten Gras, streifte neben mir ein paar Dahlien, dahinter die rauhe Rinde eines Apfelbaums und verlor sich in den Ästen.

Ich versuchte mich an einen anderen Krieg zu erinnern, an den Ersten Weltkrieg, den Krieg des Kaisers, doch war ich damals noch zu klein gewesen, und der Kaiser war für mich nur ein Schreckgespenst von vielen; man hatte mir zwar beigebracht, daß nur ein toter Deutscher ein guter Deutscher sei, aber der einzige wirkliche Deutsche, den ich damals kannte, war Herr Schmidt, der Friseur, der uns das Haar schnitt und uns Marzipanstangen schenkte. Ihn hatte ich besonders gern gehabt und immer in mein Abendgebet eingeschlossen. Jetzt erinnerte ich mich auch wieder an die Ansichtskarte, auf der eine Reihe von Ferkeln mit Pickelhaube, vom Stiefel eines großen, lachenden Tommys vorwärtsgetrieben, im zackigen Stechschritt in ihren Stall marschierten. Ich erinnerte mich daran, daß der Himmel über unserem Garten sich einmal verfinsterte, als etwas, das wie ein gewaltiger Wal aussah, ein riesenhaftes, surrendes Ungetüm, über den Bäumen schwebte. Wir waren ins Haus gescheucht worden und beobachteten von einem Fenster aus, wie plötzlich eine Flammenwand den Himmel erhellte, das Monstrum auseinanderbrach, Menschen wie Puppen vom rauchenden Himmel herabsanken und die Trümmer des brennenden Ungetüms hinterhertrudelten; der letzte Zeppelin war über Barnet abgeschossen worden, und die Mannschaft des kleinen Geschützes, das vom Dorfplatz aus in die Luft geballert hatte, brach in Jubel aus.

Krieg mit Deutschland. Durch den Spalt zwischen den Wohnzimmervorhängen konnte ich sehen, daß Adam seinen Platz verlassen hatte und neben Peter auf dem Sofa saß. Vornübergebeugt, ins Feuer starrend, unterhielten sie sich. Der flackernde Flammenschein beleuchtete ihre Gesichter und warf tanzende Schatten an die Decke. Sie sahen sehr jung aus. Sie waren es auch. Irgendwie schien es unfair, daß sie als so junge Menschen schon hatten versuchen müssen, den Lauf der Geschichte aufzuhalten.

Ein blauer Lichtstrahl von der U-Bahn beleuchtete für eine Sekunde den schwarzen Himmel, unser kleines gelbes Haus, die sich bauschenden Vorhänge am Fenster des Zimmers im oberen Stock, in dem die Kinder schliefen. Ein Apfel glitt durch die Äste des Baumes hinter mir und fiel mit einem leisen Plumps in das Blumenbeet. Es war sehr still und sehr friedlich im Garten.

Die Jahre davor

Teil I: (1932–1934)

Am 29. September 1934, um vier Uhr nachmittags, wurde ich deutsche Staatsbürgerin. Zu dieser Stunde tauschte ich in einem Amtszimmer im Souterrain der deutschen Botschaft in London meinen englischen Paß mit dem gemütlichen Löwen, dem Einhorn und dem Ersuchen im Namen Seiner Britannischen Majestät, mir jeglichen Schutz zu gewähren, gegen sein deutsches Gegenstück – ein unauffälliges braunes Büchlein mit einem geringschätzig dreinblickenden Adler, der in Schwarz auf den billigen Pappumschlag gedruckt war; der Adler umklammerte mit kalten Krallen das Hakenkreuz.

Zwölf Jahre später legte ich in den Amtsräumen eines Commissioner for Oaths (der seine Melone aufsetzte und die Jacke zuknöpfte, wie es bei der Zeremonie Vorschrift war) in Lincoln's Inn Fields die linke Hand auf eine Bibel und hob die Rechte in einer dem Hitlergruß nicht unähnlichen Geste; ich schwor dem König Treue und wurde wieder britischer Untertan. Zwölf Jahre war ich Ausländerin gewesen, sieben davon ‚feindliche Ausländerin'.

Als der uns bekannte Beamte mir 1934 meinen deutschen Paß aushändigte und meinen englischen in eine Schublade seines Schreibtisches einschloß, machte er eine recht unerwartete Bemerkung. „Ich fürchte, Sie haben keinen sehr guten Tausch gemacht", sagte er. Dann aber, als er sich verbeugte und mir die Hand schüttelte, blickte er zu meinem Begleiter auf und fügte hinzu: „Natürlich davon abgesehen, daß dieser ansehnliche junge Mann in dem Handel eingeschlossen ist."

Ich hatte an jenem Septembervormittag Peter Bielenberg, einen Referendar aus Hamburg, geheiratet. Die Hochzeit war sehr gut abgegangen, wenn man bedenkt, daß meine Schwiegereltern nur wenige verständliche Worte Englisch sprachen und meine Eltern über keinerlei Deutschkenntnisse verfügten. Die übliche Versammlung von Zylindern, Cutaways, Blumenhüten, die obligaten

Glückwünsche hatten ihr Glanz verliehen. Bei dem anschließenden Hochzeitsempfang hielt mein Schwiegervater, ein hochangesehener Hamburger Anwalt, eine kurze, gewählt formulierte Rede, die er offensichtlich unter Aufbietung vieler Mühen auswendig gelernt hatte. Er begrüßte mich herzlich als neues Mitglied der Familie und erwähnte mit keinem Wort, daß sein einziger Sohn durch seine frühzeitige Heirat – er war erst zweiundzwanzig Jahre und hatte seine juristische Ausbildung noch nicht abgeschlossen; bis er eine Familie ernähren konnte, würden also noch einige Jahre vergehen – mit einer der strengsten hamburgischen Traditionen brach, was nach des Vaters wohlbedachter Meinung nur schlimme Folgen haben konnte.

Mein Vater erwiderte die Ansprache flüssiger, aber mit Worten ähnlichen Inhalts. Er ließ unerwähnt, daß er auf der Fahrt zur Trauung den Wagen angehalten und mir in ernstem Ton versichert hatte, noch hätte ich Zeit, es mir anders zu überlegen. Als Peter und ich unsere Hochzeitsreise machten, verschwendeten wir wenige Gedanken an die teils vernünftigen, teils weniger vernünftigen Warnungen, die den wechselvollen Kurs unserer zweijährigen Bekanntschaft begleitet hatten.

Auch Peter hatte ernsthafte Ermahnungen und Vorhaltungen auf seiner Seite der Nordsee über sich ergehen lassen müssen. Denn abgesehen von den unwiderlegbaren Einwänden gegen unsere Heirat, die sich auf seine Jugend und seine nur halbfertige berufliche Ausbildung bezogen, gab es gewisse, von meiner großzügigeren Erziehung herrührende Eigenheiten an mir, die zu dem Bild einer jungen Ehefrau, wie ehrbare Hamburger Bürger sie sich vorstellten, nicht recht paßten. Konnte ich kochen? Konnte ich stopfen? Hatte ich überhaupt eine Ahnung, mit welcher Bescheidenheit, welchem Fleiß, welcher Sparsamkeit ich (nach allgemeiner Erwartung) mich in die schwierige Rolle einer deutschen Hausfrau würde finden müssen? Offensichtlich nicht. Ich war in einer vergleichsweise luxuriösen Umgebung aufgewachsen; ich hatte recht unbekümmert zugegeben, daß mein Kochunterricht ausschließlich in wöchentlichen Expeditionen bestanden hatte, die meine ‚finishing school‘ in Paris zum Institut Cordon Bleu unternahm, wo sachverständige Chefs bemüht waren, mich – zusammen mit einem Dutzend weiterer englischer Debütantinnen – in die komplizierten Künste der ‚haute cuisine‘ einzuführen, ohne zu bedenken, daß die meisten von uns sich noch nicht einmal an einem gekochten Ei versucht hatten. Ich hatte auch zugeben müssen und recht oft zur Genüge bewiesen, daß ich keineswegs sicher war, wie ein Haushalt überhaupt funktionierte. Meine Eltern hatten keinen Zweifel gelassen, daß ich auch nach der Heirat finanziell unabhängig sein würde, und dieser Umstand – weit davon entfernt, mir mehr Wohlwollen einzubringen – ließ mich als ‚Partie' noch ungeeigneter erscheinen. Unabhängigkeit, in Gelddingen wie auch sonst, wurde bei einer deutschen Frau nicht eben gern gesehen, geschweige denn gefördert; sie konnte allerhand unliebsame Erscheinungen wecken oder in Bewegung setzen, die bis dahin den Frieden der bestehenden Gesellschaftsordnung nicht gestört hatten.

Peter und ich hatten solche leise grollenden Warnsignale nicht weiter ernst genommen, doch zeigten sich andere, ominösere Vorzeichen am Horizont, die ganz danach aussahen, als könnten sie unser Leben, unsere gemeinsame Zukunft drastischer beeinflussen, und im Gegensatz zu manchen Älteren und Weiseren war es uns nicht gelungen, diese unheilkündenden Signale so leichthin abzutun.

In den beiden Jahren, nachdem Peter und ich uns kennengelernt hatten, 1932–1934, starb in Deutschland die Demokratie und wurde die Diktatur errichtet. Die Weimarer Republik erlag ohne viel Gegenwehr der Demagogie, der Einschüchterungstaktik und den gerissenen politischen Manipulationen eines einzigen Mannes. Das Dritte Reich zog herauf. Die zahllosen Parteien der Nachkriegszeit, die schließlich durch Streit und Hader einander neutralisierten, wurden unter einer braunen Schlammflut begraben, der Nationalsozialistischen Deutschen Arbeiterpartei, angeführt von Parteimitglied Nr. 7, Adolf Hitler.

Ein paar Wochen vor unserer Hochzeit zerbrach mit dem Tod des Reichspräsidenten Hindenburg das letzte Bindeglied zur Vergangenheit. Hitler machte sich zum ‚Führer und Reichskanzler' und Obersten Befehlshaber der Wehrmacht, deren Angehörige künftighin ihren Treueid nicht mehr dem Staat und der Verfassung, sondern ihm, dem ‚Führer', zu leisten hatten.

Man hätte damals lange suchen müssen, um zwei Staatsbürger zu finden, die sich weniger mit den politischen Zuständen beschäftigten als Peter und ich; aber Geschehnisse wie diese mußten uns ja in gewissem Maß bedenklich stimmen, zumal sie sich auf unser Privatleben auszuwirken begannen.

1932 glaubte ich, von der deutschen Politik soviel zu verstehen, wie für mich überhaupt verständlich war. Ich konnte die Namen von einem Halbdutzend der zahllosen Parteien aufzählen und die Uniformen der den Parteien angeschlossenen Kampfverbände unterscheiden. Ich wußte, daß es nicht ratsam war, sonntags durch bestimmte Gegenden von Hamburg zu spazieren, denn die Montagszeitungen brachten fast jedesmal die Meldung vom Tod eines übereifrigen Politikers oder auch völlig Unbeteiligter, die sich plötzlich inmitten einer politischen Wochenenddemonstration fanden.

1932 hatte ich auch schon gelernt, daß in Deutschland keine Regierung sich länger als ein paar Monate im Amt halten konnte, weil keine Partei, aber auch keine Koalition über eine ausreichende Mehrheit verfügte.

Wenn mir daran gelegen hätte, weitere Aufklärungen über die politischen Verhältnisse in Peters Vaterland zu erhalten, so hätte ich mich wohl kaum an ihn wenden können, denn er bekannte, daß dieses Thema ihn völlig kalt lasse. Seine anscheinend indifferente Einstellung, die er mit vielen gleichaltrigen Hamburgern teilte, war darauf zurückzuführen, daß seine Geburtsstadt sich viel darauf zugute tat, eine Freie Hansestadt zu sein, die an die siebenhundert Jahre ihr Schicksal weitgehend selbst bestimmt hatte. Von den Söhnen der hamburgischen Patrizier erwartete man daher nicht, wie von denen des preußischen Adels, daß sie in der Armee oder als Beamte ihrem Land dienten. Sie absolvierten ihre Lehrjahre an Handelsplätzen in aller Welt, bevor sie zurückkehrten und sich alsbald behaglich im Senat niederließen – nicht ganz so behaglich in den düsteren Herrenhäusern, die sie sich an der Außenalster oder am östlichen Elbufer bauten. Dort pflegten sie einen soliden und frugalen Lebensstil, bis die nächste Generation herangewachsen war, um das Familienunternehmen weiter zu führen. Das adelige ‚von', das im übrigen Deutschland etwas galt, machte in Hamburg nicht nur wenig Eindruck, es hatte sogar einen fast leichtfertigen, ja degenerierten Beiklang, der es sehr suspekt machte. Man wurde entschieden leichter akzeptiert, wenn man Engländer war statt Preuße oder Bayer; und wenn sich auch nicht völlig ignorieren ließ, was im übrigen Deutschland vor sich ging, so gab es doch andere Dinge, etwa die Zucker- und Kaffeeplantagen in Mittel- und Südamerika oder die Getreide- und Wertpapierbörse, die mehr Aufmerksamkeit erforderten.

Ein anderer Grund für Peters mangelndes Interesse an öffentlichen Dingen rührte von einem väterlichen Ratschlag her, den er sich, im Gegensatz zu den meisten andern, zu Herzen genommen hatte. Das fiel ihm um so leichter, als er sich aus seinen Kinderjahren lebhaft an die Inflation erinnerte. Sein Vater hatte ihm wiederholt eingeschärft, er solle sich nie, unter keinerlei Umständen, auf die Politik einlassen, die sei ein schmutziges Geschäft. Vater Bielenbergs Ansicht war von dem Schicksalsschlag geprägt, der die Familie auf dem Höhepunkt der Inflation getroffen hatte: eine Billion Papier-Reichsmark war plötzlich nur noch eine Rentenmark und das in Regierungsanleihen – vermeintlich mündelsicheren Wertpapieren – angelegte Familienvermögen nicht einmal mehr das Druckpapier wert gewesen.

Peters Vater gehörte zu den Männern, die in den wirtschaftlich ruhigeren Jahren, die dann folgten, alles daran setzten, den dahingeschmolzenen Besitz wieder aufzubauen. Aber er gab dabei seine Gesundheit hin, und als ich auf der Bühne erschien, lebte und arbeitete er ganz offensichtlich nur noch dem Augenblick entgegen, da er, in echter Hamburger Tradition, seine florierende Praxis dem Sohn übergeben konnte.

Während ich Gesang studierte und die Sprache zu erlernen versuchte, hatte ich auch einige Erfahrungen mit anderen deutschen Familien gesammelt. Ich hatte mich ziemlich daran gewöhnt, in der makellos sauberen Atmosphäre von Leuten zu leben, die bessere Tage gesehen hatten, abgeschirmt von der Außenwelt durch dichte Spitzenvorhänge und einen wahren Dschungel von Topfpflanzen. Ich wußte, daß die Deutschen als ein hochmusikalischer Menschenschlag galten; woran ich mich aber trotzdem noch immer nicht gewöhnt hatte, das waren die Musikabende, an denen Freunde und Nachbarn, jung und alt, mit ihren Instrumenten ins Haus strömten und es mit einem so ohrenbetäubenden Lärm erfüllten, daß ich mich oft fragte, wie die Zierpflanzen es nur fertigbrachten, dabei regungslos in ihren Töpfen zu verharren. Auch kam ich, während der obligaten politischen Diskussionen, die auf den Kunstgenuß folgten, nicht dahinter, wieso man eigentlich den Herren in Stulpenstiefeln, wehendem Umhang und Pickel- oder Adlerhelmen so wenig Schuld daran gab, daß auf einen verlorenen Krieg ein derart schmerzhafter Umschwung folgte. Ich wußte, daß viele Deutsche von Natur eingefleischte Globetrotter waren, und daß sie aus finanziellen Gründen seit Kriegsende ihre Heimat nicht mehr hatten verlassen können. Bis zu einem gewissen Grad verstand ich daher ihre Überraschung, wenn sie hörten, daß auch andere Länder unter Nachkriegsproblemen gelitten hatten; und doch wirkte die grimmige Entschlossenheit, als die einzigen Dulder auf dieser Welt zu gelten, manchmal ermüdend. Diese Unzufriedenheit mit Zuständen, die nach ihrer Meinung auf Dinge außerhalb ihres Einflusses zurückzuführen waren, glich sich überall, wo ich mein Quartier aufschlug, ob in der bescheidenen Villa eines Hamburger Universitätsprofessors oder in einem reizenden weißen Haus an einem Flußufer draußen vor der Stadt, Eigentum einer Witwe, die mit jeder angesehenen Familie der Hansestadt verwandt war.

Im Herbst 1932 logierte ich sehr angenehm bei einer besonders netten Hamburger Familie, die ebenfalls bessere Tage gesehen hatte, aber nicht soviel Zeit darauf verschwendete, ihr Schicksal zu beklagen. Denn Hans, der einzige Sohn des Hauses, ein und alles seiner Eltern, glaubte ganz ehrlich, im Nationalsozialismus die Lösung für alle Nöte Deutschlands gefunden und die Juden als das wahre Krebsübel erkannt zu haben. Während wir Kakao tranken, umgeben von Ansichtskarten, die Hitler in allen möglichen Posen zeigten, erzählte mir Hans, warum er glaube, daß allein der Nationalsozialismus Deutschland vor dem völligen Chaos bewahren könne. Ob ich eigentlich wisse, daß der Krieg von 1914 nicht vom deutschen Soldaten an der Front, sondern von den dekadenten Politikern in der Heimat verloren wurde? Sein Vater habe jahrelang tapfer gekämpft und dann erleben müssen, daß seinen Offizierskameraden Kokarden und Epauletten von der Uniform gerissen wurden, als sie in das undankbare Vaterland heimkehrten. Ob ich jemals von Präsident Wilsons vierzehn Punkten gehört habe? Von diesen Kapitulationsbedingungen, die die ehrlichen Soldaten bewogen hätten, ihre Waffen niederzulegen, um dann ein Jahr später mit dem Vertrag von Versailles konfrontiert zu werden, einem Frieden, den man niemals hätte annehmen dürfen, der einfach unannehmbar gewesen sei? Seine Eltern seien achtbare Leute, versicherte er mir, und ob ich glaube, daß es ihm Spaß mache, mitanzusehen, wie sein Vater jeden Morgen an seine sehr untergeordnete Arbeit gehen müsse, wie seine Mutter an den Küchenherd gefesselt sei? Sie täten es um seinetwillen, sie setzten große Erwartungen in ihn, aber wenn die

Nationalsozialisten nicht an die Macht kämen, müsse er die Hoffnung aufgeben, nach dem Studium eine Stellung zu finden, denn sie hätten keine einflußreichen jüdischen Freunde. Die in Hamburg lebenden Juden machten zwar nur drei Prozent der Einwohnerschaft aus, stellten aber vierzig Prozent aller Ärzte, dreißig Prozent der Rechtsanwälte und zehn Prozent sämtlicher Richter; Geschäfte, Banken, Gewerbebetriebe – allzu viele würden von Juden geführt, und die Juden hielten immer zusammen. Seine Eltern hätten in der Inflation ihren gesamten Besitz verloren, nicht so die Juden; ihnen gehe es seit dem Krieg glänzend.

Hans war eigentlich ein ruhiger Mensch, aber manchmal, wenn er wirklich in Fahrt kam, stand er auf, mit hochrotem Kopf, und nahm Haltungen ein, die sehr den Posen auf den Ansichtskarten an der Wand ähnelten. Ich fragte ihn niemals, ob er sie vor einem Spiegel einstudiere, denn ich mochte ihn, und er war zu anständig und zu ernst, um ihn aufzuziehen. Er lieh mir ‚Mein Kampf' zum Lesen, und ich kämpfte mich durch vier schwülstige Seiten, ehe ich kapitulierte; daraufhin nahm er mich zu einigen Parteiversammlungen mit, die ich unterhaltsamer fand. Bevor wir den Saal verließen, zählten wir jedesmal die Leute, die sich an den vielen Tischen anstellten, um Parteimitglieder zu werden.

Bei einer solchen Gelegenheit im Herbst 1932 konnte ich sogar Peter bewegen, seine Vorurteile einmal zu überwinden und mitzukommen. Hitler persönlich sollte auf einer Versammlung unter freiem Himmel sprechen, und zwar – nicht unpassend, wie Peter nicht zu bemerken versäumte – im Tierpark Hagenbeck. Man hatte eine riesige Fläche abgesperrt, und Reihen stämmiger SA-Männer drängten die wogende Menschenmenge zu ordentlichen Rechtecken zusammen. Peter ließ das Trommelwirbeln, das Deutschland- und das Horst-Wessel-Lied über sich ergehen, aber seine Reaktion auf den dröhnenden Beginn war unmißverständlich. Meine Ohren hatten sich kaum auf den österreichischen Tonfall des ‚Führers' eingestellt, da führte Peter mich schon aus dem abgesperrten Gelände hinaus. Auf dem Weg zum Giraffenhaus und in Hörweite einiger alter Kämpfer in Uniform, die allen Nachzüglern scheppernd ihre Sammelbüchsen unter die Nase hielten, gab Peter eine seiner seltenen politischen Erklärungen ab. „Du hältst vielleicht die Deutschen für politische Idioten, Chris", sagte er sehr laut und sehr entschieden, „und du hast vielleicht recht damit. Eines aber kann ich dir versichern: So blöd sind sie doch nicht, daß sie diesem Clown auf den Leim gehen."

Ein Vierteljahr später, am 30. Januar 1933, wurde Hitler Reichskanzler. Ich war damals in England, und als ich die Neuigkeit in den Zeitungen las, freute ich mich etwas für Hans. Ich stellte fest, daß Hitlers Kabinett nur zwei weitere Nationalsozialisten angehörten und daß ihn so achtbare Persönlichkeiten wie von Neurath und von Papen umgaben. Obwohl ich mich also freute, daß Hans seine Chance erhielt, war ich doch gleichermaßen sicher, daß etwa ein Monat genügen würde, ihn zu ernüchtern, und daß sich dann das Karussell wieder drehen werde – zum nächsten Kabinett.

Daher war ich ziemlich überrascht und auch betroffen, als Frau Schadow, meine Gesangslehrerin, mir schrieb, daß sie ihre Gesangsschule im Frühjahr nach London verlegen wollte. Ihrem Brief war eine gewisse Panikstimmung anzumerken, doch kam ich nicht auf den Gedanken, daß ihre ‚persönlichen Gründe' etwas mit den neuen politischen Verhältnissen zu tun haben könnten, deren Tendenz es war, das Leben jedes einzelnen, der innerhalb der Grenzen des Dritten Reiches zu leben wünschte, ganz zu durchdringen und zu beherrschen.

Nach dem 30. Januar 1933 folgten die Ereignisse in Deutschland immer rascher aufeinander. Der Reichstagsbrand, das Verbot der Kommunistischen Partei, die letzten freien Wahlen, die Billigung des Ermächtigungsgesetzes, die Auflösung der Gewerkschaften und sämtlicher übrigen politischen Parteien – die ganze Prozedur der sogenannten ‚Gleichschaltung' war bis zum Juli jenes Jahres erledigt. Hinter der Fassade verfassungsmäßiger Legalität brauchte Hitler genau ein halbes Jahr, um sich und seine Partei an die Macht zu manövrieren.

Während dieses halben Jahres waren Peter und ich mit persönlichen Dingen beschäftigt, wir hatten uns verlobt, und Peters erstes Staatsexamen sollte im Frühjahr beginnen; er durfte die Nase nicht aus seinen Büchern nehmen, wenn auch manche Gesetzestexte rascher überholt waren, als er sie verdauen konnte.

Wenig später bekam er zum erstenmal zu spüren, was uns noch alles bevorstehen mochte. 1932 hatte er ein Austauschstipendium erhalten, und er hatte sich schon darauf gefreut, nach seiner Prüfung ein Jahr in den Vereinigten Staaten zu verbringen. Anfang

1933 erfuhr er, das amerikanische Auswahlkomitee habe entschieden, einem Repräsentanten des ‚neuen Deutschland' den Vorzug zu geben. Gehöre er der NSDAP an oder habe er die Absicht, sich um die Aufnahme zu bewerben? Nein? Dann müsse leider ein Parteimitglied ausgewählt werden.

Peter hatte eine Anzahl jüdischer Freunde. Zwar brachen einige von ihnen ihr Studium ab, um das Land zu verlassen, solange noch Zeit war, aber die meisten machten weiter, da sie noch nicht glauben wollten, daß das einzige Land in Europa, in dem die Juden sich völlig heimisch gefühlt hatten, im Begriffe war, sich gegen sie zu wenden.

Wohl stimmte es, daß Rotten von SA-Rüpeln durch die fahnenübersäten Straßen Hamburgs zogen und lautstark ihren politischen Sieg feierten, und daß man, wenn man sich mit einem ‚Judenjungen' sehen ließ, Gefahr lief, angepöbelt und schließlich in eine Schlägerei verwickelt zu werden. Aber Peter war in so guter körperlicher Verfassung, daß man ihn in Frieden ließ, und gelegentliche Raufereien machten ihm nichts aus; ja, er wurde in so viele hineingezogen, daß ich mich manchmal fragte, ob er sie nicht gelegentlich zu seinem Vergnügen provozierte.

Ein Vorfall im Mai 1933 jedoch beunruhigte ihn und ließ ihn zum erstenmal voll Besorgnis in die Zukunft blicken. Er ging mit Ingrid Warburg, einer jungen Jüdin mit den klassischen Zügen einer ägyptischen Prinzessin, über die Lombardsbrücke, als plötzlich am anderen Ende Unruhe entstand und zwei kleine Männer auf ihn zugerannt kamen, die ihre Aktentaschen festhielten. Offensichtlich angsterfüllt rannten sie wie gehetzte Hasen zwischen Passanten und Verkehr hindurch. Mehrere stämmige SA-Männer folgten ihnen keuchend auf den Fersen, und als Peter diesen den Weg versperren wollte, klammerte Ingrid sich an seinen Arm. „Peter, bist du wahnsinnig!" Ingrids Stimme klang so flehend, ihr Gesichtsausdruck war plötzlich so tragisch, daß er einen Augenblick innehielt, und als er sich wieder umwandte, hatte sich die Menge der Spaziergänger wie ein Vorhang vor der Szene geschlossen. Die Binnenalster glitzerte im Frühlingssonnenschein und die Kirchtürme leuchteten grün im dunstigen Himmel. Es war, als ob nichts Außergewöhnliches geschehen wäre. Einen Hinweis auf den Vorfall lieferten die Abendblätter, die in großen Schlagzeilen meldeten, die Gewerkschaften hätten freiwillig ihr Schicksal in die Hände des ‚Führers' gelegt und Robert Ley sei an die Spitze einer neugeschaffenen ‚Deutschen Arbeitsfront' berufen worden. Herr Ley hatte anscheinend eine große Rede gehalten und verkündet, er betrachte Einrichtungen der Arbeiterschaft als heilig. Peter fiel ein, daß das Gewerkschaftshaus in Hamburg sich unweit der Lombardsbrücke befand, und an jenem Abend schrieb er mir nach England, wenn das neue Deutschland so aussehe, hätten wir hier nichts mehr verloren.

Ich begann Peters Unbehagen erst zu teilen, als sich während eines meiner Besuche in Deutschland ein ähnlicher Vorfall ereignete. Wir waren beide in einem Gasthaus auf dem Lande, und am Nebentisch saßen drei junge Juden beim Wein und unterhielten sich friedlich. Die SA-Männer, die breitspurig zur Tür hereinkamen, lehnten sich an die Theke und starrten mit dem stumpfen Blick der Schwerbetrunkenen streitsüchtig um sich. „Hier stinkt es", sagte einer. „Und ich weiß auch warum", sagte ein anderer. Erinnerungen an meinen irischen Vater – die Art, wie Peter sein Glas hinstellte, sagte mir, daß ein Wetter heraufzog. Sechs betrunkene SA-Männer, drei nicht sehr athletisch wirkende Juden – unter ihnen ein Mädchen –, Peter und ich; meine Empfindungen hätten mir nicht das Victoria-Kreuz eingebracht. Ich ertappte mich dabei, daß ich Peter beruhigend die Hand auf den Arm legte, während ich mich rasch im Lokal umblickte, in der Erwartung, Bundesgenossen zu finden. Zu meiner Überraschung gab es offenbar keine. Die übrigen Anwesenden leerten schleunigst ihre Gläser und bezahlten ihre Rechnung oder sie steuerten schon dem Ausgang zu. „Silly bastards", bemerkte Peter in seinem besten Englisch – das war zu seinem Lieblingsausdruck geworden. Einer der Juden lächelte ihm unauffällig zu und verlangte seine Rechnung, die ihm im Eiltempo gebracht wurde. Sie verließen das Gasthaus, und Peter mußte sich damit begnügen, ihren Weg zur Tür, den brüllendes, trunkenes Hohngelächter von der Theke her begleitete, zu decken.

Es war nur ein Vorfall von mehreren, und es war nicht der Anblick der betrunkenen Rüpel im Braunhemd, den ich nicht mehr vergaß, denn daran hatten wir uns schon gewöhnt; es war vielmehr der hastige Aufbruch der anderen Gäste, das eilige Gedränge gutbürgerlicher Kehrseiten, die plötzliche Leere. Nicht der Aufruhr, sondern das stumme Hinnehmen schockierte mich und machte mir mit einemmal bewußt, daß ich hier fremd war, geboren und aufgewachsen in einem Land, wo bürgerliches Handeln und auch bürgerlicher Protest genauso zum ‚way of life' gehören wie Cricket oder Christmas-Pudding.

Damals kam auch mir der unbehagliche Verdacht, daß sich vielleicht etwas wirklich Unheimliches festgesetzt hatte.

Teil II: (1935–1939)

Die Geschichte der Jahre zwischen 1935 und 1938 in Deutschland könnte man in einem Gespräch zweier Hamburger Hafenarbeiter zusammenfassen, die in einer Kneipe an der Elbe bei einem Glas Bier saßen: „Ja, ja, ja", sagte der eine seufzend und nach einer langen Pause noch einmal: „Ja, ja, ja." „Hör mal", meinte sein Freund und starrte traurig in sein Bierglas, „kannst du nicht endlich das ewige Politisieren lassen?"

In diesen Jahren verkündete Hitler in Nürnberg das ‚Gesetz zum Schutz des deutschen Blutes und der deutschen Ehre', welches die deutschen Juden ihrer staatsbürgerlichen Rechte beraubte. Das Saargebiet und die entmilitarisierte Zone im Rheinland wurden besetzt und der ‚Anschluß' inszeniert. Neunundneunzig Prozent der deutschen Wählerschaft nahmen an mehreren Volksabstimmungen teil und bezeugten damit, daß sie die Politik des ‚Führers' nahezu einhellig unterstützten. Es waren die Jahre der Riesenschlagzeilen und der Wochenschauen mit den Bildern jubelnder, ‚Heil'-schreiender Massen. Es waren die Jahre, in denen Peter und ich – einfache junge Bürger, willens und vermutlich auch fähig, einen Beitrag zum Nutzen der Gemeinschaft zu leisten, in der wir lebten – zu der bitteren Einsicht gezwungen wurden, daß unsere Lebensumstände keineswegs so normal waren, wie sie vielleicht aussahen. Denn wenn wir unsere Integrität bewahren wollten, hatten wir uns darüber klar zu sein, daß ein normaler und natürlicher Ehrgeiz unter dem Hitler-Regime unerfüllt bleiben mußte.

Wir konnten größeren Zugeständnissen ausweichen – dem Eintritt in die Partei oder der Teilnahme an den Aufmärschen und dem ‚spontanen' Zustimmungsgeheul –, aber als das Regime die Zügel anzog und seine Greifarme ausstreckte, mit deutscher Gründlichkeit das gesamte öffentliche Leben erfassend, fiel es uns immer schwerer, gelegentliche Kompromisse zu umgehen. Und durch die Kompromisse lernten wir, wie jede kleine Forderung nach unserer äußerlichen Fügsamkeit zur nächsten führen konnte und mit dem sanften Druck einer steigenden Flut schließlich die Mauern eben jener Integrität bedrängte, auf deren Erhaltung wir so sehr bedacht waren.

Als wir im Herbst 1935 für dauernd nach Deutschland zurückkehrten, hatte Peter noch immer zwei Jahre bis zum zweiten juristischen Staatsexamen vor sich. Nach 1933 waren für jeden Assessor-Anwärter zwei ziemlich wichtige Sprungbretter beziehungsweise Hindernisse, je nachdem, wie man es betrachtete, eingebaut worden. Erstens mußten die Vorgesetzten der künftigen Assessoren nicht nur deren allgemeine Leistungen, sondern auch ihre politische Zuverlässigkeit schriftlich beurteilen; zweitens mußte jeder Referendar für zwei Monate in ein halbmilitärisches Lager in Jüterbog bei Berlin zur ‚politischen Schulung' und ‚körperlichen Ertüchtigung'.

Da für sein Assessor-Examen eine politisch zumindest neutrale Beurteilung wesentlich war und es immer schwieriger wurde, höhere Beamte zu finden, die bereit waren, sich seinetwegen zu exponieren, hatte Peter sich etwas einfallen lassen müssen. Für seine Referendarstation bei einer Behörde wählte er die deutsche Botschaft in London, da er glaubte, sich darauf verlassen zu können, daß seine politische Beurteilung dort harmlos ausfallen würde. Der auswärtige Dienst war bis dahin noch von keiner größeren Säuberung heimgesucht worden, und Herr von Ribbentrop war noch nicht in England eingetroffen, wo boshafte Londoner ihn dann sehr bald wegen seiner zahllosen diplomatischen Taktlosigkeiten ‚Brickendrop'* tauften.

Dieses Arrangement hatte uns vorzüglich gepaßt, denn unser erstes Kind, dessen Geburt für den Spätsommer 1935 bevorstand, konnte nun Anspruch auf die britische Staatsangehörigkeit erheben. Tatsächlich ging alles wie am Schnürchen, und ich war mit meinem Schicksal sehr zufrieden, als ich im Herbst 1935 ins deutsche Vaterland zurückkehrte, wo wir ein Häuschen in Reinbek bezogen. Welche Sorgen hatte ich schon? Ich hatte einen blendend aussehenden Ehemann, einen gesunden Sohn, der englischer Staatsbürger war, und reichlich Hab und Gut; meine Zuversicht war ebenso groß, wie meine Kenntnisse in den hausfraulichen Künsten gering waren.

* to drop a brick = sich taktlos benehmen.

Bald schon erkannte ich, daß Hamburg sich in dem Jahr unserer Abwesenheit verändert hatte. Ich mußte zwar nicht feststellen, daß jedermann, den ich traf, über jeden Aspekt des Regimes begeistert war, keineswegs; aber die meisten meinten doch, daß die ‚neue Ordnung' viel für sich habe und eine entschiedene Verbesserung gegenüber den früheren Zuständen darstelle. Man war der Ansicht, Hitler habe im Heer seinen Meister gefunden und die nationalsozialistische Revolution sei durch die Ermordung Röhms und die Entmachtung der SA (wenn auch die Art der Durchführung nicht unbedingt erquicklich gewesen war) durchaus seriös geworden. Es war fast rührend anzusehen, wie so viele, sobald alles Widerwärtige erst ordentlich unter den Teppich gekehrt war, mit kindlichem Feuereifer an einer – wie sie zu hoffen schienen – neuentdeckten Solidität teilzuhaben versuchten.

Unerfreuliches? Natürlich gab es Unerfreuliches; aber solche Dinge, falls man sie überhaupt erwähnte, mußten im richtigen Maßstab gesehen werden. Schließlich hatte das Regime so viele positive Seiten, über die man sprechen konnte. Schaut euch zum Beispiel den braven Heini an mit dem ordentlich gestutzten Haar, so strebsam, so ganz anders als der langhaarige Bengel, der noch vor ein paar Monaten an der Straßenecke herumlümmelte; und auch Vater, seht ihn euch an, mit seinem Parteiabzeichen und seiner prallen Aktentasche: ‚Die Arbeit bringt mich noch um, ihr werdet sehen!' steht ihm triumphierend aufs Gesicht geschrieben.

Was hatte Hitler eigentlich zu bieten gehabt, das so viele zu befriedigen schien, daß sie gar so leicht bereit waren, ihre Freiheit aufzugeben und nicht mehr auf die leise Stimme ihres Gewissens zu hören? Damals verstand ich es nicht, aber später hatte ich das Gefühl, dahintergekommen zu sein. Hitler hatte seine Deutschen richtig eingeschätzt oder vielleicht einfach die menschliche Natur an der richtigen Stelle erwischt. In seinem politischen Eintopf war für jeden ein Bissen. Arbeit für die Arbeitslosen, eine Armee für die Generale, eine Pseudoreligion für die Leichtgläubigen, eine lautstarke, bohrende und nicht unbeachtete Stimme in der internationalen Politik für diejenigen, die noch immer unter der Schmach eines verlorenen Krieges litten; außerdem gab es Haftlager und sorgsam verbreitete Andeutungen, was einem blühte, wenn man so unverschämt war, die Methoden des ‚Führers' genauer zu betrachten, geschweige denn sie offen zu mißbilligen. Allerdings vollzog sich jede politische Manipulation hinter einer Fassade der Legalität und auch unter Wahrung der Formen, denn Hitler war viel zu schlau, um außer acht zu lassen, daß das Fundament seiner ‚Revolution' der unzufriedene, enttäuschte, verarmte Mittelstand war. Er mußte daher den richtigen Ton anschlagen, und das tat er, indem er die kleinbürgerliche Wohlanständigkeit zur Quintessenz, zur unwiderstehlichen ‚pièce de résistance' all dessen machte, was er den Deutschen offerierte.

Im Herbst 1936 zogen Peter und ich von Reinbek nach Hamburg um. Ich erwartete mein zweites Kind. Peters Assessorprüfung stand dicht bevor. Hitler war seit dreieinhalb langen Jahren an der Macht, und wir gewöhnten uns zwar allmählich an bestimmte Aspekte des NS-Regimes, erkannten aber auch langsam, daß wir in einem Dilemma lebten. Wir konnten unsere Mißbilligung durch passiven Widerstand in kleinen Dingen zeigen – soweit das möglich war, ohne den Hals zu riskieren –, und wir hatten gelernt, nach Zeichen, nach schwachen Zeichen Ausschau zu halten, daß andere das gleiche taten. Wir konnten uns also mit gleichgesinnten Freunden unterhalten und Verblüffung und auch Abscheu äußern. Wir kannten überhaupt keine Nazis näher, denn das wäre uns nicht nur lästig, es wäre auch riskant gewesen. Hitler war noch nicht lange am Ruder, da tauchte auch schon eine höchst unerfreuliche Erscheinung auf: der Denunziant, der nicht unbedingt Parteimitglied war, aber trotzdem seine Ergebenheit gegenüber dem Regime beweisen wollte und alles meldete, was er sah oder hörte.

Indem wir uns bewußt von etwas distanzierten, das wir nicht verstanden oder nicht gutheißen wollten, verloren wir ein wenig den Kontakt mit der Realität und wurden jedesmal überrumpelt, wenn uns wieder ein teuflischer Einfall ins Gesicht geschleudert wurde. Die Presse und der Rundfunk, beherrscht von Goebbels und seinem Ministerium für Volksaufklärung und Propaganda, hämmerten der Bevölkerung gnadenlos Superlative ein, die, für mein Empfinden, das genaue Gegenteil bewirken mußten. Niemand war so vollkommen wie der ‚Führer', kein Volk so heldenhaft wie das deutsche, keines hatte so lange gelitten; kein Volk war so schwachsinnig wie das englische, keine Rasse so teuflisch wie die Juden – ich konnte einfach nicht mehr.

Um sich zu informieren, versuchte Peter zwischen den Zeilen der ‚Frankfurter Zeitung' zu lesen. Für mich war sie ein recht unverdauliches Blatt, stand aber in dem Ansehen, es in der getarnten Berichterstattung recht weit gebracht zu haben. Ich begann mich ernsthaft mit der ‚Times' zu beschäftigen, da man mir schon in jungen Jahren beigebracht hatte, daß sie einen ausgewogenen und objektiven Standpunkt vermittle. Anscheinend stand ich mit dieser Auffassung nicht allein, denn die ‚Times' war in Hamburg nicht immer aufzutreiben. Wenn ich mich nicht rechtzeitig am Zeitungskiosk einfand, war sie ausverkauft.

Was meine Zeitung mir täglich predigte, läßt sich etwa in folgende Worte kleiden: Wenn ein reifer Mensch mit einem Kind zu tun hat, das glaubt, ihm sei Unrecht geschehen, so muß er zunächst den Kern des Übels beseitigen; dann muß er das Kind gütig und mit verständigem Zureden wieder in den Kreis der Familie locken – wenn die Familie nicht Schaden nehmen soll.

Sollte ich mit der ‚Times' streiten? Oder vielleicht mit dem Londoner Taxichauffeur, der mir über die Schulter sagte, was er von der Wiederbesetzung des Rheinlandes hielt, während er mich geschickt durch die Straßen der City steuerte? Er habe für diesen Hitler nicht viel übrig, meinte er, aber wenn eine Bande von ‚frogs'* Devon und Cornwall besetzt hätte, würde er ähnlich denken: Sie sollten sich um ihren eignen Kram kümmern und verschwinden, das würde er ihnen sagen.

Da alle normalen Nachrichtenmedien vom Regime kontrolliert wurden, griffen Gemunkel und Gerüchte um sich. Hitler sei ein Epileptiker, der in den Teppich beiße, wenn er einen Wutanfall habe; er habe nur noch ein paar Monate zu leben – irgend jemand hatte das von jemandem gehört, der es wieder von einem Arzt wußte, welcher ... Witze machten die Runde, die solche Gerüchte stützten, wie der vom Teppichverkäufer, der den ‚Führer' höflich fragt, ob er die gewünschten Läufer in die Reichskanzlei geliefert haben oder gleich im Geschäft verspeisen wolle. Gerüchte wollten wissen, Göring sei impotent oder rauschgiftsüchtig oder auch beides, und Goebbels sei Jude; ebenso Ley – er heiße eigentlich Levi. Wahrsager schlugen in den eleganteren Stadtvierteln ihr Quartier auf und wußten zu berichten, Hitler sei unter dem Zeichen Widder geboren, und obwohl der Planet Mars gelegentlich seiner Bahn bedrohlich nahe kommen könne, würde er doch seinen vorgezeichneten Weg weiterschreiten und ans Ziel gelangen –

* Englischer Spitzname für Franzosen.

ohne zum Mittel des Krieges greifen zu müssen. Da diese Prophezeiungen eine Zeitlang so genau mit den auf sie folgenden Ereignissen übereinstimmten, gingen die Geschäfte der Propheten ganz ausgezeichnet.

In dieser Situation lernten wir, nur solche Dinge zu glauben, die wir mit eigenen Augen sahen oder mit eigenen Ohren hörten, und wir schenkten nur einigen, nur ganz wenigen engen Freunden Vertrauen. Jeder von uns gewann seine Erkenntnisse allein, denn um sie als Wirklichkeit zu empfinden, mußte jeder diese Erfahrungen im eigenen Bereich machen.

Die ‚Nürnberger Gesetze' zum Beispiel brachten sicher so manche Juden und auch etliche Nichtjuden blitzartig zu der Einsicht, daß der Exodus beginnen mußte; ich sah die Flammenschrift nicht. Ich kann nicht genau sagen, wann ein normaler und natürlicher Umgang mit jüdischen Freunden zu einem Akt des Trotzes wurde und schließlich langsam aufhörte – nicht weil einem diese Freunde weniger nahestanden, sondern weil diese Beziehungen etwas Künstliches bekamen, weil sie beide Teile in Verlegenheit brachten. Zuerst waren wir nicht weniger zuversichtlich als unsere jüdischen Freunde. Warum sollten sie fortgehen? Das Ganze war Wahnsinn – konnte unmöglich von Dauer sein. Aber zu welchem Zeitpunkt verwandelte sich diese Gewißheit in Zweifel, der Zweifel in Resignation? Wann mußte man sich, unglücklich und schamerfüllt, eingestehen, daß man leider nichts dafür konnte, daß man mit dem Prädikat ‚Arier' (was das auch sein mochte) versehen worden war, und daß man, um die Wahrheit zu sagen, sehr erleichtert wäre, wenn die guten Freunde in Übersee in Sicherheit und das eigene Gewissen entlastet wären?

Die ‚Nürnberger Gesetze' wurden mir in ihrer Auswirkung erst bewußt, als Professor Bauer, der sich um die Gesundheit unserer Kinder kümmerte, zu einem Krankenbesuch kam. Er war ein Kinderarzt, der seinen Beruf mit Hingabe versah, und ein vielbeschäftigter Mann, aber keineswegs reich, da er in Hamburg eine private Kinderklinik gegründet und sie während der Wirtschaftskrise über Wasser gehalten hatte, indem er alle Privatmittel, die er erübrigen konnte, in sie hineinsteckte. Ich war ein bißchen erstaunt und sehr dankbar, daß er eines Nachts die Zeit fand, mit mir lange Stunden am Bett meines ältesten Sohnes Nicholas zu verbringen, der von hohem Fieber geschüttelt wurde. Ich beobachtete, wie zart er mit meinem schwerkranken Jungen umging, und als Nicholas gegen Morgen friedlich schlief, lächelten wir einander etwas müde aber sehr glücklich zu.

Professor Bauer zögerte beim Gehen und fragte mich dann leise, ob ich, wenn Nicky wiederhergestellt sei, weiterhin wünsche, daß er meine Familie betreue. Weiterhin? Wieso denn nicht? Ich war müde; er mußte es näher erklären. Ich wisse doch sicher, daß er Jude sei, habe aber wohl nicht gehört, daß man mit der Schließung seiner Klinik gedroht habe, wenn er sie nicht einem arischen Kollegen übergebe. Er habe mehr als ein Jahr gekämpft, aber nun im Interesse seiner Patienten nachgegeben. Entschädigung? „Gnädige Frau, ich bin nicht mehr deutscher Staatsbürger." Er habe Drohbriefe erhalten, in denen er aufgefordert würde, seine Finger von arischen Kindern zu lassen. Wenn ich ihn weiter in Anspruch nehme, könne ich Schwierigkeiten bekommen. Nun schön, wenn ich unbedingt doch wolle, dann sei es ratsam, jedenfalls keine telefonischen Vereinbarungen mehr mit ihm zu treffen.

Einige Wochen später wollte ich ihn aufsuchen, stellte aber fest, daß er nicht zu Hause war. Seine Frau und ich saßen zwischen Kisten und Kästen, und sie sagte mir, er sei nach Holland gefahren. Nein, er habe noch keine Arbeit gefunden, aber es werde sich sicher etwas ergeben; natürlich sei er nicht mehr jung, und sie verfügten auch nicht über unbegrenzte Mittel, aber es werde sich sicher etwas ergeben. Die Haushälterin, die uns Tee brachte, war auch nicht mehr jung; nach den ‚Nürnberger Gesetzen' war es Juden untersagt, jemanden unter fünfundvierzig Jahren zu beschäftigen. Aber sie war offenbar vertrauenswürdig, denn Frau Bauer wartete nicht, bis sie das Zimmer verlassen hatte und gestand mir plötzlich, sie habe Angst. „Sehen Sie, Frau Bielenberg", sagte sie, „er hat dieses Land geliebt. Als er seine Klinik aufgeben mußte, ist etwas in ihm zerbrochen."

Der Epilog folgte zwei Jahre später, als ich zufällig neben der kleinen Haushälterin stand, während ich auf die Straßenbahn wartete. Die Bauers? Sie zog mich beiseite. Hatte ich denn nicht gehört? Der Herr Professor sei plötzlich gestorben. Sie schüttelte den Kopf. „Ne, ne, Frau Doktor, sowas dürfte es nicht geben." Manche sagten, er habe Selbstmord begangen – aber sie wisse, daß er an gebrochenem Herzen gestorben sei. „Es waren gute Menschen", murmelte sie, und sie habe die Wohnung in Ordnung halten wollen, bis sie zurückkämen. – „Ne, ne", sagte sie wieder kopfschüttelnd und schaute mich plötzlich fast flehentlich an, als wollte sie mir eine Frage stellen, auf die ich vielleicht eine Antwort wußte, denn ich war ja schließlich eine ‚Frau Doktor'.

Ich hätte meinen Standpunkt vertreten können, den Standpunkt derjenigen, die es eigentlich besser wissen mußten. Ich hätte ihr sagen können, daß wir noch keine dreißig Jahre alt waren und daß die vermutlich weisere Generation der Älteren – nicht nur in Deutschland, auch im übrigen Europa und in Übersee – uns kein besonders gutes Vorbild gegeben hatte; daß es für uns – da wir keine Juden waren, da es also keine unberechenbare, höhere Macht gab, die uns die Entschlüsse abnahm – leicht wäre, den Kopf in den Sand zu stecken; daß wir aber oft genug versucht hätten, uns durch den verwirrenden Nebel von Dichtung und Wahrheit einen Weg zu suchen.

Ich hätte zu meiner Entschuldigung noch anführen können, daß ich 1936 wegen einer ‚Erkältung' das Haus nicht verlassen hatte, um nicht bei meiner ersten ‚Volksabstimmung' meine Stimme abgeben zu müssen. Wir sollten die Besetzung des Rheinlandes gutheißen, und überall waren Wahlkabinen aufgestellt worden, um der Abstimmung den Anstrich der Legalität zu geben. Aber es verbreitete sich das Gerücht, daß in den darauffolgenden Wochen bestimmte Personen verhaftet worden seien, weil man die Stimmzettel mit unsichtbarer Tinte numeriert habe. Als wir dann das nächstemal zu einer Abstimmung aufgefordert wurden, beschlossen Peter und ich, uns selber davon zu überzeugen. Um ganz sicher zu gehen, meldete er sich freiwillig zum Stimmenzählen in unserem Stadtteil. Ich bekam von einem sauber aufgeschichteten Stapel einen Zettel und einen Umschlag, wurde von einem lächelnden, rundlichen Parteibeamten in eine offene Kabine geleitet. Er zeigte mir genau, wo ich mein Kreuz machen sollte und trat dann einen Schritt zurück. Als ich mich plötzlich zu ihm umdrehte, sah ich, daß das Lächeln von seinem Gesicht gewichen war und daß er meinen Ellbogen fixierte. Ich steckte den verschlossenen Umschlag in den Schlitz einer langen, schmalen Kiste. Was es mit der geheimen Abstimmung auf sich hatte, war mir nun klar, und wenn es zum Schlimmsten kam, mußte meine Kurzsichtigkeit als Entschuldigung für die unleserliche Hieroglyphe herhalten, die ich quer in die Ecke meines Stimmzettels gekritzelt hatte. Peter kam am Abend nach Hause, in recht gehobener Stimmung wegen der Resultate der Zählung. Ein beträchtlicher Prozentsatz der Stimmzettel, die er gezählt hatte, enthielt entweder ein Nein oder war ungültig oder unleserlich gemacht, und ein ganz Beherzter hatte sogar genug Zeit gefunden, um ‚Er kann mich am Arsch lecken' auf seinen Zettel zu kritzeln.

Ich hätte erwähnen können, wie erfreut wir uns an diese Strohhalme der Vernunft geklammert hatten. Aber als am folgenden Tag die Ergebnisse bekanntgegeben wurden, mußten Peter und ich feststellen, daß wir Hitler und seiner Politik unseren Segen gegeben hatten, genauso, als wären wir von Kopf bis Fuß in Hakenkreuze gehüllt zur Stimmabgabe gegangen.

Hätte ich Professor Bauers Haushälterin vollends verwirren wollen, hätte ich ihr von jenen Ereignissen einige Wochen zuvor erzählen können, die man in England so hübsch als die ‚Vergewaltigung' Österreichs bezeichnete. Denn der Zufall hatte es gewollt, daß Peter und ich unter den ersten deutschen Zivilisten waren, die nach den deutschen Truppen die Grenze passierten. Ein ganz normales Wochenende. „Achtung, Achtung! Extrablatt! Die deutschen Truppen sind in Österreich einmarschiert!" Die Zeitungsverkäufer auf den Bahnsteigen des Augsburger Hauptbahnhofs hatten uns noch vor Tagesanbruch aus dem Schlaf gerissen, offenbar entschlossen, unseren lang ersehnten hakenkreuzfreien Ferien am Arlberg ein vorzeitiges Ende zu bereiten. Aber bevor wir uns anziehen konnten, fuhr der Zug pünktlich ab und hätte zweifellos sein Ziel auf die Minute erreicht, wenn uns nicht hinter der österreichischen Grenze heilrufende, lachende, tanzende Menschen aufgehalten hätten, die improvisierte Hakenkreuzfähnchen schwenkten und zum Wagenfenster heraufgriffen, um uns die Hand zu schütteln. Von ‚Vergewaltigung' konnte keine Rede sein, das ganze Land feierte ja ein Volksfest. „Es liebt uns anscheinend doch noch jemand", hatte Peter gemurmelt, als wir verlegen zurückgrinsten und schließlich niedergeschlagen in unser Abteil zurückkehrten. Wir fanden, die Rolle der Nazi-Befreier hätte uns eigentlich erspart bleiben können.

Aber es blieb uns gar nichts erspart: weder die großspurigen Rüpel im Braunhemd, ganz ohne Zweifel Einheimische, noch die verglasten Blicke der alten Jungfern, die vom ‚Führer' schwärmten, noch Augenzeugenberichte darüber, wie die Wiener durch ihre Behandlung der Juden und politischen Widersacher bewiesen, daß sie genauso unzivilisiert sein konnten wie nur irgend jemand im Großdeutschen Reich.

„Hakenkreuze sind in Mode, wie Sie sehen, die Leute sind ganz verrückt danach", hätte ich zu Professor Bauers Haushälterin sagen können, „und ich weiß genauso wenig wie Sie, was dagegen zu tun ist." Doch es wäre sinnlos gewesen. Erklärungen und Entschuldigungen hätten Professor Bauer nicht zurückgebracht. „Das tut mir sehr leid, wirklich sehr leid", war alles, was ich herausbrachte, ehe sie sich wieder auf ihren vorigen Platz an der Haltestelle einreihte.

Bald darauf fanden Peter und ich aber doch, wir könnten uns nicht länger treiben lassen. „Wenn das neue Deutschland so aussieht, ist hier kein Platz für uns – auch nicht für unsere Kinder." Die Saat, die Jahre vorher auf der Lombardsbrücke in Peter gepflanzt, die durch jede Äußerung von Heuchelei und Grausamkeit, Doppelzüngigkeit und Schändlichkeit genährt worden und durch unsere offenkundig vergeblichen Bemühungen, Widerstand zu leisten, gewachsen war, trug ihre Früchte-Peter kam eines Abends vom Gericht zurück, wo er einen Armenrechts-Klienten verteidigthatte, einen früherenSozialdemokraten. der beim Verteilen illegaler politischer Flugschriften ertappt worden war. Peter hatte einen Freispruch seines Mandanten erwirkt, und sie hatten sich vor dem Justizgebäude die Hand geschüttelt und einander gratuliert. Als Peter die Straße ein Stück entlanggegangen war, drehte er sich um, um noch einmal zu winken. Er sah gerade noch, wie sein Mandant von zwei Uniformierten abgeführt und in eine Grüne Minna gestoßen wurde. Ehe Peter zurücklaufen konnte, war der Wagen mit seinem Insassen um eine Ecke gebogen und im vorüberflutenden Verkehr verschwunden. Er hatte den ganzen Tag mit ergebnislosen Nachforschungen im Justizgebäude verbracht und ebenso vergeblich im Polizeipräsidium vorgesprochen. Natürlich hatte man ihm Formulare zum Ausfüllen gegeben, dies aber mit einem amtlichen Achselzucken. Ob er denn noch nicht wisse, daß es eine Schutzhaft im Interesse der öffentlichen Sicherheit gab? Jedenfalls, Peters Mandant war spurlos verschwunden – und damit hatte Peter jegliches Verlangen verloren, weiter Anwalt zu bleiben.

Unser Entschluß, auszuwandern, fiel Peter nicht so leicht wie mir. Ich hatte schon einmal das Land gewechselt, hatte es schon einmal hinter mir, ich war nicht so sehr engagiert; in meinen weniger menschenfreundlichen Augenblicken erlaubte ich mir sogar eine gewisse Selbstgefälligkeit – schließlich war es nicht mein Volk, dessen Pöbel aufgestachelt wurde, waren es nicht meine Landsleute, die so schnell den Verstand verloren hatten. Von Peter aber wurde eine Unerbittlichkeit gegenüber seiner Vergangenheit und gegenüber seinen Eltern verlangt, zu der er bislang noch nicht fähig gewesen war. Er war der einzige Sohn, ein vielversprechender junger Anwalt, und er konnte nicht außer acht lassen, daß der Vater seine Gesundheit geopfert hatte, um ihm eine florierende Anwaltspraxis zu übergeben. Hamburgische Tradition, Sohnespflicht, acht Jahre juristischer Ausbildung, sollte all das gar nichts mehr gelten? Darüber hinaus empfand er es als Kapitulation vor Hitler, so mit sich umspringen zu lassen und schließlich vertrieben zu werden.

Da aber die Welt weit und wir noch jung waren, fiel es uns nicht schwer, einen vollständigen Bruch mit der Vergangenheit und einen neuen Anfang in fernen Kontinenten ins Auge zu fassen. Nicht lange, und wir sahen uns schon in Australien, als Obstzüchter in Afrika, als Holzfäller in Kanada, bis wir schließlich einen Kompromiß schlossen und uns auf ein weniger entferntes Land einigten. Wir wählten Irland als künftige Heimat. Irland war in einen Wirtschaftskrieg mit England verwickelt, und dort war vielleicht eine Farm zu einem erschwinglichen Preis zu bekommen.

Im Sommer 1938 wanderte ich auf den schönsten Gütern umher, ahnungslos, was ich eigentlich suchte. Ich ging durch so manches noble Eingangsportal, so manche von Unkraut überwucherte Einfahrt entlang, um vor so manchem ‚Herrensitz' anzukommen, der ‚einiger baulicher Instandsetzungsarbeiten' bedurfte. Es war gleichgültig, daß auf die prunkvollen Portale bald eiserne Bettstellen folgten, oder daß eine ‚nie versagende Wasserversorgung' sich oft genug als ein Tank auf dem Dach oder ein Feldbrunnen, Hunderte von Metern abseits des Hauses, herausstellte. Ich war nicht zu entmutigen – zumindest gab es keine Hakenkreuze. Hitler hatte mittlerweile viele unblutige Siege errungen, aber daß er mich dazu gebracht hatte, das Melken einer Kuh mit Gleichmut ins Auge zu fassen, war sicherlich sein größter Triumph.

Wir schoben die unerfreuliche Pflicht, Peters Vater in unsere

Pläne einzuweihen, möglichst lange hinaus. Es war keine erfreuliche Aufgabe; denn Peter war schließlich ein Jahr vorher endlich in die väterliche Praxis eingetreten, und die Freude der Familie, die Feierlichkeiten zu Ehren des neuen Juniorpartners waren sehr bewegend gewesen. Die Kontinuität war gesichert. Peters Vater hatte sogar ein Lächeln über den steinigen Pfad zustande gebracht, der schließlich an dies Ziel geführt hatte; er hatte sich sogar ein Extraglas Wein, eine verbotene Zigarre genehmigt und wissend genickt bei dem Gedanken, daß sein Sohn vielleicht niemals sein Examen hätte machen können, wäre er selbst nicht Parteimitglied geworden und dadurch imstande gewesen, einen gewissen Einfluß auszuüben. Man denke nur an den Vorfall, als Peter den Saal verlassen hatte, nachdem Dr. Rothenberger, der damalige Hamburger Oberlandesgerichtspräsident, in einem Anfall von Übereifer gefordert hatte, alle jungen Referendare sollten nicht nur den obligaten Treueid auf den ‚Führer' ablegen, sondern sich ihm gar mit Leib und Seele verschreiben! Oder daß ein Staatsanwalt es einmal für nötig gehalten hatte, von einer Unterhaltung Meldung zu machen, die er im Tennisklub mit angehört hatte! Sorgenvolle Momente hatte es auch gegeben, als klar wurde, daß Peters politische Beurteilungen in summa derart negativ waren, daß er damit rechnen mußte, die zweite Staatsprüfung nicht zu bestehen; schließlich mußte man sogar auf ein altes Gesetz aus der Weimarer Zeit zurückgreifen, nach dem kein Wehrmachtsangehöriger Mitglied einer Partei sein durfte. Peter hatte sich freiwillig zur Luftwaffe gemeldet und für die Ablegung seiner mündlichen Prüfung einen zweitägigen Urlaub erhalten. In seiner Uniform steckte kein sehr begeisterter Soldat: Kanonier Bielenberg, Flakbatterie VI, aber wenigstens nicht Parteigenosse Bielenberg, was uns damals ein Trost war.

Im Sommer 1938 waren wir derart mit unseren Zukunftsplänen beschäftigt und hatten uns schon so an die explosiven Schlagzeilen gewöhnt, daß uns die volle Bedeutung der Greuelmärchen entging, die zuerst einen bescheidenen Platz auf der letzten Seite der Zeitungen eingenommen hatten und inzwischen in Balkenschlagzeilen auf der Titelseite angelangt waren. „Tschechischer Untermensch stößt in Mährisch-Ostrau schwangere deutsche Mutter vom Fahrrad!" „Wie lange noch müssen unsere geduldigen deutschen Volksgenossen solche entwürdigenden Grausamkeiten erdulden?" „Das deutsche Volk, wie ein Mann hinter seinem Führer geeint, kann nicht länger warten." – Das hatten wir alles schon bis zum Überdruß erlebt. Wir beschlossen, Peters Vater im August über unser Vorhaben zu unterrichten, sobald er aus dem Urlaub zurückgekehrt war; dann war er sicher erholt, und ein besonders vertrackter Fall, mit dem Peter gerade zu tun hatte, war bis dahin bestimmt erledigt. Nächste Woche also ... Aber es sollte nicht dazu kommen. Peters Gestellungsbefehl kam telefonisch. Gefreiter Bielenberg (er war befördert worden) sollte sich binnen vierundzwanzig Stunden bei seiner Einheit melden.

Als aus dem Luftwaffenlager in der Nähe von Hamburg die Nachricht kam, daß Peters Einheit am nächsten Tag zur deutschen Ostgrenze in Marsch gesetzt würde, stellte ich mich mit einer Gruppe bekümmerter Frauen und Mütter, die ebenfalls noch einen Abschiedsbesuch machen durften, vor dem Tor auf. Ich unterschied mich von den anderen Frauen nur dadurch, daß ich nicht mit Paketen und Päckchen beladen war; dicke Wolljacken, Berge leckerer Kuchen, meterweise Würste, sogar ein Schokoladepudding samt Kristallschüssel war unter den so gut gemeinten, aber leider Gottes höchst hinderlichen Liebesgaben.

Wie dann plötzlich der Aufruhr begann, ist nicht leicht zu sagen. Es fiel mir in Deutschland immer schwer, zu erkennen, wie ein Streit losging. Die ruhige, neutrale Eröffnungskadenz, das rasche Crescendo und dann das große Finale, bei dem sich alle die Lunge aus dem Hals schreien und drohend die Fäuste schütteln. Diesmal begann es ziemlich am Anfang der Schlange, wo eine Dame, von der nur ein Hut wie eine Suppenterrine zu erkennen war, anscheinend aus Versehen ihren Kuchen hatte fallen lassen. „So eine Schweinerei!" „Was für eine Schweinerei?" „Können Sie nicht die Augen aufmachen? Mein Kuchen natürlich, trampeln Sie gefälligst nicht darauf herum! Was hat es überhaupt für einen Sinn, Kuchen zu backen, wenn die Butter ranzig ist?" „Sie hat recht! Sie hat ganz recht, und die Butter ist nicht das einzige Ranzige im Land –" Die Explosion war da – von Kuchen zu Tschechen. „Lassen Sie mich doch mit dem ganzen Pack in Frieden. Wer waren denn die Sudetendeutschen überhaupt? Lauter faule, nichtsnutzige Polacken." „Schön wär's, ein paar von den Parteiherrschaften in Uniform zu sehn." „Halten Sie den Mund!" „Ich denke nicht daran, den Mund zu halten!" Wir waren derart „hinter unserem Führer geeint", daß der

Wachtposten die Zeit für gekommen hielt, das Tor zu öffnen und uns einzulassen.

Während Peter und ich zusammen mit anderen kummervollen Paaren in einem großen, leeren, zugigen Saal standen, unter einem Porträt Görings, dessen überladene Uniform wie das Schaufenster eines Juweliers anzusehen war, versuchte Peter mich zu beruhigen. Lange könne es nicht dauern. Einmal müsse ja der Augenblick kommen, da jemand Hitler die Zähne zeige. Wir sprachen nicht von dem Gerücht, daß Flakgeschütze gegen die starken tschechischen Befestigungen eingesetzt werden sollten, auch nicht davon, daß eine Armee, viel größer als die deutsche, in Frankreich mobilisiert wurde und daß Mussolini, unser einziger Verbündeter, anscheinend kalte Füße bekommen hatte. Wir sprachen im Flüsterton über alles mögliche, aber nicht über den Krieg, abgesehen davon, daß Peter mir das Versprechen abnahm, mit den Kindern nach Dänemark auszuweichen, wenn es ganz schlimm aussehen sollte. Wir nahmen am Lagereingang Abschied, und ich fuhr mit der Besitzerin der Kristallschüssel davon. Sie und ich waren in recht weinerlicher Stimmung, als wir im Auto saßen und ihren Schokoladepudding verdrückten.

Als ich hörte, daß die britische Flotte mobilisiert worden sei, fand ich, daß die Dinge schlimm genug aussähen. Im Geist sah ich gewaltige graue Ungetüme in Schlachtordnung auffahren, und ich wußte, daß die Zeit gekommen war, mich auf den Weg nach Dänemark zu machen. Meine Schwiegermutter begleitete mich an die Grenze, und wir versicherten einander immer wieder, daß ich ganz bestimmt das Richtige tue. Nicky saß zwischen uns, steif wie ein Zinnsoldat, und hielt seinen zerzausten Teddybären an sich gepreßt, und John war vom Autofahren schlecht. Plötzlich hatten wir die langen Grenzformalitäten hinter uns, der Schlagbaum ging hoch, wir waren in Dänemark, und ich verlor prompt die Nerven.

Was hatte ich in Dänemark zu suchen, falls es wirklich zum Krieg kam? Ich gehörte doch in das Land, das hinter mir lag – zu meinem Zuhause, zu den Menschen, die ich liebte, zum Gefreiten Bielenberg. Ich trat aufs Gas und hielt den Blick starr auf die Straße vor mir gerichtet, um nicht auf die eintönige, flache, dunstige, neutrale Landschaft achten zu müssen. Aber als ich ein paar Tage später nach Hamburg zurückkehren konnte, sah ich plötzlich, daß die Bauernhäuser mich freundlich anlächelten und die Weiden üppig und grün waren, denn inzwischen war etwas Erstaunliches geschehen. Chamberlain, eine hagere viktorianische Gestalt und für mich der langweiligste aller Premierminister, hatte irgendwie einen Kompromiß zustande gebracht – gleichgültig, was für einen, jedenfalls war die Gefahr eines Krieges abgewendet.

Nicky plapperte fröhlich über sein neues Dreirad, John wurde es nur zweimal schlecht; ich mußte irgend etwas mit den Bremsen unternehmen, sie zogen ein bißchen nach rechts. Na ja, egal, solange die alte Kiste nach Süden rollte, der Heimat entgegen. Zurück zum alten Trott, zum täglichen Durcheinander mit seinen Höhen und Tiefen und auch, zu meiner Überraschung, zu einem gewissen Abglanz der Glorie. Englands Ansehen war himmelhoch gewachsen. Man erklärte mir, das Münchner Abkommen habe deutlich gezeigt, daß nur England sich auf das Spiel der internationalen Politik verstehe. Verglichen mit Hitlers gefährlichen Wahnvorstellungen hatte Chamberlains nüchterne Aufrichtigkeit tief erleichternd gewirkt. München sei die Antwort einer Weltmacht an einen Emporkömmling gewesen, und niemand sonst hätte Hitler von seinen Kriegsplänen abbringen können.

Weitaus wichtiger aber als das Münchner Abkommen selbst war die Tatsache, daß der ‚Führer' nachgegeben hatte; Hitler war offensichtlich viel weniger begeistert als die anderen Vertragspartner – weil diesmal ein älterer Herr, lediglich mit einem Regenschirm bewaffnet, ihm die Schau gestohlen und allen Applaus eingeheimst hatte. Es gab zwar Zyniker in England, die meinten: „If at first you can't concede, fly, fly, fly again!" Und deutsche Zyniker flüsterten, Hitlers Erklärung, das Sudetenland sei seine letzte territoriale Forderung, sei keineswegs eine ehrliche Willenskundgebung, sondern eigne sich höchstens als Epitaph über seinem Grab. Aber wer wollte auf die Zyniker hören? Wir waren alle gefährlich nah am Rand des Abgrunds gewesen; nicht nur mir war der Schrecken in die Glieder gefahren. Nach meiner Rückkehr aus Dänemark stellte ich fest, daß mich eine neue Stimmung umgab, und während ich ringsum huldvoll Hände schüttelte, war ich überzeugt, den ersten Riß im Bollwerk der Diktatur entdeckt zu haben.

Die Atempause, der tiefe Seufzer der Erleichterung hielt nicht lange vor; genau gesagt, ganze vier Wochen. Denn wenn jemand geglaubt hatte, Hitler sei durch München gezwungen worden, seine Taktik zu ändern, oder gehofft hatte, seine Eitelkeit sei durch die langen Pilgerfahrten der Vertreter der Großmächte befriedigt worden, wurde er vom ‚Führer' eines Besseren belehrt mit der sogenannten Kristallnacht, jener angeblich spontanen Reaktion des deutschen Volkes auf den Mord an einem jungen Beamten an der Pariser Botschaft. Synagogen gingen in Flammen auf, jüdische Geschäfte und jüdischer Hausbesitz – die meisten Leute hatten überhaupt keine Ahnung davon, daß die Eigentümer Juden waren – wurden demoliert. Es gingen Gerüchte um, daß in der Nacht viele Menschen verhaftet worden seien, daß es viele Tote gegeben habe, und wer an jenem Morgen in die Stadt kam, berichtete, daß Horden von wüsten Schlägern, offensichtlich von oben dirigiert, systematisch von Geschäft zu Geschäft gezogen seien, die Scheiben eingeschlagen und die Waren auf die Straße geschleudert hätten. Kein Passant hätte daran gedacht, die Gelegenheit zum Plündern zu benützen; Glas, Spielzeug, Mäntel, Schuhe und Handtaschen lagen auf den Gehsteigen verstreut, bis die Ladenbesitzer kamen und sie beiseite kehrten.

Ich war während dieser Zeit oft in der Stadt, in den Läden, in der Straßenbahn – mit aufgesperrten Augen und Ohren, wie es sich für jemanden gehört, der sich ja nichts entgehen lassen möchte. Niemand, mit dem ich sprach, freute sich über die Schandtaten; im Gegenteil, die Menschen, die sie angeblich so spontan begangen hatten, standen um die Zeitungskioske und gaben ihrer Verwirrung, Bestürzung, ja sogar ihrem Abscheu Ausdruck, oder sie eilten mit gesenktem Blick an den rasch mit Brettern vernagelten Schaufenstern des Neuen Walls vorbei.

Es war auch wirklich hart für sie, denn was war nun aus ihren Träumen von der Wohlanständigkeit geworden? Es gab keinerlei Ausreden, auf den Straßen herrschte wieder die Willkür, und es war unmöglich, sich vorzumachen, daß Hitler von diesen Dingen vielleicht nichts wußte, denn täglich wurde Schmähung auf Schmähung gehäuft, erging Gesetz um Gesetz, um die noch in Deutschland lebenden Juden zu Freiwild zu degradieren. Das alles waren Dinge, die unvermeidlich den Abscheu, ja schlimmer, die Verachtung der gesamten zivilisierten Welt erregen mußten. Aber Hitler brüstete sich überdies, sein Wille sei Deutschlands Wille, und was er tat, sei die Tat aller Deutschen. Das war ihnen so lange recht gewesen, als er ihren nationalen Ambitionen entgegenkam, als er den verhaßten Versailler Vertrag zerrissen und

Österreich ‚heim ins Reich‘ geholt hatte; aber nun hätten sie gern ihre Mißbilligung gezeigt und konnten das doch nur, indem sie nicht mitmachten, durch betretenes Schweigen oder durch gelegentliche Bemühungen, den Betroffenen heimlich zu helfen. „Schlimm – schlimm“, murmelten sie und fügten manchmal nach guter Hamburger Art hinzu, sie hätten gehört, daß es zum Beispiel in Frankfurt noch schlimmer zugegangen sei.

Während ich mich umhorchte, stellte ich zu meiner Freude fest, wie weit Goebbels und sein Propagandaministerium ihr Ziel verfehlt hatten. Es schien mir, daß es vielleicht dieser Ernüchterung bedurft hatte, um den Nationalsozialismus zu entlarven, und daß nun endlich allen außer den unverbesserlichen Fanatikern die Augen aufgingen. Jetzt mußten sie merken, daß sie ihr Schicksal in die Hände eines verantwortungslosen Wahnsinnigen gelegt hatten.

Noch ehe Peter aus dem Sudetenland zurückgekehrt war, starb sein Vater ganz plötzlich. Ich war traurig und wiederum nicht traurig, denn ich hatte meinen Schwiegervater sehr ins Herz geschlossen und war froh, daß er nicht mehr erleben mußte, wie sein Hamburg zu einem Rummelplatz wurde. Wie ich wußte, hatte er mitansehen müssen, daß die Werte, die er hochhielt, sich auflösten, und er hatte nicht mehr die Kraft, sich dem Sturm entgegenzustemmen. Selbst wenn er noch länger gelebt hätte, hätte er wahrscheinlich nicht erfahren, daß wir nach Irland hatten auswandern wollen, denn kurz vor Weihnachten kam ein Freund, den wir fast zwei Jahre nicht gesehen hatten, aus China zurück. Peter besuchte ihn in Hessen, und als er zurückkehrte, hatte er jeden Gedanken daran aufgegeben, der ‚Deutschen Frage‘, wie meine ‚Times‘ es nannte, den Rücken zuzuwenden. Seine Bekehrung hatte sich derart geschwind vollzogen, daß ich mich fragte, ob er wirklich je ernstlich daran gedacht hatte, in die Welt hinauszugehen.

Der Freund, den er in Hessen besucht hatte, war Adam von Trott zu Solz, der 1935, als wir in Reinbek wohnten, drei Monate in Hamburg zugebracht hatte. An freien Wochenenden war er oft zu uns herausgekommen, um etwas Landluft zu schnappen und sich auf unserem Sofa, das damals als Gästezimmer Dienst tat, einmal richtig auszuschlafen. Ich hatte ihn als einen ungewöhnlichen Menschen in Erinnerung; nicht wegen seines glänzenden Aussehens und seiner liebenswerten Gewohnheit, jedem, den er kennenlernte, das Gefühl zu geben, mit ihm unterhalte er sich besonders gern (eine Gewohnheit, die sein Privatleben in einem ständigen Aufruhr hielt), ungewöhnlich auch nicht deswegen, weil er, wie Peter, trotz höchst ungünstiger Beurteilungen seiner politischen Zuverlässigkeit sein zweites Staatsexamen zustande gebracht hatte. Für mich war er ungewöhnlich, weil meine Kenntnisse von Deutschland und den Deutschen sich fast ausschließlich auf Hamburg beschränkt hatten und ich einem Menschen wie ihm noch nie begegnet war.

Adam stammte aus einer großen, eigenwilligen Landadelsfamilie in Hessen, die dem Staat seit Generationen hohe Beamte gestellt hatte. Seine Erziehung war darauf ausgerichtet gewesen, ihn für den Staatsdienst auszubilden, und der Tradition getreu hatte er auch keinen anderen Ehrgeiz; unschlüssig war er sich nur, in welcher Eigenschaft er seinem Land dienen sollte. Er hatte ein Rhodes-Stipendium erhalten und zwei Jahre in Oxford zugebracht, und er hätte zweifellos rasch Karriere gemacht, wenn nicht seine Rückkehr nach Deutschland, 1933, genau mit Hitlers Machtantritt zusammengefallen wäre. Er mußte feststellen, daß er in den Staatsdienst nur eintreten konnte, wenn er Parteigenosse würde, und abgesehen von einer Laufbahn in der Wirtschaft oder einer Universitätsdozentur auf einem neutralen Wissenschaftsgebiet gab es nur wenig andere Möglichkeiten für jemand, der nicht gesonnen war, sich den Vorschriften der Partei zu unterwerfen. Sein persönliches Dilemma schien seinen Optimismus nicht getrübt zu haben – einen ansteckenden Optimismus, wie ich bald feststellte –, denn er verschwendete nicht viel Zeit an das beliebte Spiel, der älteren Generation die Schuld dafür zu geben, daß der Karren derart im Dreck steckte. Statt dessen schien er den Nationalsozialismus als eine vorübergehende Krankheit anzusehen, gegen die sich die seinem Volk innewohnende Vernunft schließlich durchsetzen werde. Auch war er anscheinend voller Zuversicht, daß es in Deutschland, besonders in Berlin, Gruppen von Leuten – manche noch in prominenter Stellung – gebe, die dafür sorgen würden, daß es mit Hitlers Herrschaft nicht mehr lange dauern werde.

In den drei Monaten, die Adam in Hamburg verbracht hatte, waren er und Peter enge Freunde geworden, und als wir erfahren hatten, daß er nach Amerika und China gereist war und mindestens zwei Jahre abwesend sein werde, hatten wir uns oft gefragt, wie er wohl auf die Ereignisse reagiert hätte, die während seiner Abwesenheit auf uns einstürmten. Er hatte uns gefehlt wegen seiner natürlichen Gabe, uns zum Nachdenken zu bringen; er erreichte das auf eine so liebenswert erwartungsvolle Weise, daß es uns nie als etwas Besonderes auffiel.

Adam war nun zurückgekommen, er hatte sich in Berlin umgeschaut, und die Nachrichten, die Peter von seinem Besuch in Hessen mitbrachte, waren so verheißungsvoll und so belebend, daß er die Überzeugung gewann, es wäre verkehrt gewesen, Deutschland in einem Augenblick zu verlassen, in dem das Blatt sich zu wenden begann. Endlich seien die noch wenige Jahre vorher vereinzelten Stimmen der Andersdenkenden zu einem Chor angeschwollen; angesichts der Möglichkeit eines Krieges sei die Generalität, die über die einzige Waffe verfügte, mit der das Regime gestürzt werden konnte, endlich so alarmiert, daß sie zum Handeln bereit scheine. Darüber hinaus habe sich bereits der Kern einer Zivilregierung gebildet, die nach Hitlers Verhaftung die Zügel übernehmen würde. Dies würde keine leichte Aufgabe sein, da seit 1933 vieles geschehen war, und es bedürfte der zuverlässigen Unterstützung innerhalb der gesamten Staatsverwaltung.

Dies waren aufregende Möglichkeiten, und als Peter mich fragte, ob ich bereit sei, alle früheren Entschlüsse über Bord zu werfen und mich einem, wie es schien, verzweifelten Wettlauf gegen die Zeit anzuschließen, wußte ich sofort, daß der Herrensitz in Irland von mir aus zum Teufel fahren konnte. Allein der Gedanke, endlich etwas Positives zu tun, genügte, um uns in Hochstimmung zu versetzen. Ich sah Hitler schon hinter schwedischen Gardinen und eine neue Ära heraufziehen, längst ehe ich begann, Pläne zu schmieden, wie wir unser Hab und Gut von Hamburg nach Berlin bringen konnten.

Peter machte sich daran, seine Praxis aufzulösen, und bewarb sich um eine Stellung im Wirtschaftsministerium. Dazu mußte er formell seine Aufnahme in die Partei beantragen. Bevor ihm das Parteiabzeichen verliehen werden konnte, mußten erst zahlreiche Unterlagen für seine und meine arische Abstammung gesammelt werden, und wir durften damit rechnen, daß diese Prozedur Monate, wenn nicht Jahre in Anspruch nehmen werde, da fast alle meine Papiere aus Irland beschafft werden mußten. Und bis ihm die ‚Ehre' zuteil wurde, das Parteiabzeichen im Knopfloch zu tragen, würde es nach unserer Überzeugung längst aus der Mode gekommen sein. Inzwischen unternahm Adam Versuche, einen Posten im Auswärtigen Amt zu erhalten. Mit seinem üblichen Optimismus war er sogar überzeugt, es werde ihm gelingen, ohne dem Regime solcherart Ergebenheit vorspielen zu müssen.

Im Frühjahr und Sommer 1939 pendelte ich sozusagen zwischen zwei Welten hin und her, die sich immer mehr voneinander entfernten. Ich brachte die Kinder zu meinen Eltern nach England, fuhr dann nach Berlin, um ein Haus zu suchen und einzurichten. Ich fand Berlin nicht schön, aber aufregend, ohne Frage eine Hauptstadt, so verschieden von Hamburg wie London von Liverpool. Es hieß, daß man Berlin langsam verfalle, aber auf mich wirkte es wegen der Heiterkeit seines Klimas sofort anziehend; Müdigkeit kannte man dort nicht. Ich stellte auch erfreut fest, daß es die munteren Berliner völlig kaltließ, welchen Eindruck sie oder die massive wilhelminische Architektur ihrer Stadt auf Fremde machten. Man mochte an Berlin – von den würzig duftenden Kiefern des Grunewalds bis zu den verwanzten Vierteln um den Alexanderplatz – Gefallen finden oder nicht, für die Ur-Berliner lebte es sich nirgendwo auf der ganzen Welt besser.

Auch ich wollte dort leben; aber da ich mir einbildete, ich müßte der Kinder wegen ein Haus mit Garten haben – und obendrein eins in Dahlem –, fügte ich den vielen Problemen, von denen mir der Kopf brummte, noch ein weiteres hinzu. Ich entdeckte, daß sich nicht nur Berlins frische Luft von der dunstigen Atmosphäre Hamburgs unterschied, sondern daß hier auch das Wesentliche aller politischen Fragen mit einer Klarheit zutage trat, die jedem, der engere Horizonte gewohnt war, zuerst den Atem verschlug.

Die alten und die neuen Ministerien, die Botschaften, die Reichskanzlei, das Oberkommando der Wehrmacht, das Gestapo-Hauptquartier, Macht und Zubehör der Diktatur waren in Berlin konzentriert, und die Stadt zog wie ein Magnet alle an, die in der Politik noch immer ein Spiel sahen, das zu spielen sich lohnte.

Obwohl ich nie vorgegeben hatte zu verstehen, wie das wacklige, alte Britische Weltreich eigentlich zusammenhielt, war sogar mir bald klar, daß in Deutschland irgend etwas schrecklich schiefgegangen war. Es war sozusagen zu einem verkehrten Gefängnis geworden: die Kriminellen am Ruder, lärmend und erbarmungslos, doch ebenso naiv und unfähig, völlig ungeübt in der diffizilen Kunst des Regierens, konnten nichts anderes tun als an einen gewissen latenten Chauvinismus appellieren, wie er in den meisten Völkern schlummert, und furchtsam auf die Stimme ihres Herrn lauschen.

Ihnen standen die alteingesessenen Verwaltungsbeamten gegenüber, die Recht und Ordnung hüteten, die getreu den preußischen Traditionen auch nach 1933 auf ihren Posten geblieben waren und noch immer in jedem Bereich der Verwaltung ihre Stellung hielten. Sie waren gewiß keine geborenen Revolutionäre, aber viele von ihnen waren von den Grundsätzen ihres Berufsstandes und auch vom Widerwillen gegen die Ereignisse in ihrem Vaterland dazu getrieben worden, eben diese Rolle ins Auge zu fassen – für die sie weder ihr Herrgott noch die anspruchsvolle preußische Staatsgesinnung vorbereitet hatten. In Anbetracht ihrer Grenzen hatten sie sich nicht schlecht gehalten. Die alten Ministerien waren immer exklusiv gewesen und es auch geblieben; trotz der Gestapo hatten sie sich mit viel Geschick eine gewisse Selbständigkeit bewahrt.

Niemandem, nicht einmal seinen engsten Mitarbeitern war es anscheinend gelungen, in Hitlers sonderbar intuitive Denkart einzudringen. Er duldete niemanden neben sich, was man vielleicht für einen Beweis seiner dämonischen Genialität halten konnte; sobald jedoch seine Absichten erkennbar wurden und die greifbare Form von Anweisungen und Denkschriften an seine Minister oder an das Heer (die Wehrmacht) annahmen, setzte sich ein alteingebürgerter ‚Draht' in Bewegung, und alsbald stand eine Flut zuverlässiger Informationen zur Verfügung.

Als wir im Februar 1939 in Berlin eintrafen, kam über diesen ‚Draht' eine Nachricht von besonderer Bedeutung: Hitler beabsichtige einen Krieg im Herbst des Jahres. Kaum hatte er seine Unterschrift unter das Münchner Abkommen gesetzt, hatte er schon die Besetzung der ganzen Tschechoslowakei zu planen begonnen; dann sollte Polen drankommen, bald schon sollten wir von polnischen Greueltaten, von polnischen Untermenschen hören; dann der polnische Korridor, Danzig und sogar die kornreiche Ukraine – sein Ehrgeiz kannte keine Grenzen. Die bisherigen Ereignisse hatte ihn nicht davon überzeugt, daß England oder Frankreich eingreifen würde, wenn er nach Osten marschierte, und in diesem Wunschdenken wurde er von Ribbentrop bestärkt, der ihm jede Information vorenthielt, die auf das Gegenteil hindeutete. Der einzige Lichtstrahl in der sonst so düsteren Situation war die ständig zunehmende Aktivität, die sich zwischen einigen Generalen und den Führern der zivilen Opposition entwickelte.

Peter und Adam sprangen mit einem wahren Feuereifer in die Arena – es war so wenig Zeit zu verlieren. Wenn schon die ältere Generation – die Beck, Goerdeler, von Hassell, ein bißchen konservativ vielleicht, aber nichtsdestoweniger unversöhnliche Gegner Hitlers – sich anschickte, mit einem überlieferten Treuekodex zu brechen, dann durften es die Jüngeren nicht an Einsatz und Elan fehlen lassen. Im Gegenteil, voller Eifer und Ungeduld mußten sie drängen und überreden, neue Bundesgenossen suchen, die engere Zusammenarbeit fördern, jenen revolutionären Gedanken zusätzlichen Schwung verleihen, bevor es zu spät war. Sie waren auch, wie ich sah, mit Begeisterung bei der Sache, denn unter alten wie neuen Freunden waren genügend Bundesgenossen zu finden, und der Gedanke, sich gegen Hitler und sein Gangsterregime zu vereinen, hatte etwas besonders Anfeuerndes an sich; es war, als ob man sich jeden Tag aufs neue dem Satan in den Weg stellte.

Manchmal, wenn ich nach England zurückfuhr, fragte ich mich, in was um Himmels willen ich mich da eingelassen hatte, daß ich mit großen Augen in einer Welt umherwanderte, von der ich so wenig wußte. Deutsche Generale mit ihrer Tradition und ihrem soldatischen Gewissen; Sozialdemokraten, die zwar inzwischen geübt waren, im Untergrund zu arbeiten, aber Informationen und Unterstützung brauchten; normale wohlgenährte Bürger, die sich weismachten, Nachfahren alter Germanenrecken zu sein. Wo gehörte ich eigentlich hin? Aber Peter hauste damals in einer möblierten Wohnung mit einer Küche, so groß wie eine Streichholzschachtel, und Möbeln, die für einen Neandertaler gebaut schienen, und nährte seinen Revolutionseifer lediglich mit Schwarzbrot und Wurst. Politik hin, Politik her – ich fand, daß jemand nötig war, der gelegentlich ein Essen kochte, das gräßliche Geschirr ein bißchen lädierte und sich nach einem Haus mit Garten umsah.

Im Gegensatz zu dem Wirbel in Berlin, dem geradezu desperaten Gefühl der drängenden Zeit, herrschte in England die

Atmosphäre einer friedlichen Oase. Nicht, daß ich die politische Situation weniger durch alle möglichen Paradoxe verwirrt vorgefunden hätte, denn ich traf Freunde, die ich in etwa für Linksintellektuelle gehalten hatte, die das Wort Wiederaufrüstung nicht einmal aussprechen wollten und die über das Militär nur gespottet hatten, plötzlich in geradezu kriegerischer Stimmung. Andere, rechts eingestellte Freunde, denen es nicht so leicht gefallen war, die russischen Säuberungen, die Hochverratsprozesse und die Gerüchte von riesigen Konzentrationslagern, die Stalin in Sibirien zur ‚Umerziehung' politischer Gefangener eingerichtet hatte, zu ignorieren, hatten ebenfalls ihre Probleme. In Hitler hatten sie ‚das geringere Übel' unterstützt, und nun, da ihr widerspenstiges Kind sich zu einem Ungeheuer auszuwachsen drohte, hatten sie plötzlich das unangenehme Gefühl, zwischen zwei Stühlen zu sitzen.

Nur mein Vater, der den Morgenzeitungen selten großes Interesse entgegenbrachte, bevor er nicht zu den Sportseiten kam, zeigte sich in einer Stimmung, die jedesmal, wenn ich wieder nach Hause kam, deutlicher wurde. Für meinen Vater war Hitler nicht nur ein Radaubruder, sondern ein äußerst lästiger Bursche, mit genau jenem Zuviel an Arroganz, das ihn an etwas – an jemanden im Ersten Weltkrieg erinnerte; an ‚Kaiser Bill'. Mein Vater hatte eigentlich nicht viel für Churchill übrig gehabt („viel zu raffiniert, um einen guten Premierminister abzugeben"), aber der Umstand, daß Hitler Churchill so heftig attackierte („mischt sich in Dinge, die ihn nichts angehen"), machte ihn geneigt, Churchill wohlwollender zu betrachten. Alles in allem, und besonders „nach dieser Geschichte in der Tschechoslowakei" fand mein Vater, es müsse etwas geschehen, wenn Hitler so weitermache. Um keinen Zweifel an seinen Erwartungen zu lassen, baute er auf einem Feld bei den Tennisplätzen einen Beton-Unterstand und zog sich damit unseren wohlwollenden Spott zu; die Kinder tauften den Unterstand ‚Kriegshaus'. Er lief an Regentagen voll Wasser, und in diesem fabelhaften unterirdischen Teich konnten sie ihre Schiffchen schwimmen lassen.

Ich erzählte meinem Vater sehr eindringlich von der Opposition gegen Hitler, die sich in Deutschland bildete, und er hörte mir mit soviel Teilnahme und so hoffnungsvoll zu, wie er nur konnte. Das hinderte ihn aber nicht, seinem Luftschutzbunker ein Dach aufsetzen zu lassen.

Adam war im Juni und dann wieder im Juli ebenfalls in England. Seine Reisen waren gefährlich, denn seine Zuhörer waren viel gewichtiger als meine und er mußte artikulierter vortragen, was er zu sagen hatte. Die deutsche Opposition gegen Hitler werde immer stärker. Es gehe darum, wie man ihr nur noch etwas mehr Zeit verschaffen, wie man die außenpolitische Situation so manipulieren könne, daß dem Widerstand das Handeln leichter gemacht werde; darum, welche Unterstützung möglich sei, ehe Hitlers Krieg dazwischenkam, wodurch die Treue zum Vaterland ins Spiel gebracht und die Sache vernebelt werden würde. Adam führte Gespräche mit Lord Halifax, Stafford Cripps, sogar mit Chamberlain, bei denen er die Möglichkeit eines Auswegs aus der für beide Seiten höchst bedrohlichen Lage erörterte.

Er unterhielt sich auch mit anderen, ehemaligen Freunden aus seiner Oxforder Zeit, die allesamt nicht die geringste Ahnung hatten, wie gefahrvoll und kompliziert das Leben unter der Hitler-Diktatur war. Er kannte England gut genug, um zu wissen, daß er bei ihnen nicht viel bewirkt hatte – vielleicht ein gewisses Mitgefühl für seine eigene Lage. Im übrigen war er jedoch auf einen verlegenen, höflichen, manchmal auch wortlosen Mangel an Anteilnahme gestoßen, der, nach echter englischer Art, im besten Fall nur Verständnislosigkeit bedeuten konnte.

Unterdessen hatte ich in Berlin-Dahlem ein Haus mit Garten gefunden, indem ich einem jungen jüdischen Ehepaar, das keine Mittel im Ausland besaß und daher nicht hatte emigrieren können, einige hochwillkommene englische Pfunde zahlte. Kein Land schien es fertigzubringen, mittellosen deutschen Juden – trotz allen Mitgefühls für deren Notlage – Einreisevisa zu gewähren. Im Hochsommer 1939, als Tag für Tag die Sonne von einem wolkenlosen Himmel herniederstrahlte und der Phlox und die Rosen von Dahlien und Astern abgelöst wurden, wurde meine Suche nach einem eigenen kleinen Hafen endlich von Erfolg gekrönt.

Ich hatte ein solches Refugium nötig, als ich im Juli mit den Kindern in Deutschland eintraf; denn sobald man die deutsche Grenze überquerte, geriet man sofort in eine entsetzliche Atmosphäre drohenden Unheils. Die Propagandamaschinerie kreischte wütende Beschimpfungen gegen die Polen. Die Presse brachte die gewohnten Riesenschlagzeilen und tischte die gleichen alten Greuelmärchen auf, nur daß es diesmal die Polen statt der Tschechen waren. Die Teilmobilisierung war in vollem Gange, und kein ausgebildeter Wehrpflichtiger durfte ohne Genehmigung seiner Einheit das Land verlassen. Eingeweihte berichteten, daß der Krieg im Osten innerhalb weniger Wochen beginnen werde und Ribbentrop Hitler eingeredet habe, weder England noch Frankreich würde in den Kampf eintreten. Es war dem ‚Führer' nicht schwergefallen, Ribbentrops Weissagungen Glauben zu schenken, denn Chamberlain, Lord Halifax oder der britische Botschafter Henderson machten ihm nicht den geringsten Eindruck; sie waren typisch für die verweichlichten Engländer, wie sein Außenminister sie ihm schilderte.

Wir hörten, daß hinter den Kulissen mehrere Emissäre zwischen England und Deutschland hin und her eilten, um in letzter Minute diesen Nebel irriger Auffassungen zu durchdringen. Auch an Peter trat man wegen einer solchen Reise heran. Vielleicht ließ sich die britische Regierung zu einem dramatischen Schritt bewegen: die diplomatischen Kanäle und damit Ribbentrop zu umgehen und irgendeine unbeugsame Persönlichkeit, wie etwa Lord Gort, direkt zu Hitler zu entsenden. Mit einer Botschaft des Königs, die die Warnung enthielt, der ‚Führer' würde, falls deutsche Truppen die polnische Grenze überschritten, Deutschland in einen Weltkrieg stürzen. Wenn diese Mission im hellen Licht der Öffentlichkeit stattfände, würde klar zutage treten, in welche Lage Hitler das deutsche Volk brachte und die Generalität vielleicht zum Handeln veranlaßt werden.

Peter machte sich Mitte August auf den Weg, ohne erst in seiner Abteilung oder bei seiner Einheit um Genehmigung zu bitten. Fünf Tage lang wartete ich in Berlin, halb darauf gefaßt, daß jeden Tag sein Gestellungsbefehl mit der Post kommen könne. Ich fragte mich, was ich tun sollte, wenn er per Telegramm käme und Peter nicht rechtzeitig zurück wäre, der Krieg ausbräche und die Bielenberg-Menage auseinandergerissen wäre, jeder von uns zur falschen Zeit am falschen Ort. Doch ich hätte mich nicht zu ängstigen brauchen, denn er kehrte wohlbehalten zurück. Allerdings war es ihm nicht möglich gewesen, mit irgendwelchen hochgestellten Persönlichkeiten Kontakt aufzunehmen. Das Parlament hatte sich für die Sommerferien vertagt, kein Minister schien in London zu sein, und als ich auf den Kalender schaute, glaubte ich zu wissen warum. Es war genau eine Woche nach dem 12. August, dem ‚glorreichen Zwölften', mit dem die

Moorhuhnjagd beginnt; es wäre mehr vonnöten gewesen als ein Hitler, um sie von den schottischen Mooren fernzuhalten.

Die Nacht, die auf die englische Kriegserklärung folgte, verbrachte ich schlaflos; selbst wenn ich in fünfzig Jahren von dieser Nacht erzählen sollte, ich wüßte noch jede Einzelheit. Das Ticken der Uhr in der Diele, der dünne Klang der Glocke der Dahlemer Kirche, die stündlich schlug, Peters gleichmäßige Atemzüge neben mir, gelegentlich von oben ein Knarren, wenn die Kinder sich im Schlaf umdrehten, und dann, kurz vor Tagesanbruch, die gedämpften Geräusche und plötzlich der klare Gesang einer Nachtigall auf der Birke am Straßenrand. Man hatte mir gesagt, in unserem Garten gebe es eine Nachtigall, aber ich hatte sie noch nie singen hören.

Dann wurde mir bewußt, daß ich allein war, daß ich in einer prekären Situation zwischen zwei Welten zurückgelassen worden war. Ich machte mir keine Sorgen, dazu hatte ich es bisher im Leben zu gut gehabt. Ich wußte auch, daß ich mit einem angeborenen Optimismus gesegnet war, und daß meine Auslegung einer schlichten christlichen Erziehung mir die unerschütterliche Überzeugung vermittelt hatte, daß das Gute am Ende über das Böse siege. Was die Völker betraf, so hatte ich den leisen Verdacht, daß mir unter ‚gut' Englisches vorschwebte und daß ich bei ‚böse' an alle Ausländer dachte, die so dumm waren, das zu bezweifeln. Trotzdem, trotz der vertrauten Nachtgeräusche, spürte ich, daß der Weg, der vor mir lag, ein einsamer Weg sein würde, denn nichts würde schwarz sein und nichts weiß. Ich würde immer wieder zu meinen Ursprüngen zurückkehren und mich auf mich selbst besinnen müssen, wenn ich mich auf ihm mit Zuversicht vorwärtstasten wollte.

Das tiefe Violett des Himmels wich einem sanften, rauchigen Grau, als ich mich aus dem Fenster lehnte und mich fragte, ob meine Gedanken in dieser durchwachten Nacht mich wohl der Wahrheit nähergebracht hatten. Vielleicht ließ sich keine Antwort darauf finden, weil es keine gab. Man sagt, es gebe einen Augenblick kurz vor der Morgendämmerung, da das Vieh sich auf den Feldern regt, als folgte es einem geheimen Anruf, und die Vögel schläfrig in den Hecken rascheln und die Sterbenden leichter atmen, ehe sie den Kampf aufgeben und in den Tod gleiten. Vielleicht war es gar keine Nachtigall, vielleicht war es nur ein ganz gewöhnlicher Vogel, so wie ich, der im Geäst der Birke an der Straße wachgeworden war und dann einen übermütigen, überschwenglichen Gesang angestimmt hatte.

I

BERLIN

Der Blockwart

(Herbst 1939)

Ich saß auf der Terrasse, mit dem beschäftigt, was ich meine Stopfarbeit zu nennen wage, als Herr Neisse erschien, um den Wein zu stutzen, dessen üppige Ranken die Fenster unseres Hauses umwucherten. Sein wackliger alter Karren, beladen mit Leitern und Gartengeräten, hielt vor der Gartentür an. Ein kurzes Läuten, und schon begrüßte mich seine Stimme mit ihrem unverkennbaren sächsischen Tonfall hinter der Hecke. „Neisse, guten Morgen, Frau Doktor."

Wäre es ein Sonntag gewesen oder einer der vielen anderen Tage, an denen für etwas gesammelt wurde, so wäre das Läuten lauter und länger, der Tonfall abgehackter, der Gruß ‚Heil Hitler' gewesen. Herr Neisse kümmerte sich nämlich nicht nur gelegentlich um unseren Garten, er war auch unser Blockwart. Er beschnitt nicht nur Bäume, mähte den Rasen und fegte Blätter zusammen, er sammelte auch Parteibeiträge ein und verkaufte Abzeichen für das kürzlich aufgezogene ‚Winterhilfswerk', Ansichtskarten, Broschüren, alles mögliche, womit sich die Parteikasse auffüllen ließ. Außerdem hatte er der Partei über das Betragen der Volksgenossen seines Blockes Bericht zu erstatten, damit man genau kontrollieren konnte, ob jemand nicht gebührlich geflaggt oder nicht ausreichend oder gar unwillig für die große Sache gespendet hatte.

An Wochentagen war Herr Neisse freundlich, höflich, eher schüchtern; ein gut beschnittener Baum, ein Blumenbeet, der kleine dunkle Winkel neben der Garage, wo die Maiglöckchen eine sorgliche Hand brauchten – das waren Dinge, die ihm am Herzen lagen. Am Sonntag aber war die Sache anders. Da grüßte er mit dem ‚deutschen Gruß', da war er in seiner Parteiaufmachung. Da war er überdies auch gut rasiert, wenn man von einem kleinen, symbolischen Viereck über der Oberlippe absah. Für mich war er das einzige Rädchen in der Nazi-Maschinerie, das ich näher kannte, da wir die Liebe zur Gärtnerei gemeinsam hatten.

Es gab eine Geschichte, wonach bei Hitlers Geburt drei gute Feen an seiner Wiege gestanden hätten. Die erste wünschte ihm, daß jeder Deutsche ehrlich, die zweite, daß jeder Deutsche intelligent, die dritte, daß jeder Deutsche ein Nationalsozialist sein möge. Dann aber kam die böse Fee, und sie bestimmte, jeder Deutsche dürfe nur zwei dieser Eigenschaften besitzen. Somit blieben dem ‚Führer' nur intelligente Nazis, die nicht ehrlich waren, ehrliche Nazis, die nichts im Kopf hatten, und ehrliche und intelligente Bürger, die keine Nationalsozialisten waren. Eine hübsche, lustige Geschichte vielleicht, aber gar nicht so weit von der Wahrheit entfernt; denn ich hatte den Eindruck, daß diese drei Kategorien von Deutschen nebeneinander lebten und arbeiteten, aber infolge der Natur des Regimes unfähig waren, mehr als nur den oberflächlichsten Kontakt miteinander zu halten.

Man konnte bald entdecken, zu welcher dieser drei Kategorien Herr Neisse gehörte. Ich beobachtete ihn aus dem Augenwinkel, als er sein Wolljackett auszog, es sorgfältig zusammenlegte und die Leiter gegen die Ecke unseres Hauses lehnte. Dann holte er seine gut geölte Baumschere heraus und begann die Weinblätter um die Trauben wegzuschneiden, damit die Herbstsonne sie zum Reifen ermuntern könne. Er hatte mir versichert, etwa fünf Jahre vorher seien sie sogar eßbar gewesen – ein Versuch lohne sich immer. Ein so hingebungsvoller Gärtner, ein so harmloser Mensch, aber heute schien er mir nicht sehr gesprächig. Bei anderen Gelegenheiten hatte er mir nicht nur wertvolle Tips gegeben, wie den Besonderheiten der trockenen, sandigen Berliner Erde beizukommen war, sondern mir auch viel aus seinem Leben erzählt, während wir zusammen im Garten werkelten.

Herr Neisse war der Sohn eines sächsischen Bauern, unverkennbar sein Akzent. Selbst der letzte König von Sachsen hatte ja eine Urwüchsigkeit, die sein Volk, aber nicht sein Vetter, Kaiser Wilhelm, an ihm liebte: als er einmal, wie üblich, zu spät zu einer Militärparade des Obersten Kriegsherrn kam, der sich in seiner protzigen Uniform vor ihm aufgebaut hatte, begrüßte er ihn mit den Worten: „Na, Willem – haste mal wieder Telegramme verschickt?" – kurz nachdem Wilhelm II. sein berühmtes Telegramm an die Buren geschickt hatte. Und als der Sachsenkönig schließlich abdanken mußte, hielt er eine reizende kurze Rede: „So, Kinder, nu könnt ihr euern Dreck alleene machen!"

Ich hatte den Eindruck, daß Herr Neisse, einst treuer Untertan seines Monarchen, genauso gedacht hatte, als er aus dem Ersten Weltkrieg kam. Er war Soldat gewesen, ohne sich besonders hervorzutun, aber als er in das Chaos von Berlin heimkehrte, war er doch ziemlich überrascht, wie plötzlich und vollständig Deutschland den Krieg verloren hatte. „Wissen Sie, Frau Doktor, wir haben uns doch gut gehalten, ja, man hat uns sogar von großen Siegen erzählt, und dann mit einemmal Schluß – aus. Die Regierung in der Heimat hat um Frieden ersucht. So was! Sie haben ihren Frieden bekommen, und verdient haben sie ihn. Ich bin nach Berlin gegangen, weil da meine Hilde war und ich ihr versprochen hatte, nach dem Krieg zu ihr zurückzukommen. Sie hat auf mich gewartet, meine Hilde. Die Gute, sie hat gewartet."

Sie muß eine großartige Person gewesen sein, seine Hilde, denn sie sollte noch weitere zehn Jahre warten müssen, bis Herr Neisse soviel Geld zusammengespart hatte, wie nach seiner Meinung zum Heiraten notwendig war. Er hatte alles mögliche versucht, um nach dem Krieg Arbeit zu finden. Da er seinem ganzen Wesen nach ein Mensch vom Land war, fand er, daß das Gärtnerhandwerk für ihn das Richtigste wäre. Tagein, tagaus war er durch die baumgesäumten Straßen Dahlems gepilgert, unverzagt von einer Gartentüre zur nächsten. Er trank nicht, er rauchte nicht, er hatte für sein Mittagessen und einen Hungerlohn gearbeitet, den ganzen Tag sonst nichts gegessen und auf diese Weise nach einigen Jahren so viel zur Seite gelegt, daß er daran denken konnte, sich um einen kleinen Schrebergarten am Rand von Dahlem Dorf zu bewerben. Hilde hatte ebenfalls gespart; sie arbeitete an einem Metzgerstand auf dem Dahlemer Markt. Ihr Auge war auf eine bestimmte Parzelle gefallen, neben dem Grundstück ihres Bruders – das Häuschen war zwar nicht viel größer als ein Kaninchenstall, aber es genügte trotzdem.

Herr Neisse wußte nicht recht, was eigentlich schuld daran war, daß Deutschland den Krieg verloren hatte, aber für ihn gab es keinen Zweifel, daß das Unglück, das 1923 so unverdient über ihn hereinbrach, die Folge irgendeines gemeinen, heimtückischen Komplotts war. Fast über Nacht hatten sich seine Ersparnisse, Hildes Ersparnisse, ihr Schrebergarten, ihre so bescheidenen Hoffnungen in Luft aufgelöst. „Die Inflation, Frau Doktor, wissen Sie; plötzlich war alles futsch. Mit meinem ganzen Ersparten konnte ich gerade noch eine Tasse mit Untertasse kaufen, und die hab' ich der Hilde statt des Trauscheins geschenkt. Komisch, daß mir an der Untertasse so viel gelegen hat?" Aber es war gar nicht so komisch, denn wenn Herr Neisse von jenen Zeiten erzählte, bebte seine Stimme vor innerer Bewegung, und die sonst so präzisen Bewegungen seiner Hände wurden nervös und fahrig. Der Verlust seines kleinen Sparkontos hatte nicht nur jegliches Vertrauen zerstört, das er etwa zu einer demokratischen Regierung hatte, sondern ihn auch zuinnerst getroffen, seine Selbstachtung und sein Recht auf Achtung zerstört. Die Untertasse - vielleicht war sie ein Hauch von Gutbürgerlichkeit, vielleicht war sie Ausdruck des Trotzes gegen die unberechenbaren herrschenden Mächte gewesen.

Auf die Inflation war für Herrn Neisse wiederum Arbeitslosigkeit gefolgt, da die gleichermaßen verarmten Besitzer der Villen in Dahlem, pensionierte Beamte und dergleichen, sich den Luxus, einen Gärtner zu halten, nicht länger leisten konnten. Aber nach Herrn Neisses Beschreibungen währte es nicht lange, bis viele von ihnen auszogen und einer neuen Schicht von protzigen Juden und Ladenbesitzern Platz gemacht hatten. Herr Neisse hatte noch nie etwas für die Juden übrig gehabt und übrigens auch nicht für die anderen, die Ladenbesitzer; er nannte sie ‚weiße Juden'. Nach dem Krieg strömten sie vom Osten herein, die Lilienbusch und Rosenstrauß, die Ipskis und Owskis; sogar ihre Namen waren absurd. Aber irgendwie hatten sie es fertiggebracht, ebenso schnell zu Geld zu kommen, wie er, Herr Neisse, seine Ersparnisse verloren hatte. Er hatte für diese neuen Herrschaften gearbeitet – man mußte schließlich leben –, aber es war nicht das gleiche. Er fand sie vulgär und prahlerisch, sie lispelten ein Kauderwelsch, das er kaum verstand, und Trost fand er nur darin, daß die Gärten die gleichen geblieben waren, obwohl die Villenbesitzer gewechselt hatten. Langsam aber sicher und mit Hilfe seiner sparsamen Hilde sah er seinen kleinen Schrebergarten aus dem Dunkel begrabener Hoffnungen wieder ins Reich der realen Möglichkeiten eintreten. Er näherte sich schon den Vierzig, als er endlich seine Hilde heiratete, aber es war ein unvergeßlicher Tag gewesen, und zudem hatten sie ein Holzhäuschen bezogen, das noch größer war als das seiner Träume. Es hatte sogar eine Veranda, wie er mir erzählte.

Zwei Jahre arbeiteten und sparten sie unermüdlich, um den halben Anteil an einem Gemüsestand zu erwerben und damit eine Sprosse auf der gesellschaftlichen Leiter nach oben zu rücken.

Aber dann kam das Jahr 1929 und jenseits des Atlantik passierte etwas, das auch den europäischen Kontinent wie eine Sturmflut erreichte und eine Kette von Bankrotten und Selbstmorden auslöste. Die amerikanische Wirtschaftskrise versetzte der nur mühsam ausgewogenen Wirtschaft Deutschlands einen katastrophalen Schlag und ließ für einen Gelegenheitsgärtner keinen Platz mehr. Herr Neisse reihte sich in ein Heer von über sechs Millionen Erwerbslosen ein. Dank seinem Schrebergarten brauchte er nicht wirklich Hunger zu leiden, doch war er fast wieder auf den Punkt zurückgeworfen, wo er angefangen hatte, mit knurrendem Magen und vielen unfreiwilligen Mußestunden.

Er sprach zwar nicht davon, aber ich konnte mir vorstellen, daß Herr Neisse tief verbittert war und nach einem ‚-ismus' Ausschau hielt. Der Kommunismus sagte ihm nicht zu; er hatte immer für die Besitzenden gearbeitet, ihre Blumen und Bäume umsorgt. Er war, in seinem kleinen Bereich, ein Schöpfer; er verspürte nicht den Drang, alles in die Luft zu sprengen, er wollte nur irgendwohin gehören. Nationalismus? Das war etwas für die feinen Leute, für die, die noch etwas zu verlieren hatten. Nationalsozialismus, das war schon mehr nach seinem Geschmack. Er begann Parteiversammlungen zu besuchen. Zwar wünschte Herr Neisse, man hätte ihn bei der Blumendekoration zu Rate gezogen – er konnte hellrote und blaue Hortensien einfach nicht ausstehen –, aber er schilderte jene Zusammenkünfte mit einer Begeisterung, wie er sie sonst selten an den Tag legte. Die riesigen, fahnengeschmückten Säle, wenn die jungen Burschen einer nach dem anderen hereinschlüpften, ihre SA-Mützen aus der Tasche holten und ihre Regenmäntel auszogen, unter denen die verbotene Uniform zum Vorschein kam. Man konnte sich ihn gut vorstellen, wie er den rechten Arm hochriß und mit den anderen plärrte, wie ihm die Augen feucht wurden, wenn die lauten Männerstimmen das Horst-Wessel-Lied anstimmten.

Dann lauschte er gebannt, als es im Saal still wurde und die tiefe Stimme des großen Redners auf ihn eindröhnte, so viele seiner ungeformten Ressentiments in Worte faßte – und in was für Worte. Goldene Worte von deutschem Blut und deutschem Boden, von ‚Blubo', wie die Berliner das später nannten, von Deutschlands Wiedergeburt und seinem Bedürfnis nach einem Platz an der Sonne, von der Entehrung, die der Vertrag von Versailles über das Reich gebracht habe, von der Infamie und Doppelzüngigkeit der deutschen Nachkriegspolitiker, die das Vaterland verraten hätten. Und dann kam – die tiefe Stimme hob sich zu fanatischem Geschrei – der Sündenbock. Ein Sündenbock, wie er Herrn Neisse ganz entsprach, das Grundübel, an dem Deutschland litt: die Juden, die an allem schuld waren. „O nein, Frau Doktor, verstehen Sie mich richtig, nicht ein bestimmter Jude. Sie haben ganz recht, Ihr Vorgänger war ein sehr netter Herr – und von Dahlien hat er wirklich was verstanden. Nach 1933 konnte ich natürlich nicht mehr für ihn arbeiten, aber ich habe oft über die Hecke geschaut, wenn ich vorbeikam. Er hat sich meistens in seinem Garten aufgehalten, bevor er wegging, und ich wußte, was das bedeutete. Er hatte keine Arbeit, was mir sogar für ihn leid getan hat. Nein, nein, das internationale Judentum!" Herr Neisse beschrieb mit seiner Harke einen weiten Kreis, der alles einschloß, Hecken, Bäume, Dachgiebel, ja selbst die Wolken am Himmel. „Sie verstehen, Frau Doktor, das internationale Judentum."

Sobald er den fahnengeschmückten Saal und den Bannkreis der goldenen Worte verlassen hatte, fiel es Herrn Neisse wohl ebenso schwer wie mir, zu verstehen, wovon die Rede war. Auch trat er erst 1931 in die Partei ein; er konnte sich nicht früher dazu entschließen, weil Hilde das ganze Theater offensichtlich höchst albern gefunden hatte. Ein Verein von grünen Jungen, die Soldaten spielten, hatte sie erklärt und sogar ihrer gründlichen norddeutschen Verachtung für Hitlers österreichischen Akzent Ausdruck gegeben. Herr Neisse beeilte sich, mir zu versichern, sie habe sich inzwischen natürlich bekehrt – natürlich. Trotzdem wunderte mich das, denn ich wußte, daß Hilde eine typische Berlinerin war. Offensichtlich aber hatte sie es aufgegeben, ihm seine Begeisterung für die NSDAP auszureden, und ich hatte mich schon gefragt, ob nicht ihre Kinderlosigkeit etwas mit dieser Zurückhaltung zu tun hätte. Ich hatte den Eindruck, daß kein deutscher Mann sich ohne einen Sohn, ohne den Stammhalter, ganz vollständig fühlte, und da sie erst so spät geheiratet hatten, waren Herr Neisse und seine Hilde kinderlos.

Als Hitler 1933 Reichskanzler wurde, erhielt Herr Neisse, Parteigenosse Neisse, für seine getreue Teilnahme an Parteiversammlungen und die regelmäßige Zahlung der Mitgliedsbeiträge seinen Lohn – er wurde zum Blockwart ernannt. In dieser Funktion, auf der untersten Stufe der Parteihierarchie, war er verblieben und würde er zweifellos weiter bleiben, ein ewig Ausgenutzter, der zusah, wie die Juden und die ‚weißen Juden' ebenfalls auszogen und hohe, weiße Ziegelmauern um die neuen, prunkvollen Villen der Parteigrößen errichtet wurden, die nun in ihren großen, schwarzen Mercedes-Wagen Einzug hielten, mit ihren quellenden Plüsch-Garnituren und ihren unbedeutenden, aufgedonnerten Frauen. Himmler, Ley, von Ribbentrop, wir hatten eine eindrucksvolle Versammlung von Parteibonzen in Dahlem, und es war allgemein bekannt, daß sie in äußerstem Luxus lebten. Ebenso war allgemein bekannt, daß die NS-Größen in weiser Voraussicht Sorge getragen hatten, unter ihre Paläste tiefe und üppig ausgestattete Luftschutzbunker einbauen zu lassen, während wir gewöhnlichen Sterblichen nicht einmal Luftschutzausbildung erhalten hatten.

Für all diese so gar nicht zeitgemäßen Dinge hatte Herr Neisse sich eine Antwort zurechtgelegt, die ihn anscheinend befriedigte. Es war ganz einfach so, daß der ‚Führer' davon keine Ahnung hatte. Für Herrn Neisse war Hitler ein schlichter, aufrichtiger Mann, der einfacher Soldat gewesen war wie er selber und dessen einzige Extravaganz darin bestand, daß er sich für Deutschland und Deutschlands Wohl verzehrte. „Er hat ja die Kinder so gern, Frau Doktor, und auch Hunde – auch die Hunde liebt er." ‚Schlicht' war das Wort, auf das Herr Neisse und ich uns zur Beschreibung der Tugenden des ‚Führers' geeinigt hatten, obwohl ich mir einige andere Adjektive hätte einfallen lassen können, die zutreffender gewesen wären.

Der Tag, von dem hier die Rede ist, war warm, und Herr Neisse zeigte sich ungewöhnlich schweigsam, während seine Leiter an der Hauswand Stück um Stück auf mich zurückte. Seine Schere klapperte, und die roten Weinblätter fielen wie Papierdrachen auf den Rasen unter ihm. Ich war an diesem Tag auch nicht gerade gesprächig gestimmt, ja es fiel mir schwerer denn je, mich auf meine Stopfarbeit zu konzentrieren. Der Krieg war noch nicht einmal vierzehn Tage alt. Niemand hatte sich vorgestellt, daß die Wehrmacht mit derartiger Dynamik nach Polen einrücken würde. Die Polen besaßen offensichtlich keine Luftstreitkräfte und attakkierten die unerbittlich vordringenden deutschen Panzer in unglaublicher Bravour mit ihrer Kavallerie. Und die Briten – die Alliierten –, was unternahmen sie? Soweit ich sehen konnte, überhaupt nichts. Um ehrlich zu sein, ich hätte nicht zu sagen gewußt, was sie hätten tun sollen. Fallschirmtruppen landen? Die Flotte? Gott allein wußte, was zu tun war, wenn man feierlich in einen Krieg eintrat, um einen Verbündeten zu unterstützen. Ich wußte, daß ich mich an die Schlagzeilen der Zeitungen gewöhnen mußte, an die Meldungen von versenkten englischen Schiffen mit Tausenden von Menschenverlusten, an das Jubelgeschrei über die völlige Ohnmacht der britischen ‚Kriegshetzer' – außerdem bestand ja immer die Möglichkeit, daß die Angaben übertrieben waren, vermutlich der Wahrheit nicht im entferntesten nahekamen. Aber die anderen, wie man annehmen sollte, zuverlässigeren Stimmen von draußen – wie BBC, Radio Beromünster –, auch sie konnten einen nicht überzeugen, daß im Lager der Alliierten ein anderer Zustand herrschte als der des ohnmächtigen Zusehens.

Ich hatte noch einen andern Grund für meine gedrückte Stimmung. Mein Besuch beim Roten Kreuz – meine Geste des guten Willens sozusagen – war ein völliger Mißerfolg gewesen. Ich hatte nämlich ausgerechnet, ich könnte etwa drei, vier Halbtage pro Woche irgendeiner Freiwilligentätigkeit widmen, Mullbinden rollen, Pakete packen – meine Vorstellungen waren etwas unklar, aber ich glaubte sicher, daß man mein Anerbieten erfreut akzeptieren werde. Ich hatte mich also zum Büro des Roten Kreuzes in die Domäne Dahlem begeben, nicht ohne eine gewisse Selbstzufriedenheit, wenn ich ehrlich sein soll. Ich war nicht bereit, meine feste Überzeugung vom hohen Wert jedes einzelnen Menschenlebens davon beeinträchtigen zu lassen, daß mein Vaterland mit Deutschland im Krieg war. Aber ich wurde von einer abgearbeiteten Blondine empfangen, deren geduldige blaue Augen alle Empfindungen – von freundlicher Neugier bis zu offener Verblüffung – spiegelten, als sie von meinem Vorhaben hörte. „Sind Sie verheiratet?" „Ja." „Haben Sie Kinder?" „Ja." „Darf ich mir dann die Frage erlauben, wie Sie auf die Idee gekommen sind, fürs Rote Kreuz zu arbeiten?"

Nun war ich die Verblüffte. „Ach so. Dann haben Sie also keine Verwendung für freiwillige...?"

„Leider gar keine", antwortete sie mit Entschiedenheit. „Gehen Sie wieder nach Hause, zu Ihren Kindern, Frau Bielenberg, wo Sie hingehören."

Sie hatte ein ganz freundliches Gesicht, die Dame vom Roten Kreuz, aber sie sah auch äußerst müde aus.

„Sie machen den Eindruck, als hätten Sie allerhand zu tun", erlaubte ich mir zu sagen.

„Mehr als ich schaffen kann“, gab sie zu. „Dieser ganze Papierkrieg...“

Ich konnte nicht sagen, was an diesem Gespräch mich eigentlich so deprimierte, außer daß es tief entmutigend war, sich ständig in Opposition zu befinden. Vielleicht hatte ich gehofft, einmal etwas Positives tun zu dürfen.

Ich stach mich mit meiner Stopfnadel wieder ordentlich in den Finger, und als Reaktion auf meinen lauten Seufzer räusperte sich Herr Neisse und blickte starr auf eine Traube.

„Tut mir wirklich sehr leid, dieser Krieg, Frau Doktor“, sagte er, „es muß merkwürdig für Sie sein, in einem fremden Land.“

„Na ja, Herr Neisse, ich fühle mich eigentlich nicht fremd hier, es ist ja meine Heimat, und an den Krieg denke ich eben so wenig wie möglich“ – die obligate Antwort. „Trotzdem“, fügte ich hinzu, „als Sie das letztemal hier waren, hatten wir gehofft, daß die Sache anders laufen würde, nicht wahr?“

„Ja, das hatten wir, der Pakt mit Rußland...“

Aus irgendeinem Grund verstummte Herr Neisse wieder. Er stieg von seiner Leiter, rückte sie fast ungestüm ein Stück näher auf meinen Stuhl zu, und machte sich mit einer, wie mir schien, unnötigen Energie wieder ans Stutzen der Weinblätter. Ich hatte ihn allerdings etwas in Verlegenheit gebracht bei seinem letzten Besuch, der mit der Unterzeichnung des russisch-deutschen Nichtangriffspaktes zusammengefallen war – eine diplomatische tour de force und auch ein politischer Salto, der klügeren Leuten als Herrn Neisse den Atem verschlagen hatte. Ich hatte ihn damals gefragt, was nun mit einigen seiner Postkarten werde – Greuelbilder von ausgemergelten Frauen und hohläugigen Kindern, die vor Juden auf den Knien lagen, die teuflische Fratzen hatten und mit Peitschen bewaffnet waren. Wer Gefallen daran fand, solche Kartengrüße mit der Post zu versenden, konnte dem Text darunter entnehmen, daß es so in russischen Konzentrationslagern zugehe. Und nun waren die Russen, der bolschewistische Pöbel, mit einemmal unsere Busenfreunde. Meine Frage war Herrn Neisse nicht angenehm gewesen. Die Postkarten waren anscheinend zurückgezogen worden; es stand uns kleinen Fischen nicht zu, uns über solche Dinge Gedanken zu machen. Gewiß nicht, und als Herr Neisse ging, einigten wir uns darauf, daß der ‚Führer‘ schon wissen werde, was er tat, und daß wir gern über so manches hinwegsehen würden, solange es nur keinen Krieg gab.

Ich weiß auch nicht, warum ich ihn wieder nach den Postkarten fragte. Vielleicht, um das Thema zu wechseln, vielleicht, weil ich in seinem Karren eine braune Pappschachtel gesehen hatte, als ich ihm half, seine Leiter durch den Mauerbogen auf die Terrasse zu bugsieren. Sie lag halb versteckt unter mehreren Spaten und Bindfadenrollen.

„Ich sehe, Sie haben ein paar neue Karten" – die Wirkung hätte nicht dramatischer sein können, wenn ich ihm mein Stopfzeug an den Kopf geworfen hätte. Einen Augenblick schien es, als würde Herr Neisse von seiner Leiter kippen. Er schnitt wild auf das Weinlaub los, und eine ganze Traube kollerte auf die Terrasse.

„Nein – ja, ich hab' sie auf dem Weg hierher abgeholt. O ja, Sie können sie anschaun, wenn Sie wollen, am Sonntag sehen Sie sie sowieso."

Ich öffnete die Schachtel und kramte zerstreut darin herum. Starr blickende Frauen, starr blickende Kinder, starr blickende Schäferhunde, die allesamt die dürftige Gestalt anhimmelten, die ihr ‚Führer' war. Plötzlich hielt ich inne. Ich traute meinen Augen nicht. Das waren ja gute alte Bekannte: die Frauen, die Kinder, die Peitschen, die Juden. Nur der Text darunter war anders. ‚Britische Konzentrationslager in Südafrika während des Burenkrieges'. Ich starrte sie schweigend an. Auch das Geräusch der Baumschere in Herrn Neisses Hand verstummte. Ich warf einen Blick zu ihm hinauf – er schaute mich mit einem Ausdruck auf seinem zerfurchten Gesicht an, der schwer zu ergründen war. Flehentlich? Grollend? Resigniert?

„Sehr ähnlich, nicht wahr?" brachte ich murmelnd heraus.

„Sehr ähnlich", gab er zur Antwort.

„Sogar fast die gleichen", setzte ich hinzu.

„Wie Sie sagen, Frau Doktor, fast die gleichen..." und wir konnten uns beide nicht dazu bringen, das Gespräch mit unserer obligaten Phrase „wir sind ja nur kleine Fische" abzuschließen.

Als wir uns am Gartentor die Hand gaben und ich ihn für die folgende Woche wieder bestellte, brachte Herr Neisse kein Lächeln zustande. Armer kleiner Kerl, wieder einmal hereingelegt. Das Leben hatte ihn nicht sehr rücksichtsvoll behandelt, und diese Ansichtskarten waren vielleicht die ärgste Kränkung. Um so wahrscheinlicher war es, daß uns künftig sein Sonntagsgruß wie ein Donnerschlag treffen würde.

Ich sah, daß er, bevor er um die Ecke am Ende der Straße bog,

Nicky traf, der auf dem Heimweg vom Kindergarten war. Sie plauderten ein paar Worte miteinander, und dann kam Nicky auf mich zugehüpft.

„Ich hab Werner noch nach Hause begleitet", sagte er, als ich ihn fragte, warum er so spät komme, und dann: „Soll ich dir was sehr sehr Komisches erzählen?"

Ich war ganz danach aufgelegt, etwas sehr sehr Komisches zu hören, hatte aber nicht unbedingt mit dem gerechnet, was ich nun zu hören bekam.

„Weißt du, Mammi, Werner sagt, seine Mutter hört genauso Radio wie du, mit dem Ohr ganz dicht dran."

„Ach nein, wirklich?"

Einen Augenblick hielt ich die Luft an. Seit Kriegsausbruch stand auf das Abhören ausländischer Sender eine Mindeststrafe von fünf Jahren Gefängnis, im Höchstfall sogar die Todesstrafe. Es wurde immer ein Grund für die Verurteilung angegeben, wie fadenscheinig er auch war – ‚moralische Selbstverstümmelung' lautete die einfallsreiche Erklärung, die man für dieses spezielle Verbot ersonnen hatte. So wie ein Soldat an der Front erschossen werden konnte, wenn er versuchte, durch Selbstverstümmelung dem Einsatz zu entgehen, so war es für die Heimatfront ein Verbrechen, willentlich die Zerstörung ihrer Kampfmoral zuzulassen, indem man die Lügen abhörte, die der Feind verbreitete. Ich war Werners Mutter nie begegnet, aber von nun an waren wir aneinander gebunden, als hätten wir gemeinsam einen Mord begangen.

„Nun ja, sie wird halt taub sein", sagte ich mit fester Stimme, bevor die nächste Frage kam, die kommen mußte, „stocktaub auf einem Ohr, genau wie ich." Nicky schaute ein bißchen überrascht drein, enthielt sich aber weiterer Bemerkungen.

„Herr Neisse sagt, ich darf das nächstemal mitgehen, wenn er Abzeichen verkauft", sagte er. „Nett von ihm, nicht?"

„Ja", sagte ich, „sehr nett, ganz besonders nett."

Ich hatte für diesen Vormittag genug, und während ich ihm zusah, wie er vor mir herschlenderte, konnte ich nur hoffen, daß er seine sehr sehr komische Geschichte bis zum übernächsten Sonntag vergessen werde.

Als ich Anfang 1946 nach Berlin zurückkehrte, versuchte ich, Herrn Neisse ausfindig zu machen, da ich mittlerweile wußte, daß meine Ahnung mich in seinem Fall nicht getrogen hatte. Er hatte uns nichts Böses getan, keine belastenden Dinge über uns weitergegeben, wie andere eifrige Denunzianten es für richtig befunden hatten. Ich erfuhr, daß er nach dem Einmarsch der Russen an einem Laternenpfahl aufgehängt worden war; ob von den eindringenden Truppen oder von eifrigen ‚Widerstandskämpfern', die unbedingt zu ihren ersten Taten schreiten wollten, war nicht bekannt. Ich besuchte zum ersten und einzigen Mal sein Häuschen in Dahlem Dorf, das aber bis unters Dach mit Flüchtlingen vollgepfercht war, die sich bitter über ihre beengte und unbequeme Unterkunft beklagten. Niemand schien zu wissen, was aus Hilde geworden war, und ich war froh, daß eine Schneeschicht den Schrebergarten deckte, denn ich erfuhr von den neuen Bewohnern, daß er bei ihrer Ankunft im Herbst zuvor von Unkraut überwuchert gewesen war.

Kaltes Zwischenspiel

Teil I: (Winter 1939–1940)

An Markttagen mußte ich mich immer in aller Frühe auf die Beine machen, denn ich lebte noch nicht lange genug in Berlin, um meine ‚Beziehungen' zu haben; und in dem Augenblick, als die Lebensmittelkarten eingeführt wurden, verschwand alles, was es nicht auf Marken gab, wie durch Zauberkraft von den Ladentheken und aus den Schaufenstern. War man nicht mit irgendeinem Ladenbesitzer, Großhändler oder, noch besser, Bauern bekannt und konnte mittels eines schmeichlerischen Lächelns und einer zartfühlenden Erkundigung nach Frau und Kindern nebenher etwas ergattern, hatten Rinder plötzlich keine Leber, kein Herz, keine Nieren mehr, und Hühner waren überhaupt wie vom Erdboden verschwunden. Das Hamstern wurde sehr rasch zu einer zeitraubenden Beschäftigung, für manche Leute sogar zu einer Lebensaufgabe, denn im Gegensatz zu meinen Erwartungen (für mich war deutsche Tüchtigkeit noch selbstverständlich) war das Rationierungssystem in Berlin chaotisch. ‚Gemeinnutz geht vor Eigennutz' – ‚Deutsche Frauen, euer Führer und euer Vaterland verlassen sich auf euch'. Derlei fromme Sprüche, die hoffnungsvoll jeden zweiten Zeitungskiosk, jede zweite Plakatwand zierten, machten auf die wackeren Hausfrauen, die nichts anderes als eine einträgliche Hamstertour im Sinn hatten, nicht den geringsten Eindruck.

Der zweite Grund, warum ich mich so früh auf den Weg machte, war, daß ich mit Geld sehr knapp dran war. Staatsdiener zu sein hatte in Preußen von jeher als eine Ehre gegolten, für die es nur eines kärglichen finanziellen Anreizes bedurfte. Peters Salär im Wirtschaftsministerium belief sich auf die stattliche Summe von monatlich 486 Reichsmark und 20 Pfennig, und als am 3. September mein Zuschuß aus England jäh ausblieb, war in unserem Haushaltsbudget eine fatale Lücke entstanden. Kein Geld zu haben, war am Anfang ein ganz hübsches Abenteuer, und ich pilgerte mit den Kindern auf der Suche nach einem Laden oder einem Marktstand, wo ich um ein paar Pfennige billiger einkaufen konnte, durch ganz Berlin. Nachdem aber Peter mir vorgerechnet hatte, daß ich viel mehr Geld für Omnibus-Fahrscheine als für das Gemüse oder das Stück Fisch ausgab, das ich gelegentlich meilenweit entfernt auftrieb, beschränkte ich mich auf die heimatlichen Gefilde oder vielmehr auf das heimatliche Schlangestehen, und langsam wurde es immer weniger komisch, arm zu sein.

Eines Morgens war ich spät dran, so spät, daß es sich kaum mehr lohnte, überhaupt noch auf den Markt zu gehen. Unsere Nachtruhe war gestört worden oder, genauer gesagt, die Störungen waren uns verborgen geblieben, aber ich hatte hinterher einiges zu tun gehabt. Unser Hausgast, ein gewisser Harald G., von Adam an uns verwiesen, hätte mit einem Zug um 6.30 Uhr morgens nach Prag fahren müssen, um dort seine neue Stellung anzutreten. Harald war von Anfang an eine Nervenprobe gewesen. Er war ein recht weichlicher junger Mann, der mehr als harmlose Sohn des ‚alten Kämpfers', des Parteigenossen G., der ein höchst wichtiger Mann im Auswärtigen Amt und Träger des goldenen Parteiabzeichens war. Solche Vögel waren rar, ja in unserem Bekanntenkreis einmalige Exemplare, und Adam, der ihn auf einer seiner Reisen kennengelernt hatte, hatte entschieden, daß er kultiviert werden müsse. Wenn Adam sich etwas Derartiges in den Kopf setzte, war er von bestrickender Unerbittlichkeit, und gewöhnlich fiel es ihm nicht schwer, seine Freunde willfährig zu stimmen. Dennoch waren uns die vier Wochen mit unserem Gast recht sauer geworden, da wir in unseren eigenen vier Wänden nicht mehr offen reden konnten, und ich stieß daher einen Seufzer der Erleichterung aus, als Harald uns berichtete, er bekomme eine Stellung in Böhmen. Es war aber auch höchste Zeit, denn mein nie sehr langmütiger Peter gab sich schon fast keine Mühe mehr, höflich zu ihm zu sein.

Ich hatte den Wecker vorsorglich auf fünf Uhr gestellt und während der Nacht sogar ein schwaches Rumoren gehört, das darauf hinzudeuten schien, daß Harald vor dem Aufbruch stand. Doch weit gefehlt, denn kaum hatten wir uns an den Frühstückstisch gesetzt, zeigte ein schwaches Hämmern aus dem Badezimmer und ein rasch unterdrücktes Kichern meines Ältesten an, daß Harald noch immer bei uns war. Der Waschraum war verschlossen. Nein, er habe sich nicht selber eingesperrt, der Schlüssel habe außen gesteckt, als er um halb sechs zum Waschen gegangen sei.

Wo sei denn der Schlüssel? Verdammt noch mal, dann müsse er eben durch das Dachfenster klettern. Beim Frühstück waren wir beide nicht besonders friedlich gestimmt, was auf den nationalsozialistischen ‚Kaffee' zurückzuführen war – ‚gesund, stärkend, schmackhaft, bringt Ihre Kaffeegäste garantiert in Stimmung, von echtem Bohnenkaffee nicht zu unterscheiden'. Der Unterschied lag nur darin, daß echter Kaffee eben Kaffee ergab und das andere Zeug eine widerliche braune Brühe.

Peter hatte eine Leiter geholt – „Los, mach voran, jetzt zieh dich hoch, so ist's recht. Oh, einen Moment..." Erst als wir feststellten, daß Harald offenbar ohne Schlafanzughosen schlief, erkannten wir das ganze Ausmaß seines Dilemmas. Und erst als Peter mit ihm zur U-Bahn weggegangen war, inständig hoffend, daß an diesem Tag noch ein Zug nach Prag gehen werde, löste mein reizender Sohn John das Geheimnis des fehlenden Schlüssels. Er fingerte unter seiner Matratze herum und überreichte ihn mir mit einem Mona-Lisa-Lächeln.

Ich war also sehr spät dran an diesem Morgen, aber ich ließ mir trotzdem Zeit. Die Herbstluft tat so gut, war so rein, so frisch und kalt, und die Weißdornbüsche am Falkenried hatten auffallend viele glänzende rote Beeren, ein Zeichen, daß ein kalter Winter kommt, heißt es. Der liebe Gott sorgt immer für die Vögel.

Ich war allein auf der Straße und stellte mir die Nachbarinnen vor, die nun schon zu Hause sein mußten, nachdem sie erfolgreich Schlange gestanden hatten. Vielleicht schauten sie durchs Fenster zu mir heraus und bemitleideten mich mit meinem leeren Einkaufsnetz. Frau Dr. B., die Hausfrau, die es nicht geschafft hatte. Die Hausfrau, die es nie schaffen würde, sann ich bekümmert, während ich durch das Laub auf der Straße stapfte. Doch bald wanderten meine Gedanken wieder zurück zu ihrem Hauptthema – zu der allgemeinen Lage, zum Krieg. Der Krieg war sechs Wochen alt, sechs lange Wochen, in denen alles anders gegangen war, als wir erwartet hatten. Wir hatten erwartet, die polnische Luftwaffe würde uns bombardieren, aber die polnische Luftwaffe war offensichtlich nie zum Einsatz gekommen; wir waren ungefährdet geblieben, aber Peter hatte entschieden, ich sollte, für den Fall, daß es doch zu Luftangriffen käme, die Kinder zu seiner Mutter nach Aumühle bringen, und auf dem Weg dahin war ich in einen Autounfall verwickelt worden, bei dem wir alle drei hätten ums Leben kommen können. Dann hatten wir gedacht, während die deutschen Divisionen im Osten vollauf beschäftigt waren, würden die Franzosen bestimmt mit ihren gewaltigen Armeen über die deutsche Grenze marschieren und den nur schwach besetzten Westwall angreifen. Statt dessen aber saßen sie brav hinter ihren schweren Befestigungen still und hatten bislang fast noch keinen Schuß abgegeben. Gerüchten zufolge herrschte an der deutsch-französischen Grenze eine äußerst kameradschaftliche Atmosphäre.

Was unseren eigenen kleinen Kreis betraf, so hatten wir gedacht, Peter würde jeden Tag einberufen werden, und Adam hatte beschlossen, sich freiwillig zum Heer zu melden; aber bislang war Peters Arbeit als so wichtig betrachtet worden, daß er zu Hause bleiben konnte, und Adam war nach Amerika abgereist. Da wir nichts von ihm gehört hatten, mußte er dort sicher angekommen sein und die Straße von Gibraltar trotz der britischen Blockade passiert haben.

Als ich an diesem Morgen die Straße entlangschlenderte und an Nickys Kindergarten vorbeikam, wanderten meine Gedanken nur für einen kurzen Augenblick hinein zu meinem kleinen Sohn, der zweifellos mit großen Augen hübschen Märchen von der Überlegenheit seiner Rasse zuhörte; bald drehten sie sich wieder in ihrem immer gleichen Kreis: Werden sie, werden sie nicht, werden sie, werden sie nicht, dieses Jahr, nächstes Jahr, irgendwann, nie? Sechs Wochen zuvor hatte ich vom Garten aus durch das Fenster geschaut, einer präzisen Stimme im Radio gelauscht, versucht, mich auf eine neue, fremde Situation einzustellen. Damals hatte es so ausgesehen, als ob alle Bemühungen, die Katastrophe zu verhüten, kläglich und endgültig gescheitert seien. Aber nur zwei Wochen später hatte ein Telegramm aus Amerika es fertiggebracht, uns aus dieser abgrundtief düsteren Stimmung zu reißen.

In dem Telegramm aus den Vereinigten Staaten war die Bitte ausgesprochen, trotz des Krieges Adam zu erlauben, daß er im November an der Jahressitzung des Institute of Pacific Relations in Virginia Beach teilnehme. Es war ein langes und sorgsam formuliertes Kabel gewesen, in dem von Forschungen in Fernost und einem möglichen Stipendium die Rede war und der Hoffnung Ausdruck gegeben wurde, man werde diese Reise Adams als seinen ersten Dienst für sein Vaterland ansehen. Peter und ich waren überzeugt gewesen, die Einladung laufe auf eine sehr subtile Aufforderung hinaus, sich abzusetzen, solange noch Zeit war, Adam aber hatte über diese Auslegung nur gelacht. Für ihn war es ein Signal von Freunden in Übersee, die die gleiche Sprache sprachen, die, unbeirrt von den Ereignissen, überzeugt blieben, daß es hinter der offiziellen Politik ein anderes Deutschland gebe, und die entschlossen waren, die Verbindung nicht abreißen zu lassen. Man hatte ihm den Ball zugespielt, er sollte noch einmal eine Chance haben, die Situation zu erläutern, und diese Aussicht hatte in ihm eine ansteckende Fröhlichkeit ausgelöst, einen übersprudelnden Optimismus, der sich auch uns mitteilte.

Bald hatte er uns überzeugt, daß es für eine solche Reise noch nicht zu spät, ja, daß der Augenblick vielleicht sogar besonders günstig sei, obwohl die Zeit drängte; der Feldzug in Polen näherte sich einem unerwartet frühen Ende, und es hieß, daß von der Ostfront bereits Truppen nach Westen verlegt würden, damit die Offensive gegen Frankreich losgehen könne, sobald Polen kapituliert habe.

Die letzten Nachrichten über die Haltung des Generalstabs waren zugegebenermaßen nicht allzu rosig gewesen. Man war einhellig der Ansicht, die Überwindung der Maginot-Linie werde das deutsche Heer über eine Million Soldaten kosten; trotz der Erfolge in Polen war man mehr als besorgt, was das mögliche Resultat einer Offensive im Westen betraf; tatsächlich glaubte man sogar, sie werde mit einer militärischen Katastrophe enden. Aber – das übliche große Aber – der Generalstab war sich nicht einig in der Entschlossenheit, Deutschland von Hitler zu befreien, denn trotz ihrer Abneigung gegen sein Regime und der Verachtung für ihn persönlich fühlten sich manche militärischen Führer durch ihren Treueid an ihn gebunden und waren noch immer unfähig, den Gedanken ins Auge zu fassen, das Staatsoberhaupt abzusetzen, während ihr Vaterland im Krieg stand.

Jede fadenscheinige Ausrede ist besser als gar keine, hätte mein bündiges Urteil über eine derartige Unentschlossenheit gelautet, aber ich hatte mich überzeugen lassen, daß die Sache nicht ganz so einfach war. Deutsche Generäle waren deutsche Generäle, aufgezogen in der strengsten aller Traditionen, und ob ich es unsinnig fand oder nicht: Wie die Dinge lagen, waren wir auf sie angewiesen, und so etwas wie ihren Treueid nahmen sie eben nicht auf die leichte Schulter.

Aber Adam war sicher, daß diejenigen, die das betonharte Gewissen des OKH bearbeiteten, eine verbindende Formel gefunden hätten, denn wenn Hitler sich entgegen dem Rat der OKH-Chefs entschließen sollte, die belgische und holländische Neutralität zu verletzen, das heißt, sich in einen großen Krieg zu stürzen, der nach Ansicht des Generalstabs nicht zu gewinnen war, dann waren sie nicht nur als militärische Fachleute, sondern auch moralisch angesprochen. Dann brauchten sie sich nicht mehr durch ihr soldatisches Ethos und durch ihren Treueid gebunden zu fühlen, weil Hitler die Existenz des Reiches selbst aufs Spiel gesetzt hatte.

Falls sie jemals zu einer Entscheidung kamen, dann wäre dies der wahrscheinlichste Augenblick dafür, und vielleicht war als entscheidender Anstoß zu einem Staatsstreich nur nötig, daß die Alliierten klar und deutlich ihre Friedensziele erklärten, so daß das Gespenst eines zweiten Versailles für immer gebannt und vielleicht die Grundlagen für eine gerechte europäische Regelung nach dem Kriege gelegt würden. Eine solche Erklärung der Friedensziele sollte nicht an Hitler gerichtet werden – es war sogar eine der Voraussetzungen, daß er zuerst abgesetzt wurde –, sondern an eine Regierung, die die Führung des Staates nach seiner Beseitigung übernähme.

Ich erkannte bald, daß der Versuch, die neutralen Amerikaner zu bewegen, ihren Einfluß zugunsten eines solchen Schrittes auszuüben, ein Kinderspiel war im Vergleich zu den Zauberkünsten, die Adam sicherlich anwenden mußte, um die offizielle Billigung seiner Reise zu erlangen. Vielleicht mußte er ins Auswärtige Amt eintreten. Aber in welcher Funktion? Herr G., Haralds Vater, mußte in dieser Hinsicht bearbeitet werden. Also mußten wir uns Harald zum Freund machen. Staatssekretär von Weizsäcker, von Kessel würden natürlich den wahren Grund dieser Reise kennen, und auf ihre Hilfe konnte man zählen. Aber sie gehörten zur alten Schule, und darum reichte ihre Unterstützung sicherlich nicht aus; Adam würde es noch einmal bei Botschafter Hewel versuchen müssen, dem Verbindungsmann zwischen Ribbentrop und Hitler; er hatte sich schon einmal zur Unterstützung bereit gefunden und konnte vielleicht ein zweites Mal dazu bewogen werden. An Hewel heranzutreten war offensichtlich ein Risiko, doch Adam hatte darauf bestanden. In solchen Augenblicken stockte uns manchmal der Atem.

Adam hatte die Sache so munter angepackt, als plante er eine

Ferienfahrt, und bereits eine Woche später war ich damit beschäftigt, einen Koffer mit einer nicht allzu umfangreichen Garnitur Kleider und einigen Büchern für die Reise zu packen. Adam hatte seine Schiffskarte, bezahlt vom Auswärtigen Amt, in der Tasche und ein kleines ledernes Notizbuch, das ihn überallhin begleitete, randvoll mit einer imposanten Sammlung von Telefonnummern.

Es war an dem Tag vor seiner Abreise – ich kann mich noch gut daran erinnern –, dem Tag, an dem die Russen eilends in das restliche Polen einrückten, ein bißchen verspätet, weil die Sache gar so rasch gegangen war, aber gleichwohl entschlossen, sich ihren Anteil der Beute zu sichern, ihren Lohn für den Pakt zwischen Stalin und Hitler. Adam war unruhig im Zimmer umhergewandert, er konnte seine Abreise kaum erwarten.

„Chris", sagte er plötzlich, „was meinst du, besteht die Gefahr, daß England doch noch mit Hitler Frieden schließt – nachdem der Polenfeldzug vorbei ist, meine ich, und es, wie Adolf sagt, keinen Grund zum Kämpfen mehr gibt?" Ich wäre beinahe aufgesprungen. „Nein", rief ich, ohne nachzudenken und unerwartet laut. „Wieso denn, um Himmels willen? Wenn du mich fragst, nie und nimmer." Er hatte mich überrumpelt, und da ich spürte, daß ich ihm für mein Aufbrausen eine Erklärung schuldete, fügte ich hinzu, meiner Ansicht nach brauchten die Engländer eine gewisse Anlaufzeit, aber wenn sie einmal in Schwung gekommen seien, würden sie niemals aufgeben, selbst wenn es bedeutete, alles bis aufs letzte Hemd zu verlieren. Adam lächelte über meine Antwort. Er stimme mir zu, aber er sah keinen Grund, warum die Briten ihr Empire, geschweige denn das letzte Hemd, verlieren sollten. „Es geht darum, die maßgebenden Stellen zu überzeugen, daß Hitler und alles, was er verkörpert, ebenso unser wie ihr Feind ist und daß wir, soweit es um Hitlers Vernichtung geht, auf ihrer Seite stehen." Leise hatte er hinzugefügt: „Und ich glaube, daß wir keine zu verachtenden Bundesgenossen sind."

Erst hinterher, als Adam gegangen war, stellte ich mir die Frage, welche Anhaltspunkte es denn eigentlich für meine so sichere, überlaute Behauptung gebe. Bestimmt nicht die gegenwärtige Situation, Englands bisherige Leistungen, die kläglichen, so hoffnungslos unzutreffenden Flugblätter, noch auch die fast zweideutigen Grundsatzerklärungen, die den Eindruck erweckten, England habe Zeit im Überfluß, seine Rechnung mit Herrn Hitler zu begleichen. Ich kam zu dem Schluß, daß ich mich nur auf meinen Instinkt verlassen hatte. Nach dem Münchner Abkommen hatte ich in Deutschland eine tiefsitzende Furcht vor dem Krieg und seinen Folgen zu entdecken geglaubt, und später, nach der Besetzung der Tschechoslowakei, hatte ich in England das instinktive, spontane, fast unwillkürliche Zusammenrücken gespürt und die langsame, aber zielbewußte Entwicklung zu einer gemeinsamen Haltung. Ihre Geduld war zu Ende, sie hatten von Hitler genug, und darum mußte etwas geschehen; was und wie, das war eine andere Frage. So einfach sah es fast aus. Auch konnten sie sich Zeit lassen und zuversichtlich sein, denn sie waren, wie ich, mit Siegeserinnerungen aufgewachsen, während die Deutschen meiner Generation auf eine Niederlage zurückschauten.

Während ich die Straße in Richtung zum Markt dahinschlenderte, vorbei an der Dahlemer Dorfkirche an der Ecke der Königin-Luisen-Straße, die sonntags immer überfüllt war, besonders seit Pastor Niemöllers Verhaftung zwei Jahre vorher, fragte ich mich, ob die Menschen draußen, drüben jenseits des Ozeans, die unbesorgt sagen durften, was ihnen gefiel, tun durften, was ihnen beliebte, ob diese Menschen überhaupt eine Ahnung hätten, wie kompliziert das Leben werden konnte. Nichts war leichter, als den Entschluß zu fassen, für immer fortzugehen – adieu und zum Teufel mit dem ganzen Theater. Wenn man aber, wie Adam, zurückkommen wollte, wenn man glaubte, es gebe noch etwas Lohnendes im eigenen Vaterland, etwas, wofür man selber verantwortlich war? Die Rückkehr wäre ziemlich sinnlos, wenn einem schon an der Grenze ein Herr in schwarzer Uniform entgegenkäme – „Ihren Paß bitte, folgen Sie mir!"

Ich ging schneller. Mir wurde plötzlich kalt. Die Sonne war hinter einer Wolke verschwunden; uns stand bestimmt ein harter Winter bevor. Natürlich hatte Adam seine Spuren gut verwischt und eine sichere Rückkehr geplant. Er war als Sonderberater der Informationsabteilung des Auswärtigen Amtes gereist, und seine sämtlichen Auslagen wurden von der Behörde bezahlt. Es war verblüffend, wie er das gedreht hatte. Er würde ein Vierteljahr fortbleiben, und die erste Nachricht von ihm würden wir, vielleicht indirekt, über Roosevelt erhalten, und es konnte sein, daß die Generäle gehandelt hatten, noch ehe wir ihn wiedersahen.

„Guten Morgen, Frau Schmitz, guten Morgen, Fräulein Müller, Heil Hitler, Frau Professor." Was war auf dem Markt los? An anderen Tagen gab es um diese Zeit kaum noch ein Kohlblatt, aber diesmal waren die Stände erst halb leer, nur die Nimmermüden standen Schlange, während die anderen Damen sich in Gruppen erregt unterhielten. Als ich zwischen den Standreihen durchging, nickte man mir mehrmals lächelnd zu. Schließlich klärte mich die Bäckersfrau auf, während sie meine Brotmarken abschnitt und mir unbekümmert einen Extra-Laib ins Einkaufsnetz steckte: „Die Marken werden wir nicht mehr lange brauchen, Frau Doktor." „Wieso?" „Nanu, haben Sie noch nichts gehört? Frieden, heißt es. Eben jetzt, heißt es, werden Friedensverhandlungen geführt." „Was?" Ich schaute hinüber zu Frau Schmitz, die, in Wintermantel und Schürze, hinter ihrem Gemüsestand thronte, ein wahres Monument des respektlosen Stoizismus, der die echten Berliner kennzeichnet; sie wußte bestimmt Genaueres. „Ja, ja, Frau Doktor", rief sie herüber, nickte mir freudestrahlend zu. „Ja, ja, die Herren haben sich die Sache janz anders überleecht!" Sie nützte das allgemeine Gelächter, um ein paar unreife Tomaten in die Einkaufstasche ihrer Kundin zu schmuggeln, einer wählerischen Dame mit geröteter Nase, die sie gewöhnlich, mit aller Verachtung, die ihr zu Gebote stand, ‚So'ne' nannte. Was? Wo? Wie? Bald war ich von einer Gruppe von Frauen umringt, die mir alle unbedingt berichten wollten, was nun eigentlich vor sich ging. Friedensverhandlungen, o ja, mit den Engländern natürlich, ein Sondergesandter, jemand erwähnte sogar den Herzog von ‚Wintzor'. Eine kleine, mausähnliche Person wand sich von hinten zu mir durch, schüttelte mir die Hand, wisperte „I gratulate you" und eilte dann, als hätte sie plötzlich Angst vor ihrer eigenen Courage, ans Ende der Schlange zurück; ich kam mir geradezu wie Mrs. Simpson persönlich vor. Niemand schien Genaueres zu wissen. Die meisten hatten die Neuigkeit von jemandem, der sie wieder von jemand anderem gehört hatte; eines aber war jedenfalls sicher: Alle Anwesenden, Mrs. ‚Simpson' eingeschlossen, waren aus dem Häuschen, und unsere Freude erreichte den Höhepunkt, als der Polizist, der auf dem Markt Dienst tat, sich durch die Menge drängte und unseren Spekulationen mit dem vollen Gewicht seiner Autorität ein Ende bereitete.

„Soviel mir bekannt ist", sagte er und genoß den bedeutsamen Augenblick, während wir in erwartungsvollem Schweigen um ihn herum standen, „soviel mir bekannt ist, meine Damen, wurden zusätzliche Polizeikräfte bereitgestellt, um ein Sonderflugzeug zu empfangen, das heute nachmittag auf dem Flugplatz Tempelhof eintreffen soll. Ebenso habe ich gehört, daß es sich bei der Maschine um ein britisches Flugzeug handeln wird." Großer Gott, dann stimmte es also! Ich dachte gar nicht weiter an das Warum und Wozu. Ich mußte einen Augenblick die Augen schließen, ehe ich einen langen Seufzer der Erleichterung ausstieß, ehe mir von einem Dutzend oder noch mehr strahlender Unbekannter, unter ihnen auch dem Polizisten, die Hand geschüttelt wurde. Ich eilte wie auf Flügeln nach Hause und hätte am liebsten mein altes Einkaufsnetz aus lauter Freude über die Dächer geschleudert. Ich stürmte ins Haus, aber von Peter war keine Nachricht da. Etwas ernüchtert rief ich ihn an. Ob er irgendwelche Gerüchte gehört habe? Ja, schon, aber nichts Bestimmtes; er werde mit jemandem aus dem Auswärtigen Amt zu Mittag essen und zurückrufen.

Die salbungsvolle Stimme des Nachrichtensprechers von Radio Beromünster erwähnte in den Mittagsmeldungen nichts Ungewöhnliches. Ich saß bis vier Uhr nachmittags am Telefon, hatte aber längst eingesehen, daß die ganze Geschichte natürlich völlig lächerlich war. Frieden mit Hitler? Ich hatte nicht einmal das Recht, an so etwas zu denken. Ich wußte, es bestand keine Gefahr, daß das gnadenlose Gehämmer der Propagandamaschinerie mich bekehren würde, eher war es möglich, daß ich zynisch und abgestumpft wurde und an überhaupt nichts mehr glaubte. Gerüchte konnten alles mögliche behaupten, manches Phantastische, manches Böse; ich hätte längst lernen müssen, nichts, aber auch gar nichts zu glauben, was ich nicht mit eigenen Augen gesehen oder mit eigenen Ohren von einem der ganz wenigen, denen ich volles Vertrauen schenkte, gehört hatte.

Als Peter am Abend nach Hause kam, erzählte er mir, die Gerüchte von Friedensverhandlungen seien von der BBC in die Welt gesetzt worden, um festzustellen, wie es um die Moral der deutschen Bevölkerung stand. Der Streich war ein voller Erfolg gewesen. Peter selbst hatte das Gerücht zu Beginn einer wichtigen Ausschußsitzung im Wirtschaftsministerium von seinem Abteilungschef gehört, der es ernst genug nahm, um die Sitzung auf den folgenden Tag zu verschieben, an dem dann die Schlagzeilen der Zeitungen die ‚Neue Unverschämtheit des britischen Lügenministeriums' meldeten. Solche absurden Berichte, verkündete Dr. Goebbels, könnten allenfalls die geängstigten alten Jungfern beiderlei Geschlechts aufregen, die in den Londoner Vorstädten hausten; Deutschland aber, über dem die Fahnen des Sieges wehten, würde sich durch solch ein idiotisches und plumpes Manöver niemals von seinem vorgezeichneten Weg abbringen lassen.

„Das hat man davon, daß man eine alte Jungfer beiderlei Geschlechts ist, Frau Doktor", murmelte Frau Schmitz am nächsten Markttag, während sie sich mit dem Handrücken einen Tropfen von der Nasenspitze wischte und mir ein zusätzliches Bündel Suppengrün in mein schmutziges altes Einkaufsnetz stopfte. Es hieß, wenn man das Suppengrün in kochendes Wasser werfe, gebe das eine Suppe. Auch das war nur ein Gerücht; ich habe es ausprobiert.

Teil II: (Frühjahr 1940)

Die Beeren hatten recht, es wurde ein kalter Winter. Schon früh kam Schnee, der liegenblieb. Harte Eisflocken trieben die frierenden und erschöpften Vögel gegen die Fensterscheiben. Die mühsame Arbeit, für sie zu sorgen, hatte Gott anscheinend aufgegeben und sie uns Menschen überlassen, die dazu auch nicht besser imstande waren. Peter erfüllte seinen Kindertraum, Bauer zu werden, indem er Stallhasen und Hühner anschaffte, aber eines Morgens, als wir hinausgingen, um unseren Viehbestand zu füttern, fielen vier starre Tiere wie Steine aus dem Kaninchenstall und wir waren gezwungen, die Hühner, die darunter hausten, in den Kohlenkeller umzuquartieren.

Unsere Viehzuchtversuche stießen in der Umgebung nicht eben auf Zustimmung. „Wir wohnen hier doch nicht in einer Schrebergartenkolonie!" Wir wüßten wohl nicht, daß Dahlem ein vornehmes Viertel war! Eine bestimmte Dame, die allgemein ‚Frau Baronin' betitelt wurde, nahm sich die Zeit, mir ordentlich die Leviten zu lesen. Als aber das Thermometer immer tiefer sank und die Lebensmittelrationen, vor Weihnachten zweimal gekürzt, die gleiche absteigende Tendenz erkennen ließen, fielen angesichts des Gackerns aus unserer Kellergruft, das regelmäßig über die Hecken hallte, die vornehmen Bedenken unserer Nachbarn in sich zusammen. Wir bemerkten, wie hinter Büschen und leerstehenden Garagen diskret Holzverschläge errichtet wurden, und waren uns sicher, daß im nächsten Frühling unsere Ecke des eleganten Viertels den Morgen so fröhlich begrüßen würde wie ein ganzer Hühnerhof.

Sie hatten etwas eisig Unwirkliches, diese Wintermonate, da man Ausschau hielt und wartete – auf Nachrichten, die, wie wir hofften, aus Amerika kommen würden, und darauf, daß die Generäle handelten. Diese wiederum, so hörten wir, warteten darauf, daß Hitler den Befehl zum Angriff im Westen gab. Er mußte sich auf den Kurs ins Verderben festlegen, erst dann würden sie sich bereitfinden, etwas zu unternehmen, um ihn abzusetzen. Aber der erwartete Angriff an der Westfront blieb aus. Wir hielten Ausschau und warteten, sie hielten Ausschau und warteten, Hitler schien Ausschau zu halten und zu warten – nichts rührte sich. Es war, als wäre die bittere, gnadenlose Kälte den Ereignissen selbst ins Mark gedrungen.

Ich starrte oft durchs Fenster hinaus in das stille, trübe Grau des Gartens, wo der Schnee schon lange vom Wind an die blattlosen Hecken geweht worden war, und es schien mir, als sei der Ablauf dieses Winters der noch vom Eis bedeckten Rasenfläche für immer aufgeprägt worden. Man sah die Spuren meiner alten Gummistiefel, zum Vogelbad hin, an dem eisblauen Schneemann vorbei, der recht entblößt wirkte, seitdem seine Augen und Knöpfe ins Feuer gewandert waren und unsere Hühner seine Nase verspeist hatten. John war untröstlich gewesen, als man unser kleines Auto zum ‚Kriegseinsatz' fortgeholt hatte; seine Fußspuren führten zur Garage und wieder weg, als habe er nachschauen wollen, ob es nicht zufällig wieder nach Hause gekommen sei. Näher am Fenster war ein Hin und Her zahlreicher Fußabdrücke. Freunde schienen, wenn sie uns besuchten, den Weg durch den Garten zu bevorzugen, und wenn sie so oft kamen, dann sicher nicht wegen meines Malzkaffees. Der ganze Luxus, den ich anbieten konnte, bestand in dem Gefühl, unbeengt zu sein, denn wir bewohnten unser Haus ganz allein. Ebenso war es ein Pluspunkt, daß ich selten ein Mädchen hatte, denn Dienstmädchen waren potentiell ebenso gefährlich wie ein angeschlossenes Telefon. Bald war denn auch unser Apparat so oft ein- und ausgesteckt worden, daß die Schnur schon ganz lädiert war.

Natürlich war mir der Grund ihrer Besuche bekannt: Wir bildeten eine der vielen kleinen, buntgemischten Gruppen, die sich in ganz Deutschland trafen und durch ein Mitglied, dem sie vertrauen konnten, lose miteinander verbunden waren. Werner Trott, Curt Bley, Otto John, Teddy Kessel, Haushofer, v. Einsiedel, v. Trotha, um nur einige zu nennen. Sozialdemokraten, Konservative, Katholiken, Protestanten, Männer aus der Beamtenschaft, der Industrie, junge Heeresoffiziere; sie hatten keine andere Möglichkeit, miteinander Verbindung zu halten. Der Anreiz lag also zum Teil darin, daß man ‚das Neueste' hören oder berichten wollte, nur war ‚das Neueste' leider recht rar. Es schien auf der Hand zu liegen, daß Ribbentrop zum Krieg hetzte, daß er sich danach sehnte, seinen gekränkten Stolz zu rächen, daß Göring vielleicht einen zügelnden Einfluß ausübte, daß Goebbels der schlaueste Bursche der ganzen Bande war, daß Beck und Hammerstein entschiedene Gegner des Regimes waren und daß Brauchitsch hin und her schwankte; aber es blieb immer die unbekannte Größe – Hitler selbst, mit seinem ‚unerschütterlichen Willen', seinem seltsam zwingenden persönlichen Bann. Er schwieg, sofern er nicht eine Rede hielt, und schien niemals aus dem Schatten hervorzutreten.

Wann wird ‚es' passieren? Was wird danach passieren? Ich nahm nicht oft an diesen Diskussionen teil, weil mir häufig genug zwei sehr entschlossene Söhne am Bein hingen; auch war mir bewußt, daß mein Beitrag zu jeder Erörterung, was nach dem Krieg kommen könnte, kurz und bündig gewesen wäre – ich hatte nicht die leiseste Ahnung. Solange Hitler nicht beiseite geräumt war, schien alles Reden über die Zukunft pure Spekulation zu sein; und doch mußte ich mir vor Augen halten, daß die Situation sich ganz plötzlich, ja über Nacht, ändern konnte, daß dann das Vakuum gefüllt werden mußte und daß ich einer Generation junger Männer zuhörte, die unter normalen Umständen in ihrem Vaterland hohe Stellungen bekleidet hätten, deren Karriere 1933 unterbrochen worden war und die gleichwohl aufgefordert werden konnten, die Folgen der Hitler-Herrschaft beseitigen zu helfen.

Ich hörte also zu und lernte ein bißchen. Ich erfuhr, daß sie sich keine Rückkehr zu den Zuständen vor Hitler vorstellen konnten, daß viele der alten, starren Schranken, der engstirnigen Klassen- und Parteivorurteile nach sieben Jahren Hitlerregime wegzuschmelzen schienen. Ich war tief bewegt von ihrer Aufrichtigkeit, dem Vertrauen, das sie so sichtlich zueinander hatten, der Achtung, die sie der Einstellung des andern bezeugten; und ich dachte mir, daß sich bei ihrer Einigung auf ein gemeinsames Ziel etwas Neues, ein Gefühl der Klassenlosigkeit, ein Ende der Parteiungen unter dem Druck eines gemeinsamen Gegners entwickeln könnte.

Peter wurde im Januar einberufen. Der Chef seiner Abteilung im Wirtschaftsministerium setzte zwar sämtliche Hebel in Bewegung, aber die Luftwaffe hatte Vorrang, und so legte Peter wieder einmal und mit großem Widerstreben seine Gefreitenmontur an. Aber er war nur vier Wochen fort, da Freda Winckelmann, Furtwänglers Privatsekretärin, mehr Erfolg gehabt hatte als das Ministerium. Sie hatte einen netten alten Bekannten, der derlei Dinge für die Berliner Philharmoniker regelte. Sie fand, der Versuch könnte sich lohnen, und tatsächlich, schon vierundzwanzig Stunden später saß Peter wieder an seinem Schreibtisch. Ich hatte nicht den Eindruck, daß sein Ausflug zur Luftwaffe sehr sinnvoll gewesen sei, denn er erzählte mir, er habe einen großen Teil der Zeit damit zugebracht, um den vereisten Übungsplatz herumzukriechen und die ‚Wacht am Rhein' in seine Gasmaske zu singen. Dies galt als Bestrafung für kleinere Widersetzlichkeiten, aber mir kam die Episode recht unwirklich vor – ein weiterer Aspekt dieses Krieges, der keiner war.

Und trotzdem dachte ich, als ich zum Fenster hinausschaute, es müsse sich doch manches regen unter der Eiskruste der Oberfläche; es müsse auch anderswo Menschen wie Adam geben, die ebenso entschlossen waren, die Dinge im Fluß zu halten. Ich hatte Gründe genug für diese Annahme, denn nicht lange nach Kriegsausbruch erhielt ich die ersten persönlichen Nachrichten aus der Außenwelt: von Elsa von Rosen und Outram Mott in Schweden, von Jenny Thurneysen in der Schweiz; sie fragten an, ob sie helfen, ob sie Nachrichten weitergeben könnten. Solche Dinge fand ich ungemein tröstlich, denn ich brauchte manchmal ein Zeichen, daß die menschliche Natur das Verhärten allen Gefühls nicht zulassen werde, ein Zeichen, daß Haßgesänge und Säbelgerassel allein nicht imstande waren, den warmen, natürlichen Fluß menschlicher Empfindungen zu unterbrechen.

Adam kam im Februar zurück, lange bevor der Schnee sich in Matsch verwandelte. Er konnte das Muster der Fußspuren auf unserem noch immer eisbedeckten Rasen nicht vermehren, weil er nicht bei uns wohnte. Irgendwo auf seiner Heimreise durch China und Rußland hatte er sich Gelbsucht geholt. Als wir ihn besuchten, fanden wir ihn nicht nur krank, sondern mutlos. Er fühlte, daß seiner Odyssee nur ein sehr bedingter Erfolg beschieden gewesen war. Und das einzige Ermutigende, das wir ihm berichten konnten, war, daß es einige Tage im November optimistisch geheißen hatte, die Generäle rüsteten sich zum Handeln, und daß der Angriff unseres russischen Verbündeten auf Finnland Hitlers Politik keineswegs populärer gemacht hatte. Sonst konnten wir ihm wenig erzählen. Im Vergleich zu seinen übermenschlichen Anstrengungen bestand, dessen waren wir uns bewußt, unser eigener Beitrag nur in akademischen Diskussionen bei Kaffee-Ersatz.

In Amerika hatten sich die Dinge zunächst scheinbar günstig für ihn angelassen. Es war ihm nicht schwer gefallen, prominente deutsche Emigranten wie Brüning oder Paul Scheffer, sachverständige Beurteiler der deutschen Verhältnisse, zu überzeugen, daß die zivile Opposition solide genug und auch fähig sei, eine verantwortlich handelnde Regierung auf die Beine zu stellen, daß aber, eben wegen der Natur des Hitler-Regimes, nur das Heer die Machtmittel besitze, es zu stürzen; daß Goebbels' Propagandaapparat Tag und Nacht die Behauptung ausspie, der Krieg werde um Sein oder Nichtsein Deutschlands geführt, und es daher von äußerster Wichtigkeit sei, daß die Alliierten ihm den Wind aus den Segeln nähmen, indem sie Pläne für eine Nachkriegsregelung der europäischen Fragen bekanntgäben; daß das neutrale Amerika in der einzigartigen Lage sei, seinen Einfluß geltend zu machen, um eine solche Erklärung der Friedensziele zustande zu bringen, einem Deutschland gegenüber, das sich Hitlers entledigt hatte.

Adam hatte endlose Gespräche geführt, nicht nur mit Deutschen. Er war von Staatssekretär Messersmith empfangen worden und hatte zweimal mit dem britischen Botschafter Lord Lothian gesprochen. Er war anfangs voller Zuversicht, Roosevelt werde dem Vorschlag eines solchen Schrittes sein Ohr leihen und nicht abgeneigt sein, die Rolle des Friedensstifters zu übernehmen. Adam hatte bei der Abfassung eines Memorandums mitgewirkt und war überzeugt, daß es auf den richtigen Weg geschickt worden sei und den Präsidenten erreicht habe. Aber hatte es ihn erreicht? Als Tag um Tag verging und aus dem Weißen Haus kein Echo kam, sah er sich zu der Annahme gezwungen, daß es unterwegs auf irgendein Hindernis gestoßen oder daß Roosevelts Reaktion negativ ausgefallen sei. Er neigte der ersten Möglichkeit zu. Richter Frankfurter? Sumner Welles? Auf Schritt und Tritt waren ihm einige Polizisten gefolgt, „nice simple cops", wie er sagte. Er hatte sie zwar leicht erkennen und abschütteln können, aber wer ihre Auftraggeber waren, blieb im dunkeln.

Das FBI? Die Gestapo? Adam war der Gedanke unerträglich, daß von denen, die ihn kannten, einige an seiner Integrität zweifeln könnten. Ein derartiger Zweifel traf ihn immer wie ein Schlag ins Gesicht. Doch hatte es auch Lichtblicke gegeben, denn er hatte das Glück gehabt, im Stab der britischen Botschaft einen Mann zu finden, dem er vertrauen zu können glaubte: John Wheeler-Bennett, der in der deutschen Opposition viele Freunde hatte und mit dem er ganz offen hatte sprechen können. Wheeler-Bennett hatte zugesagt, David Astor Mitteilungen zu übermitteln, und hatte eine Kopie des Memorandums nach England mitgenommen, während ein anderer zuverlässiger Bote Lord Halifax eine Abschrift bringen sollte. So hatte Adam zwar Amerika in der Ungewißheit verlassen müssen, warum seine Anstrengungen keine Reaktion gezeitigt hatten, aber er durfte wenigstens sicher sein, daß prominente Amerikaner und ebenso prominente Engländer von der Existenz einer deutschen Opposition wußten und die Erfordernisse ihrer schwierigen Lage kannten.

Neben der Tür sitzend, möglichst weit von den Bazillen entfernt, beobachtete ich Adams gelbes Gesicht, während Peter, völlig überzeugt, daß er gegen alle Bazillen gefeit sei, neben seinem Bett saß und ihm half, den Reisebericht für das Auswärtige Amt zu verfassen. Sie hatten einigen Spaß mit dem Amtsjargon. Plötzlich brach Adam in ein Lachen aus. „Schön, Peter, wenn du meinst, aber ist das nicht ein bißchen dick aufgetragen?" „Du kannst gar nicht dick genug auftragen, mein Lieber." Gott, dachte ich, wenn die wüßten, was er dort wirklich getrieben hat! Und dann fragte ich mich wieder, warum die Sache nicht geklappt hatte. Es war mir eigentlich unverständlich, denn ich konnte nicht einsehen, was es für eine Rolle spielte, ob Adams persönliche Integrität in Zweifel gezogen worden war oder nicht; es kam doch sicher nicht auf die Person an. Sicher wünschten doch alle den Frieden, wünschte jeder, daß mit der Hitlerei Schluß gemacht würde. Die Alliierten hatten doch nichts dabei zu verlieren, konnten ja nur gewinnen, wenn sie einer möglichen deutschen Opposition entgegenkamen soweit es ging. Wäre es denn nicht zumindest den Versuch wert gewesen? Denn wenn die Alliierten Friedensvorschläge von der Art unterbreitet hätten, wie Adam sie angeregt hatte, und wenn diese bei den deutschen Generälen keine aktive Reaktion ausgelöst hätten, wäre doch erwiesen gewesen, daß Adam leeres Zeug dahergeredet hatte;

die Alliierten hätten damit nichts verloren und nichts gewonnen. Hätten aber die deutschen Generäle auf einen derartigen Schritt der Alliierten positiv reagiert, dann hätte das viel – ja, es hätte das Ende des Krieges bedeuten können.

Am 10. Mai 1940 überfluteten die deutschen Armeen die Westgrenzen. Sie hätten mit blitzartiger Schnelligkeit vorrücken müssen, wenn sie es mit der Geschäftigkeit aufnehmen wollten, welche die Zuhausegebliebenen, die schwankenden Rohre und die Vorsichtigen, an den Tag legten. Emsig streckten sie ihre Fühler nach den Leuten aus, die vielleicht von Einfluß sein konnten, wenn, wie man annahm, die deutschen Panzerdivisionen vor der Maginotlinie zum Stehen kamen und Hitlers Prestige einen Schlag erlitt, von dem es sich vielleicht nie mehr erholen würde.

Als jedoch die Tage vergingen und Holland kapitulierte und das legendäre Fort Eben Emael wie ein Kartenhaus zusammenbrach und die Maginotlinie die vorrückenden Panzer allem Anschein nach ebensowenig aufhalten konnte wie die polnische Kavallerie, retirierte man in Berlin mit derartiger Hast, daß ich, wenn mir zum Spaßmachen zumute gewesen wäre, hätte schwören können, man spürte buchstäblich den Sog.

Das Unglaubliche war geschehen. Er werde Frankreich in offener Feldschlacht besiegen, in wenigen Wochen, und dann seine Streitmacht gegen Rußland werfen – eine von Hitlers Prophezeiungen, die im Winter bei den Eingeweihten Lachen ausgelöst hatte, war teilweise Wirklichkeit geworden. Es sah zwar so aus, als hätte sich ein erheblicher Teil des britischen Expeditionskorps über den Kanal nach England gerettet, aber das vermochte nichts an der Tatsache zu ändern, daß Frankreich in sechs Wochen, in kurzen sechs Wochen, geschlagen worden war.

Es war an meinem Geburtstag, dem 18. Juni, als ich, mit dem Ohr ganz dran, wie Nicky gesagt hätte, Churchill von Englands größter Stunde sprechen hörte. Ich lauschte, ich wußte, was er meinte, und ich brach in Tränen aus; weniger, weil unsere Erzieherin mich gelehrt hatte, England wäre jeder feindlichen Macht, die die französischen Kanalhäfen besetzen könnte, früher oder später ausgeliefert, sondern einfach, weil ich dort sein wollte. Geliebtes, verrücktes, ahnungsloses England, das ganz zufrieden wäre – dachte ich –, wenn es mit diesem lästigen Kontinent nichts zu tun hätte und auf sich selbst gestellt wäre.

Adam brachte mir aus dem Auswärtigen Amt heimlich Zeitungen mit, und in der Nacht konnte ich die ,Times' von vorn bis hinten durchlesen. Niemals die Schlagzeilen, die hatte ich satt – nur die kleinen Bekanntmachungen, die auf den Innenseiten versteckt waren. „Die Gräfin von Iddesleigh hält sich derzeit in Shropshire auf und wird dort noch einige Zeit bleiben." „Mrs. Gurowska, Ehefrau des verstorbenen Hauptmanns Gurowska, wünscht in Zukunft Gräfin Gurowska genannt zu werden." Bilder von lachenden Soldaten, von Damen mit Hüten wie aufgeblasene Waschbeutel, die eine Tasse Tee für die Helden und ein jubelndes ,Willkommen in der Heimat' bereit hielten. „Mrs. Pleydell-Bouverie bedauert, daß aufgrund der gegenwärtigen Umstände die zugunsten des ,Redlands Nursing Home' geplante Ausstellung von Blumen und Kleidern, entworfen von Constance Spry, auf unbestimmte Zeit verschoben werden muß." „Eine kluge Vorsichtsmaßnahme für den Notfall. Halten Sie eine Flasche Optrex bereit."

Notfall! Gegenwärtige Umstände! Eine Flasche Optrex! Ich wollte meinen Augen nicht trauen.

Es wäre schön, wenn ich sagen könnte, daß Churchills Worte, die, wie ich empfand, tief vom Wesen der Geschichte meines Landes durchdrungen waren, und in meinem Innern einen Akkord anschlugen, sofort all meine Befürchtungen beschwichtigt und für immer die gräßliche Vorstellung verscheucht hätten, daß Hitlers Tausendjähriges Reich meine eigene Lebensspanne überdauern könnte. Aber so war es eben nicht, denn ich wußte zuviel. Meine Landsleute würden auf den Straßen, auf den Feldern, auf den Hügeln kämpfen – gewiß – und es würde Helden geben, viele Helden sogar, aber vielleicht auch andere: Kollaborateure, Denunzianten, Schwachköpfe, die für Juden, Neger und Italiener nur Schimpfnamen hatten und glaubten, daß nur ein einziges Volk sich mit Recht als das Salz der Erde betrachten dürfe. Wenn derartige Dinge internationale Gewohnheiten wurden, dann gab es kein dramatisches Nachspiel mehr. Dann kam nur noch das Trampeln von marschierenden Stiefeln, das laute Klopfen an der Tür mitten in der Nacht, das Ächzen und Rumpeln von Lastwagen, die in der Ferne, auf verlassenen Straßen, verschwanden – und danach die Stille; kein Drama – nur Stille, undurchdringliche Stille.

Wenn ich nach außen kein Schwanken zeigte, dann war das

eine instinktive Reaktion, die mir schon seit frühester Jugend anerzogen worden war – ‚the stiff upper lip' –, denn in der Nacht träumte ich immer von meinem Vater, wie er mit dem Rücken an einer roten Backsteinwand stand und sich in einem aussichtslosen Kampf mit einem Golfschläger verteidigte – ausgerechnet einem Golfschläger. Nacht für Nacht brach er unter den Hieben von Gewehrkolben zusammen, verschwand er unter einer Woge von Stahlhelmen, Helmen wie stahlgraue Schildkröten, Helme, die ich in meiner Kindheit fürchten gelernt hatte. Indessen ging das Leben weiter; im Garten blühten die Rosen üppig, der Rasen mußte gemäht werden, auf dem Markt stellten sich die Leute an, und Kirschen, Unmengen von Kirschen reiften an dem Baum über unserem Geräteschuppen, gleich hinter dem Haus.

Ein Abendessen für Freunde

(Herbst 1940)

Irgend jemand war auf dem Land gewesen und hatte eine Portion Flußkrebse mitgebracht, ein anderer kannte wieder jemanden von der schwedischen Botschaft und hatte einige Flaschen Aquavit organisiert, und noch ein anderer schlug vor, wir sollten eine Party veranstalten. Das Leben in Berlin, wie wir es täglich leben mußten, war sehr arm an Festlichkeiten, und wir fanden, daß wir trotz allem einen guten Grund zum Feiern hätten. Adam hatte sich im Juni mit Clarita Tiefenbacher verheiratet, und sie hatten nicht weit von uns in Dahlem eine Wohnung gefunden. Peter und ich, erfahrene Eheveteranen, hatten diesen Schritt von Herzen begrüßt, um so mehr, als wir nicht ganz unbeteiligt waren, denn die beiden hatten sich bei uns in Reinbek kennengelernt. Wir wählten acht besonders gute Freunde aus, die mit uns die Krebse und den Aquavit teilen sollten; alle anderen, etwa vierzig Leute insgesamt, sollten später kommen; wir hofften, daß sie mit weiteren Flaschen beladen erscheinen würden.

Clarita und ich waren dabei, ein paar recht klägliche Brötchen herzurichten, als Freda Winckelmann anrief und mir einen weiteren Anlaß zum Feiern lieferte. Sie war mit der S-Bahn von Klein-Machnow gekommen; dort hätten Kriegsgefangene am Bahndamm gearbeitet; sie könne schwören, es seien Tommys; vielleicht sei das interessant für mich. Interessant, solche Worte benützten wir am Telefon.

Tommys in Klein-Machnow! Ich warf eine Handvoll Petersilie auf die Brötchenplatte – dann den Hut aufgesetzt, das beste Kleid angezogen, keinen Mantel, denn es war zu heiß, und nach einer Weile sprang ich in Klein-Machnow vom Trittbrett des Zuges, als wollte ich den verlorenen Sohn in die Arme schließen. Als die S-Bahn die Station verlassen hatte, sah ich eine lange Reihe von Gestalten in Khaki-Uniformen jenseits der Geleise auf der anderen Seite des Bahnhofs. Ja, Freda, das sind allerdings Tommys! Ich eilte die Stufen der Brücke hinauf, die über die Geleise führte und auf der anderen Seite hinunter. Auf halbem Weg wurde mir klar, daß ich eigentlich gar nicht wußte, warum ich hierhergekommen war. Nur um sie anzuschauen? Nur um zu sehen, daß es sie noch gab? Ich ging die letzten Stufen etwas zögernder hinab. Unten angelangt, kam ich mir aber ein bißchen töricht vor. Die Tommys arbeiteten etwas weiter drunten, neben dem Lattenzaun, der das Gleis entlanglief; Khaki-Mützen, blaue Feldmützen und eine schmucke schottische. Arbeiten ist vielleicht nicht ganz das richtige Wort. Sie standen nämlich in einer Reihe und reichten einen kleinen Stoß von fünf oder sechs Backsteinen von Mann zu Mann. Der eine Haufen wurde aber nicht kleiner, und der am anderen Ende nicht größer. Warum, das war leicht zu erkennen, denn immer wieder ging derselbe Stoß Backsteine von Hand zu Hand, die Reihe auf und ab. Die völlige Sinnlosigkeit dieser Beschäftigung schien niemanden zu stören, nicht einmal die zwei Bewacher, die mit umgehängtem Gewehr und ins Gespräch vertieft hinter den Tommys auf und ab gingen.

Ich spazierte vor dem Lattenzaun etwas unschlüssig ein oder zweimal hin und her und wurde immer verlegener, besonders als ich an dem Zwinkern und Grinsen, das mein Promenieren begleitete, merkte, daß meine Gedanken und die der Gefangenen sich auf einer ähnlichen Linie bewegten. Ich wollte das Spießrutenlaufen nicht noch einmal auf mich nehmen und wartete daher, bis die Bewacher möglichst weit entfernt waren, ehe ich den Zaun mit den erstbesten Worten ansprach, die mir einfielen. „Wir sind noch lange nicht geschlagen“, sagte ich auf englisch. Die Backsteine setzten ihren Weg fort, die Köpfe waren noch immer gesenkt, die Rücken gebeugt, aber die Augen, blau, braun, zwanzig, dreißig, vierzig Augenpaare waren unverwandt auf mich gerichtet. Ein dunkelhaariges Kerlchen, das trotz der Hitze einen Mantel trug, der ihm obendrein viel zu groß war, gab mir eine Antwort.

„Wer behauptet das denn?“

„Ich jedenfalls nicht“, sagte ich, alle früheren gelegentlichen Zweifel vergessend.

„Gut, darlin' girl, dann sind wir uns ja einig.“ Keck kam die Antwort herüber, im reinsten irischen Dialekt.

Ein Haufen Krebse, drei Flaschen Aquavit, ein paar gute Freunde, die nicht gerade an viel Alkohol gewöhnt waren, und dazu eine Unverbesserliche, eben zurück von einem politischen

Gespräch mit einem Gentleman aus Irland – die Party an diesem Abend mußte einfach einen guten Anfang nehmen!

Das ‚England-Komitee' aus dem Auswärtigen Amt war gut vertreten, und als ich um den Tisch herum schaute, von einem Gesicht zum andern, und der Unterhaltung zuhörte, schien es mir, als sähen sie sogar englisch aus. Aber das kam vielleicht davon, daß sie Freunde waren und ich mich unter diesen Gesichtern und Stimmen einfach heimisch fühlte. Bald aber mußte ich ihren Reden entnehmen, daß sie zu ihrem großen Bedauern gelinde Zweifel hatten, ob Peters Diplomatie noch lange vorhalten werde.

„Mein lieber Peter, wenn dein eigentlicher Vorgesetzter, nämlich dein Staatssekretär – der zwar nie in England war, kein einziges Wort Englisch spricht, ein vollkommener Trottel ist, aber glaubt, er wisse über alles Bescheid –, es für richtig hält, seinen Untergebenen seine Schnapsideen vorzutragen, wie man den starrköpfigen Briten am besten von der unendlichen Überlegenheit des deutschen way of life überzeugt, dann benimmt man sich nicht so wie du."

„Aber was soll ich denn bloß machen?"

„Man schaut vor sich hin, man lächelt vielleicht ein bißchen, man überlegt sich, was man zu Mittag essen soll, aber man bricht nicht, ich wiederhole, man bricht nicht in ein Gelächter aus."

„Na ja, schön, ich kann's halt nicht. Fängt doch der Vollidiot zu faseln an, man solle das Londoner East End bombardieren, damit die Slumbewohner ins West End ziehen müssen, dort sehen, wie die Reichen leben, und sofort außer Rand und Band geraten. Und dann schlägt er tatsächlich vor, die Rednerpodeste im Hyde Park zu beschlagnahmen ..."

Armer Peter, ich wußte, daß seine Tätigkeit im ‚England-Komitee' eine rechte Qual für ihn war, denn trotz der Pläne, die wir vor unserer Heirat geschmiedet hatten, war er nicht aus dem Holz geschnitzt, einen rechten Diplomaten abzugeben. Zu hitzig, zu ehrlich, zu wenig kompromißbereit, konstatierte ich, während ich ihn liebevoll anschaute, und dann nahm ich einen viel zu großen Schluck vom Aquavit, denn plötzlich fiel mir wieder ein, wie er mich einige Monate zuvor zu Tode erschreckt hatte. Er hatte von Teddy Kessel erfahren, Hans Oster von der Abwehr suche Freiwillige, die bereit wären, Ribbentrop umzubringen, und für ihn war es ganz selbstverständlich gewesen, daß er mitmachen würde.

Das Schweigen, das eintrat, als ich mich verschluckte und losprustete, wurde von Spitzi unterbrochen, der mit einem Seufzer sein Glas hob. „Prost, Peter Bielenberg, prost, liebe Chris! Darauf, daß wir dem Hyde-Park nie näher kommen als jetzt!" Ich verstand seinen Seufzer, denn Spitzi war mit einem Mädchen aus Cornwall verlobt gewesen und hatte ihretwegen aus dem Auswärtigen Dienst ausscheiden müssen; seit Kriegsausbruch hatte er trotz aller Bemühungen nichts mehr von ihr gehört.

Der Tisch mußte abgeräumt, die Krebsschalen mußten zu den Hühnern getragen werden – eine gute halbe Flasche Aquavit war noch übrig, aber nicht für lange. Als die anderen Gäste kamen, mit Nachschub, wurden sie mit solcher Begeisterung empfangen, daß sie alsbald ihre Flaschen aufmachten und unserem guten Beispiel folgten. Als die Stimmung ihren Höhepunkt erreichte, erschien Hannes in der Tür. Er hatte sich eins von Peters Khakihemden und einen schwarzen Schlips ausgeliehen, sich einen Schnurrbart angemalt und das Haar in die Stirn gestrichen, eine genaue Imitation der Führerfrisur. Er war als Beamter sicher am falschen Platz; er hätte Schauspieler werden sollen, denn es verschlug uns den Atem, wie perfekt er Hitler nachahmte, als er den rechten Arm zackig ausstreckte und in der allbekannten Art schweigend im Zimmer umherblickte, als suchte er den aufnahmebereitesten Teil des Publikums, um auf ihn seine Tirade loszulassen. Dann holte er tief Luft, machte wortlos kehrt und stolzierte im unverkennbaren Führerschritt davon.

Später traf ich unten im Keller, wo ich nach einem fehlenden Korkenzieher suchte, mit einem anderen Spätankömmling zusammen. Hochgewachsen, mit frischer Gesichtsfarbe, irgendwie sehr englisch im Aussehen, schlug er plötzlich die Hacken zusammen, machte eine tiefe Verbeugung und stieß mit dem Kopf hart gegen die Kellerdecke, als er sich wieder aufrichtete. „Preußen", sagte er. Ich schenkte ihm ein begütigendes Lächeln wie man es für Leute bereit hat, die man für noch weniger nüchtern hält als sich selbst. „Schon gut", sagte ich, „Großbritannien", und verbeugte mich meinerseits. Er schaute ein bißchen verdattert drein und brach dann in ein Lachen aus. „Vorgestellt hätten wir uns also, aber wie heißen Sie wirklich?" erkundigte ich mich mit einiger Würde. „Nun – äh – Preußen – Hubertus Hohenzollern", erwiderte er, und ich mußte in meinem Zustand einen Augenblick scharf nachdenken, warum er mir eigentlich so englisch vorgekommen war; er mußte ein Vetter des Königs sein, und er sah aus wie eine vergrößerte Ausgabe des Prinzen von Wales. Vermutlich war er auch ein Enkel Kaiser Wilhelms II. Aber Kaiser oder nicht Kaiser, wir lächelten einander liebenswürdig zu und entdeckten den Korkenzieher in einem Luftschutzeimer.

Unterdessen ging es oben einigermaßen drunter und drüber. Man hatte Nikolaus überredet, seine berühmte Version von Goebbels' Rede nach dem ‚Endsieg' darzubieten. Er saß auf dem Boden und deklamierte. Die Hände hielt er wie einen Schalltrichter an den Mund. Die Ähnlichkeit mit Goebbels' Rhetorik war frappierend. „Deutsche Männer, deutsche Frauen! Jetzt spricht zu Ihnen der Reichsminister für Volksaufklärung und Propaganda, Ihr Schrumpfgermane . . ."

Ich weiß nicht mehr, wann wir – jedenfalls beinahe – Stunde, Tag und Ort vergaßen, vor allem das Ungeheuerliche, das über unser Schicksal entschied. Wahrscheinlich, nachdem wir den Teppich zurückgerollt hatten und tanzten und jemand darauf bestand, das Radio anzudrehen, und als Ambrose's Orchestra im Londoner Rundfunk spielte. Die Todesstrafe? Da pfeifen wir drauf! Her mit anständiger Tanzmusik! Wenn draußen im Garten die Polizei oder, wahrscheinlicher, ein übereifriger Denunziant herumschlich, würden sie einen guten Fang machen. Ich warf Peter einen Blick zu, in dem die Frage stand, ob wir nicht doch ein bißchen weit gingen, aber er lächelte beruhigend zurück. Die Fensterläden waren geschlossen, vier zuverlässige Wächter machten ihre Runde auf der Straße und um den Garten. Aquavit hin, Aquavit her, er hatte seine Pflichten als Gastgeber nicht vergessen.

Unsere Nachbarn

(Frühjahr 1941)

Es dauerte lange, bis wir unsere Nachbarn kennenlernten, genau gesagt, mehr als ein ganzes Jahr. Der erste Kontakt war nicht allzu verheißungsvoll, denn als die Nächte wärmer wurden, weigerten sich unsere Hühner entschlossen, am Abend in ihren Stall zurückzukehren; sie wollten lieber auf dem Kirschbaum übernachten, der seine Zweige über unseren und den Nachbarsgarten breitete. Der Hahn hatte ein durchdringendes Organ, besonders am frühen Morgen, und bevor er und seine Damen zum Frühstück auf unsere Seite des Zaunes zurückkehrten, ließen sie sich jedesmal unweigerlich auf den ordentlich gejäteten Blumenbeeten im Nachbarsgarten nieder. So kam es, daß ein höflicher kleiner Brief mit der Unterschrift ‚Irmgard Langbehn', in dem sie uns bat, das unselige Federvieh von ihren frisch gepflanzten Salvien fernzuhalten, auf viele Monate das einzige nachbarliche Zeichen blieb, das wir von nebenan erhielten.

Der Anlaß, aus dem wir unsern Nachbarn zum zweitenmal auffielen, war auch nicht dazu angetan, unser bürgerliches Ansehen zu heben. Nick und John, die sich den Mangel an strenger Aufsicht zunutze machten, trieben ihre Späße, wie es ihnen gerade einfiel. Ich fand, daß sie wie Engel aussähen, und ich wußte, daß sie sich wie kleine Teufel aufführen konnten. Trotzdem war ich, offen gesagt, doch etwas betroffen, als es eines Vormittags heftig läutete und an der Gartentür eine gestikulierende, vor Empörung fast sprachlose Dame stand. Ob mir die kleinen Jungs gehörten, die weiter vorn auf der Straße spielten? Der eine dunkelhaarig, der andere blond? Ja? Nein, also in ihrem ganzen Leben habe sie sich so etwas noch nicht anhören müssen. Was hatten sie denn gesagt? Nein, sie könne es mir nicht wiederholen – es sei einfach zu schrecklich gewesen, überdies vor einem Mann, der die Wasserleitung reparierte. Na so was, das ist doch wirklich die Höhe! Prustend und gluckend eilte sie davon, den Kopf schüttelnd, und ich machte mich geschwind in die andere Richtung der Straße auf.

Ich fand meine offenkundig gar nicht reumütigen Söhne, wie sie lachend mit einem kräftigen Berliner dastanden, der, als er mich sah, abrupt in einem Schachtloch verschwand. Was war denn passiert? Ach, jar nischt! Was hatten sie denn gesagt? Ich fand es nicht ganz einfach, mit Würde in ein Loch in der Straße hinabzusprechen. „Ach, jar nischt. Wär alles in Ordnung jewesen, wenn diese alte Zicke sich nicht einjemischt hätte – hab ja selber Kinder." Sie hätten ihn ein bißchen angepflaumt, und er wäre schon selber mit ihnen fertig geworden, aber die Dame sei stehengeblieben und habe gesagt, nette kleine Jungen sagten so was nicht. „Ja, und ...?" „Na ja, dann hat der Knirps" – er streckte den Kopf heraus und schaute entschuldigend zu John hin – „dann hat der Knirps da zu der Dame gesagt: ‚Kümmere dich um deinen eigenen Kram, du altes Arschloch.'" Ich erkannte, daß der Augenblick gekommen war, Strenge zu zeigen. Ich trieb meine beiden Sprößlinge in unseren Garten zurück, erging mich in gräßlichen Drohungen und sagte, sie müßten zur Strafe nachmittags zu Hause bleiben. Als ich sie durch die Gartentür hineinschob, hörte ich mich in schmetterndem Ton verkünden, wenn ich noch einmal hören müsse, daß sie Leute mit diesem Namen belegten, würde ich sie für den Rest des Tages ins Bett stecken.

Meine Drohung wurde auf der anderen Seite der Hecke mit einem Lachausbruch quittiert, ja mehr oder weniger neutralisiert, und ich entdeckte, daß eine kleine Dame mit weißem Haar und dem munteren Ausdruck eines Rotkehlchens durch das Geäst zu mir herschaute. „Entschuldigen Sie", sagte sie, „ich hätte nicht lachen sollen, aber ich habe selbst fünf Enkel, und ich kann Ihnen sagen, daß Ihre zwei kleinen Buben nicht viel anders sind als meine Bande."

Wir plauderten eine Weile miteinander, und sie erzählte mir, sie versorge das Haus für ihren Sohn, dessen Frau und Kinder in Walchensee seien. Meine Kinder seien wohl noch ein bißchen klein, um in ihrem Schwimmbassin zu baden, meinte sie, aber es gebe viele Kirschen auf ihrer Seite der Hecke, und sie sollten doch mit ihren Eimern kommen. Sie schien sehr freundlich zu sein, und fortan grüßten wir einander, wenn wir uns über die Hecke hinweg oder auf dem Weg zum Markt sahen; mehr nicht, denn im Dritten Reich mußte man Nachbarn, so freundlich sie auch waren, als mögliche Belastung, sogar als eine eventuelle Gefahr betrachten. Erst als Peter feststellte, daß der Anwalt, den er in einem bestimmten Fall konsultiert hatte, niemand anders war als der Sohn der kleinen Dame, und als seine Frau – die Dame mit den Salvien – wieder auf der Bildfläche erschien, diesmal mit ungebärdigen Zwillingsjungen im Schlepptau, nahm unsere flüchtige Bekanntschaft einen herzlicheren Ton an.

Wiederum vergingen einige Monate, bis wir mit ihnen so gut bekannt waren, daß wir zum Abendessen eingeladen wurden. Mit ‚gut genug bekannt' meine ich, daß wir die üblichen Erkundigungen eingezogen hatten, wie übrigens zweifelsohne auch sie. Gelegentliche Unterhaltungen über die Hecke hinweg oder geschäftliche Begegnungen waren etwas ganz anderes als eine Einladung zum Abendessen. Zum Glück stellte sich heraus, daß wir gemeinsame Bekannte katten, die Sarres, die Dr. Carl Langbehn gut kannten. Er hatte anscheinend bereits 1933 Farbe bekannt, als er mit Elan einen Minister verteidigte, der in das erste Kabinett Hitler aufgenommen worden war, sich widerspenstig gezeigt hatte und – typisch für das Vorgehen der Nazis – sich plötzlich einer falschen Anklage gegenübersah. Seit damals hatte er ein geradezu unheimliches Talent bewiesen, Unglückliche, die mit dem Regime in Konflikt geraten waren, zu verteidigen, Juden wie auch andere; einer seiner Mandanten war Albrecht Bernstorff gewesen. Puppi Sarre berichtete von zahllosen Gelegenheiten, bei denen Langbehn als Retter in der Not geholt worden war; wir könnten sicher sein, daß man ihm vertrauen dürfe. Trotzdem wußten wir, daß andere Leute vermutlich das gleiche Spiel spielten wie wir, wenn sie zum erstenmal mit neuen Bekannten zusammenkamen. Die Unterhaltung ging zunächst behutsam und neutral vor sich. Wir wußten, daß wir alle keine Nazis waren, aber waren wir auch alle, nüchtern oder betrunken, diskret? Hatten wir andere gemeinsame Bekannte? Waren das wirkliche Freunde oder nur Namen, die man fallenließ, um damit Eindruck zu machen? Es wäre schwer, die mißtrauische Annäherung zu beschreiben, die halb vollendeten Sätze, die vorsichtigen Bemerkungen, die nach und nach zu gegenseitigem Vertrauen führten und zu der Gewißheit, daß die Luft wirklich rein war und alle Anwesenden sich beruhigt entspannen und zu schlichtem Hochverrat übergehen konnten. Die Prozedur war höchst delikat, mußte sorgfältig erlernt werden, wenn uns an unserem Leben lag, denn den anderen vertrauen, hieß, sich ihnen ausliefern.

Im Fall unserer Nachbarn war es so, daß Frau Langbehn, vermutlich unbewußt, von Anfang an mehrere Hinweise gab. Sie war zurückhaltend und von einer durchsichtigen Aufrichtigkeit und hatte möglicherweise mit ihrem überschwenglicheren Ehemann so manch heiklen Augenblick durchgemacht. Sie kam mir ein bißchen wie eine jüngere Ausgabe meiner Mutter vor, und ich konnte mir denken, daß sie, wenn sie sozusagen ihr Herz erleichterte, das sanft und doch zugleich sehr entschieden tun werde. So wartete sie an diesem Abend, bis ihre Schwiegermutter zu Bett gegangen war; das erklärte sich zweifellos daraus, daß die kleine alte Dame offenbar überhaupt keinerlei Grund sah, sich viel Zurückhaltung aufzuerlegen. Sie gehörte einer Generation an, die zu Kaisers Zeiten aufgewachsen war; das waren damals andere Zeiten. Ihrer Meinung nach war das Land seitdem von Hochstaplern regiert worden; zur Zeit war es Hitler mit seiner Bande, und sie sah keinen Anlaß, damit hinterm Berg zu halten.

Als Peter und Dr. Langbehn sich nach dem Abendessen zu uns setzten, war ihnen anzumerken, daß sie viel bessere Fortschritte miteinander gemacht hatten. Sie hatten herausgefunden, daß ihre Vorfahren aus der gleichen Gegend stammten, nämlich aus dem Land nördlich der Elbe. Beide hatten Jura studiert, beide waren sie sportlich, beide strahlten eine gewisse ruhelose Energie aus, und ich sah, daß Peter in Carl Langbehn, obwohl dieser einige Jahre älter war, einen Mann nach seinem Herzen gefunden hatte. Mit dem einen Ohr konnte ich hören, wie er dem Älteren erzählte, daß er nicht imstande gewesen sei, seine Anwaltspraxis weiterzuführen, nachdem einer seiner Armenrechts-Mandanten freigesprochen und sofort danach von der Gestapo verhaftet worden war, und daß ihm vielleicht in jenem Augenblick aufgegangen sei, was er zu tun habe; und deswegen seien wir nach Berlin gekommen.

Ungefähr in diesem Stadium gab es Frau Langbehn auf, mich zu unterhalten, und gleichzeitig begann sie besorgt dem Gespräch auf der anderen Seite des Kamins zuzuhören. „Sie müssen entschuldigen, Frau Bielenberg“, sagte sie, „aber ich lebe in ständiger Angst, daß Carl es zu weit treibt. Es ist, als wäre es für ihn ein Sport, aber jedesmal, wenn er in die Prinz-Albrecht-Straße geht, frage ich mich, ob er wohl wieder herauskommen wird. Sehen Sie, unser Telefon wird schon seit 1934 abgehört, und die Tatsache, daß er mit der Gestapo so geschickt zurechtgekommen ist, bedeutet, daß jeder, der in Schwierigkeiten gerät . . . "

Langbehn lehnte sich in seinem Sessel zurück, halb lächelnd, als sei er insgeheim belustigt. „Mein lieber Bielenberg, Sie können sich das Glück nicht vorstellen. Elke, unsere Älteste, geht nämlich mit Himmlers Tochter in dieselbe Schule, sie sind ungefähr gleichaltrig, und Elke ist zum Geburtstagsfest der Kleinen eingeladen worden. Irmgard und ich haben sie hingebracht. Nein, nein, sie haben ein Sommerhaus am Tegernsee. Nun, und wer erscheint zu dem Fest? Himmler persönlich. Ich hatte gerade ein paar heikle Fälle zu bearbeiten, und da ich der Auffassung bin, daß es sich immer lohnt, nach der Maxime ‚Man muß den Teufel kennen' zu handeln, nahmen wir seine Einladung zum Tee und zum Abendessen an."

„Es war ein gräßlicher Abend", unterbrach ihn seine Frau leise. „Ich mußte mich mit Himmlers Frau unterhalten, und mit einem Ohr hörte ich, wie Carl mit ihm über zwei Fälle sprach, wo Leute von der SS verhaftet worden und dann spurlos verschwunden waren; das nächste, was man von ihnen hörte, war, daß ihre Asche den Witwen kommentarlos zugeschickt wurde. Ich erinnere mich, daß Himmler geantwortet hat, er glaube das nicht, und wenn Carl ihm Beweise bringen könne, werde er dafür sorgen, daß die Schuldigen dafür liquidiert würden ..."

„Ich hab' ihm die Beweise gebracht, und wenigstens haben die Witwen ihre Pension bekommen", fiel Langbehn seiner Frau ins Wort und fuhr dann, zu Peter gewandt, fort: „Ich hab ihm auch zu erklären versucht, daß ein willkürliches Liquidieren der Schuldigen nicht dem Gesetz entspreche, sondern daß es Sache der Justiz sei, sich mit einem Mord zu befassen."

Eine tiefe, fast unnatürliche Stille war eingetreten, während Langbehn sprach. Ich erinnerte mich später daran und überlegte, daß er wohl sonst nicht der Mensch war, der eine derart überlegene Ruhe ausstrahlte. Ich hätte damals nichts von dem geglaubt, was ich hörte, wenn Langbehn es nicht so leise, nüchtern und ohne Erregung berichtet hätte. Er nannte die SS einen Staat im Staate, und von Himmler sagte er, er sehe zwar wie die Karikatur eines Dorfschullehrers aus, aber er habe eine geradezu erotische Leidenschaft für blonde, nordische Typen. Seine ganze Umgebung, seine Adjutanten, seine Sekretärinnen, alle mußten blond und blauäugig sein; seine Antipathie gegen Dunkelhaarige und

-häutige war fast ein körperlicher Ekel. Auf seine Art natürlich pervers, ohne seine SS konnte er nicht existieren. „Meine SS", wie er immer sagte, eine blonde Elite, Ritter ohne Furcht und Tadel, rein und ohne Makel, ein glänzender Schild gegen die Mächte der Finsternis, hinter dem sich sein eigenes kümmerliches Ich völlig verstecken konnte. Anscheinend hielt Langbehn ihn deswegen für zugänglich, ja sogar in gewissen Grenzen für nützlich, denn er glaubte in Himmler ein pervertiertes Ehrgefühl entdeckt zu haben. „Ihre SS, Herr Reichsführer, sollte sich doch mit solchen Dingen nicht die Hände beschmutzen!" Langbehn hatte gefunden, daß man mit solchen Argumenten manchmal ans Ziel kam.

Was war aber Himmlers SS! Die Anführer seiner strahlenden weißen Ritter, Heydrich, Kaltenbrunner, Müller, das waren ganz andere Typen: kalt, gerissen, erbarmungslos und machtgierig. Sie befehligten einen Staat im Staate, der kein Rechtsempfinden kannte, in dem das Wort ‚Liquidierung' jeden rechtsstaatlichen Begriff ersetzt hatte. Es wäre sinnlos gewesen, an ihr Gewissen zu appellieren – sie besaßen keines. Es war, als wäre die Unterwelt von Chikago, also wären Al Capone und seine Gangster losgelassen worden, das Land zu regieren. Langbehn hatte gehört, wie seine Frau zu mir sagte, er habe Himmler sogar politische Witze erzählt: uralte Kamellen allerdings, über die sonst kein Mensch mehr lache, und er habe es nur getan, um zu sehen, welche Himmler am meisten Spaß machten. Dabei habe er festgestellt, daß ihm offensichtlich die Witze am besten gefielen, welche auf Goebbels' Kosten gingen. Solche Dinge seien wichtig. Wir wüßten ja so wenig, was hinter den Kulissen vor sich gehe, welche Intrigen und Gegenintrigen diesen oder jenen von den Halunken nach oben trügen, was sie aneinanderband, wo sich möglicherweise mit dem größten Erfolg ein Keil dazwischentreiben ließe. Einer Sache sei er sich ganz sicher: nicht die jämmerlichen Parteibonzen, Ribbentrop, Göring, Ley, so korrumpiert sie auch waren von ihrer Gier nach den äußeren Symbolen der Macht, beherrschten das Land, sondern Himmler und seine SS, die durchaus fähig sei, jeden aus dem Weg zu räumen – sogar Hitler, wenn sie das Gefühl hatten, er habe ausgedient.

Peter fragte Langbehn, ob er nicht auch meine, Ribbentrops Eitelkeit habe am Kriegsausbruch ebensoviel Schuld wie alles andere. Aber für Langbehn war Hitler die Schlüsselfigur, Hitler ganz allein, und er beugte sich vor und klopfte Peter aufs Knie, um zu unterstreichen, was er zu sagen hatte. Nach seiner Ansicht war Hitler ein Verrückter, der keine normalen Schwächen kannte; er sei weder eitel noch an Frauen interessiert, weder ein Fresser noch ein Trinker – an ihn sei nicht heranzukommen. Er sei ein Verrückter, ein gerissener, gefährlicher, mörderischer Wahnsinniger mit einer eigenartigen, bannenden magischen Kraft. Er sei es, der das Ganze noch zusammenhielt. Wenn er aus dem Wege geschafft wäre, würden die anderen alle übereinander herfallen.

Aus irgendeinem Grund fröstelte ich. Es war etwas Gespanntes, etwas unverhüllt Vitales an dieser sportlichen Gestalt, die uns gegenüber saß und an einen Tiger erinnerte, der zum Sprung ansetzt. Ich konnte verstehen, warum seine Frau oft beunruhigt war. Das Blau seiner Augen hätte Himmler beruhigen können, der Ausdruck aber, den sie in diesem Augenblick hatten, hätte den ‚Reichsführer' erzittern lassen müssen.

Plötzlich sprang Langbehn auf und begann im Zimmer auf und ab zu gehen. „Herrgott, Bielenberg, wie ich die zynische Verachtung hasse, mit der diese Schurken die bürgerlichen Rechte des Volkes mit Füßen treten! Wir hätten natürlich nie Jura studieren sollen, aber die Rechtsbeugung, die Heuchelei – ‚Volksgerichtshof', ‚Schutzhaft', ‚Vergehen gegen das gesunde Volksempfinden'." Er zischte die Worte förmlich heraus. „Was sind denn das für Rechtsbegriffe? Wenn das Volk wüßte, was heute tagtäglich in seinem Namen geschieht, könnte es nie mehr den Kopf hoch tragen."

Langbehn blieb vor seiner Frau und mir stehen. Ich weiß nicht, was seine Frau in diesem Augenblick empfand – ich jedenfalls saß auf dem Rand meines Stuhles, als wäre ich vorübergehend zu einer nicht sehr eleganten Marmorstatue erstarrt. Als er sie anschaute, verwandelte sich sein Ausdruck in ein jungenhaftes, entwaffnendes, fast hilfloses Lächeln. „Meine Frau hat mich nämlich im Verdacht, daß es mir im Grunde Spaß macht. Sie hat vielleicht in gewisser Weise recht. Vielleicht ist es zu einer Art Herausforderung für mich geworden. Wieder ein Unschuldiger durchs Netz geschlüpft, wieder ein kleiner Sieg für die Rechte des einzelnen." Er wandte sich Peter zu und fuhr fort: „Aber vergessen Sie nicht, Peter Bielenberg, daß das Spiel, wenn es überhaupt eins ist, überaus gefährlich ist, nicht nur für uns, sondern auch für unsere Frauen, unsere Familien; da hat uns der Teufel am Schlafittchen, und die Zeit drängt immer mehr. Wenn nicht bald etwas geschieht, schlägt das Grauen über uns zusammen."

Peter brach das darauf folgende Schweigen mit der Frage an Langbehn, ob er glaube, es werde zum Krieg mit Rußland kommen. Die Generäle würden sich doch bestimmt nicht in dieses Abenteuer reißen lassen? Langbehn pflichtete ihm bei, er könne sich das auch kaum vorstellen, aber ich glaubte in seiner Stimme einen Unterton von Zweifel zu hören. Die Generäle? Sie seien natürlich die vermutlich einzige Hoffnung, aber ihre Begriffe seien die alten Begriffe, sie lebten in einer vergangenen Zeit, sie wollten sich noch immer als Männer von Ehre sehen, und er, Langbehn, frage sich manchmal, ob sie überhaupt eine konkrete Vorstellung hätten von dem, was ihnen gegenüberstand. Die SS sei ein Geschöpf des Nationalsozialismus, der Zeit völlig entsprechend. Die ehrgeizigen Männer, die diese Organisation beherrschten, wüßten genau, was sie wollten, und seien rücksichtslos entschlossen, ihr Ziel zu erreichen, die absolute Macht nicht nur innerhalb des deutschen Staates, sondern auch in allen anderen Staaten, die der militärischen Eroberung zum Opfer fallen würden.

Nach dem Abendessen bei unseren Nachbarn mochten Peter und ich nicht sofort nach Hause gehen. Die Straßen waren dunkel und leer, und wir konnten allein spazierengehen, uns allein unterhalten – aber waren wir wirklich allein? Es war doch seltsam, daß ich nach so vielen Jahren Nationalsozialismus noch immer nicht imstande war, die ganze Gewalt des Bösen hinter den äußeren Formen abzuschätzen. Trotz allem schien das Leben, wie es gelebt werden mußte, vergleichsweise normal – die Menschen konnten sich verlieben, das Essen mußte gekocht werden, die Kinder – – Und dann war in ein, zwei Augenblicken an diesem Abend der Schleier gehoben worden, war zum Vorschein gekommen, was sich dahinter verbarg: die nackte Herrschsucht, das Verlangen, die Mitmenschen der eigenen Willkür zu unterwerfen. Dieser Gedanke nahm mir fast den Atem, und ich kam mir jung und schrecklich unerfahren vor, mit meinem Gewissen nur ungenügend gerüstet, gegen das Böse zu kämpfen.

Peter seufzte, als wir vor unserer Gartentür standen. „Eines ist jedenfalls sicher", sagte er, „wenn ich einmal in der Klemme sitze, möchte ich so jemand als Freund haben." Ich seufzte auch und starrte in die Dunkelheit um uns herum. So viele Menschen, so viele verschiedenartige Familien, die mit ihren Hoffnungen und Ängsten hermetisch abgeschlossen von den anderen lebten, alle mehr oder weniger machtlos. Aber wenigstens war es gut zu wissen, daß unser kleines Reich sich über die trennende Hecke ausgedehnt hatte und nun auch das Nachbarhaus umschloß.

Eine gefährliche Kaffeegesellschaft

(Winter 1941)

Gräfin B. wohnte nicht weit von uns. Sie war eine hübsche, recht muntere junge Witwe und sehr um ihre Figur besorgt; was das Politische betraf, so war auf sie absolut Verlaß. Ihre Eltern hatten einen Besitz in Westfalen, was vielleicht die Anwesenheit einiger der seriöseren Gäste erklärte; sie kamen des guten Essens wegen.

Gräfin B. hätte wissen sollen, daß sie ihre Freunde warnen mußte, wenn politisch unzuverlässige Gäste erwartet wurden. In diesem Fall aber hatte sie es entweder vergessen oder sie nahm an, die fragliche Dame sei so allgemein bekannt, daß es keines Warnsignals bedürfe.

Ich erhielt meine Warnung in der Garderobe, wo ich mich neben einer hochgewachsenen, blonden, sehr gut aussehenden Frau mit großen, blaßblauen Augen fand Sie hängte ihren Persianer – der zart nach der Besetzung von Paris duftete – neben meinen ‚deutschen Wald' – so hießen die Textilien aus Zellwolle –, der mich die Hälfte meiner Kleiderpunkte gekostet hatte. Trotzdem warf ich keinen neidvollen Blick auf ihren Pelzmantel, denn es gab etwas viel Interessanteres, das sie sich an den Kragen gesteckt hatte – das nationalsozialistische Mutterkreuz in Gold, wenn meine Augen mich nicht trogen. Je mehr Kinder, um so prunkvoller das Kreuz, aber zum Lob des weiblichen Geschlechtes muß ich sagen, daß Mutterkreuze selten in der Öffentlichkeit getragen wurden, abgesehen von Damen, die das Kinderkriegen für einen Dienst am Staat hielten.

„Von soundso", murmelte die Persianerin, womit sie sich vorstellte, während wir zusammen ins Wohnzimmer traten. „Christabel Bielenberg", antwortete ich und schaute mich rasch um, auf der Suche nach einem Stuhl, der möglichst weit von ihr entfernt war. Ich warf auch Gräfin B. einen Blick zu, auf ihr Signal wartend, aber sie war viel zu sehr mit dem Herumreichen von Tellern beschäftigt. Wir schüttelten, nach guter deutscher Sitte, ringsum Hände, und bis Gräfin B. die Persianerin allen vorgestellt hatte, die sie noch nicht kannten, waren nur noch drei Stühle nebeneinander frei. So mußte ich mich damit abfinden, daß sie meine Nachbarin war.

Ich habe Kaffeegesellschaften mit lauter Damen selbst in Friedenszeiten nie sehr erhebend gefunden. Deutschen Frauen zuzuhören, wenn sie über ihre Männer sprachen, gab mir fast immer das Gefühl, manche von ihnen wären mit Insassen von Irrenanstalten verheiratet. Seit Kriegsbeginn war auch das Essen zum Gesprächsthema geworden – das Essen und, über die Ehemänner, wieder zum Essen zurück. Dieser Nachmittag bildete keine Ausnahme, abgesehen vielleicht davon, daß die Anwesenheit der Persianerin unsere Konversation zu lähmen und selbst der ausgezeichnete Kaffee nicht seine Wirkung zu tun schien. Wir unterhielten uns schon zum zweitenmal über das himmlische Frühstück, das es vor dem Krieg im Basler Bahnhofsrestaurant gegeben hatte – diese knusprigen Brötchen, die köstliche Kirschenmarmelade –, da richtete meine Nachbarin ihre Gletscheraugen auf mich. „Laufen Sie Ski, Frau Bielenberg?" „Ein bißchen", antwortete ich, und das war bereits eine Übertreibung.

„Mir waren alle Skiorte vor dem Krieg durch die Engländer verleidet", verkündete sie, mit einem seltsamen Ton in der Stimme, so daß ich mich fragte, ob sie eine Deutsche sei.

„Oh", sagte ich. „Warum denn?"

„Weil die englischen Frauen sich so widerwärtig aufgeführt haben. Die fuhren anscheinend nur dorthin, um sich den gutaussehenden Skilehrern an den Hals zu werfen. Ich glaube, damals ist mir aufgegangen, was für ein degeneriertes Volk die Briten doch sind."

Ich schaute auf und blickte in die ruhigen Augen einer guten Freundin, die mir gegenübersaß.

„Ach", sagte ich in unbestimmtem Ton. „Wie interessant, wirklich sehr interessant."

Im nächsten Augenblick flog die Tür auf, und Mary Wussow kam hereingesegelt. Die gute Mary, sie war in ihrer besten Form, unverkennbar englisch. „Guten Tag", sagte sie gedehnt, für die Allgemeinheit bestimmt. Sie gab sich mit der deutschen Aussprache nicht die geringste Mühe und vergaß wie üblich, irgend jemandem die Hand zu geben. Dann bemerkte sie mich. „Hallo, Chris darling, wie geht's?" Es war, als wären wir uns mitten in London begegnet.

„Gut, Mary, danke", antwortete ich, da ich irgendwo Gefahr witterte, aber im Augenblick nicht wußte, was ich tun sollte. „Du kennst meine Nachbarin?"

„Hallo", sagte Mary in ihrem besten Deutsch, „hallo."

Die Persianerin streckte ihr die Hand hin und wandte sich dann mir zu. „Sie sind Engländerin?" „Nein", sagte ich und hoffte, daß Mary den Wink verstehen werde.

„Nein, ich bin jetzt Deutsche, wohl ungefähr so deutsch wie Sie." Es war ein Schuß ins Dunkle, aber ich glaubte gerade entdeckt zu haben, woher dieser singende Akzent kam; es mußte Norwegen sein oder vielleicht Schweden. Mary setzte sich an die andere Seite meiner Nachbarin und beugte sich zu mir herüber.

„Ich fühl mich ganz obenauf, Chris, wir haben was ganz Herrliches gehört", erklärte sie.

„Wirklich", sagte ich, „wie schön", und da die Persianerin von mir weg und auf Mary blickte, schnitt ich eine Grimasse, mit der ich zu verstehen geben wollte: Halt um Gottes willen den Mund, sie ist eine Nazisse! Aber es war wohl vergebliche Mühe, denn Mary schaute mich nur verblüfft an, als hätte ich plötzlich den Veitstanz bekommen.

Schon waren die anderen Damen aufmerksam geworden und eilten zu Hilfe; es war, als wirkte der Kaffee plötzlich doch. Sie plauderten und lachten und versuchten, Mary vor dem Interesse ihrer Nachbarin zu retten. Aber es nützte alles nichts, denn die Persianerin war auf dem Kriegspfad, und ich hörte sie vom Auswärtigen Amt, von entarteten Skilehrern und derlei mehr reden. Voller Verzweiflung mußte ich sehen, wie Mary anbiß und gegen sie Front machte. Ihr Deutsch wurde immer baufälliger, während sie, wie man sagt, aus allen Knopflöchern feuerte. Der Höhepunkt war erreicht, als Mary mit lauter Stimme erklärte, Hitler und Stalin seien sich ähnlich, sie seien schließlich beide Diktatoren und hielten sich nur mit Hilfe des Terrors an der Macht, und sie jedenfalls sei froh, daß Stalin nicht mit den Engländern verbündet sei. Erst in der Totenstille, die darauf folgte, ging Mary wohl plötzlich auf, was sie angerichtet hatte. Sie warf mir einen verdatterten Blick zu, aber es war zu spät – die Persianerin hatte sich bereits erhoben, verbeugte sich steif nach allen Richtungen und schritt zur Tür. Unsere Gastgeberin flatterte hinter ihr her. Ich stand ebenfalls auf und traf sie in der Garderobe.

„Wir haben, glaube ich, den gleichen Heimweg", sagte ich.

„Sagten Sie nicht, Sie wohnen auch in Dahlem?" Ich hatte keine Ahnung, was ich erreichen wollte, und sie sprach kein Wort, als wir durch die Straßen stiefelten, während es schon dunkel wurde. Dann begann sie: „Hab ich recht gehört, diese Frau heißt von Wussow?" „Ja." „Und ihr Mann ist im Auswärtigen Amt?" „Ja, das schon ..." „Und sie sollen ins Ausland versetzt werden? Das ist doch ganz unmöglich." „Wieso?" Ich spürte, daß ich einen aussichtslosen Kampf führte, aber ich mußte es doch versuchen. „Ich finde daran nichts Verkehrtes. Ihr Mann ist ein ausgezeichneter Diplomat und wird bestimmt sehr gute Arbeit leisten. Was Mary, seine Frau, betrifft, so kenne ich sie sehr gut, sie ist eben etwas unbeherrscht. Und außerdem frage ich Sie, was Sie tun würden, wenn jemand herabsetzende Bemerkungen über Ihr Vaterland machte." Ich war mir noch immer nicht sicher, ob es Schweden oder Norwegen war.

„Frau Bielenberg", sagte sie, und ihr zirpender Tonfall war noch ausgeprägter als zuvor, „ich finde trotzdem, daß solche Leute nicht in unseren Auswärtigen Dienst gehören, und ich gedenke die entsprechenden Schlüsse zu ziehen."

Sie muß ihre Schlüsse gezogen haben, sobald sie zu Hause war, und sie war dazu in der Lage, wie ich erfuhr, als ich mit meiner Warnung zu der immer noch versammelten Kaffeegesellschaft zurückkehrte. Die Familie war berüchtigt; der Bruder ihres Mannes – hatte ich das nicht gewußt? hatte Mary es nicht gewußt? – war Hitlers Anwalt. Ihm gehörten die blonden Kleinen, die dazu abgerichtet worden waren, an Führers Geburtstag ‚Heil Hitler' zu lispeln und ihm Sträußchen von Feldblumen zu überreichen.

Als Mary uns am nächsten Tag besuchte, war sie ganz außer sich; ihr Telefon wurde abgehört, und man hatte ihren Mann aufgefordert, dem Auswärtigen Amt fernzubleiben, solange die Angelegenheit untersucht wurde.

Wie war es möglich, daß einige Monate danach Botho und Mary nach Portugal abreisten? Es war das Ergebnis des natürlichen Vorganges, daß Männer und Frauen guten Willens sich zusammentun, um einen Freund gegen einen gemeinsamen Feind zu beschirmen – in diesem Fall gegen den vielleicht gefährlichsten, niederträchtigsten Feind, den Denunzianten. Nichts konnte natürlicher erscheinen, als daß acht ehrenwerte Damen höchst bereit gewesen wären, einen Meineid auf sich zu nehmen und zu beschwören, die verhängnisvollen Worte, über die Klage geführt wurde, seien einfach nicht gefallen. Eine Auseinandersetzung, ja, zwei Ausländerinnen, die beide nicht viel Deutsch sprachen, seien sich in die Haare geraten, wie es bei Frauen manchmal vorkommt. Aber Hitler? Stalin? Unmöglich! Wenn solche unglaublichen Bemerkungen gefallen waren, so hatte keine der Anwesenden sie gehört. Die Persianerin hatte keine Zeugen.

Ein Spital im Salzkammergut

Teil I: (Sommer 1941)

Wenn ich etwas Heiteres erleben wollte, würde ich nicht die Rekonvaleszenz nach einer Fehlgeburt wählen. Sie ist nicht zu empfehlen, an keinem Ort, zu keiner Zeit. Und da der Ort zufällig ein kleines Landkrankenhaus in Österreich war, der Zeitpunkt der Hochsommer 1941, als die deutsche Armee sich über die Ostgrenzen des Reiches nach Rußland ergoß, da zu allem Überfluß die einzigen Verwandten weit und breit zwei kleine Buben waren, die ich in einem Bergdorf in der Obhut einer fremden Frau hatte zurücklassen müssen, war es an der Zeit, alle meine Kraftreserven aufzubieten.

Ich hatte immer geglaubt, ich besäße ein Talent dafür, das Gute zu sehen, aber diesmal stellte ich fest, daß mein üblicher Optimismus, wenn er auf die Probe gestellt wurde, nicht zuverlässig war. Ich war fest überzeugt, daß die zwei kleinen Jungen meine einzigen Kinder bleiben würden.

Wir waren zu fünft auf der Krankenstation; fünf melancholische, in ihren Hoffnungen enttäuschte Frauen, von denen zwei schon sehr lange hier lagen. Es wurde uns keine Chance gegeben, zu vergessen, wo wir waren, denn immer wieder kamen junge rotwangige Nonnen, deren Schürzen nur sonntags sauber waren, fröhlich hereingeeilt, verteilten Tabletten, Arzneien oder Gottes Segen, je nachdem, welches Mittel ihnen als das zuträglichste für unseren Gesundheitszustand erschien. Es gelang uns auch nicht, die Zeit zu vergessen, denn ungefähr jede Viertelstunde stimmte ein Lautsprecher, der über der Tür, neben einem verstaubten Kruzifix angebracht war, ein hysterisches Trompetengeschmetter an. Ta, tara, ta, tara ta, tara ta, tara taaaa! Achtung! Achtung! Eine Sondermeldung! Bialystok – Przemysl – Tarnopol – fremdartige Namen, noch eine Woche vorher nur Punkte auf der Landkarte, flogen uns in regelmäßigen Abständen um die Ohren und hingen ein, zwei Sekunden in der schwülen Luft, bis sie verklungen, vergessen, ausgelöscht, überrollt waren – immer planmäßig. Wir hatten keine Landkarte und konnten daher nur aus der ungemein befriedigten Stimme des Ansagers schließen, daß Hitlers Legionen sich wieder einmal täglich tiefer in Feindesland vorarbeiteten. Ich bemerkte bei meinen Leidensgenossinnen kein Zeichen freudiger Erregung, ja überhaupt keine Reaktion auf die lärmenden Siegesmeldungen. Drei Bauernmädchen, die Frau eines Krämers aus Bad Aussee und ich, wir lagen nur still da, unsere Gedanken hingen dem nach, was hätte sein können, und unsere Krankenhaus-Nachthemden, die vorn geschlossen waren und im Nacken zugebunden wurden, gaben uns das Aussehen von vergrämten Zahnarzthelferinnen.

Fast neun Monate waren vergangen, seitdem die Kinder und ich von Berlin ins Salzkammergut gefahren waren. Dafür hatte es mehrere Gründe gegeben, der dringlichste davon vielleicht das Eintreffen britischer Bomber, die gegen Ende August ihre Tätigkeit auch auf Berlin ausgedehnt hatten. Da die Berliner im übrigen Deutschland als ein sehr vorlautes Volk galten, dem es nichts schaden konnte, wenn es eins aufs Dach bekam, waren die nächtlichen Besuche der Royal Air Force von einer gewissen Schadenfreude der Rheinländer und auch der Hamburger begleitet, die schon seit einiger Zeit die Aufmerksamkeiten der britischen Luftwaffe hatten über sich ergehen lassen müssen.

Man brauchte sich nicht vorzumachen, daß die englischen Berichte über diese Angriffe, die wir am folgenden Tag über Radio Beromünster hörten – „Starke Bomberverbände der Royal Air Force griffen im Gebiet von Berlin ausgewählte militärische Ziele, Elektrizitätswerke, Lokomotivenfabriken usw. an" – der Wahrheit näherkamen als die deutschen Berichte, in denen als getroffene Ziele ausschließlich Friedhöfe, Kirchen oder Kinderkliniken genannt wurden. Der angerichtete Schaden war, nach dem, was auf dem Markt erzählt wurde, nicht so aufregend, daß sich die Omnibusfahrt für einen Familienausflug am Sonntag gelohnt hätte. Die Bedeutung der Luftangriffe lag vielmehr in der unbestreitbaren Tatsache, daß diese ‚Luftpiraten' Nacht für Nacht die offizielle Behauptung, der Krieg sei so gut wie gewonnen, Lügen straften. So sehr ich mich über diese glückverheißende Wendung der Dinge auch hätte freuen können, so mußte ich mir doch eingestehen, daß mir jedesmal der Schreck in die Glieder fuhr, wenn Abend für Abend, ungefähr um die Zeit des Schlafengehens, das gespenstische Geheul der Sirenen mich nach oben jagte, um die Kinder aus den Betten zu reißen und in den Keller zu bringen. Dort saß ich dann, in eine Decke gehüllt, während Peter friedlich auf dem Boden schlief, und bemühte mich, zwischen Wassereimern, Feuerpatschen, Luftschutzpumpen und unseren Hühnern die Kinder mehrere Stunden lang bei Laune zu halten.

Oft aber hockten wir auch schweigend da, und ich hatte Muße nachzudenken, daß ich doch eigentlich über den Unternehmungsgeist froh sein müßte, den meine Landsleute zeigten. Vielleicht – wer konnte es wissen? – flog dort droben der Mann meiner Schulfreundin Monica Jordan und überlegte, wann er seine Bombenlast am günstigsten abwerfen könne. Etwa jede Stunde kündigte ein fernes Grollen an, daß sich wieder ein Geschwader hochfliegender Maschinen dem äußeren Luftverteidigungsring Berlins näherte, und dann raffte ich mich wieder auf und begann das unterbrochene Märchen von vorne. Wenn dann der zweite Flak-Ring das Feuer eröffnet hatte und das Grollen zum Donnern geworden war, hatte ich die größte Mühe, mich auf mein Thema zu konzentrieren. „... und da sagte die liebe kleine Fee zu dem Elflein ... äh ... die liebe kleine Fee ...“ Dies oder ähnliches, in einem heiseren, noch einigermaßen beherrschten Flüsterton vorgetragen, war oft genug das Vorspiel zu einem ohrenbetäubenden Krachen, wenn die großen Flakgeschütze loslegten, die auf einem Feld der Domäne Dahlem standen, einige hundert Meter von unserem Haus entfernt. Es war wirklich zu verstehen, daß Nicky die Fee-Elfen-Kombination sogleich als ‚eine doofe Geschichte‘ verwarf, und nach etwa einem Dutzend solcher Nächte schaute ich eines Morgens in den Spiegel und beschloß, ein Foto von mir machen zu lassen, ehe es zu spät war.

Unser Freund Eduard Brücklmeier lud uns als zahlende Gäste auf seinen Bauernhof in Österreich ein, wo seiner Frau mit ihrem Baby ein Ansturm von Evakuierten aus dem Ruhrgebiet drohte. Unser Entschluß, die Einladung anzunehmen, fiel mit dem Ende von Peters Beamtenlaufbahn zusammen. Peter hatte die Entscheidung, den Staatsdienst zu quittieren und in die Industrie zu gehen, mit gewohnt klarer Überlegung getroffen. Nach der Niederlage Frankreichs hatte er praktisch die Hoffnung aufgegeben, daß die Generäle den Versuch unternehmen würden, die Regierung zu stürzen. Da sie sich zuvor nicht hatten entschließen können, war kaum damit zu rechnen, daß sie nach der französischen Kapitulation einen solchen Schritt erwägen würden, für den nunmehr das politische Klima im ganzen nicht mehr günstig war. Peter glaubte, der Krieg werde sich noch lange hinziehen und schließlich verloren werden; der Kampf wurde um eine Sache geführt, an die er nicht glaubte. Er hätte es nie über sich gebracht, die deutschen Kriegsanstrengungen aktiv zu sabotieren, aber er war gesonnen, solange wie möglich selber kein Gewehr in die Hand zu nehmen. Er war sich bewußt, daß seinem Gedankengang logische Konsequenz mangelte, aber er war bereit, das hinzunehmen, weil er der Meinung war, daß es für den Konflikt eine logische Lösung nicht gebe.

Als ich in dem stickigen kleinen Krankenhaus im Salzkammergut lag, zum Fenster hinausstarrte und versuchte, mich von dem Siegesdröhnen und der drückenden Atmosphäre des Scheiterns zu isolieren, die mich umgab, ging mir, glaube ich, zum ersten Mal auf, wie unwiderruflich Hitlers Sieg über Frankreich die Hoffnungen derer zerstört hatte, die geglaubt hatten, man könne seinem Regime von innen ein Ende bereiten. Bis dahin hatte man sich noch vorstellen können, das Schicksal sei zu umgehen, ja sogar zu beeinflussen, wenn man an den sicheren Sieg des Guten über das Böse glaubte – was ich tat, weil ich nun einmal einer Generation angehörte, die im Glauben an Gott erzogen worden war.

Adam hatte natürlich recht – das sah ich jetzt ein –, als er sich, selbst auf die Gefahr hin, als ‚appeaser' abgestempelt zu werden, für ein Hinausschieben des Krieges eingesetzt hatte, und nachdem der Krieg ausgebrochen war, hatte er folgerichtig nach Wegen gesucht, um ihn möglichst bald zu beenden. Er war nicht der einzige; aber er war derjenige, den wir am besten kannten. Auch Peter hatte recht getan, all die andern hatten recht gehandelt, die sich Adam bei seinem vergeblichen Kampf für den Frieden angeschlossen hatten; denn ich hatte erfahren, daß der Krieg viele Schrecken, aber auch Heroismus gebracht hatte, Chauvinismus, aber auch echte Vaterlandsliebe; ja, der Krieg hatte das Bild verwischt. Ich hatte Zeit, über meinen eigenen Patriotismus nachzugrübeln; er war nicht mehr das selbstverständliche Gefühl, das er noch zehn Jahre zuvor gewesen war, trotzdem aber ungleich einfacher als die fast ausweglosen Gewissensnöte eines deutschen Patrioten, der sich zwischen Opposition, Kompromiß und Korruption seinen Weg suchen mußte. Unter einem Regime wie dem

Hitlers konnte man sich nicht heraushalten, aber es gab auch keine allgemeinen Verhaltensregeln; jeder mußte seinem eigenen Gewissen folgen, jenem silbernen Faden, der durch das Leben der Menschen laufen muß, damit sie wissen, wie weit sie gehen dürfen und wo sie haltmachen müssen.

Ta, tara ta! Wo waren sie jetzt, diese alles besiegenden Legionen? In Grodno, Rowno, vor den Toren Lembergs. Es schien seltsam, daß wir gewußt hatten, dieser Krieg mit Rußland werde kommen. Wir wußten es schon im September zuvor, als Peters Abteilung im Wirtschaftsministerium Anweisung erhielt, dem Bau von Panzern den Vorrang zu geben, nicht Flugzeugen oder Landefahrzeugen, sondern Panzern. Ich hätte diese Neuigkeit zu gern nach England gefunkt, wo die Kirchenglocken schwiegen und Wegweiser ausgerissen worden waren, wo die Menschen mit der Frage zu Bett gingen, was der nächste Morgen wohl bringen werde. Ihr könnt ruhig schlafen, Freunde, hätte ich ihnen am liebsten gesagt. Ihr habt das Schlimmste hinter euch, der nächste Morgen wird nichts bringen, und ihr werdet bald Bundesgenossen haben. Panzer bauen wir, Panzer, Herr Hitler bereitet einen Landkrieg vor, es heißt, es wird ein langer Krieg, hört ihr, ein Krieg mit Rußland!

Der Himmel vor meinem Fenster verfärbte sich von Tiefblau in ein schwefliges Orange – vielleicht ein Gewitter, heiß genug war es ja. Vielleicht hatte ich Temperatur, eine kleine Sepsis, wie der Arzt bei den anderen Patientinnen vermutete. Woran hatte ich noch gedacht? An Peters Ausscheiden aus dem Staatsdienst – an seine neue Stellung. Ich mußte zugeben, daß ich es mit einiger Erleichterung aufgenommen hatte. Ich hatte zwar gelernt, mit vierhundert Mark im Monat auszukommen, aber nachdem der Grund dafür weggefallen war, sah ich nicht mehr ein, worin die Tugend lag. Ich mußte Berlin verlassen, und als ich erfuhr, daß Peter vielleicht nach Nordnorwegen geschickt werden würde, wo seine Firma, eine Tochtergesellschaft von Unilever, den Bau einer Fischmehlfabrik plante, durfte ich mir wenigstens zufrieden sagen, daß er noch nicht Soldat war und daß wir nicht als zahlungsunfähige Gäste nach Österreich fahren müßten.

Die Fahrt in die Berge hatte die vermeintliche Bronchitis der Kinder blitzartig verschlimmert. Kaum hatte ich mich mit meiner Gastgeberin zum Abendbrot niedergesetzt, fast fröhlich bei dem Gedanken, einmal eine ungestörte Nacht verbringen zu können, als ein verdächtig keuchendes Husten vom Zimmer der Kinder droben anzeigte, was los war. Amschi, Eduards Frau, hatte ein Baby, das noch kein Jahr alt war, ihr einziges Kind; man konnte natürlich nicht von ihr erwarten, daß ihr zwei Kinder mit Keuchhusten willkommen wären. Ich sah ein, daß ich mir ein anderes Quartier suchen mußte, und am folgenden Tag machten wir uns auf den Weg.

Die Nachricht von meiner Ankunft mit zwei kranken Kindern verbreitete sich in Grundlsee, wo wir landeten, wie ein Lauffeuer. Unser Akzent, der Husten verrieten uns an jeder Tür. Keuchhusten? Keuchhusten? Diese Wilden aus Berlin, das sah den Preußen ähnlich, ihren heiteren Landsleuten im Süden so etwas anzuhängen. Jedermann machte Ausflüchte, höflich, wie es in Österreich die Sitte ist, aber niemand hatte ein Zimmer frei, und wenn man doch eines hatte – bedaure, aber man habe selber Kinder und die hätten den Keuchhusten noch nicht gehabt. So mußte ich dankbar sein, als ein kinderloses älteres Ehepaar sich unser erbarmte und sich bereitfand, uns in seinem Häuschen, das ziemlich hoch über dem Ort lag, ein Zimmer zu geben. Die beiden standen zwar in dem Ruf, ihre Begeisterung über den ‚Anschluß' noch nicht verloren zu haben, aber ich konnte es mir nicht leisten, wählerisch zu sein.

Ich muß zugeben, daß ich im Jahre des Heils 1941, nachdem ich viele Jahre im NS-Deutschland gelebt hatte, die lyrische Überschwenglichkeit meiner Landsleute, wenn es um Österreicher oder auch Bayern ging, nicht mehr teilte. Ich gab mich nicht mehr dem Glauben hin, daß sie zivilisierter oder für die Nazi-Ideologie weniger anfällig seien als die vielgeschmähten Preußen. Sie waren vielleicht charmanter, aber der Umstand, daß sie sich Blumen an den Hut steckten, konnte in meinen Augen nichts an der unbestreitbaren Tatsache ändern, daß München die ‚Hauptstadt der Bewegung', daß Hitler ein Österreicher war, und daß er sich einige seiner übelsten Handlanger aus dem Süden geholt hatte.

Ich hatte mich sogar zu fragen begonnen, ob ich mich, wenn ich wirklich zuverlässige Gegner des Nationalsozialismus finden wollte, nicht in Preußen – wo es auch ein preußisches Gewissen gab – wohler fühlen würde als bei den leichtlebigen, manchmal allzu geschmeidigen Österreichern. Da ich mehr als halb irisch war, wußte ich vielleicht instinktiv, wie man Charme zu bewerten hat. Vielleicht hatte ich auch den Verdacht, daß die Österreicher schon an einer bequemen Legende häkelten, der ‚Anschluß' sei keine populäre Verwirklichung eines großdeutschen Traums gewesen, sondern ihnen ganz im Gegenteil aufgezwungen worden, was nun, wie ich sicher wußte, keineswegs zutraf. 1933 mochten viele Deutsche nicht ganz erkannt haben, worauf sie sich einließen, als dreißig Prozent der Stimmberechtigten Hitler wählten. 1938 aber wußten die Österreicher genau Bescheid, als sie mit achtundneunzig Prozent die gleiche Entscheidung trafen. Einschüchterung? Ich hatte viel davon gehört; trotzdem, achtundneunzig Prozent waren noch immer eine stattliche Zahl.

Doch genug davon. Vielleicht war ich durch den Keuchhusten und die folgenden Wochen des Alleinseins zum Nachdenken gezwungen und dazu gebracht worden, den österreichischen Unbestand mit solchem Mißmut zu betrachten. Denn ich mußte warten, bis jedes Kind, das mit meinen Söhnen in Berührung gekommen war, sich vom Keuchhusten erholt hatte; erst dann legte sich bei den Nachbarn der Verdacht, ich habe es absichtlich getan. Schließlich konnte ich auch feststellen, daß meine Gastgeber, die nicht leugneten, daß sie ihre Hoffnungen auf Hitler setzten, im Grund einfache, fleißige Leute waren, die sich von den übrigen Dorfbewohnern nur dadurch unterschieden, daß sie aus ihrer Einstellung kein Hehl machten. Im Gegensatz zu den meisten Katholiken, die moralische Purzelbäume schlugen, um ihre Religion und den Nationalsozialismus unter einen Hut zu bringen, waren sie nicht imstande gewesen, zwei Herren zugleich zu dienen, und aus der Kirche ausgetreten. Wie es schien, waren sie nun ‚deutsche Christen'. Aber da sie auch die einzigen Erwachsenen waren, mit denen ich mehrere Wochen hindurch zusammenkam, war ich einige Abende durchaus bereit, mir die ganze Geschichte ihrer ‚Bekehrung' anzuhören. Bald freilich kam mir der Verdacht, daß mein Hauswirt mit seiner neuen Religion ebenso viele Schwierigkeiten hatte wie mit seiner früheren. Das Unglück wollte es aber, daß es sich um die Ideologie einer Weltmacht handelte; er selber war gewiß kein dämonischer Mensch, träumte nicht von der Eroberung der Welt und gestand beiläufig, daß er sein Lebtag noch keinem Juden begegnet sei.

Seine Frau, die ständig mit sorgenvollem Gesicht umherlief, war ebenfalls eine gutherzige Person. Sie mochte meine Kinder, und so mochte ich sie natürlich auch. Es wäre soviel leichter gewesen, die selbständige Haltung der beiden zu respektieren, wäre das Haus nicht so klein gewesen und hätte nicht das Radio im Wohnzimmer gestanden, dem einzigen geheizten Raum. Keine Gelegenheit mehr, mit dem Ohr dicht dran zu lauschen, für ein paar Augenblicke der Vernunft den Hals zu riskieren, auch wenn nur die selbstgefällige Stimme des Schweizer Senders zu vernehmen war. Wenn ich nicht frieren wollte, mußte ich, Tag für Tag, Abend für Abend, den Deutschlandsender über mich ergehen lassen. Ein Herr namens Dr. Hans Fritzsche, der ‚Intellektuelle' des Propagandaapparats, nahm sich in seiner täglichen Predigt Lord Haw-Haw zum Vorbild und näselte, daß England bis zum letzten Franzosen kämpfen werde. Oder, schlimmer noch, eine gemütliche, volkstümliche Sendung über das ‚Julfest': „Hört, liebe deutsche Mütter, das Julfest steht vor der Tür, und wir müssen an unsere Kleinen denken, aber wir dürfen natürlich auch unseren Geldbeutel nicht vergessen. Vor allem aber müssen wir an den Führer denken, der sein Leben unserer Zukunft geweiht hat und unseren Opfersinn fordert. Laßt uns nachdenken, deutsche Mütter, laßt euch raten bei der Auswahl eines Julgeschenks, das die lieben Augen eurer Angehörigen aufleuchten läßt und zugleich viele der kostbaren Rohstoffe spart, die unser Führer für die Erfüllung seiner großen Aufgabe braucht. Wie wäre es mit einem Ahnenpaß, in Leder gebunden, ein großartiges Geschenk von bleibendem Wert, und für die Kleinen vielleicht eine Schulmappe, von liebender Mutterhand aus ihrem alten Regenmantel angefertigt?"

Und wenn du patschnaß wirst, liebe Mutter, es ist ja alles für die große Sache!

Eines Morgens kam ein Brief von Peter, der die kaum glaubliche Nachricht enthielt, er habe es so eingerichtet, daß ich ihn in Nordnorwegen besuchen könne. Es überrascht wohl kaum, daß ich mit ungetrübter Freude reagierte. Er versicherte mir, es sei alles in die Wege geleitet und er habe eine ‚sehr zuverlässige' Bekannte überredet, die Kinder auf drei Wochen zu betreuen. Aber kurz vor der Abreise kamen mir Bedenken. Die Fahrt nach Berlin und von dort über Oslo nach Trondheim und dann mit dem Flugzeug nach Bodö schien mir plötzlich doch eine sehr lange Reise, die mich viel zu weit von den Kindern fortführte. Die ‚zuverlässige' Bekannte, wer sie auch sein mochte, war vielleicht das genaue Gegenteil davon. Was war nun mit meinen frommen Sprüchen vom silbernen Faden? Fast hätten mich Gewissensbisse überwältigt. Ich konnte mich nur mit Mühe von ihnen befreien, indem ich mich in die Vorfreude geradezu hineinsteigerte.

Teil II: (Sommer 1941)

In Berlin sah die Sache schon erheblich freundlicher aus. Ich stellte fest, daß meine Reise nach Norden durchaus sorgfältig vorbereitet war. Ich sollte nämlich zusammen mit Peters neuem Chef und dessen Frau Lexi fahren. Sie reiste offiziell als Innenarchitektin nach Bodö in Nordnorwegen, um einige neue Blockhäuser zu inspizieren, die dort für die leitenden Angestellten errichtet wurden. Ich fuhr, ich gestehe es schamrot, als Beraterin in Haushaltsfragen. Die Sicherheitspolizei hatte unsere Reise genehmigt. Oberst Oster hatte die Sache arrangiert, und wir fragten nicht allzu genau, wie er es gedeichselt hatte. Er hatte zwinkernd von der Notwendigkeit geredet, die Moral der Leute aufrechtzuerhalten, die dort droben im Norden in der Düsternis des Winters arbeiteten, und hinzugefügt, wir sollten uns zwar gut amüsieren, aber nicht vergessen, daß es dort von Gestapo-Leuten wimmele.

Ich war Lexi ein- oder zweimal zuvor begegnet und hatte erfreut festgestellt, daß sie anscheinend nicht sehr konventionell war. Ihre Stadtwohnung in der Budapester Straße war teilweise in Büros umgewandelt worden, und als ich dort meinen Antrittsbesuch machte, lag Lexi, sehr elegant angetan, im Bett, mit einer Kinderpistole bewaffnet. Im Wohnzimmer nebenan fand eine Besprechung statt, und sie hielt ihr Schießzeug auf die Verbindungstür gerichtet. Sie erklärte mir, falls ihr Mann oder auch jemand vom Vorstand es wagen sollte, durch die Tür zu treten, würde er eine Gummikugel zwischen die Augen bekommen. Sie gestand mir bald, daß sie sich meistens sehr langweile, und ich hatte überhaupt den Eindruck, daß sie weder Dinge noch Menschen, ihren Ehemann eingeschlossen, übertrieben ernst nahm. In ihren verschleierten blauen Augen stand oft ein belustigtes Glitzern. „Mein liebes Kind, sie sind alle ganz und gar unmöglich", sagte sie gedehnt und weltmüde. Das war ihre abgewogene Meinung über unsere Herrscher, was die Möglichkeit eröffnete, daß wir gute Freunde werden könnten. Ihr Mann machte mir dagegen den Eindruck eines sehr eifrigen Geschäftsmannes. Auf unserer Fahrt nach Norden schien er sich nicht von seiner prallgefüllten Aktentasche trennen zu können. Weder das Rattern des Zuges, noch das Wackeln des Flugzeugs oder der großartige Blick auf die Landschaft unter uns konnten ihn davon abhalten, ständig Notizen zu machen und Geschäftsbriefe zu entwerfen, so daß ich Mitleid mit seiner Sekretärin bekam.

Es ging also nach Norwegen, das die Engländer genau ein Jahr zuvor seinem Schicksal hatten überlassen müssen; wo, wie man hörte, wunderschöne Mädchen, mit auffallend hübschen Haaren, Göttinnen gleich auf der Straße schritten, von denen zumindest einige das lästige Problem der Besetzung und der scheinbaren Schwerfälligkeit ihrer Wikingermänner dadurch gelöst hatten, daß sie einen lebhafteren Deutschen an ihren nordischen Busen nahmen. Gerüchte natürlich, aber sie genügten, um so mancher tugendhaften deutschen Hausfrau Sorgen zu bereiten. Allein im Vaterland zurückgelassen, mußte sie – von den vielen Siegen geradezu überschwemmt – Tag für Tag die Fahne hinaushängen; sie war damit beschäftigt, die Streckbutter schaumig zu schlagen oder sich mit ihren Sparrezepten abzuquälen, und sie war natürlich nicht eben begeistert, wenn sie für ihre Einsamkeit mit einem Fuchspelz oder einer Dose Heringe abgefunden wurde.

In Oslo merkte ich bald, daß mir, wenn überhaupt, eher von Freunden als von Feinden Gefahr drohte. „Darf ich Ihnen Mrs. Bielenberg vorstellen – sie ist Engländerin." Unser Gastgeber, Lyder Sagen, der für Unilever arbeitete, hatte offen zu erkennen gegeben, auf welcher Seite er stand, und seine Frau ließ sich nicht davon abbringen, mich geradezu wie ein Schaustück zu behandeln. Beim Friseur füllte sich meine Kabine alsbald mit Friseusen, die unbedingt ihr Englisch aufpolieren wollten. Bald folgten ihnen die Kundinnen, die es keineswegs übelnahmen, daß die Verschönungsbemühungen an ihnen unterbrochen wurden, und herbeiströmten, um mich zu begrüßen und mir die Hand zu schütteln. Ihr fröhliches Plappern übertönte das Summen der Trockenhauben. „Mrs. Bielenberg, Sie müssen uns erzählen, wie es in Deutschland ist. Es muß schrecklich sein; hier ist's genauso schrecklich. Quisling, Gott, o Gott! Unser König hat fliehen müssen, aber er wird zurückkommen, und das wird ein großer Tag für Norwegen." Sie nahmen mir meine zurückhaltenden Antworten gar nicht übel; ich sprach englisch, das genügte ihnen schon. In einem Restaurant, das die Sagens kannten, veranlaßte mich der Oberkellner durch dringliche Zeichen, meinen Teller zu heben. Dann trat er zurück und beobachtete mit einem wohlwollenden Lächeln meine Überraschung.

Die ‚Times', die Londoner ‚Times' im Kleinformat. „Sie werden dazu ein Vergrößerungsglas brauchen, Mrs. Bielenberg, großartig, was?" murmelte er, während er mir Gemüse vorlegte. „Sie werden sehen, sie ist nur fünf Tage alt. Von U-Boot zu Fischerboot. Tak, tak, Mrs. Bielenberg. Es ist mir ein Vergnügen, Mrs. Bielenberg."

Was konnte ich tun? Zurücklächeln natürlich und die kleine Zeitung schleunigst in die Handtasche stecken. Dem Nicken und Lächeln von den Nachbartischen war zu entnehmen, daß der Oberkellner und ich unser Geheimnis mit anderen teilten, und ich konnte nur hoffen, daß es unter diesen lächelnden blauen Augenpaaren keines gab, dessen Besitzer vielleicht nur wartete, bis er sich davonschleichen und seine Neuigkeit in Ohren wispern konnte, die den Vorfall hochinteressant und kein bißchen rührend finden würden. Hans Oster hatte uns gewarnt, in Norwegen wimmle es von Gestapoleuten, und es war gewiß nicht zu meiner Beruhigung angetan, von so liebenswerten, aber allzu arglosen Gesinnungsgenossen umgeben zu sein.

Als unser kleines Wasserflugzeug über dem Saltfjord niederging und ein kleines, heftig schaukelndes Boot uns in Bodö an Land brachte, hatte Peters Chef genügend Notizen gemacht, um einen Koffer damit zu füllen. Seine Frau hatte ihre Bücher über Inneneinrichtungen weggelegt und gab sich den Reisefreuden hin, und ich spürte, daß auch bei mir das beengende, beklemmende Gefühl des Mißtrauens, das zu einem selbstverständlichen Bestandteil des täglichen Lebens im Dritten Reich geworden war, nun rasch nachließ. Wir waren in mäßiger Höhe neben schneebedeckten Bergketten geflogen, deren mächtige Gletscherströme sich in das glitzernde Meer unter uns ergossen. Auch Inseln waren zu sehen, Hunderte von winzigen Inseln, auf mancher nur ein grüner Fleck, ein kleines weißes Haus und ein Fischerboot, das in einem Winkel im Fels ankerte. Bevor ich Deutschland verließ, hatte ich mich zu fragen begonnen, ob es überhaupt noch einen Platz auf der Erde gebe, der den Greifarmen des sich immer weiter ausdehnenden Bösen entgehen könne. Diese kleinen Inseln, einsam, abgelegen, von gottgesegneter Unversehrtheit, überzeugten mich, daß ich mich nicht hätte zu sorgen brauchen.

Bodö selbst war nicht so heil davongekommen. Ein Jahr vorher hatte der Ort, mit einiger Unterstützung durch die Engländer, der ‚Rettung Norwegens', wie Goebbels es genannt hatte, heftigen Widerstand geleistet, und die deutsche Luftwaffe hatte nicht lange gebraucht, um viele der Spielzeughäuser in rauchende Trümmerhaufen zu verwandeln. Bodö wäre auch sonst kein sehr imposanter Ort gewesen; ja, im Vergleich zu dem Hin und Her auf dem blaugrünen Wasser des Fjords, zu dem geschäftigen Treiben auf den Trawlern, die sich zu Hunderten an den Hafenmauern drängten, wirkte das Städtchen wie ein Anhängsel. Es war Anfang Mai, und die Sonne war kaum untergegangen, als ich in Bodö ankam. Wer gerade dazu aufgelegt war, konnte fast die ganze Nacht hindurch seine Gartentür anstreichen, und um vier Uhr morgens hätte man gut ein Fußballspiel abhalten können. Doch war an allem zu merken, daß die zähen Einwohner mit ihren gegerbten Gesichtern vom Meer lebten, von den reichen Fanggründen der Lofoten. Fisch zum Frühstück, Fisch zu Mittag, Fisch zum Abendessen, und wenn man wissen wollte, wovon sie sich im Winter ernährten, gab einem der alles durchdringende Geruch von Klippfischen, die in der fahlen Sonne auf Steinen trockneten, bald die Antwort.

Dem Meer verdankten die Fischer zweifellos auch ihren Freiheitssinn, der sie zu etwas unbeständigen Arbeitern machte. Tagein, tagaus arbeiteten sie voller Eifer, säuberten und filetierten die Fische, die kistenweise in Peters Fabrik auf der anderen Seite des Fjords geliefert wurden – dann wieder waren sie plötzlich verschwunden, und der Hafen lag verlassen da. Die Fabrik und die Boote, die sonst den Nachschub holten, konnten dann Tage, Wochen, vielleicht sogar Monate warten, so lange eben, wie das Geld reichte, das die Fischer verdient hatten, und das Meer sich ihnen freundlich zeigte, so daß sie draußen auf ihren einsamen Inseln ungestört ihren eigenen Geschäften nachgehen konnten. Ich fühlte mich bezaubert, irgendwie befreit in dieser klaren, durchscheinenden Helligkeit des Nordens, und ich wußte auch, daß Peter nicht viel moralischen Zuspruch brauchte. Er hatte ein konkretes Problem vor sich, eine eigene Aufgabe, etwas, in das er sich verbeißen konnte, so fern wie möglich von Winkelzügen und Ausflüchten.

Es war gerade dieser unabhängige Geist der Norweger und wohl auch wieder meine Nationalität, die mich zu der Einsicht zwangen, daß ich nicht lange in Bodö bleiben durfte. Ich war vorsichtig jedem freundlichen Blick ausgewichen, der mir etwa im Speisesaal unseres kleinen Hotels zugeworfen wurde, denn einer der Tische war oft genug von Gestapobeamten besetzt, aber ein Besuch in einem Laden zeigte mir, daß es vergebene Mühe gewesen war.

„Möchten Sie eine Tasse echten Kaffee, Mrs. Bielenberg?" Die Dame hinter dem Ladentisch lächelte mich schüchtern an, und ich bemerkte, daß sie sehr gut Englisch sprach. Sie öffnete die Tür hinter sich und komplimentierte mich in ihre gute Stube, bevor ich mir auch nur überlegen konnte, ob ich ihre Einladung annehmen solle. „Meine Schwester", sagte sie und machte mich mit einer anderen älteren Dame mit freundlichem Gesicht bekannt. Als sie bemerkte, daß ich einen raschen Blick hinter mich warf, beruhigte sie mich: „Seien Sie unbesorgt, wir können in diesem Spiegel an der Wand sehen, wer in den Laden kommt."

Ich weiß nicht, was diese beiden freundlichen Frauen veranlaßte, mit mir so offen zu reden – so mir nichts, dir nichts, bei einer Tasse Kaffee. Ich wollte nicht mit noch mehr Geheimnissen belastet werden, ich wollte mir einfach vormachen, daß ich frei sei. Aber sie ließen sich nicht davon abbringen, mir zu erzählen, wie sie in einer Berghütte oberhalb von Bodö einen englischen Offizier gesundgepflegt hatten; und vor einigen Wochen sei er wieder nach Hause, mit einem Fischerboot, o ja, und dann mit einem U-Boot. Mein Mann, das wisse man, sei in Ordnung, ‚einer von uns', aber er müsse natürlich aufpassen, Gefahr drohe nicht nur von der Gestapo, es gebe auch Norweger – einer seiner Ingenieure. Ein anderer wieder, Gülbrandsson, er sei wirklich vollkommen in Ordnung, nur sei er gefährdet, der nächste auf der Liste der Geisel, falls es einen Sabotageakt gebe; dann würde er vielleicht plötzlich verschwinden und sich nach Schweden durchschlagen müssen. Und nachdem sie mir genug erzählt hatten, um mir zu zeigen, daß sie mir vertrauten, sollte ich ihnen sagen, wie es in Deutschland aussah. Ob es denn keinen Widerstand gebe, keine Hoffnung, daß bald irgend jemand diesem Ungeheuer den Garaus machen würde?

Es tat mir weh, die Enttäuschung in ihren Gesichtern zu sehen, als ich ihnen beim Kaffee gegenübersaß und ihnen kleine banale Dinge erzählte, die ihnen keinerlei Trost bieten konnten. Ich konnte ihnen nicht viel sagen, sie nur bitten, doch ja vorsichtig zu sein. Sie antworteten mir mit einem resignierten Achselzucken und führten mich durch die Hintertür ins Freie, wo man von keinem Fenster aus beobachtet werden konnte. Mir blieb nur die Hoffnung, daß sie spürten, auf welcher Seite ich stand.

Ehe ich das kleine Wasserflugzeug wieder bestieg und südwärts flog, bereitete Bodö mir einen besonderen Abschied. Am Tag vor meiner Abreise machten Peter und ich auf einer ungemein holprigen Straße entlang der Küste nördlich der Stadt eine Spazierfahrt. Wir standen auf den Felsen hoch über der strudelnden See, den Rücken den Bergen zugewandt. Die Luft war erfüllt vom Rauschen der Wasserfälle, die drunten in die Gischt stürzten. Es war, als wären wir an das kalte, widerhallende Ende der Welt gekommen, an einen Punkt, über den sich kein Mensch hinauswagen sollte, wenn er sich nicht verlieren will. Und auf einmal hörten wir irgendwo am Berge einen Kuckuck rufen. Der Ruf wiederholte sich; wir konnten nicht sagen, ob es das Echo oder eine Antwort war. Es war kaum zu glauben, daß er in dieser widerhallenden arktischen Öde einen Artgenossen gefunden hatte.

Warum nur hörte ich wieder einen solch einfachen, bedeutungslosen Ruf so klar und deutlich, als ich in diesem Krankenbett lag und hinausstarrte zu einer Gruppe von Fichten, die starr und farblos in der Mittagshitze standen? Ich war sehr unglücklich, und vielleicht dachte ich an ein Land, wo die Bäume sich nicht in wohlgeordneten Gruppen den Platz streitig machten, angepflanzt, um Ertrag zu bringen, sondern wachsen und ihre Äste ausbreiten konnten, wie es ihnen gefiel, allein inmitten weiter, grüner Felder; an einen warmen Tag, voller Frühlingsahnung, dort, zu Hause in England, als noch Friede war.

Zum Glück erfuhr ich erst nach meiner Ankunft in Berlin, daß Peters Fabrik drei Tage nach meiner Abreise abgebrannt war und daß Peter, um Gülbrandssons willen, sich alle Mühe gab, zu beweisen, daß der Brand, obwohl er am Jahrestag der Bombardierung von Bodö ausbrach, nicht auf Sabotage zurückzuführen sei. Wenn ich es früher erfahren hätte, wäre ich bestimmt nicht auf die Idee gekommen, einen Plan zu verwirklichen, den ich mit Hilfe der Sagens ausheckte und den ich so verrückt fand, daß ich nicht widerstehen konnte. Ich stellte fest, daß ich von Oslo nach Berlin fliegen oder in einem komfortablen Schlafwagen durch Schweden fahren konnte – allerdings ohne Zwischenstation; dann fand ich aber noch heraus, daß es, weniger bequem, einen Zug durch Schweden gab, der auf jeder Station zwischen Oslo und Trelleborg hielt. Dann mußte er also auch in Trollhättan halten, einem Landstädtchen, gute zwanzig Kilometer von Schloß Koberg entfernt, wo meine gute Freundin Elsa von Rosen, geborene Silfverschiöld, zu Hause war. Elsa und ich waren in Paris zusammen zur Schule gegangen, und vor dem Krieg hatte ich in Schweden manche frohen Ferien verbracht. Da ihr Mann nun schwedischer Militärattaché in London war, hielt sich Elsa, wenn ich Glück hatte, vielleicht bei ihren Eltern auf Koberg auf.

Ich konnte der Versuchung nicht widerstehen, und da die Grenzwachen an meiner unbequemen Zugwahl nichts Ungewöhnliches zu finden schienen und wir, in Schweden angekommen, hielten und wieder losfuhren und die Fahrgäste offensichtlich in völliger Freiheit ein- und ausstiegen, beschloß ich, in Trollhättan mein Glück zu versuchen. Es war gut, daß ich die Nerven verlor. Der Bahnsteig war von schwedischen Soldaten besetzt, die sich wie zu einer Parade aufgestellt hatten – mit Militärkapelle. Ich mußte annehmen, daß meine Reisepapiere einem Empfangskomitee dieser Art vermutlich nicht genügen würden. Also weiter bis Gothenburg. In Gothenburg mußte es gehen. Bei der Ankunft dort holte ich tief Luft, und plötzlich schien alles ganz einfach. Ich ließ meinen Koffer im Gepäcknetz und die Handschuhe auf dem Sitz liegen, öffnete die Waggontür, stieg auf den Bahnsteig und mischte mich unter die Menge. Ich wartete neben einem Zeitungsstand, bis mein Zug ein warnendes Quietschen ausstieß und dann fahrplanmäßig weiterrollte, um einen Fahrgast ärmer geworden. Ich spielte eine kleine Szene, eilte auf den leeren Bahnsteig zurück und starrte bestürzt auf die Gleise. Dann erkundigte ich mich in schrillstem Deutsch bei einem Beamten, was ich nun tun solle, und entnahm seiner groben Antwort mit inniger Freude, daß mein Pech ihn völlig kaltließ.

So weit, so gut. Ja, so gut, daß ich ein bißchen unschlüssig war, was ich nun tun solle. Ich wanderte durch die hellbeleuchteten Straßen, schaute mit großen Augen in die glänzenden Schaufenster, starrte auf die fröhlichen, unbeschwerten Paare, fragte mich verwundert, warum alle Leute so anders aussähen, so jung, so – irgendwie abnormal, bis ich mit jäher Betroffenheit erkannte, daß sie natürlich ganz normal waren: Sie waren froh und unbeschwert dazu und jung, und sie trugen keine Uniform.

Was nun? Ich hatte kein Geld, nicht einmal genug für einen Telefonanruf; aber mein Einfallsreichtum war noch nicht ganz erschöpft. Ich fand es unglaublich einfach, mich anzupassen, die verflossenen Jahre zu vergessen und die mythischen Schranken zu zerbrechen. Gothenburg war keine Fata Morgana, sondern eine Stadt, in der ich mich auskannte. Diese Straßen waren mir vertraut, und gleich um die Ecke war ein Hotel, wo Elsa und ich oft unsere Einkaufspakete deponiert hatten. Ihr Vater hatte dort immer ein Zimmer, und es hätte mich nicht überrascht, wenn seine hohe, hagere Gestalt mich in der Halle begrüßt hätte – „Goddag goddag, Chris." Trotzdem gab es für mich eine Überraschung, als der Portier auf mich zukam, ein wenig verblüfft zunächst, mich aber bald strahlend anlächelte. „Guten Abend, Mrs. Bielenberg, willkommen in Gothenburg", sagte er, und als ich zu seiner Befriedigung ein völlig verdattertes Gesicht aufsetzte, fügte er rasch hinzu: „Ich darf mich rühmen, niemals einen Namen zu vergessen. Möchten Sie bleiben? Soll ich Baron Silfverschiöld anrufen? Er ist in Koberg, o ja, und die Gräfin von Rosen hält sich augenblicklich auch dort auf" – er konnte es nicht lassen, ein bißchen zu renommieren. Nein, nein, nicht anrufen – oder doch, vielleicht sollte er es doch, ich war ja in Schweden, ich hatte es fast vergessen.

Von da ab nahm mich ein Schutzengel an der Hand. Ein freudiges Telefongespräch, und etwa eine Stunde später kam Elsa an, in einem Automobil mit einem Treibstoffbehälter, der wie ein riesiger Boiler aussah. Sie brachte die Nachricht, ihr Vater habe im Außenministerium angerufen und versuche die Erlaubnis zu erhalten, daß ich einige Tage in Koberg bleiben dürfe. Wegen des Wochenendes habe er den Minister noch nicht erwischen können, aber er sei trotzdem sehr hoffnungsvoll.

Elsas Vater konnte seinen Minister nicht erreichen, und ich schickte ein Telegramm nach England, bekam aber keine Antwort. Man kann nicht erwarten, daß Märchen in jedem Punkt wahr werden, und insgeheim hatte ich gewußt, daß ich nicht noch einen Zug versäumen durfte.

Mein Köfferchen erwartete mich geduldig im Zollschuppen in Trelleborg, und die Handschuhe waren sorgfältig durch den Griff gesteckt. Niemand schien zu argwöhnen, daß beides womöglich einer Mata Hari gehören könnte, und ebenso schien niemand viel Interesse an meinen wohlvorbereiteten Erklärungen zu finden, wie ich aus dem Zug gestiegen, zu einem Zeitungsstand geeilt sei, bei meiner Rückkehr festgestellt habe, daß der Zug fort sei, und, o Gott, welche Sorgen ich mir gemacht hätte und, o Gott, wie froh ich sei, wieder auf deutschem Boden zu sein – ich hätte mir diese Beteuerungen ersparen können. Der Beamte, der meinen Paß stempelte, schien halb zu schlafen und warf nicht einmal einen Blick auf das Datum des schwedischen Einreisestempels. Ein anderer Herr döste friedlich unter einem mit matt herabhängenden Lorbeerblättern und der stolzen Inschrift ‚Willkommen im Großdeutschen Reich' geschmückten Holzbogen. Er händigte mir einen Umschlag mit Lebensmittelmarken aus. Ich war wieder in Großdeutschland, die Birnen im Eisenbahnwagen brannten ganz schwach, und von den Häusern neben dem Bahndamm strahlten keine lustigen Lichter mehr; die Dunkelheit, die alles umgab, war so tief, als führe ich durch einen langen, langen Tunnel.

Ich mußte natürlich büßen. Bei meiner Rückkehr stellte ich fest, daß die ‚zuverlässige' Bekannte nur solange zuverlässig gewesen war, bis ein gutaussehender Marineoffizier auf Urlaub kam und sie aus Grundlsee, wo nicht viel los war, entführte; daß meine Kinder vernachlässigt worden waren, und daß sie das Vertrauen in meine Fähigkeit, ihnen das Gefühl von Geborgenheit zu geben, verloren hatten. Ich sah ein, daß ich nie, niemals so weit hätte fortreisen dürfen. Ich mußte schwer büßen; denn bald darauf wurde ich auf eine rostige Bahre geschnallt, wie ein Laib Brot auf einem Tablett in einen altersschwachen Krankenwagen geschoben, und das Gebrüll des klapprigen Motors übertönte Johns herzzerreißenden Ruf: „Mammi, Mammi, komm zurück – bitte, bitte!"

Wenn es nur nicht so fürchterlich heiß wäre, wenn sie nur diese höllischen Fanfaren abstellen wollten, wenn ich nur – wenn ich nur verstünde, was die dicke kleine Nonne will, wovon sie eigentlich zwitschert, während sie meine Kissen und das Bettzeug glattstreicht. „Jessas Maria, wie der ausschaut – kommen S', aufwachen, Frau Doktor, aufwachen – Ihr Mann –"

Ich kann mich nicht erinnern, was Peter sagte, während er in seinem alten Fischerpullover dastand, als wäre er in diesem Augenblick aus dem Fjord gestiegen. Irgend etwas von ‚so rasch wie möglich gekommen'. Der Firmenwagen – er sei ohne Pause südwärts gefahren und habe die Überreste des Autos, mit völlig kaputten Reifen, am Flugplatz Oslo stehen lassen. Ich kann mich nicht mehr genau erinnern, was ich herausbrachte. Irgend etwas über ein verlorenes Kind – Anna oder Stefan –, etwas von Bialystok und dem silbernen Faden, der durch das Leben der Menschen laufen müsse. Ein bißchen unverständlich ohne Zweifel, denn Peter lächelte plötzlich, schaute mich sehr sanft an und sagte, während er meine Hand umschloß: „Hör mal, Liebling, ich weiß nicht, wovon Du eigentlich redest. Drunten ist Mutter, sie wird die Kinder übernehmen. Du bist der silberne Faden in meinem Leben, wenn du's genau wissen willst, und ich werd dafür sorgen, daß du sobald wie möglich aus diesem elenden Loch hier rauskommst."

U-Boote

(Winter 1942–1943)

Es geschah Anfang 1943, kurz nach Stalingrad, als Tag um Tag die Zeitungen seitenweise mit kleinen schwarzen Kreuzen und Traueranzeigen angefüllt waren, als die Witwen und Mütter der Gefallenen eine Sonderzuteilung von Textilpunkten erhielten, um sich Trauerkleidung kaufen zu können, und als Göring mit angemessen stockender Stimme uns im Rundfunk versicherte, daß trotz allem an der Wolga der Endsieg besiegelt worden sei. Noch tausend Jahre später, tönte er, würden die Deutschen voller Ehrfurcht von dieser Schlacht sprechen, und ein paar Tage danach feierte er seinen fünfzigsten Geburtstag mit derartigem Aufwand und Prunk, daß eine mit Diamanten besetzte Leselampe aus massivem Gold, die ein Tabakmagnat ihm dedizierte, gegen die prachtvollen anderen Geschenke jämmerlich verblaßte.

Das genaue Datum ist unwichtig. Genug, daß es mehr als ein Jahr nach Hitlers Verfügung geschah, alle noch in Deutschland lebenden Juden hätten den Davidstern, beschriftet mit dem Wort ‚Jude', auf der linken Brustseite ihres Kleidungsstückes zu tragen, ein volles Jahr, nachdem die SS beschlossen hatte, ihrem Führer das allerschönste Geburtstagsgeschenk aller Zeiten zu machen – ein ‚judenreines' Deutsches Reich. ‚U-Boote' wurden sie genannt, jene Juden, die den Davidstern abnahmen und im Untergrund verschwanden, hie und da auftauchten, wo sie eben hoffen durften, eine Zuflucht zu finden. Sie hatten natürlich keine Lebensmittelkarten, und allwöchentlich machte Ilse Liedke bei ihren Freunden die Runde, um Marken zu sammeln, die immer schwieriger zu beschaffen waren.

Sie hatte an jenem Vormittag eine blonde Frau dabei, ziemlich auffallend blond, die, nachdem sie mir die Hand gegeben hatte, an der Schwelle zögerte und anscheinend nicht gern eintreten wollte. Ilse schien einverstanden zu sein, daß ihre Begleiterin draußen blieb. Sie warf einen Blick aufs Telefon, ob es auch ausgestöpselt sei, und erklärte mir den Grund. Die Frau war Jüdin.

Sie hatte den Davidstern entfernt, als die Gestapo gegen ihre Wohnungstür hämmerte, war mit ihrem Mann über die Feuerleiter heruntergeklettert und hatte seitdem in Speichern und Kellern gehaust. Ein zuverlässiger Friseur hatte ihr die Haare gefärbt, und zuletzt hatte ein Pfarrer sie auf seinem Dachboden versteckt; aber kürzlich hatten einige Mitglieder seiner Gemeinde, sämtlich fromme Katholiken, diskrete, aber pointierte Fragen gestellt. Seit dem Vortag fühlte der wackere Priester sich und sein Haus beobachtet. Ilse erklärte, der Pfarrer habe die Flüchtlinge zwar nicht gebeten zu gehen, aber sie wüßten, daß sie es tun mußten, und nun wüßten sie nicht, wo sie unterkommen konnten. Sie fügte hinzu, die Frau könnte als Arierin gelten und sei bereit, jede Hausarbeit, ja, jede Arbeit zu tun, bei der sie mir helfen könne; ihr Mann aber sehe so eindeutig jüdisch aus, daß er in einem Keller leben müsse und nur nachts ins Freie gehen könne.

Auf Ilses Worte folgte Schweigen, und ich starrte hinüber zu den Fenstern des Nachbarhauses, in das kurz zuvor Flüchtlinge aus dem Ruhrgebiet eingezogen waren; ich wußte nicht, ob ihnen zu trauen war. Dann schaute ich über die Straße zum Balkon des dicken Professors hinüber, der am Morgen auf seinem Rasen Gymnastikübungen machte, seinen kleinen Sohn mit widerwärtiger Regelmäßigkeit wie einen Teppich verdrosch und es sich angelegen sein ließ, alle Welt mit steif ausgestrecktem rechten Arm und einem zackigen ‚Heil Hitler' zu grüßen.

Meine Gedanken waren wohl eine Weile gewandert, bis ich mir meines Schweigens bewußt wurde und Ilse bat, ihre Begleiterin hereinzubringen; denn mir war plötzlich klar geworden: nicht nur wartete auf mich dort draußen eine unbekannte Frau mit gefärbtem, blondem Haar; ob es mir paßte oder nicht, ob ich darauf vorbereitet war oder nicht, der Moment der Entscheidung war auf mich zugekommen.

Wir saßen nebeneinander auf dem Sofa, die schmale, sauber gekleidete Frau und ich. Sie hielt den Kopf gesenkt, die breite dunkle Linie an ihrem Scheitel zeigte, daß sie bald wieder einen zuverlässigen Friseur würde aufsuchen müssen. Ihre mageren Finger drehten unablässig an dem Ehering an ihrer rechten Hand. Sie schien sich nicht bewußt zu sein, daß jeder Blick, den sie mir zuwarf, jede leise Antwort auf meine Fragen eine brennende Anklage war, ein unanfechtbarer Beweis für die Verderbtheit der Herrenrasse, als deren Mitglied mich meine Stupsnase auswies. Ob sie Kinder habe. „Nein." Dann, leise: „Gott sei Dank nicht." Wo ihr Mann jetzt sei? Wann sie denn kommen wolle? Anscheinend war es ihr sehr eilig. Der Pfarrer habe schon seit einigen Tagen den Eindruck, daß sein Haus unter Überwachung stehe, und sie und ihr Mann könnten nicht zulassen, daß er ihretwillen noch mehr riskiere. Sie könnten und wollten auch nicht zu Ilse gehen, da sie als Halbjüdin ohnedies verdächtig sei. Während ich ihre mageren, nervösen Finger beobachtete und ihrer ruhigen Stimme zuhörte, versuchte ich, nicht sehr erfolgreich, zu überlegen, was es für Folgen nach sich ziehen würde, wenn ich sie ins Haus nähme. Ich würde das Mädchen auf Urlaub schicken müssen. Der Keller? Die Kinder hatten ihre Fahrräder im Keller, und Nick war stolz darauf, wie gut er mit der Zentralheizung umzugehen verstand. Nun gut, das alles ließ sich machen, aber eines hatte ich vergessen und mußte ich noch in Ordnung bringen. Da Peter fort war und Carl Langbehn und Hans Oster sich für mich verbürgt hatten, ehe Peter nach Norwegen fuhr, mußte ich zuerst Carl fragen.

Es fiel mir schwer, der Frau in die Augen zu sehen, als ich ihr sagte, sie könne bleiben, aber ich könne ihr erst spät abends eine endgültige Antwort wegen ihres Mannes geben. Erleichterung, Enttäuschung, dann wieder zaghafte Hoffnung, all das zuckte in ihren Augen auf. „Gott segne Sie", sagte sie. „Er wird heut' abend nach der Verdunkelung auf der Straße warten, er hat gelernt, sich zu verstecken."

Sie blieb den ganzen Tag bei mir, polierte, schrubbte, fegte und räumte auf, während ich meine recht erstaunte Louisa schleunigst aus dem Haus schaffte. Die Frau erzählte mir, ihr Mann sei Apotheker, seine und ihre Familie seien seit Generationen Deutsche gewesen, ihr Mann habe im Ersten Weltkrieg gekämpft. Sie hätten nie geglaubt, daß Deutschland einmal nicht mehr ihre Heimat sein werde, sie hätten zu lange gezögert.

Am Nachmittag spielten wir mit großem Vergnügen ‚Schwarzer Peter', und ich hörte sie zum erstenmal lachen. Sie half mir, das Abendessen für die Kinder zu kochen und sie ins Bett zu bringen, und nicht lange danach zwängte ich mich durch das Loch in der Hecke in Langbehns Garten und traf Carl zu Hause an, zum Glück allein. Da ich wußte, daß er und Puppi Sarre sich um ein Haus voller Juden, irgendwo in Potsdam, kümmerten, war ich nicht auf die Heftigkeit gefaßt, mit der er auf meinen Bericht reagierte. Er explodierte förmlich. Ich war zu ihm gekommen, um seinen Rat zu hören – nun, sein Rat war höchst eindeutig. Unter keinen Umständen könne ich den Mann, auch nicht die Frau bei mir aufnehmen. Ich kennte sie nicht, ich sei Engländerin, Peter sei fort, ich hätte keine Ahnung, in was ich mich da eingelassen hatte. Nicky gehe zur Schule, es würde alsbald herauskommen, und wenn man Juden Zuflucht gewähre, lande man im KZ, schlicht und einfach im KZ – nicht nur ich, sondern auch Peter. „Aber..." Vielleicht malte sich auf meinem Gesicht etwas von dem tiefen, schmerzhaften Entsetzen, das sich in meiner Brust festsetzte: diese Finger, die den Ehering drehten, der Ehemann, der wußte, wie er sich in der Dunkelheit zu bewegen hatte. Wo sollten sie hin? Sollte ich es sein, die sie weiterschicken mußte?

Auf einmal hatte ich einen anderen Carl vor mir, zumindest einen anderen Carl als den Freund, den ich für einen aufgeschlossenen, lebensfrohen Menschen gehalten hatte. Er zog einen Stuhl her, setzte sich rittlings darauf und nahm meine Hände in die seinen. „Hör zu, Chris", sagte er sanft, „ich weiß genau, was du jetzt fühlst. Glaub nicht, daß ich es nicht wüßte. Warum, glaubst du, unternehme ich die verrücktesten Dinge? Hinein in die Prinz-Albrecht-Straße, heraus aus der Prinz-Albrecht-Straße, ich schlage mich mit diesen SS-Halunken herum, kann ihnen ab und zu mal ein Opfer entreißen, frage mich aber jedesmal, ob der nächste Besuch nicht der letzte sein wird. Ich bin mir immer bewußt, daß einzelne kleine Handlungen des Mitleids keine Lösung sind, sie sind sozusagen Lückenbüßer, die man braucht, wenn man überhaupt noch Selbstachtung behalten will. Es hat wenig Sinn, sich den Kopf zu zerbrechen, wie wir in dieses Schlamassel hineingeraten sind. Glaub' mir, es gibt ein größeres Problem, das uns Tag und Nacht beschäftigen muß, die Beseitigung des ganzen Verbrecherregimes. Du stehst jetzt vor einem Scheideweg, und dieser Augenblick wird wohl für uns alle einmal kommen. Du möchtest zeigen, wie du denkst, aber, liebe Chris, das kannst du nicht, weil du kein unabhängiger Mensch bist. Du hast deine Kinder, und solange Peter weg ist, hab' ich die Verantwortung für euch. Du bist Engländerin, und trotzdem hat auch Hans Oster sich für dich verbürgt, und glaub mir, Oster spielt wirklich ein großes Spiel. Wenn du dich selber in Schwierigkeiten bringst, wirst du – wirst du..." Er schien noch mehr sagen zu wollen, fuhr aber statt dessen fort: „Möchtest du, daß ich zu ihnen hinausgehe und ihnen deine Entscheidung sage?"

Nein, ich durfte ihm das nicht überlassen, wenn ich je wieder einem Menschen gerade ins Gesicht sehen wollte. „Nein, das muß ich selbst tun", sagte ich, und als er mich durch die Tür auf die Terrasse brachte, meinte er, ich solle hinterher wiederkommen, wenn mir danach zumute sei. Er werde da sein.

Als ich mich wieder durch die Hecke gezwängt hatte, unsere Gartentür zur Straße öffnete und hinter mir wieder einschnappen ließ, rührte sich etwas in der Dunkelheit um mich. Es war eine Bewegung, die ich mehr spürte als sah. „Wie haben Sie sich entschieden, gnädige Frau?" Die Stimme war ganz nahe und sehr gedämpft, sie mußte einem kleinen Mann gehören, denn ich schaute ihm über den Kopf. „Ich kann nicht", sagte ich und mußte mich am Zaun festhalten, denn der Schmerz in meiner Seite war so stark geworden, daß ich kaum atmen konnte. „Wenigstens..." Hoffte ich, durch einen schwachen Kompromiß den Schmerz loszuwerden? „Wenigstens nicht für mehr als eine Nacht, vielleicht zwei." „Ich danke Ihnen", sagte die Stimme wieder – sie dankte mir noch für zwei kärgliche Tage Gnadenfrist. Ich haßte mich abgrundtief, als ich ins Haus ging, um den Kellerschlüssel zu holen.

Die Flügeltür zu Langbehns Terrasse öffnete sich sofort, als ich leise an die Scheibe klopfte. Ich kam gar nicht dazu, Carl anzulügen, er ging rasch zur Tür und rief seine Mutter, die im Morgenrock erschien, Emsigkeit und Trost ausstrahlend. Eine Gallenkolik? Höchstwahrscheinlich hatte ich etwas Falsches gegessen, kein Wunder bei dem Zeug, das es heutzutage zum Essen gab, meistens Gift – Ersatz hier, Ersatz dort, widerlich. Aber sie habe ein paar Pillen, nur abwarten. Ich schluckte gehorsam zwei davon, und nach einer Weile schien der körperliche Schmerz nachzulassen. Ich müsse nach Hause gehen, sagte ich, zu den Kindern; Louise habe Urlaub. Carl warf mir einen kurzen Blick zu, stellte aber keine einzige Frage. Irmgard war offenbar eine offenere Natur als ich, oder vielleicht fühlte er, daß ich genug hinter mir hatte.

Zwei Tage später, in der Nacht, gingen der Mann und die Frau. Sie hinterließen einen kleinen Brief. Ich habe den Mann niemals zu sehen bekommen, aber er muß sehr nett gewesen sein, denn die Frau sprach mit solcher Zärtlichkeit von ihm. Das Haus roch nach

Bohnerwachs, und auf dem Sideboard im Eßzimmer glänzte dankbar unser Silber, ungewohnt schön poliert. Drunten im Keller war das Feldbett zusammengelegt, und daneben auf dem Steinboden lag sauber aufgeschichtet die Bettwäsche. Eine Vase mit Forsythienzweigen war in die Nähe der vergitterten Fenster gerückt worden. Irgend jemand hatte mir gesagt, wenn ich sie im Warmen stehen ließe, würden sie zur Weihnachtszeit blühen, doch ich hatte sie vergessen, sie hatten längst geblüht, und an den Zweigen waren nur noch kränkliche grüne Blätter.

II

ROHRBACH IM SCHWARZWALD

Wir kommen nach Rohrbach

(Herbst 1943)

Im Sommer 1943 kamen wir zu dem Schluß, daß die Kinder nicht noch einen Winter in Berlin erleben sollten. Unser dritter Sohn, Christopher, war 1942 dort geboren worden, und während des folgenden Jahres hatte sich die Ernährungslage von Monat zu Monat verschlechtert, obwohl ich mich mit Feuereifer in den Schwarzhandel stürzte. Auch wußten wir, daß wir, sobald die Nächte länger wurden, wiederum mit britischen Luftangriffen zu rechnen hatten. Die ‚Nachtpiraten' richteten vorderhand noch keinen großen Schaden an. Sie erschienen gewöhnlich, wenn der Himmel bedeckt war, aber wenn sie kamen, dann ein Bomber nach dem andern, Bombe um Bombe, die ganze Nacht hindurch.

Außerdem hatte Peter, als es 1943 wurde, das sichere Gefühl, sein Glück könne nicht ewig währen. Er war im Frühjahr wieder einberufen worden, aber Carl Langbehn hatte mit seiner üblichen Virtuosität erreicht, daß er ein zweites Mal von der Luftwaffe ins Zivilleben zurückversetzt wurde. Diesmal wurde er einer Flugzeugfabrik in Graudenz zugeteilt, wo er einen Nazi als unmittelbaren Vorgesetzten hatte. Nun, da die Russen sich langsam aber sicher den deutschen Ostgrenzen näherten, wollte er, daß wir möglichst weit im Westen lebten. Obwohl ich die Abreise aus unserem Berliner Haus so lange hinausschob, wie ich es verantworten zu können glaubte, wußte ich, als wir uns für Rohrbach im Schwarzwald entschieden, daß er recht hatte und daß wir aufbrechen müßten.

Wir trafen in Rohrbach im September ein, mit einer Spielzeugeisenbahn, die den langsamen Anstieg zwischen Donaueschingen und Furtwangen nur mit einiger Mühe bewältigte und schließlich neben einem kleinen, verwitterten gelben Haus schnaufend zum Stehen kam. ‚Schönebach im Schwarzwald', die verwitterten Buchstaben an der Holzwand waren kaum noch sichtbar. Seitdem wir das Flachland verlassen hatten, war die Lokomotive neben einem munteren kleinen Fluß dahingezuckelt, der von hohen Wänden dunkelgrüner Fichten eingesäumt war; jedesmal, wenn sie in ihren Anstrengungen nachzulassen schien, hatte der Lokomotivführer große Holzstücke unter den Heizkessel geschoben, und dann ging es wieder besser. Schönebach im Schwarzwald; der Zug wartete geduldig, bis wir hinausgeklettert waren und unsere Siebensachen aufgesammelt hatten. Dann erst setzte er seine mühsame Fahrt in Richtung Furtwangen fort, wo er genügend Kraft sammeln konnte, ehe er abends die Talfahrt nach Donaueschingen antrat. Wir blieben auf dem Bahnsteig – der nur eine Bodenerhöhung war – zurück, um uns ein buntes Durcheinander von Paketen und Päckchen, alle mit Bindfaden zusammengehalten. Ein Teil unseres Gepäcks war unterwegs zurückgeblieben, aber zwei Koffer, eine Kiste, ein Kinderwagen und -bett, einige Bilder sowie ein Teppich hatten die Fahrt von Berlin bis hierher geschafft. Von unserem Hab und Gut also umgeben, blickten wir, Nicholas, John, Christopher und ich, uns fragend um, wo und was wohl Rohrbach sei und ob es eine Möglichkeit gebe, dorthin zu kommen, ehe die glühendrote Sonne hinter den fichtengekrönten Hügeln verschwunden war.

Die Kinder gewöhnten sich allmählich daran, umhergeschleppt zu werden, und es dauerte nicht lange, bis Nick und John entdeckten, daß mehrere rote Löscheimer auf dem Bahnsteig standen und daß außerdem ein kleiner Weg zum Fluß hinabführte. Christopher hatte sich im Zug verausgabt, als er ständig über uns hinweggeklettert war, und machte es sich auf einem der weicheren Bündel gemütlich, wo er den Fortgang der Dinge mit der Seelenruhe eines kleinen Buddha abwartete. Die Ankunft des Zuges hatte offensichtlich den Bahnhofsvorstand beim Mähen gestört. Seine rote Amtsmütze war zwar recht imposant, aber an seiner Jacke hing Heu, und am Fahrkartenschalter lehnte ein langer hölzerner Rechen. Rohrbach? – er sprach es Ruhrba aus –, o ja, wir würden schon nach Rohrbach kommen, das drei, vier Kilometer weiter oben im Tal liege, aber wir müßten auf den Milchwagen warten. Der ‚Bauscher Hans' hole die Milchkannen bei den einzelnen Bauern ab und bringe sie zum Bahnhof – er würde natürlich eine Ladung leerer Kannen mit zurücknehmen müssen, aber wir hätten auf dem Karren bestimmt auch noch Platz. „Sie wollen zum Hilserhof, a wa! Sie kommen aus Berlin, so wa! Muß ganz schön zugehn dort droben jetzt." Ich mußte sehr genau aufpassen, was er sagte, denn sein Dialekt war für mich kaum zu verstehen.

Wir brauchten nicht lange zu warten. Bald kam ein kleines Fuhrwerk, gezogen von einem dicken Braunen, die Straße herabgerattert und hielt vor dem Bahnhof. Ein kräftiges Mannsbild mit einem Büschel Heidekraut auf dem grünen Filzhut und dem heiteren Ausdruck eines schlichten Gemüts in den hellblauen Augen, sprang ab, nahm einen der Löscheimer und stellte ihn vor seinen Gaul hin. Dann begann er mit Hilfe des Bahnhofsvorstehers seine Milchkannen abzuladen. Es waren nicht viele, fünf im ganzen, aber die beiden brauchten zu ihrer Arbeit einige Zeit, da sie einander eine Menge zu erzählen hatten. Ich hätte genausoviel verstanden, wenn sie russisch gesprochen hätten, aber sie lächelten ab und zu freundlich herüber, und als sie die Kannen auf dem Bahnsteig aufgereiht hatten, verschwanden sie in dem Häuschen, kamen mit ein paar leeren Kannen heraus und näherten sich dann unseren Bündeln. Auf Hans Bauschs Hut steckte nun neben dem Heidekraut auch noch eine Zigarre. Sie verstauten unsere Sachen recht geschickt, so daß noch Platz blieb und Nick sich mit auf den Kutschersitz zwängen konnte, während John, Christopher und ich uns hinten auf den Karren setzten, wobei unsere Beine herunterbaumelten.

Hans Bausch war sehr freundlich, während wir geruhsam eine holprige, kurvige Straße dahintrotteten, auf dem Weg zu dem, was wir bis zum Kriegsende als unser Obdach bestimmt hatten. Er überließ Nick die Zügel und deutete mit seiner Peitsche auf die vereinzelten Bauernhäuser – den Jöcklihof, den Volksburehof, das Spitzehüsli, den Unteren Beck, den Dachdecker Heinrich und den Schreiner Thoma –, und wir drehten uns um und schauten hin zu den steilen Dächern aus verwitterten Kieferschindeln, den holzverkleideten Mauern aus verblichenem Grün, Gelb und Hellrot, wo, inmitten ihrer Felder (Hans Bausch nannte sie Matten) und im Schatten ihrer Wälder, die Bauern mit ihren Familien, ihrem Vieh, ihrem Ackergerät und ihrem Winterfutter behaust waren.

Wir kamen durch das eigentliche Dorf, das lediglich aus dem ‚Gasthaus zum Adler', zwei kleinen Geschäften und einem großen weißen, etwas baufälligen Stuckgebäude – außer Kirche und Pfarrhaus das einzige Steinbauwerk – zu bestehen schien. „Muß ich in diese Schule gehn?" fragte plötzlich John, dessen

Luchsaugen so leicht nichts übersahen. Offenbar hatte er durch ein offenes Fenster eine Schultafel erspäht. „Ja, ich denke schon." „Warum?" Diese Frage kam mir allerdings, soweit es mich anging, nicht unbegründet vor, denn als wir weiter das Tal hinauffuhren und alle schwachen Anzeichen von Zivilisation hinter uns ließen, wurde ich immer niedergeschlagener. Warum – warum denn nur? Ich hatte doch allen Grund, höchst dankbar für mein Los zu sein, das so viel besser war als das der meisten anderen, aber ich wußte auch, daß ich längst jede romantische Begeisterung für das Nomadenleben des Evakuierten verloren hatte. Ich war es leid, ewig in anderer Leute Fremdenzimmer zu hausen, für meine Kinder schachern, mich für meine Kinder entschuldigen zu müssen, war es leid, mich gegen die Versuchung zu wehren, nach Hause zurückzukehren und, während der Krieg sich fortschleppte, manchmal dieser Versuchung nachzugeben, nur um zu entdecken, daß das Zuhause kein Zuhause mehr war, sondern vielleicht schon bald eine verletzliche Festung in der vordersten Kampflinie sein würde.

Rohrbach, so schien mir, würde doch nur wieder ein vorübergehender Zufluchtsort sein, genau wie das Seebad an der Ostsee zum Beispiel, wo alle Hotels von ‚Kraft durch Freude' oder von Wolgadeutschen – ‚Beutedeutschen', wie sie genannt wurden – besetzt waren, traurigen Gruppen schwarzgekleideter, deutsch sprechender Menschen mit Pelzmützen und slawischem Augenschnitt, die nach dem Abschluß des deutsch-russischen Paktes mit viel sentimentalem Getue ins Reich ‚heimgeholt' worden waren. Sie litten darunter, daß sie nichts zu tun hatten, erregten Unwillen, weil sie Sonderzuteilungen von Bohnenkaffee erhielten, damit sie bei Stimmung blieben, und weil sie die Einheimischen mit einer seltsamen Augenkrankheit infizierten, gegen die sie selbst immun waren. ‚Kraft durch Freude' – nicht nur ich hätte mir eine freudenreichere Beschäftigung denken können, als zweimal täglich von einem ernst dreinblickenden Lagerführer an den Strand geführt zu werden. Alte Männer, alte Frauen, junge Frauen und Kinder, die den neuesten Schlager, ‚Bomben auf Engeland', sangen, dröhnten, pfiffen und quiekten. Dann war Österreich an der Reihe gewesen, das fröhliche kleine Österreich, wo es mit Keuchhusten und deutschen Christen begonnen und im Krankenhaus mit nicht übermäßig sauberen Schwestern geendet hatte. Darauf Schwaben, ein heruntergekommenes altes Schloß in

Schwaben, wo man abends wählen mußte zwischen dem großen, zugigen Salon, mit unvermeidlichen, sattzufriedenen Wehrmachtsberichten über die Versenkung Tausender von Tonnen englischer Schiffe, und dem Versuch, beim Knarren wurmstichiger Fensterläden mit quietschenden, rostigen Scharnieren einzuschlafen, während draußen von überalterten Bäumen in dem sogenannten Garten der stolzen Schloßherrin unaufhörlich der Regen auf den vermoosten Rasen tropfte. Und nun Rohrbach – je mehr ich darüber nachdachte, desto elender wurde mir.

Die Sonne war hinter den bewaldeten Hügeln verschwunden und die Luft im oberen Tal war merklich kühler, als unser Karren von der Straße abbog, auf einem Feldweg an einem versumpften Entenweiher vorbeifuhr, und uns vor dem gewiß unansehnlichsten aller Bauernhäuser, die wir bis dahin gesehen hatten, ablud. Peters Tante Ulla, treue Gefährtin meiner vielen Odysseen, kam heraus, um uns zu begrüßen. Ihr Gesichtsausdruck sagte mir schon, daß etwas nicht in Ordnung war, und bald fand ich heraus, was nicht stimmte. Die Zimmer, die wir gemietet und für die wir Wochen im voraus bezahlt hatten, waren von anderen Evakuierten belegt, und wir sollten in ein paar schmutzigen Bodenkammern hausen. Die bessere Kost, auf die wir gehofft hatten, war eine Illusion, da der Hof kaum den Bauern und seine Familie ernähren konnte. Das Schlimmste aber: es hatte sich herausgestellt, daß der Bauer in dem Ruf stand, einer der wenigen Nazis im Tal zu sein. Es war also nichts damit, wir mußten sobald wie möglich weiterziehen.

Am nächsten Tag machten wir einen verzweifelten Versuch bei der Wirtin vom ‚Gasthaus zum Adler', an dem wir vorbeigekommen waren, und Frau Muckle, die Adlerwirtin, wie sie im Dorf hieß, erklärte sich bereit, uns aufzunehmen und auch zu verköstigen. Sie gab uns die Nebenstube als Wohnzimmer. Sie räumte mir ihr eigenes Schlafzimmer darüber ein und stellte auf der anderen Seite des Flurs zwei kleine Zimmer zur Verfügung, in denen die Jungen schlafen konnten. Ulla fand ein Zimmer bei der Haushälterin des Pfarrers. Die Nebenstube grenzte an die Küche und fand sofort mein Gefallen. Die Wände waren in verblichenem Grün getäfelt, und die Einrichtung bestand aus einem Tisch und ein paar Stühlen, einem harten kleinen Sofa und einem alten Spinett. Die kleinen Fenster, durch die man weithin ins Tal sah, und eine auf die Dorfstraße führende Tür nahmen eine ganze Wand ein, und neben dem grünen Kachelofen, der in einer Ecke stand, führte eine schmale Treppe zu meinem Schlafzimmer hinauf. Ich stellte bald fest, daß Behaglichkeit etwas Relatives ist – keine knarrenden Fensterläden, keine gruseligen Rüstungen, kein plärrender Wehrmachtsbericht, keine triefäugigen Wolgadeutschen. Unser neuestes Refugium war vergleichsweise ein Paradies.

Ich gewöhnte mich bald daran, die Tageszeit nach dem schwachen Klang der Kirchenglocke zu bestimmen, welche die Dorfbewohner zum Gebet rief, oder nach dem Gebimmel der Kuhglocken, wenn das langbeinige, kräftige Gebirgsvieh auf dem Weg zur Weide an unseren Fenstern vorbeigetrieben wurde oder abends in die Ställe zurückzog und dort, trotz der mageren Kost von Moos und Unkraut, willig einen Krug Milch lieferte. Ich gewöhnte mich sogar an den Geruch aus dem Kuhstall, der durch die Dielenböden und in jeden Winkel der Wohnräume drang. Der heimliche Verdacht, daß ich selber bald nach Kühen duftete, störte mich überhaupt nicht mehr. Bald fand ich auch heraus, daß es für eine so unverbesserliche Plaudertante wie mich, die nur zu gern ihre Nase in die Angelegenheiten anderer Leute steckte, fast nichts Besseres geben konnte als eine Dorfwirtschaft, und daß der ‚Adler' keine Ausnahme bildete. Obwohl das Bier dünn war und es keinen Wein gab, versammelten sich die Leute vom Dorf jeden Sonntag nach der Messe und manchmal auch abends in der Gaststube nebenan. Als ich allmählich den Dialekt verstand, verloren auch viele der alten Bauernhäuser, deren Fenster uns bei unserem Einzug in das Tal wie blinde Augen angestarrt hatten, ihre Geheimnisse.

Ich stellte fest, daß der Untere Beck der Bürgermeister war, ein gottesfürchtiger Mann, der sein Dorf mit Kraft und Umsicht durch die schweren Zeiten steuerte. Mit dem Oberen Beck dagegen mußte man vorsichtig sein, und ich kaufte dort nicht. Dem Bürgermeister stand ein treuer Helfer zur Seite, ein überaus kraftvoller Mann, Joseph Kern, der Kerner Sepp, Dorfschreiber und Dorfschuster zugleich, dessen Frau neben dem ‚Adler' einen kleinen Laden führte. Den ganzen Tag über saß Sepp – wenn er nicht bei der Geburt eines Kalbes mithalf oder Hand anlegte, um vor einem drohenden Gewitter das Heu noch rasch unter Dach und Fach zu bringen – in einem kleinen Raum neben dem Laden, vor sich einen Stapel Schuhe, hämmerte und flickte und hütete dabei das einzige Telefon, das es in Rohrbach gab. Abends saß er dann mit dem Bürgermeister im Amtszimmer über der Schule, wo er unter einem Ölgemälde des ‚Führers' auf einer riesigen, uralten Schreibmaschine hämmerte. Lebensmittelkarten und Genehmigungen zum Holzfällen, Geburts- und Sterbeurkunden, wahrheitsgetreue, wenn auch unbeholfene Berichte über Streitigkeiten im Dorf. Die ganze Chronik der Gemeinde erstand langsam und methodisch unter seinen breiten, von der Arbeit gezeichneten Händen. Jeden Sonntag kamen die Dorfbewohner auf dem Rückweg von der Messe an seiner Werkstatt vorbei, und wenn sie ein Paar Schuhe richten lassen mußten, schauten sie zu Sepp hinein und versuchten, während sie sich über den Inhalt der neuesten Telefongespräche unterhielten, verstohlen ihr schadhaftes Schuhzeug oben auf den Stapel zu praktizieren. Sepp war ein großherziger, freundlicher Mensch, ein sanfter Riese und gewissermaßen ein Lebensphilosoph. Als ich ihn näher kannte, fragte ich ihn, was er über den Krieg denke. „Was mich betrifft, Frau Doktor", sagte er und schaute mich sanft über seine Nickelbrille hinweg an, „was mich betrifft, ich glaub nicht, daß dieser Berg Schuhe kleiner wird, egal wer den Krieg gewinnt."

Es gab noch andere interessante Leute im Dorf. Zum Beispiel Frau Kopp, das Koppe Wiebli, die über sämtliche Skandale im Ort Bescheid wußte, fast schon bevor es überhaupt einen Anlaß dazu gegeben hatte, und die nicht abgeneigt war, Zuflucht zu ihrer Erfindungsgabe zu nehmen, wenn die tatsächlichen Geschehnisse ein bißchen nachzulassen drohten. Da war der Mesner, zugleich Geburtshelfer für die Kühe, der zu dieser Amtshandlung immer mit einer großen blauen Schürze kam und nur in der Kirche seinen zerbeulten Hut abnahm. Da war Pfarrer Kunz, ein Priester mit melancholischem Blick, und der Schullehrer Lorenz, der seine Zeit damit verbrachte, etwa fünfzig Kindern aller Altersgruppen Lesen und Schreiben beizubringen und manchmal den ungleichen Kampf aufgab und sie zum Raupensammeln auf seinen Krautacker hinausschickte. Für mich aber zählte vor allem unsere Wirtin, Frau Muckle, eine rundliche kleine Witwe mit dünn gewordenem schwarzem Haar und klugen braunen Augen, die ihre Verachtung für die Nazis und deren Untaten bald zu erkennen gab. Sie von ‚selle Kerrli' reden zu hören, war allein schon eine Lektion in Widerstand. Sie ernährte uns und sorgte für uns, so gut sie konnte, wie eine rechte Wirtin, und wurde mir bald eine wirkliche Freundin. Sie stammte nicht aus dem Schwarzwald, sondern aus Württemberg, und hatte vor, sobald ihr Sohn Ernst, der Adlerwirt, aus dem Krieg zurückkam und sich eine Frau nahm, wieder ins Flachland zurückzukehren und ihren Lebensabend in ihrer Heimat zu verbringen.

Inzwischen regierte sie den ‚Adler' mit Sparsamkeit und Warmherzigkeit, wobei sie ihre Magd Martina abwechselnd schurigelte und bemutterte. Martina molk die Kühe und fütterte das Federvieh, hielt den Kuhstall sauber, arbeitete auf dem Feld, spülte das Geschirr und schrubbte die Böden; sie arbeitete unermüdlich. Um sechs Uhr morgens war sie drunten in der Küche zu hören, wie sie Holzscheite für die Öfen hereinholte und sich für die Frühmesse vorbereitete, und von da an bis zehn Uhr abends war sie ununterbrochen auf den Beinen, es sei denn, daß Frau Muckle sie an den Küchentisch kommandierte und sie bis zum Überlaufen mit Kartoffelsuppe, fettem rohem Schinken oder Buttermilch anfüllte. Sie stammte aus dem oberen Tal, aus einer Familie mit zehn Kindern. Abgesehen von Sonntagen legte sie nicht viel Wert aufs Äußere, und von ihren Kühen sprach sie, als wären es Menschen. Sie konnte einfache, aber nie dumme Bemerkungen machen und traf oft mit der umwerfenden Logik eines Kindes den Nagel auf den Kopf. Ihr Kraushaar und das eigensinnige Gesicht, ihre schlampigen Kleider und die Gummistiefel, die sie immer trug, gaben Martina etwas Urwüchsiges. Auch sie wartete darauf, daß Ernst aus dem Krieg zurückkam. Bis dahin wollte sie für Frau Muckle arbeiten, danach aber ins Kloster gehen.

Schließlich ist noch der Pole Josef zu nennen, dessen Bauernhof beschlagnahmt und deutschen Siedlern übergeben worden war. Seine Frau und Kinder waren in Polen zurückgeblieben, und wenn es nach Frau Muckle gegangen wäre, hätte sie die ganze Familie bei sich untergebracht. Denn um sein Heimweh zu vergessen, arbeitete Josef für sie mit einem Fleiß und Eifer, als wäre er auf seinem eigenen Hof. Das Fenster von Josefs Zimmer schaute über die Schindeldächer zur Kirche hinüber, und am Sonntag oder am Abend, wenn die Glocke zur Abendandacht rief, kniete er nieder, die Ellbogen aufs Fensterbrett gestützt. In Hitlers Reich durften Menschen ‚minderwertiger Rassen', wie die Polen, nicht an Gottesdiensten teilnehmen.

Das war Rohrbach, wie ich es entdeckte, nicht einmal eindrucksvoll schön, wie es der Schwarzwald sein kann. Es gab keine steilen Abgründe, keine atemberaubenden Horizonte, wo blauschwarz bewaldete Höhenzüge sich im fernen Dunst in immer blasserem Grau verlieren. Rohrbach war eine kleine Welt für sich, eine unwichtige kleine Welt, die in der Politik nichts mitzureden, trotzdem aber die Last von Hitlers Erobererträumen mitzutragen hatte. Im ganzen Tal gab es keinen jungen Mann mehr, und jeden Tag reservierte das Lokalblatt, dessen Titelseite pflichtgemäß mit Balkenschlagzeilen aus Superlativen bepflastert war, die letzte Seite für die Nachrichten, die für die Rohrbacher am schwersten wogen. Alois – Konrad, Smolensk – das Dnjepr-Bekken – mein treuer, fleißiger Mann – unser innig geliebter Sohn – in stillem Schmerz – in tiefer Trauer. Knappe Nachrichten vom Soldatentod in einem fernen Land und dem Leid in einem einsamen Bauernhaus, wo es nun keine kraftvolle Hand mehr gab, den steinigen Boden umzugraben oder die Axt zu schwingen.

Im November begann es in Rohrbach zu schneien, ein heftiges Schneetreiben wogte durchs Tal und wehte Türen und Fensterscheiben zu. Jeden Morgen zogen acht dampfende Ochsen einen hölzernen Schneepflug an unseren Fenstern vorbei. Auf dem Pflug fuhren Rohrbacher mit, die den Kindern zuriefen und -winkten, ehe sie im weißen Gestöber verschwanden. Als ich eines Tages am Fenster stand und zurückwinkte, dachte ich für mich, wenn ich jemals so töricht war, mein Schicksal zu beklagen, dann habe ich jedenfalls eine verdiente und heilsame Lektion erhalten, als ich, bevor der erste Schnee kam, nach Berlin zurückgekehrt bin. Ich hatte gehofft, einiges von unserem verlorengegangenen Gepäck wiederzufinden, und war mit der Nachricht empfangen worden, in der Woche zuvor habe man Carl Langbehn verhaftet. Er war in die Prinz-Albrecht-Straße, ins Gestapo-Hauptquartier, gegangen, nachdem er erfahren hatte, daß Albrecht Bernstorff zum zweitenmal festgenommen worden war. Er hatte gehofft, etwas erreichen zu können – seine Mutter erzählte mir, er sei nach dem Frühstück weggegangen und nicht mehr zurückgekommen. Mehr noch, auch Irmgard und Puppi Sarre waren verhaftet worden.

Peter glaubte zwar nicht, daß Carl in unmittelbarer Gefahr schwebe – er saß in einer Art Sonderhaft und durfte Lebensmittel- und Kleiderpakete empfangen –, sah aber selber abgespannt und müde aus und mußte schon bald nach meiner Ankunft nach Graudenz abfahren. In den zwei Monaten, seitdem ich es verlassen hatte, war unser Haus zu einem bloßen Unterschlupf geworden. Die Möbel standen da, Töpfe und Pfannen waren da, an den Wänden hingen einige Bilder, und Freunde waren da: Arnold Köster und Mabel Harbottle und der junge holländische Fremdarbeiter, Gerd Dreyers, den Peter aufgelesen hatte, als er ihn fröstelnd vor Fieber in einem Bus sitzen sah, und der zu uns gekommen und gesundgepflegt worden war; dann noch sein Bruder Ton und seine Schwester Julie und auf dem Speicher Carls Sekretärin Lilo Schütze; die Möbel standen da, Töpfe und Pfannen waren da, die Bilder hingen an den Wänden, und ich hatte hier logiert, aber ich wußte, daß dies nicht mehr mein Zuhause war.

In den drei Nächten, die ich in Berlin war, schien kein Mond, und es gab drei Luftangriffe. Die Bomben fielen unterschiedslos auf Nazis und Nazigegner, auf Frauen und Kinder und Kunstwerke, auf Hunde und Kanarienvögel. Neue, noch verheerendere Bomben-Luftminen und Brandbomben und Phosphorbomben, die aufplatzten und deren Inhalt sich grün über Mauern ergoß, auf den Straßen Flüsse unerstickbarer Flammen bildete, Kellertreppen hinabfloß und die Notausgänge der Luftschutzkeller versperrte, so daß niemand entkam. Carl hatte zwischen unseren Gärten einen Splittergraben ausheben lassen, ehe er verhaftet wurde, aber er hatte nicht mehr die Zeit gefunden, die Blechdecke mit Erdreich zu bedecken, und so saßen seine Mutter und ich jeden Abend in diesem Schutzgraben und hörten den Schrapnellsplittern zu, die wie tückische Hagelschloßen von dem Blechdach abprallten. Carls Mutter trug während der Angriffe einen großen Stahlhelm auf dem Kopf – sie sah wie ein gespenstisches Vögelchen aus, aber sie lehnte es ab, Berlin zu verlassen, denn sie wollte in der Nähe ihres Sohnes bleiben.

Ich erkannte in diesen Berliner Tagen, daß das willkürliche, völlig unpersönliche Töten, dieses Trommelfeuer aus der Luft, das verstümmelte und erstickte, das Flammentod und Zerstörung brachte, nicht so sehr Angst hervorrief oder das Verlangen, sich dem Sturm zu beugen, sondern daß es eine gewisse fatalistische Wurstigkeit einflößte, eine hartnäckige Entschlossenheit, am Leben zu bleiben und wenn möglich auch den anderen, gleichgültig, wie sie politisch eingestellt waren, zu helfen, am Leben zu bleiben.

Der Schneesturm tobt das Tal entlang, und der Wind tost und brüllt. Im Schwarzwald wird es rasch dunkel, und das alte Gasthaus ächzt in allen Fugen. Das Licht in der Nebenstube flackert recht verdächtig – aber in Rohrbach braucht man sich vor der Dunkelheit nicht zu fürchten. Frau Muckle steckt den Kopf zur Tür herein. Sie hat wieder einmal „d'Engländer" für mich eingestellt, und ich habe vergessen, die Nachrichten zu hören. So ist sie hinter dem Ofen eingeschlafen. „Gute Nacht, Frau Doktor", sagt sie, „angenehme Ruh die Nacht!" „Vielen Dank, Frau Muckle, ich wünsche Ihnen auch eine gute Nacht – und danke."

Ich schaue ihr durch die Tür zu, wie sie ein letztesmal durch ihr Reich geht, wie sie ein paar Stühle zurechtrückt und die Eingangstür verriegelt, wie sie sich bekreuzigt und die Öllampe kleiner stellt, die vor dem Kruzifix in der anderen Ecke der Stube flackert – im Herrgottseck. Auch Gottes Öl ist streng rationiert. Ich möchte ihr gern mehr sagen, als sie das Umschlagtuch dichter um sich zieht, bevor sie in den eiskalten Flur hinausgeht, doch wir tauschen nur ein Lächeln.

Gute Nacht, Frau Muckle, haben Sie vielen Dank, Dank für viel mehr, als sie ahnen können.

Invasionitis

(Frühjahr 1944)

Der Frühling kam langsam und nur zögernd nach Rohrbach. Seine Vorboten waren ein paar trügerisch milde Tage; die Eiszapfen an den Dachrinnen tropften, und unter dem Schnee, der auf der Erde lag, bildeten sich kleine, geschäftige Rinnsale. Die Fichten nahmen ein rauchiges Schwarz an, und die weißen Hänge zeigten schon die ersten aperen Stellen. Dann fiel neuer Schnee; Ski und Schlitten wurden wieder herausgeholt, und wieder war alles weiß. Der Winter lockerte seinen Griff nur widerstrebend und schien erst in vollem Rückzug, als große Schnee- und Eisstücke von den steilen Dächern rutschten und aufs Pflaster polterten, und plötzlich, fast über Nacht, erblühten Primeln und Krokus auf den Inseln scheinbar toten Grases.

‚Die Selbstmord-Saison' nannte unser Landarzt fröhlich diesen langsamen Übergang vom Winter zum Sommer in unserem Tal, und er wußte zweifellos, wovon er sprach, denn seine Runden, zumeist auf Skiern oder einem uralten Motorrad, führten ihn in so manches abgelegene Bauernhaus. Sein ärztliches Können war uns sehr von Nutzen seit seinem ersten Besuch, als er seine Schutzbrille abnahm, den Schnee vom Anorak schüttelte und sich vor Peters Bild auf dem alten Spinett stellte. „Da soll mich doch der Teufel holen, wenn das nicht Peter Bielenberg ist." Das war seine Begrüßung, und dann erklärte er, er habe mit Peter in Freiburg studiert.

Selbstmord, nein, das war nichts für mich, aber als der Winter dem Frühling wich, stellte ich fest, daß ich immer unruhiger wurde. Der Krieg dauerte nun schon viereinhalb Jahre, und ich war vierunddreißig. Es schien mir, daß er sich so auf immer hinziehen könne, daß der Frühling immer wieder kommen werde, während die Jahre, unsere besten Jahre dahinglitten – Jahre, die wir unter anderen Bedingungen nützlich verbracht hätten, Jahre, die wir verloren hatten, flüsternd, heuchelnd, hassend, hoffend, immer bemüht, eine innere Flamme nicht verlöschen zu lassen, den immer schwächer werdenden Glauben am Leben zu halten, daß irgendwann doch irgend etwas, das gut war und das recht war, sich durchsetzen werde.

Ich hätte dankbar sein müssen für diese friedlichen Nächte, das gute einfache Essen, dankbar, daß Peter nicht in Rußland war und daß meine Kinder in einem ruhigen Hafen sicher und gesund waren. Ich hatte wenige Entschuldigungen außer der, daß ich mich sehr einsam fühlte, seit fast drei Jahren ohne Nachricht aus England war und daß ich, da eine der unterwegs abhanden gekommenen Kisten voller Bücher gewesen war, nichts zu lesen hatte als unser kleines Lokalblatt oder, wenn uns das Toilettenpapier ausging – den ‚Völkischen Beobachter'. Tag um Tag verzeichneten die dicken Schlagzeilen die Dutzende von ‚Luftpiraten', die über dem Reichsgebiet abgeschossen worden waren, die Absetzbewegungen, die als große Siege ausgegeben wurden, und die Tapferkeitsauszeichnungen, die täglich zahlreicher, Monat um Monat prunkvoller wurden; das einfache Eiserne Kreuz des Ersten Weltkrieges war schon längst bis zur Unkenntlichkeit von silbernen Schwertern, goldenem Eichenlaub, ja schließlich sogar Brillanten überwuchert worden. Dann wandte man sich den Innenseiten zu, die so versteckt warnten, so scheinbar ungewollt das tiefe Elend enthüllten. Da fand sich die empörende Geschichte vom Volksschädling X, dem Parasiten, der sich erfrechte, den Siegeswillen des Volkes zu untergraben, der sich Zweifel erlaubte, der ausländische Rundfunksender abhörte oder der etwa einen Topf Schmalz aus einem Luftschutzkeller stahl. Da las man von dem Patrioten, der die Polizei benachrichtigte. Ein Sondergericht – in Stuttgart, in Düsseldorf, in jeder Stadt gab es eines. Todesstrafe, keine Berufungsmöglichkeit; ‚das Urteil ist vollstreckt'. Vielleicht Meldungen aus dem Osten, ‚die deutsche Verwaltung im Osten packt zu, die Fragen werden gelöst' – mit deutscher Tüchtigkeit und deutscher Gründlichkeit. Welche Fragen? Im Winter wurde in Furtwangen ein Film über Theresienstadt gezeigt, das sogenannte ‚Adlon der Ghettos', Theresienstadt. Jeder, der ihn sah, mußte meinen, daß es dort ja ganz friedlich zugehe, die Juden gingen ihren häuslichen Arbeiten nach, kein Zeichen von Hunger oder schlechter Behandlung, wohl wirklich besser als im Ruhrgebiet zu leben; und doch, die Gerüchte, daß in diesen Ghettos der Typhus wüte und daß man lange Züge mit Viehwaggons gesehen habe, wie sie hier und dort auf Abstellgleise rangiert wurden – – Um Gottes willen nicht so laut, Sie erinnern sich doch, wie es dem Verräter Y ergangen ist? – Trotzdem, was hatte Ernst, der Adlerwirt, zu berichten, als er von der russischen Front auf Urlaub kam? „Wenn uns nur ein Viertel von dem vergolten wird, was wir in Rußland und Polen tun, Frau Doktor", hatte er gesagt, „dann gnade uns Gott." Ernst war ein ehrlicher Mann, traurig und kriegsmüde, und ich hatte nicht das Herz, ihn weiter zu befragen.

Da standen sie alle, diese Worte, die alles bedeuten konnten – ‚entlaust', ‚entjudet', so gut wie ‚entzückt'. Denn was konnte entzückender sein, als im Rathaus in Furtwangen ein Kilogramm Knochen gegen ein hübsches Stückchen grober grauer Einheitsseife eintauschen zu können, oder einen Salat aus köstlichen Brennesseln – hochverräterisch, sie Unkraut zu nennen – mit einem ‚Wein' aus Himbeerblättern hinunterzuspülen, oder seinen Kleinen ein leckeres Mahl aus Kartoffeln und rohem Zwiebelsaft vorzusetzen, wenn sie hungrig aus der Schule kommen, ihre Schulmappe hinter sich herschleppend, die zweifellos aus Muttis altem Regenmantel angefertigt war, oder – o Gott, ich hatte genug.

Ich machte lange, ziellose Wanderungen durch den Schneematsch und ertappte mich dabei, wie ich leise vor mich hinmurmelte, manchmal auch ein kleines Lied summte, das mich nicht losließ – immer dieselbe Weise, von einem französischen Kriegsgefangenen komponiert: ‚Dans un coin de mon pays' – in einem Winkel meiner Heimat. Ich blieb hin und wieder stehen und sprach einen einsamen Baum an oder vielleicht auch ein Kruzifix am Wegrand; aber die Alliierten, immer die Alliierten, waren wirklich das Objekt meines schwachen Protestes. „Hört mal", sagte ich streng, „so kann's nicht weitergehn. Carl Langbehn ist jetzt schon fünf Monate fort, und nun Helmuth Moltke." Peter hatte am Telefon nur „Helmuth" und „Kriegsgefangenschaft" gesagt, aber wir kannten keinen anderen Helmuth, und ich hatte gesagt, wie froh seine Frau sein müsse, und Peter hatte gesagt, ja gewiß, und ich hatte gesagt, er solle sie von mir herzlich grüßen, und Peter hatte gesagt, er werde es ausrichten, wenn er sie sehe, und ich fragte mich, ob sie auch verhaftet worden sei. „Nein, so kann es nicht weitergehn. Wenn nicht etwas geschieht, wenn ihr nicht bald kommt, wird es zu spät sein, denn bei den Ghettos, den Luftangriffen, den Sondergerichten und den Konzentrationslagern wird niemand mehr übrig sein. Ihr werdet nur noch

Schlagzeilen finden, wenn ihr kommt, riesige Schlagzeilen und vielleicht ein paar Denunzianten; und Ruinen natürlich, massenweise Ruinen. Wir aber werden verschwunden sein, einer nach dem andern, der Volksschädling X und der Verräter Y, verschwunden hinter einem kleinen Absatz auf einer Innenseite eines Schundblattes und hinter einem Vorhang undurchdringlichen Schweigens, und wir werden euch nicht sagen können, wie und warum wir gestorben sind. Denn eines müßt ihr wissen: ihr könnt Bomben auf uns werfen, so lange ihr wollt; damit wird dieser Krieg nicht gewonnen, das kompliziert die Sache nur, macht die Menschen nur störrisch, bringt die Leute nur dazu, daß sie die Politik und das ganze Drum und Dran vergessen und ihren Nachbarn zu Hilfe eilen. Und eure bedingungslose Kapitulation und euer Morgenthau-Plan: Quatsch von vorn bis hinten, Gerede, Gerede, Gerede, Wasser auf Goebbels' Mühlen. Nein, ihr müßt in Frankreich landen, aber macht um Gottes willen schnell! Worauf wartet ihr denn noch? Ihr habt doch die halbe Welt auf eurer Seite."

Mein schulmeisterlicher Ton hielt nie lange vor, sondern schlug um in mühsam unterdrückte Weinerlichkeit. „Oh, kommt doch, bitte kommt, bitte beeilt euch – ich hab das Ganze so satt – hier gehts zu wie in einem Irrenhaus – ich will einfach zu meinen eigenen Leuten zurück, zu meinen eignen Leuten, hört ihr? – ‚dans un coin de mon pays'."

Ich mußte fort, mußte Peter anrufen, er würde sicher etwas erfinden. Die Zeitungen jedenfalls hatten ein Wort für meine Krankheit, denn es bestand kein Zweifel, daß ich an meiner eigenen Spezialart der ‚Invasionitis' litt, wie der allwissende Dr. Goebbels es nannte.

Peter bereitete mir einen großen Empfang in Graudenz. Er beantwortete meinen kläglichen Hilferuf prompt und brachte es fertig, mir eine Schlafwagenkarte zu besorgen, obwohl diese ausschließlich für Persönlichkeiten reserviert waren, die in kriegswirtschaftlich wichtigen Missionen reisten. Meine Reisegefährtin war eine Dame unbestimmten Alters, aber von bestimmt eindeutiger politischer Gesinnung. Ich hatte das obere Bett belegt, und von einem Kleiderbügel gegenüber blinzelte mich ihr Parteiabzeichen frostig an; es beeinträchtigte zwar meine Ferienstimmung nicht, unterband aber jeglichen lebhafteren Austausch von höflichen Redensarten.

Peter verkürzte meine Reise um mehrere Stunden; er holte mich in Thorn mit dem Firmenwagen ab. Er hatte auch, als ich in seinem Hotel ankam, für ein wunderbares Geschenk gesorgt, das praktisch das ganze Bett bedeckte. Drei herrliche Blusen; die Besitzerin des Hotels hatte Beziehungen zu einem Kleidergeschäft, und Peter hatte sie eigens für mich anfertigen lassen. Es machte nichts aus, daß er Größe 62 in Auftrag gegeben hatte und die Schultersäume mir irgendwo nahe den Ellbogen herumflatterten, was sie zu einer noch größeren Überraschung machte, nicht nur für mich, sondern vielleicht auch für die hübsche Hotelinhaberin, die sich möglicherweise der Illusion, vielleicht auch der Hoffnung hingegeben hatte, ich würde mich als ein Ungetüm herausstellen.

Es machte auch nicht viel aus, daß ich wenig von den Wundern zu sehen bekam, über die ich so fleißig nachgelesen hatte: Königsberg und Marienburg, die ich mir als ziegelrote Denkmäler vorgestellt hatte, aus der Zeit, als die Ordensritter noch nach Osten vordrangen, um unter den heidnischen Pruzzen den Glauben zu verbreiten, inoffiziell aber zweifellos, um ihre schwer befestigten Nester auszupolstern.

Graudenz als Fremdenverkehrsattraktion erwies sich als eine Niete, eine graue, kalte Stadt, bevölkert von düster blickenden Polen mit Tuchmützen, die ganz sicher nicht zu sagen wußten, wen sie mehr haßten – die Deutschen oder die Russen. Für mich, für uns aber war es ein Zufluchtsort, wo wir, von Bomben nicht bedroht, drei volle Tage zusammensein, miteinander sprechen, sogar ein bißchen Pläne schmieden und uns Neuigkeiten berichten konnten, die wir weder einem Brief noch dem Telefon hatten anvertrauen können. Es hatte keinen Sinn, sich vorzumachen, daß die Nachrichten gut waren. Zwar waren Helmuth und Dohnanyi und all die anderen Opfer dessen, was Peter „wieder eine dieser Scheiß-Teepartys" nannte, noch am Leben, und sie hatten anscheinend nichts preisgegeben. Weitere Verhaftungen waren nicht vorgenommen worden. Carl war es sogar gelungen, eine seiner Glanzleistungen zu vollbringen und Peter von der Prinz-Albrecht-Straße aus anzurufen. Er hatte ihn um einige juristische Kommentare gebeten und hinzugefügt, bitte auch Kognak mitzubringen, und Peter hatte seinem Wunsch entsprochen, und während die Wachen mit dem Kognak beschäftigt waren, hatte Carl Peter einen Bericht über seine Vernehmungen zur Information von Popitz zugesteckt. Nachdem Peter ihn Popitz abends gezeigt, dann aber, Gott sei Dank, sicherheitshalber wieder an sich genommen und in einer Konservendose in unserem Garten vergraben hatte, wußte er, daß Carl, zumindest vorläufig, sich hielt. Tatsächlich war es nicht unmittelbare Gefahr, mit der man rechnen mußte, sondern vielmehr der Umstand, daß, je näher das Ende des Krieges heranrückte – Peter schien es für Herbst zu erwarten –, das Risiko immer größer wurde, daß Klatschmäuler, Drückeberger und Opportunisten sich in der Opposition breitmachten. Das Bestreben, die Opposition auf eine breitere Basis zu stellen, hatte die darin wohnenden Gefahren enthüllt, die nicht bestanden, solange die Opposition noch ein enger Kreis von Freunden und Freundesfreunden war. Anscheinend waren vereinzelte Aktionen unternommen worden, die aber fehlgeschlagen waren, zunichte gemacht von Hitlers unglaublichem Geschick, am Leben zu bleiben. Welche Aktionen das waren, wußte niemand, wollte niemand wissen, da es im Fall einer Verhaftung besser war, möglichst wenig zu wissen. Adam hatte seinen angeborenen Optimismus anscheinend trotzdem noch nicht verloren, und obwohl ich wußte, daß Peter nicht mehr an ein gutes Ende glaubte, würde er dennoch Adam zur Seite stehen, sobald dieser ihn rief. Wenn nichts geschah, dann mußten die Alliierten die Sache zu Ende bringen; zu welchem Ergebnis die so verschiedenartigen Sieger, von denen jeder seine eigene Vorstellung von der bedingungslosen Kapitulation hatte, schließlich kommen würden, das war schwer zu sagen.

Ich stellte, wie üblich, fest, daß ich zu Zukunftsplanungen nicht recht imstande war. Die naheliegenden, die näher liegenden Probleme, beschäftigten mich mehr – diese drei Gestapobeamten etwa, die in der anderen Ecke des rauchgeschwängerten Speisesaals in Peters Graudenzer Hotel beim Kartenspielen saßen; der eine zum Beispiel mit dem glatten Gesicht und dem Mund wie eine schiefe Narbe, von dem Peter mir mit einem Achselzucken sagte, er bereite ihm ganz besonderes Kopfzerbrechen – und dann die Bomben, immer wieder die Bomben.

Als unsere drei herrlichen Tage zu Ende gingen und ich meine drei gewaltigen Blusen eingepackt und einen Zug nach Süden bestiegen hatte, als wir ‚so long‘ und ‚see you‘ zueinander gesagt hatten, weil wir um keinen Preis ‚Lebewohl‘ hatten sagen wollen und uns beide nicht dazu hatten bringen können, das Wort „Auf

Wiedersehen" auszusprechen, spürte ich, daß ich nicht viel Interesse für das aufbringen konnte, was danach geschehen mochte, für das ‚Gesicht Europas', den ‚großen Entwurf', das ‚Schicksal der Nationen', die ‚neue Ordnung'. Dies waren für mich nur hochtrabende Phrasen, die von den Älteren ausgekocht waren, damit die jüngere Generation beim Spiel des Tötens und Getötetwerdens – das sie spielen und ausbaden mußte – nicht erkennen sollte, worum es eigentlich ging. Wenn Peter recht hatte, hatten wir noch ein halbes Jahr Zeit bis zum Kriegsende. Warten wir das ab, dann werden wir schon sehn, was geschieht – das war im Augenblick mein Motto, und die Frage, ob Peter oder ich diesen Tag der Abrechnung überhaupt erleben würden, hatte in meinen Überlegungen keinen Platz.

Adam

(Frühjahr 1944)

Auf meiner Rückreise von Graudenz nach Rohrbach kam ich durch Berlin. Es war ein Sonntag. Es blieben mir ein paar Stunden, ehe mein Zug nach Süden abfuhr, und so ließ ich mein Gepäck auf dem Bahnhof zurück und machte mich zu Adams Wohnung auf, wenngleich die Chance, ihn anzutreffen, nur gering war.

Emma, sein altes Faktotum, mit ihrem üblichen unordentlichen Dutt und ihrer knisternden weißen Schürze, deckte eben den Mittagstisch. Herr von Trott sei gerade spazierengegangen, werde aber bald zurück sein. Nein, ich müsse bleiben, sie werde noch ein Gedeck auflegen. – O ja, es sei durchaus genug da, und Herr von Trott werde mehr essen, wenn er Gesellschaft habe, er esse so gut wie nichts. Sie tue, was sie könne, und versuche immer, ihre Fleischration mit auf seinen Teller zu schmuggeln – alte Frauen brauchten kein Fleisch –, aber er lasse meistens die Hälfte liegen, und kein Wunder, daß er sich nicht wohl fühle und Zahnweh und Rheumatismus und was noch alles bekomme. Geschäftig legte sie ein zweites Gedeck auf und verschwand dann in die Küche, während ich im Wohnzimmer umherwanderte, das recht verlassen wirkte, seitdem Clarita mit den Kindern nach Imshausen gezogen war. Ich hob den Deckel des Plattenspielers, nahm die Platte ab und steckte sie zerstreut in ihre Hülle – das Mozart-Requiem; ich setzte mich und schlug ein Buch auf, das auf dem Tisch lag, ‚The Last Enemy', von Richard Hillary. Ich hatte fast vergessen, wie es war, ein ungelesenes Buch in den Händen zu halten, darin zu blättern und war weit weg, als ich Adam in der Diele Emma rufen hörte. Ich hörte schwach eine Antwort, und dann kam Adam ins Zimmer gestürmt.

„Großer Gott, Chris! Bist du's wirklich! Was für eine fabelhafte Überraschung. Wo steckt Piet?"

Ich hatte Adam seit über einem Jahr nicht gesehen und fast vergessen, wie gut er aussah, oder vielleicht überraschte mich sein gutes Aussehen jedesmal, wenn ich ihn sah. Trotzdem hatte Emma recht, er sah elend aus. Er war viel zu dünn, und wenn er lächelte, erschien ein Ausdruck auf seinem Gesicht, den ich nicht ganz ergründen konnte und, soweit ich mich erinnerte, nie zuvor bemerkt hatte.

Es war ganz leicht, die alte, glückliche Beziehung wieder aufzunehmen, als wir über die Kinder sprachen und er mir sagte, wie froh er sei, daß wir im Schwarzwald wohnten – im wirklichen Deutschland –, ich solle nur abwarten, bald würde ich ihm nachfühlen können, was er für seine hessischen Wälder empfinde. Und dann unterhielten wir uns über seine kleinen Mädchen, und er sagte, er fürchte, Clarita werde es mit seiner Familie nicht leicht haben. – „Sie sind ziemlich überwältigend, wie du weißt“, bemerkte er, und wie immer mißlang es ihm, ein nicht eben bescheidenes Lächeln zu unterdrücken. Seine Familie, ja, ich wußte, faszinierend, manchmal zum Verzweifeln, gottvoll egozentrisch, aber es gelang ihm nie ganz, seinen Stolz auf sie zu verbergen. Er warf einen Blick auf das Buch, das ich gerade wieder auf den Tisch gelegt hatte, und erzählte mir, er habe es aus Schweden mitgebracht – Hillary hatte als Pilot an der Luftschlacht über England teilgenommen, er habe es in einer Nacht gelesen, und ich müsse es mitnehmen – nein, Moment, lieber nicht, ich könne es in meinem Dahlemer Haus lesen und später am Abend Emma zurückgeben, vor meiner Abfahrt. Es werde mir gefallen, so lässig geschrieben, nach dem aufgeblasenen Quatsch, den wir hier lesen müßten. Es sei die ruhige Ausdrucksweise ...“

Emma meldete, das Essen sei fertig, und als wir ins Eßzimmer gingen, legte er ihr den Arm um die Schulter; sie wirkte winzig neben seiner schlanken, großen Gestalt.

„Emma ist eine Zauberin“, sagte er. „Ich verstehe einfach nicht, wie sie solche Mahlzeiten zusammenbringt. Ich hab sie sehr im Verdacht, daß sie unser Viertel von Hunden säubert. Ich bekomme Fleisch in Hülle und Fülle.“

„Na, na, Herr von Trott“, – Emma erinnerte mich ein bißchen an Frau Muckle – „reden Sie nicht, essen Sie's nur auf.“ Wir setzten uns an den Tisch, und sie servierte uns etwas seltsam aussehende Fleischklöße und dazu eine Beilage, die Kartoffelbrei ähnlich sah.

Adam machte keine Anstalten anzufangen, sondern lehnte sich zurück und lächelte mich an, mit jenem warmen, vertraulichen

Lächeln, das, wie ich ihn oft genug gewarnt hatte, nur zu Komplikationen führen konnte, wenn er eine ungebundene Frau damit betörte.

„Es tut mir gut, dich zu sehn, Chris. Peter hat völlig recht gehabt, dich in den Schwarzwald zu schicken. Du siehst so wohl aus, so wohlgerüstet für das, was uns bevorsteht. Aber ihr habt mir beide sehr gefehlt. Ich gehe auf meinen Spaziergängen immer am Falkenried vorbei und hoffe insgeheim, einen von euch dort anzutreffen." Dann lehnte er sich plötzlich so weit zurück, daß der Stuhl gefährlich auf den zwei Hinterbeinen balancierte, und sagte: „Sag, Chris, was denkst du nun?"

„Denken, worüber?"

„Über den Krieg – über mich?"

Ich kämpfte gerade mit Emmas Kartoffelbrei. Ich kannte diese Frage, sie war mir schon häufig gestellt worden, nicht unbedingt eine rhetorische Frage, sondern eher eine Suche nach Resonanz. Wie reagierte ich als Engländerin auf dies, auf jenes?

Bei Kriegsausbruch war ich mir meiner Antworten sehr sicher gewesen – nun aber erkannte ich, daß ich nicht mehr so sicher war. Viereinhalb Jahre waren eine lange Spanne, und in der letzten Zeit hatte ich manchmal das Gefühl, durch eine Art privates Niemandsland zu wandern. Trotzdem war es mit einer ausweichenden Antwort nicht getan, denn ich kannte die Spielregeln und Adams Eigenschaft – eine seiner bezwingendsten –, ganz selbstverständlich eine intelligente Antwort auf seine Frage zu erwarten; ich wußte, wie er unbewußt die Menschen dazu brachte, ihr Bestes zu geben, und wie er allein durch sein echtes Interesse sie zu ungewöhnlichen geistigen Glanzleistungen antrieb. Ebenso war ich mir bewußt, daß man erst dann, wenn man ihn wirklich gut kannte, merkte, wie vorsichtig und wie wahrheitsgetreu man mit seinen Antworten sein mußte, denn er speicherte sie auf und fügte sie in das unvollendete Mosaik seiner politischen Konzeption ein, und eine Unwahrheit konnte ihn nur belasten. Diese Naturbegabung, aus den Menschen das Beste herauszuholen, wirkte sich andererseits nicht immer zu seinem Vorteil aus; es konnte geschehen, daß er jemanden zu hoch einschätzte, zuviel forderte, daß er sich zu sehr in Situationen engagierte, die, zumindest oberflächlich betrachtet, nicht sehr wichtig schienen, und so zuviel von sich gab, vom Unlösbaren wie magnetisch angezogen und rastlos damit beschäftigt.

Was dachte ich also über ihn, über den Krieg? Das Problem, das er all die Jahre nicht hatte lösen können, das ungelöste Problem seiner Beziehung zu den Alliierten, das Gespräch über die Grenzen, über das Kriegsgetöse hinweg.

„Nun", sagte ich mit Bedacht und versuchte, mein ganzes rostig gewordenes geistiges Rüstzeug aufzubieten. „Fangen wir bei dir an. Du bist halb Deutscher und halb Amerikaner. Ich würde sagen, dein amerikanisches Blut hat dir deinen Optimismus, dein unendliches Vertrauen in die Persönlichkeit des Menschen gegeben und dazu eine recht puritanische Unfähigkeit, moralische Fragen beiseite zu lassen. Dein deutsches Erbteil geht in die Tiefen, erwägt die Komplikationen, manchmal zu viele Komplikationen, und treibt dich schließlich zu Entscheidungen. Ich würde sagen, daß deine Oxforder Zeit dir Elastizität oder, vielleicht besser gesagt, Beweglichkeit dazugegeben hat, denn das ist weder ein deutsches noch ein amerikanisches Merkmal."

Das schien mir für einen Anfang außergewöhnlich klug, ja zu klug sogar; ich würde mich nie auf dieser Höhe halten können. So setzte ich eilends hinzu: „Und das Ganze, Herr von Trott, macht Sie, bei ihrem guten Aussehen und unwiderstehlichen Charme, zu einer höchst einnehmenden Persönlichkeit."

Adam grinste mich verlegen an. „Sei nicht albern, du Schafskopf, und China? Du hast China vergessen und meinen Wunsch, in Peking begraben zu werden."

„Schön, also China."

Ich hatte China nicht vergessen – 1938, als er uns gedrängt hatte, nach Berlin zu kommen, und dann wieder 1940, als er sich so bitter enttäuscht gezeigt hatte, daß die Opposition gegen das Regime so wenig Fortschritte gemacht hatte, und als er Gelbsucht hatte und wir ihn geneckt und ihm auch ein bißchen geschmeichelt hatten, er sehe allmählich wie ein chinesischer Mandarin aus.

„Ich weiß nicht genau, was mit China war, Adam, aber als du zurückkamst, hatte man den Eindruck, daß du dir eine gewisse weltweite Sicht zugelegt hättest – wir kamen uns damals alle recht provinziell vor."

Emma machte mir von der Tür her verzweifelte Zeichen, ich solle ihn dazu bringen, daß er etwas esse.

„Verdrück mal endlich diese Fleischklößchen", sagte ich. „Das scheint ein ‚Führerbefehl' zu sein."

Er nahm gehorsam seine Gabel und begann auf seinem Teller herumzustochern.

„Ich wollte, ich wäre so faszinierend, wie du es beschreibst", sagte er. „Aber du, verdammt nochmal, bist ja auch irisch und nicht nur englisch. In Wirklichkeit bin ich alt und kahl, und Zahnweh hab ich auch."

„Um Himmels willen!" protestierte ich – ich mußte irgendwie die trübe Stimmung verscheuchen. „Du bist genauso alt wie ich, und ich bin vierunddreißig. Wir haben noch mehr als genug Zeit vor uns, in Schwierigkeiten zu kommen und uns wieder herauszuwurschteln."

Adam schien nicht zuzuhören.

„Ja, ich verdanke Oxford mehr, als ich sagen kann, aber es ist seltsam – als ich mich 1933 entschloß, nach Deutschland zurückzukommen, dachte ich, ich tue das, was die meisten meiner Oxforder Freunde getan hätten, wenn sie es in ihrem Land mit einem Hitler zu tun gehabt hätten. Und doch hat gerade die Tatsache, daß ich zurückgekehrt bin, obwohl ich vermutlich hätte fortbleiben können, nur Mißtrauen erregt – schädliches Mißtrauen. Manchmal frag ich mich, wie viele Freunde ich heute dort habe – ich meine, echte Freunde."

„Schau mal, Adam", sagte ich und mußte mir eingestehen, daß ich, da meine Brüder nach Cambridge gegangen waren, einen heimlichen Argwohn hatte, aus Oxford, diesem Treibhaus des Establishment, komme nichts als langatmiges Geschwätz. „Ich weiß nichts über deine Freunde, aber eines steht fest. Du mußt erleben, Tag für Tag erleben, wovon sie im Höchstfall reden können. Das ist ein großer Unterschied."

Adam stieß seinen Stuhl zurück und begann im Zimmer auf und ab zu gehen, und Emma fand sich ins Unvermeidliche, trug seinen halbgeleerten Teller ab und brachte zwei Glasschüsselchen mit saurem Kirschenkompott herein.

„Ich bedaure nicht einen einzigen Augenblick, daß ich zurückgekommen bin", sagte er. „Hier ist meine Heimat, Chris, hier habe ich meine Wurzeln, und ich bin der festen Überzeugung, daß jeder Deutsche, der beim Neuaufbau eines Nachkriegseuropa mithelfen will, erlebt, persönlich, an sich selbst erlebt haben muß, was sich hier in unserm Land abgespielt hat. Was jemanden zum Nazi machte, was die Menschen dazu bringt, sich nicht zu rühren, nichts zu tun, was es bedeutet hat, in der Opposition zu stehn, zu opponieren, immer zu opponieren. Die gescheiterten Hoffnungen, der Heroismus, und es hat Heroismus gegeben, scheinbar sinnlosen Heroismus und dann die Schande – die lähmende Schande. Das sind Fragen, deren Beantwortung unsere ganze Kraft brauchen wird. Wir müssen versuchen, dies alles verständlich zu machen, wenn dieser Krieg vorbei ist. Diejenigen, die Deutschland verlassen haben und danach vielleicht zurückkommen, werden entwurzelte Fremde sein, die eine andere Sprache sprechen, und was sie an Rat anzubieten haben, wird kaum einen alten Hund hinter dem Ofen hervorlocken.

Ich kann nicht glauben, daß sie hier in der Mitte Europas ein Vakuum schaffen wollen – ein Vakuum füllt sich auf, und wenn dieser Bombenkrieg andauert, wird es sich von Osten her auffüllen. Selbst Stalin hat erkannt, daß er, wenn die Nazis verschwunden sind, mit den Deutschen verhandeln muß – selbst er macht Avancen. Aber die Alliierten: bedingungslose Kapitulation, bedingungslose Kapitulation, wie eine abgespielte Schallplatte. Wir müssen uns damit abfinden, ich muß mich damit abfinden, daß dies das einzige Echo ist, das aus dem Westen zu uns gedrungen ist. Und doch weiß ich, es muß Menschen dort draußen geben, die einsehen, daß die Nazis und alles, was sie vertreten, genauso unsere Feinde sind wie die ihrigen."

Ich seufzte. Ich hätte gern irgendeine Erklärung gefunden, irgendeine Antwort. Warum dieses Mißtrauen? Für mich war Adams Weg immer ganz klar. Ich konnte mich durch die dunklen Gänge des Patriotismus nur tastend bewegen. Konnte es sein, daß es für einen Engländer ein leichter, ein naheliegender Weg war, in Notzeiten in sein Land zurückzukehren, ja, sich mit den nationalen Zielen zu identifizieren, während es für ihn eine schwierigere, sogar eine heroischere Entscheidung wäre, das eigene Land seinem Schicksal zu überlassen, wie die deutschen Emigranten? Und die Forderung nach ‚bedingungsloser Kapitulation', vielleicht der größte Schlag überhaupt für die Opposition in Deutschland, war, gerade nach Stalingrad, zeitlich ganz schlecht gewählt, gab dem verschlagenen Goebbels genau die Waffe in die Hand, die er brauchte, um Verzagende anzustacheln und aufzuputschen, bis zum Ende zu kämpfen. Wie er seine Chance genutzt hatte! Nun endlich hätten die Alliierten ihr wahres Kriegsziel enthüllt, was er dem deutschen Volk schon immer gesagt habe – die Zerstörung, die völlige Zerstörung des Reiches, nur darauf hätten sie es von Anfang an abgesehen gehabt. Wie geschickt hatte er denen, die sich nicht festlegen wollten, den Schwankenden und denen, die den Vogel Strauß spielten, eine ‚raison d'être' gegeben, einen praktischen Haken, an dem sie ihr jämmerliches Gewissen aufhängen konnten, einen guten Grund, auszuharren, durchzuhalten. „Wir müssen wohl ausharren." Wie ich es haßte, dieses öde, stumpfsinnige Wort ‚ausharren', das nach Casablanca auf aller Lippen war. Durchhalten, wie denn? Indem man den blonden Kopf noch tiefer in den Schlamm steckte?

Es war mir unbegreiflich, warum die Engländer und die Amerikaner nicht sehen konnten, daß es für sie nichts zu verlieren gab, daß sie vielleicht den Krieg um Monate verkürzen und Tausende von Menschenleben retten konnten, wenn sie den Widerstand gegen Hitler in Deutschland selbst ermutigten. Ich hatte vielen Deutschen zu erklären versucht, daß die Engländer nicht gern in den Krieg ziehen, es sei denn, man hätte ihren Haß wirklich entfacht – im Gegensatz zu den Deutschen, für die das Kriegführen irgendwie noch immer ein Handwerk war, das keine Gefühlsbeteiligung brauchte. Im Ersten Weltkrieg war es das Geschäft meines Onkels Northcliffe gewesen, den Haß aufzustacheln, und er hatte gute Arbeit geleistet; ja so gute, daß ich nicht sicher war, ob nicht einiges von den Gefühlen, die noch aus jenem Krieg übriggeblieben waren, in diesen übergeflossen war und ebenso tief saß wie die echten Ressentiments der Deutschen gegenüber dem Versailler Vertrag.

Ich überlegte, daß Haß völlig irrational war, und hatte keine Ahnung, wie erfolgreich er den Engländern diesesmal beigebracht worden war. Vielleicht hatte ich mich davon anstecken lassen, auf eine einfache Frage eine komplizierte Antwort zu suchen. Ich konnte nicht hassen, weil ich zuviel wußte, und ich konnte auch Adam nicht mehr als Spiegel nützen. Die kindischen Rundfunksendungen von der anderen Seite schienen mir genauso albern wie ihm, das Fehlen einer ernsthaften Antwort auf eine ernsthafte Frage ebenso erstaunlich. Ich wußte, es würde mir nach dem Krieg schwer genug fallen, zu erklären (falls es einer hören wollte), daß ich aufrichtig glaubte, es sei Goebbels nie gelungen, die Deutschen zum Hassen zu bringen, obwohl er genauso einfallsreiche Methoden und Argumente benützt hatte wie mein Onkel. Nach meiner Ansicht hatte er niemals wirklich die ‚Volksseele' zum Kochen gebracht, wie es immer in den Zeitungen hieß.

Die Deutschen haben die Piloten, die so willkürlich Nacht um Nacht den Tod brachten, nicht in Stücke gerissen – ich habe nie ein Jubelgeschrei gehört, wenn ein alliierter Bomber brennend abstürzte. Aber sie haben sich auch nicht aufgerafft und empört aufgeschrien über die Dinge, die in ihrem Namen geschahen. Nach elf Jahren Naziherrschaft, so schien es mir, waren die Deutschen zu einer unwissenden, demoralisierten, gefühllosen Masse geworden, und ich konnte nur dankbar sein für die wenigen, die wenigen, die ich kannte, die wie trostspendende Leuchttürme aus der Dunkelheit gestrahlt hatten, in der Niederlage ihren Grundsätzen ebenso getreu wie zu der Zeit, da der Sieg ganz nahe zu sein schien.

Adam stand nun ruhig am Fenster, gegen den Vorhang gelehnt. Er schaute mit halb geschlossenen Augen hinaus über die Bäume im Dunst, die noch recht winterlich kahl waren. Ich sah sein Gesicht nur im Profil. Neben ihm hing ein Stich, auf dem einer seiner amerikanischen Vorfahren zu sehen war, und plötzlich fiel mir die Ähnlichkeit zwischen diesem amerikanischen Staatsmann und Richter des Supreme Court und seinem deutschen Ururenkel auf.

„Den John Jay hast du nicht aufs Land geschickt", bemerkte ich so nebenbei.

„John Jay bleibt bei mir", antwortete er, ohne den Kopf zu drehen. Und dann: „Meine Sekretärin ist vor ein paar Tagen draußen umgekommen. Erinnerst du dich an Fräulein Walter? Eine nette, sehr loyale Person. Verschüttet unter den Trümmern ihres Hauses, zusammen mit ihrer Mutter. Wir haben uns stundenlang mit allen Kräften bemüht, konnten aber wegen der Hitze nicht nahe genug herankommen. Es fällt einem nicht immer leicht, seine Empörung auf die Umstände zu beschränken, die zu solchen Dingen führen. Warum mußte gerade sie den Preis bezahlen?" Und dann fügte er ebenso nebenbei hinzu: „Du siehst ja, Chris, warum wir vorausplanen, für das vorausplanen müssen, was nachher kommen wird. Es hilft uns, die Dinge im richtigen Maß zu halten. Trotzdem gibt es keine endgültige Lösung, kann es keinen neuen Anfang geben, bis die Waffen schweigen und wir mit den Alliierten an einem runden Tisch sitzen, hier in Berlin."

Ich seufzte wieder. „Wird dieser Krieg jemals zu Ende gehn, Adam? Glaubst du, die Alliierten werden wirklich in Frankreich landen?"

„O ja, landen werden sie, irgendwann müssen sie landen. Wann genau, das weiß niemand."

Adam kam auf mich zu und blieb vor mir stehen. Irgendwie schien seine Stimmung sich verändert zu haben, und in seinem Ton schwang wieder etwas von seinem alten Optimismus.

„Aber vielleicht brauchst du gar nicht so lange zu warten, Chris, nicht einmal auf die Landung, meine ich. Ich glaube nicht, daß ich noch einmal ins Ausland komme. Das letztemal, als ich in Schweden war – nun ja, es ist immer schwieriger und gefährlicher geworden. Ich weiß nicht, ob ich mehr hätte tun können, um die Leute draußen zu überzeugen, daß es noch ein anderes Deutschland gibt, aber so oder so hab ich das Gefühl, daß dieses Kapitel nun abgeschlossen ist. Ich wollte, ich könnte dir mehr sagen, aber es hat keinen Sinn, dich zu belasten – du wirst bald genug davon hören. Wir sind nicht untätig geblieben, ja, die letzten Wochen haben trotz allem Positives gebracht – Aufregendes sogar. Von nun an ist dies eine deutsche Angelegenheit. Wir müssen uns aus eigner Kraft von diesem Regime befreien, und glaub mir, wenn du sonst nichts glaubst, es wird geschehen. Es wird und muß getan werden, ehe die Alliierten es für uns tun müssen."

Adam holte sein Fahrrad aus dem Keller und begleitete mich zum Falkenried. Er mußte sich mit jemandem treffen und wollte vor einem möglichen Luftangriff wieder zu Hause sein, weil Emma Angst hatte, wenn sie allein war. Wir kamen an einigen Soldaten vorbei, als wir in die Cäcilienallee einbogen; sie waren nicht sehr jung und sahen nicht sehr kriegerisch aus.

„Weißt du, Chris, ich komm mir jedesmal wie ein Schwein vor, wenn ich so alte Männer in Uniform sehe und mich anschaue, noch immer im Sonntagsanzug", sagte er, und ich weiß nicht, warum diese Bemerkung es mir hinter den Augen heiß aufwallen ließ. Vielleicht weil er mir kurz zuvor, offensichtlich erfreut, erzählt hatte, gleich nach Weihnachten habe er einen Brief von der Rhodes-Stiftung erhalten, in dem man sich nach seinem Ergehen erkundigte. Das also war die einzige offizielle Anerkennung, die er erhalten hatte, nachdem er wieder und wieder sein Leben aufs Spiel gesetzt hatte, um für das ‚andere Deutschland' zu zeugen. Ich war nicht nur den Tränen nahe, sondern von ohnmächtigem Zorn erfüllt.

„Verflucht nochmal", brach es aus mir heraus. „Findest du

nicht, daß das, was du tust, viel gefährlicher ist als alles, was diese armen Kerle je geträumt haben. Ich jedenfalls finde das!"

Adam warf mir ein abwesendes, etwas unergründliches Lächeln zu.

„Dank dir", sagte er. „Eine neutrale Uniform, hinter der man sich verstecken kann, Befehle von oben, kein Gewissen mehr, vielleicht wäre es manchmal eine Erholung – aber ich würde einen miserablen Soldaten abgeben."

Vor unserer Gartentür angekommen, fuhr er einen Kreis auf der Straße und kehrte dann wieder zu mir zurück.

„Mrs. B.", sagte er, „du wirst einmal ein Buch schreiben müssen – ‚Life amongst the Huns', wie wär's damit?"

„Wenn ich's tu, dann mach ich aber einen Mordshelden aus dir!" antwortete ich unerschütterlich, und ich konnte mir nicht helfen, ich mußte über ihn lachen, wie er da auf seinem Fahrrad saß, den Hut nach hinten geschoben, und plötzlich um Jahre jünger aussah, der alte Adam, einfach ein strahlender großer Lausbub.

„Abgemacht", sagte er und lächelte mich verschmitzt an. „Wenn du einen Mordshelden aus mir machst, dann lese ich dein blödes Buch", – dann setzte er, während sein Lächeln verschwand, hinzu – „nein, wart, vielleicht wird es gar kein so blödes Buch, Chris, denn ich glaube wirklich, daß du uns verstehst." Erst jetzt wußte ich den Ausdruck zu deuten, der in seinen Augen lag und den ich früher nicht in ihnen gekannt hatte – er sah aus, als wäre er einmal, vielleicht mehr als einmal, tief verletzt worden.

Bevor er um die Ecke radelte, drehte er sich noch um, winkte fröhlich zurück und schnitt diskret eine lange Nase hinüber zu dem Haus des Nazi-Professors. Ich stand noch lange da, nachdem er verschwunden war, und schaute zu der Straßenecke hin – wieder ein Abschied, niemals ein gewöhnlicher Abschied. Abschiednehmen wurde einem so schwer gemacht in jenen Tagen, so fürchterlich schwer.

Ich ging durch die Gartentür und steckte die Hände in die Manteltaschen. Etwas Schweres, Hartes schlug mir gegen das Knie – das Buch ‚The Last Enemy', ich hatte nicht gedacht, daß es so dick war. Ich holte es heraus und schaute den Titel an. ‚This Above All' von Frank Knight – ich hatte das falsche Buch mitgenommen, dies hatte ich zwei Jahre vorher gelesen, aber ich konnte es ja noch einmal lesen, und der Titel gefiel mir auch besser. Wie ging es weiter? „Dies vor allem – bleib dir selber treu.“ Und das andere? ‚The Last Enemy‘? Ich wollte es eigentlich doch nicht mehr lesen, denn ich glaubte zu wissen, woher Hillary den Titel für sein Buch hatte. Der letzte Feind – der letzte Feind ... ist der Tod.

Ich schaute auf meine Uhr und stellte fest, daß mir noch drei Stunden bis zur Abfahrt des Zuges blieben. Ich hätte eigentlich ins Haus gehen und ein paar Habseligkeiten zusammenkramen müssen, die vielleicht noch einmal von Nutzen sein konnten und woanders hingeschafft werden sollten, wo sie vergleichsweise sicherer waren. Aber ich blieb lieber im Garten und wanderte umher. Es war schließlich März, und ich hatte zwei Jahre vorher ein paar Schneeglöckchen gepflanzt, die eigentlich ein Lebenszeichen zeigen müßten. Sie blühten tatsächlich. Ich fand ein Stück Schiefer und buddelte einige aus, steckte ein paar in die Tasche, und die übrigen pflanzte ich neben dem Splittergraben der Langbehns wieder ein. Dann ging ich zum Bahnhof, ohne das Haus betreten zu haben.

Der amerikanische Pilot

(Sommer 1944)

„Frau Doktor!“ Ich deckte gerade den Tisch zum Mittagessen, als Hans Bauschs Kopf im Fenster erschien. In seinen hellblauen Augen unter den buschigen blonden Brauen stand wie immer der Ausdruck freundlicher Torheit, diesmal aber hatte er etwas Dringliches, war ihm eine echte freudige Erwartung anzumerken. „Frau Doktor!“ Er winkte mir, ans Fenster zu kommen, und schaute rasch nach rechts und links die Talstraße entlang. „Frau Doktor, ich hab was für Sie!“ Speck? Nein, soviel Glück sicher nicht. Vermutlich etwas staubiges Mehl oder ein Stück ranzige Butter im Austausch gegen einen von Nickys Fliegenfängern. „Ja, Hans, was ist es denn?“ Ich ging ans Fenster, während er sich mit Verschwörermiene nochmals vorsichtig umschaute.

„Es ist ein Amerikaner, Frau Doktor“, flüsterte er, „und wenn Sie erraten können, wie er ausschaut, kriegen Sie ihn.“

Manchmal war einem sogar ein Gespräch wie dieses lieber, als immer mit den Kindern eingesperrt zu sein. Wie sehr man sie auch liebte, so war es doch ein bißchen deprimierend, wenn man erleben mußte, wie die eigenen pädagogischen Bemühungen auf das Niveau von „Nein, du darfst nicht – also schön, du darfst, aber nun mal raus und laß mich in Ruhe“ herabsanken. Ich versuchte, mich entsprechend beeindruckt zu zeigen.

„Ein Amerikaner, Hans? Wie aufregend, ich dank dir schön – also wart mal, ist er groß?“

„Ja.“

„Dunkelhaarig?“

„Mhm.“

Ich hielt mich gut, und Hans Bauschs blaue Augen glänzten ermunternd und voll kindlicher Bewunderung.

„Lockiges Haar?“

„Ja.“

Ich wollte ihm eine Freude machen, und es gab nur eine einzige Karikatur eines Amerikaners, die der arme Hans kennen konnte – den Amerikaner, wie er im ‚Schwarzwaldboten' beschrieben war.

„Er hat einen runden Filzhut auf, eine Hornbrille und raucht eine dicke Zigarre."

Auf Hans' Gesicht malte sich tiefe Enttäuschung. „Nein", sagte er, „nein, aber macht nichts, Sie haben's fast erraten. Passen S' auf. Er hat einen blauen Monteuranzug aus einem Stück an, mit Taschen auf den Knien, und pelzgefütterte Stiefel aus ganz weichem Leder, und der Stoff, aus dem sein Anzug gemacht ist, ist weich wie ein Kuhbauch. Und eine Uhr hat er auch, und was für eine! Sie hat lauter so kleine Uhren."

Ich schaute Hans einen Augenblick an, diesmal etwas nachdenklicher. „Wo hast du denn diesen Amerikaner gefunden, Hans?" fragte ich ihn.

„Droben im Wald", antwortete er. „An einen Holzstoß gelehnt."

„Und wo ist er jetzt?"

„In meiner Küche, da schläft er."

Ich bat Frau Muckle, das Mittagessen ein bißchen später zu richten, und folgte Hans Bausch die Straße und den gewundenen Weg hinauf, der zu seinem Häuschen am Waldrand auf der anderen Talseite führte. Hans eilte munter vor mir her. Er hob den Riegel, stieß die Tür auf und trat, zitternd vor unterdrückter Erregung, zurück, um mich vorbeizulassen. Obwohl es Mittag war, ließen die Blumenkästen an den Fensterchen fast kein Licht herein, und es war sehr dunkel in der kleinen Küche. Ich blieb einen Augenblick unter der Tür stehen. Der Ausdruck, der auf meinem Gesicht lag, war höchstwahrscheinlich nicht intelligenter als Hans Bauschs Blick, denn auf der schmalen Bank an der anderen Wand lag, die langen Beine herabhängend, völlig entspannt, wie es irgendwie nur Amerikaner fertigbringen, ein großer junger Bursche in einem blauen Fliegeranzug. Er hatte seine pelzgefütterten Stiefel ausgezogen und benützte sie als Kopfkissen; er schien fest zu schlafen. Ich schaute auf ihn hinunter, und plötzlich, ich weiß nicht wie, wußte ich, daß der Krieg für Deutschland unabänderlich verloren war. Es war nicht sein unrasiertes Gesicht – ein recht typisch amerikanisches Gesicht, kurze Nase, großer Mund, kurz geschnittenes lockiges Haar –, sondern vielleicht ganz einfach das Gesunde, das Wohlbefinden an ihm; sozusagen der Überfluß, die Qualität des Stoffes, aus dem sein Overall gemacht war, die Stiefel, der seidene Schal, den er hinter den Gürtel gesteckt hatte und eine Brieftasche aus weichem Leder, die er in einer Hand hielt. Plötzlich fühlte ich mich schäbig, alt, ramponiert, am Boden. Alles an ihm war so echt: echte Wolle, echtes Leder, echte Seide – so echt, und er sah so jung aus. Und an mir war alles Ersatz – unecht von meinen Kunstledersohlen bis zum Rand meines Papier-Strohhuts, und ich war mir nicht sicher, ob ich mich jemals wieder jung fühlen würde.

„Hi!“ sagte ich und rüttelte ihn an der Schulter.

„Hi, beautiful!“ antwortete er, ohne die Augen aufzuschlagen; dann richtete er sich auf, plötzlich hellwach.

„Wer sind Sie denn?“ Er schwang sich auf der Bank herum und setzte die Füße behutsam auf den Boden.

„Ich heiße Christabel Bielenberg“, sagte ich, „und ich habe gerade von unserem Milchmann erfahren, daß er Sie an seinem Holzstoß gefunden hat.“

„So wird's wohl ungefähr gewesen sein, M'am“, erwiderte er mit einem schwachen Lächeln.

„Wie kommt denn das?“

„Well“, sagte er in so gedehntem Amerikanisch, daß es eine Freude war, „well, ich bin natürlich froh, Sie zu sehen, M'am, bin ganz schön lange gelaufen. Zwei Tage und zwei Nächte vielleicht, Richtung Westen. Wir sind abgeschossen worden und über so einer kleinen Stadt ausgestiegen. Einer meiner Kameraden landete auf einem Baum und ich in der Nähe von Gebüsch, und ich bin gleich losmarschiert, aber als ich das Hügelland hier erreichte, hab ich gemerkt, daß ich am Ende bin, und als dieser Mensch daherkam, hab ich mich ergeben, aber ich glaube, er hat einen Klaps. Jedenfalls hat er mich hierher gebracht.“

„Haben Sie eine Ahnung, wo Sie herkommen?“ fragte ich.

„Nein, M'am, wir fliegen einfach hintereinander her, immer so. Mich dürfen Sie nicht fragen, wohin wir unterwegs waren.“

Ich versuchte mich zu erinnern, ob es zwei oder drei Tage her war, als die riesigen hochfliegenden Formationen, die am Himmel weiße Kondensstreifen zogen, zum letztenmal in östlicher Richtung über uns hinweggedröhnt waren, daß die Fenster in den Rahmen klapperten.

„Na ja“, sagte ich, „das ist jetzt wohl nicht so wichtig. Was mir aber ein bißchen Sorgen macht, ist, was wir mit Ihnen anfangen sollen.“

„Keine Sorge um mich, M'am", sagte er, „für mich ist der Krieg vorbei", und an der plötzlichen Mattigkeit in seiner Stimme erkannte ich, daß er der Erschöpfung nahe sein mußte. Während wir uns unterhielten, beobachtete uns Hans Bausch eifrig, mit der glücklichen Zufriedenheit einer Mutter, die ihrem Kind sein Lieblingsspielzeug geschenkt hat.

„Wenn es so ist, dann wird die Sache für alle Beteiligten sicher einfacher", sagte ich. „Jedenfalls, glaube ich, daß Sie recht haben. Sie hätten sonst nur die Chance gehabt, sich in die Schweiz durchzuschlagen, und dazu hätten Sie den Rhein überqueren müssen."

„Der Rhein, M'am, was ist denn das?"

Diesmal klang meine Stimme etwas matt. „Der Rhein ist ein Fluß", sagte ich, „aber egal ..." Plötzlich kam mir ein Gedanke: zwei Tage, zwei Nächte, möglicherweise München oder Augsburg – aber zuvor, ein paar Flugstunden zuvor, mußte er natürlich in England gewesen sein.

„Erzählen Sie rasch", sagte ich, voller Angst, es könnte jemand kommen oder er würde wieder einschlafen, „wie geht's in England, wie steht's dort, wie sieht es aus?" Vielleicht war mein Ton zu dringlich, denn über sein Gesicht ging ein Ausdruck des Mißtrauens.

„England", sagte er unbestimmt, „England ist ein ganz nettes kleines Land, voll von niedlichen Feldern und Blumen."

„Ja, das weiß ich, aber der Krieg, was denken sie dort über den Krieg?"

„Ach, der Krieg", er sprach in einem Ton, als hörte er zum erstenmal davon, dann grinste er plötzlich, „der Krieg, M'am", sagte er, „den haben wir in der Tasche." Ebenso plötzlich hielt er sich wieder zurück. „Warum stellen Sie mir denn so viele Fragen?"

„Eigentlich ohne Grund", sagte ich, „ich bin nur seit fünf langen Jahren nicht mehr dort gewesen."

Ich wandte mich zum Fenster und schaute durch die Geranienblätter hinaus auf das Dorf drunten im Tal. Dort regte es sich schon, aufgescheucht eilten kleine Gestalten von Fenster zu Fenster. Es war keine Zeit zu verlieren. Bald würden Gerüchte von Mund zu Mund gehen, und wie ich mein Rohrbach kannte, war es leicht möglich, daß es alsbald hieß, ich führe ein Gespräch mit General Eisenhower.

„Sind Sie ganz sicher, daß Sie sich ergeben wollen?" fragte ich, ohne mir ganz im klaren zu sein, was ich tun würde, wenn er nein sagte.

„Je eher, um so besser; mir reicht's", antwortete er, streifte seine Strümpfe ab und begann zwei sehr gesund aussehende Füße zu massieren.

„Okay", sagte ich, „dann bleiben Sie sitzen, wo Sie sind, ich werd den Bürgermeister holen."

Drunten im Dorf war alles in Aufruhr. Sepp Kern hatte die Feldarbeit im Stich gelassen, um sich zu rasieren, und man sah auch schon den Bürgermeister, der beim Brotausfahren gewesen war, wie er seinen Gaul in einem unerhörten Trab vom oberen Tal heimwärts trieb.

Als der Bürgermeister angerumpelt kam und Kern, ziemlich mitgenommen, von seiner außerplanmäßigen Rasur zurückkehrte, zogen wir uns zu einer gemeinsamen Beratung ins Ratszimmer im zweiten Stock des Schulhauses zurück. Der Bürgermeister blickte sehr ernst drein. „Sind Sie sicher, daß es ein Amerikaner ist, Frau Doktor?" fragte er mit einem ängstlichen Seitenblick zum Führerbild, das uns von der Wand hinter dem Schreibtisch streng anblickte.

„O ja, er ist ganz sicher ein Amerikaner", sagte ich, „er kommt aus Colorado, und seine Maschine muß irgendwo über Württemberg abgeschossen worden sein."

„Aha, Colorado, ich verstehe. Nun, wenn es so ist, Frau Doktor, was tun wir dann?" Ich schaute von einem zum andern, so ernst ich konnte. „Nun", sagte ich, „ich glaube, Sie haben nicht viele Möglichkeiten. An Ihrer Stelle würde ich bei der Polizei in Furtwangen oder Donaueschingen anrufen und um Anweisungen bitten." Der Bürgermeister machte einen sehr erleichterten Eindruck. „Sepp", sagte er, „die Frau Doktor hat natürlich recht. Komm, wir rufen jetzt gleich in Donaueschingen an."

Wir gingen die Treppe hinab und zogen im Gänsemarsch die Straße entlang, am ‚Adler' vorbei und das kurze Stück zu Kerns Laden hinauf. Frau Kern hatte, nicht eben überraschend, einen ungewohnten Andrang vor ihrem leeren Ladentisch zu verzeichnen, und die Kundschaft hatte ganz vergessen, daß auch ihre Regale leer waren. Man war nicht zum Einkaufen gekommen, und die lebhafte Unterhaltung erstarb sofort, als wir durch den Laden in den kleinen Raum gingen, wo Sepp schusterte und das Telefon hütete. Niemand wollte sich diesen Anruf entgehen lassen. Jedoch, kurz bevor wir die Tür schlossen, rief der Bürgermeister, mit völlig wiederhergestellter Amtswürde, gestreng hinaus: „Alles 'naus miteinander!" Und als Sepp die Kurbel drehte und den Hörer abhob, hörten wir, wie die enttäuschten Lauscher murrend und schlurfend den Laden verließen. Aber Sepp hatte nicht viel Glück mit seinem Anruf.

„A wa', a so, Moment bitte." Er hielt die Hand über die Sprechmuschel und sagte uns, in Donaueschingen sei Fliegeralarm, in der Polizeistation melde sich niemand und ob er es in Furtwangen versuchen solle. Dort hatte er zunächst auch nicht mehr Erfolg. „Kern hier, ja, Sepp, bist du's, Johann? Hör zu, Johann, wir haben hier einen Amerikaner – nein, nein, einen Amerikaner, er kommt aus Colorado. Was? Nein, nein, es ist ein Flieger ..." Sepps gutmütiges Gesicht verzog sich grinsend. „Ja, ja, ich weiß, aber drüben in Haslach haben sie viel mehr gefunden, nein, aber jetzt hör auf damit, Johann, ich red im Ernst – wart mal, ich geb dir lieber den Bürgermeister." Wieder deckte er die Muschel zu. „Er nimmt uns nicht ernst", sagte er, „er sagt, soviel er weiß, war das einzige, was von Colorado gekommen und in Rohrbach gelandet ist, der Kartoffelkäfer."

Der Bürgermeister platzte fast vor Ungeduld. Ihn ärgerte die Frotzelei darüber, daß der Kartoffelkäfer im vergangenen Jahr anscheinend zum erstenmal in unserem Tal aufgetreten war, aber außerdem war er nun wieder nervös und auf seine Rolle bedacht. Er entriß Kern den Hörer und brüllte so laut, so überstürzt und derart im Dialekt hinein, daß ich zweifelte, ob Johann begriffen hätte, falls es ihm nicht schon das Trommelfell zerrissen hatte.

„Hier spricht der Bürgermeister von Rohrbach. Hör mal zu, Johann, halt jetzt dein dummes Maul. Wir haben hier einen amerikanischen Gefangenen – einen Amerikaner, keinen Käfer, ein Mannsbild, verstehst du, du Saukerl? Den ganzen Tag nur aufpassen, ob die Leut vielleicht ohne Licht mit dem Rad rumfahren, das ist alles, was du kannst. Also, wir haben hier einen Amerikaner. Das sag ich dir, ich, der Bürgermeister von Rohrbach. Die Frau Doktor hat mit ihm gesprochen, in seiner eigenen Sprache. Verstehst du mich? Er hat sich uns ergeben, und wenn du dich nicht augenblicklich mit den oberen Stellen in Verbindung setzt und uns sagst, was wir mit ihm anfangen sollen – dann werd ich ..." Die gräßlichste Drohung hätte vielleicht gelautet, daß Johann nie mehr ‚schwarzes' Mehl von ihm bekommen werde, aber er drohte ihm an, er werde melden, was für ein fauler Saukerl er sei. Dann brüllte er „Heil Hitler" ins Telefon und donnerte den Hörer auf die Gabel. „Also, wenn ihm das nicht Beine macht, dann überhaupt nichts", sagte Sepp besänftigend, während wir uns zurücklehnten, um die weitere Entwicklung abzuwarten.

Wir brauchten uns nicht lange zu gedulden. Ich war gerade damit beschäftigt, ein Paar von Johns Sandalen aus der untersten Schicht des Schuhstapels, der auf Sepps Aufmerksamkeit wartete, verstohlen nach oben zu manövrieren, als das Telefon läutete. Diesmal war offenbar Johanns Vorgesetzter am Apparat. „Jawohl, Herr Inspektor, ganz recht, Herr Inspektor, sicher, Herr Inspektor, wird gemacht, Herr Inspektor, Heil Hitler, Herr Inspektor." Diesmal dienerte der Bürgermeister fast vor dem Telefon. Er legte auf und wandte sich uns beiden zu.

„Es scheint, daß im ganzen Bezirk Voralarm ist", sagte er, „nur Aufklärungsflugzeuge, aber trotzdem sind Polizei und Militär im Einsatz und können nicht sofort herkommen." Er räusperte sich. „Wir sollen, jedenfalls vorläufig, selber auf den Amerikaner aufpassen. Er soll in die Zelle gesperrt werden."

„In die Zelle!" Sepp sah völlig verdattert aus. „Aber das geht doch nicht, es ist mindestens fünf Jahre her, seit ... und Sie wissen doch, wer zuletzt drin war, außerdem glaub ich nicht, daß ich den Schlüssel finde."

„Befehl ist Befehl", sagte der Bürgermeister, „in die Zelle muß er, und wenn du den Schlüssel nicht findest, Sepp, dann müssen wir eben die Tür aufbrechen."

„Schon gut, schon gut", brummte Sepp und zog ab. Ich hörte, wie er seinem Mißmut Luft machte, indem er seine Frau und seine beiden netten Töchter anbrüllte, von denen eine gleich darauf mit einem verrosteten Schlüssel erschien.

Es war mir neu, daß es eine ‚Zelle' gab, obwohl sich offenbar in jedem Dorf eine solche Lokalität befand, die in den guten alten Zeiten, als es noch Alkohol gab, dazu gedient hatte, Betrunkene aufzunehmen, die darin ihren Rausch ausschliefen. Ich war daher überrascht, als ich entdeckte, daß die eisenbeschlagene Tür neben der Schule nicht zum Kohlenkeller, sondern zu der ‚Zelle' führte. Sepp hatte einige Mühe, das verrostete Schloß mit dem riesigen Schlüssel zu öffnen, aber der Schmied half mit einem Stemmeisen nach, und schließlich ging die alte Tür quietschend auf und gab den Blick auf ein winziges Gelaß frei, das mit Spinnweben und modrigem Heu angefüllt war. Der Bürgermeister war nun in seinem Element und donnerte die widersprüchlichsten Befehle in alle Richtungen. Sepps Töchter sollten die Zelle ausfegen und säubern, Fräulein Vöhrenbach, die Haushälterin des Pfarrers, Bettuch, Bettdecke und Kopfkissen herbeischaffen. Frau Muckle sollte ein Essen herrichten und ich mich als Dolmetsch bereithalten, wenn er den Gefangenen verhörte. In der allgemeinen Aufregung hatte er fast den Hauptakteur vergessen, und hätte nicht der Obere Beck, sein Rivale bei der Bürgermeisterwahl wie im Bäckergewerbe, in recht spitzem Ton bemerkt, wenn er sich nicht beeile, werde sein Gefangener bald über alle Berge sein, so hätten die Vorbereitungen für die standesgemäße Unterbringung unseres Amerikaners vielleicht noch viel länger gedauert. Der Bürgermeister winkte mir also, und wir näherten uns Bauschs Haus so rasch wie möglich – aber mit Würde und ohne den Anschein zu erwecken, als seien wir in unziemlicher Eile. Ich selber war ungemein erleichtert, als wir den Piloten noch auf der Bank sitzend vorfanden. Er hatte sich an die Wand gelehnt und schaute recht trübsinnig drein. Als ich ihm den Bürgermeister vorstellte, stand er lässig auf und in seiner ganzen Größe vor uns. Ich sagte ihm, welche Vorbereitungen wir getroffen hatten und daß der Bürgermeister ihm ein paar Fragen stellen wolle.

„Nur zu", sagte er, „aber ich werde keine beantworten."

Auch er hatte offenbar inzwischen überlegt und den Entschluß gefaßt, nichts weiter von sich zu geben. Vielleicht waren das seine Anweisungen für den Fall der Gefangennahme, vielleicht hatte ihn zuvor nur mein plötzliches und unerwartetes Auftauchen gesprächig gemacht.

„Gut, nur mit der Ruhe", sagte ich, „es kann ja nichts schaden, wenn Sie ihm Ihren Namen und Ihre Dienstnummer angeben. Sie haben mir doch gesagt, Sie machen sich Sorgen wegen Ihrer Mutter, und je früher zumindest diese Nachricht durchgeht, desto eher wird Sie erfahren, daß Sie in Kriegsgefangenschaft sind."

Ich behielt für mich, daß für den Bürgermeister, wenn es nach ihm allein ginge, die brennendste Frage wohl wäre, was unser Gast denn essen wolle. Aber ich hatte plötzlich etwas gegen diesen großen, ahnungslosen Burschen, der noch nie etwas vom Rhein gehört hatte und hinter seinem Vordermann herflog und nicht einmal wußte, in welcher Stadt er seine Spur des Todes und der Zerstörung hinterlassen hatte. Da war mir unser schlichter Bürgermeister in seiner rauhen grünen Joppe und seinen klobigen Stiefeln, der nun seine sinnlosen Fragen stellte und voller Vertrauen darauf wartete, daß ich ihm irgendeine Antwort gebe, hundertmal lieber.

„Na ja, es spielt ja auch keine große Rolle", sagte ich, als der Amerikaner sich weigerte, auf die ganz einfache Frage zu antworten, wie lange er unterwegs gewesen sei. Ich kannte ja die Antwort, und auch abgesehen von dem Teil, der England betraf und den ich für mich behalten konnte, hatte ich genug erfahren, um für den Bürgermeister einen netten, harmlosen Bericht zusammenzustellen.

Als die Vernehmung zu Ende war, stellten wir fest, daß das halbe Dorf sich im Hof vor Bauschs Häuschen versammelt hatte, und so zog eine stattliche Prozession hinunter zum ‚Adler', angeführt von dem ellenlangen, schlaksigen Amerikaner, der die vierschrötigen Gebirgler, denen er sich ergeben hatte, weit überragte – Sepp, der ein stattlicher Kerl war, um Haupteslänge, während der Bürgermeister neben ihm völlig unscheinbar war. Ich hielt mich bei den Nachzüglern, um ihnen ein getreues Bild des Geschehenen zu geben, denn ich konnte nicht riskieren, daß man höheren Orts eine entstellte Darstellung erhielt.

Frau Muckle begrüßte uns an der Schwelle ihres Reiches. Sie hatte ihre beste Schürze und sonntägliches Schuhwerk angelegt; Martina, die sich im Hintergrund hielt, war sich mit einem Kamm durchs Haar gefahren und hatte die Gummistiefel ausgezogen. Der Stammtisch des Bürgermeisters war mit einem makellos weißen Tischtuch belegt, und hinter dem Ehrenstuhl am Ende des Tisches wartete Nick mit einer Serviette über dem Arm und einer riesigen, blau-weißen Servierschürze über der Lederhose. Frau Muckle hatte sich selbst übertroffen – ein köstlicher Schweinebraten mit Kartoffelbrei und Preiselbeeren und hinterher Dampfnudeln, federleicht und mit gebranntem Zucker bestreut. Nicky murmelte „zum Wohl" und goß einen Wein ein, der zwar von Essig nicht zu unterscheiden, aber seit langen Jahren nicht mehr in der Gaststube gesehen worden war.

Der Amerikaner war offenbar völlig ausgehungert, und wir beobachteten, wie er auf einen Sitz eine ganze Wochenration vertilgte. Durch die Wirkung des ungewöhnlichen Weins lockerte sich die Atmosphäre. Die trübsinnige Miene des Piloten wich einem verwirrten Staunen, und Sepp gab ein paar recht derbe Witze zum besten, und ließ nicht locker, bis ich sie unserem Gast übersetzte.

Schließlich war es Zeit aufzubrechen, und als sich der lange Amerikaner zum letztenmal umsah, bemerkte ich, daß sein Blick auf eine kleine Büste Abraham Lincolns fiel, die einen Ehrenplatz neben dem Kruzifix hatte. Das gab ihm vermutlich den Rest – und damit würde er wohl seine Erzählung krönen, wenn er in einem Schaukelstuhl auf seiner Veranda irgendwo drüben in Colorado Jahre später seinen Enkelkindern von seinen Erlebnissen in deutscher Gefangenschaft berichtete. Denn er blieb wie vom Donner gerührt stehen und ließ sich dann ohne einen Ton die Straße entlangführen, bis wir die Zelle erreichten.

Hier war eine völlige Verwandlung vor sich gegangen. An der Größe des Loches, das den Namen Zelle trug, hatte sich zwar nichts ändern lassen, aber sie war ausgefegt und geschrubbt, und auf dem Boden lag ein Stück roter Teppich. Auf die Pritsche war eine schmale Matratze gelegt worden, und hinter dem schwellenden Federbett lugte ein makellos weißes, spitzenbesetztes Kopfkissen hervor. „Gut genug für den Heiligen Vater", meinte Fräulein Vöhrenbach stolz, als sie ihr Werk in Augenschein nahm, und uns allen war natürlich klar, daß es sich zweifellos um Bettwäsche des geistlichen Herrn handelte.

Kaum hatte sich der riesige Schlüssel in dem verrosteten Schloß umgedreht, als mir einfiel, daß wir das Wichtigste vergessen hatten. Der Bürgermeister war angewiesen worden, sämtliche Papiere oder sonstige Dinge, die unser Pilot bei sich trug, an sich zu nehmen. Und wir hatten ihn nicht einmal gefragt, ob er bewaffnet sei. Es fand eine eilige Beratung statt; zweifelsohne hatten wir uns ein großes Versäumnis zuschulden kommen lassen. Sepp trat an die Türe der Zelle und klopfte höflich an. „Yeah?" kam es dumpf von drinnen, und wieder mußten wir den Schmied holen, damit er uns beim Öffnen der Tür helfe. Die Habseligkeiten unseres Gefangenen bestanden aus einigen Ausweisen, ein paar Tabletten in Silberpapier, einem Seidenschal, der mit einer Karte von Süddeutschland bedruckt war, der Fotografie eines Mädchens und einer Handvoll englischer Münzen – Half-crowns, Shillings, Pennies. Als ich ihr vertrautes Gewicht in meiner Hand fühlte, stockte mir fast der Atem. Bewaffnet war er nicht. Wir ließen ihm die Fotografie und steckten das übrige in einen großen Umschlag. Wir schlossen die Tür wieder ab und spitzten durch das Gitterfensterchen. Unser Pilot war bereits fest eingeschlafen.

Am nächsten Morgen trafen zwei ältere, unbedeutend aussehende Männer in schlecht sitzenden Uniformen zum Frühstück im ‚Adler' ein. Sie hatten keine Lebensmittelmarken bei sich, und Frau Muckle setzte ihnen sehr ungnädig ein, zwei Scheiben trokkenes Brot und jedem einen Becher dünnen Malzkaffee vor.

Ein paar Rohrbacher blieben stehen und schauten zu, wie das ungleiche Trio zum Bahnhof aufbrach. Erfrischt und neubelebt, seine Wächter weit überragend, marschierte unser Pilot mit weitausholenden Schritten dahin; seine Bewacher mußten hin und wieder einen kleinen Lauf einlegen, um ihn einzuholen. Dann setzten die Alten ihren Weg zur Frühmesse fort, und die Arbeitsfähigen machten sich mit geschulterten Sensen zu den Feldern auf, um mit dem Mähen zu beginnen, solange noch der Tau auf dem Gras lag.

Der 20. Juli

(Herbst 1944)

Ich wanderte langsam das Tal hinauf, am Schulhaus vorbei, an der Kirche und am Gemüsegarten des Lehrers Lorenz. Der Tag war wolkenlos und herrlich warm. Einer jener Frühherbsttage im Schwarzwald, auf die es sich durch wochenlangen Regen und Sturm zu warten lohnt. Die Hügel waren klar und nah und die Bäume, die sie krönten, von einem tiefen blauroten Schwarz; die einzigen herbstlichen Farben waren hie und da ein flammender Tupfen von einer Eberesche oder einem wilden Kirschbaum. Ich hatte mir an einer bunten Schnur, mit der Frau Muckle Getreidebündel zusammenzubinden pflegte, eine alte Konservenbüchse um die Taille gehängt. Ich hatte ihr gesagt, ich wolle Pilze sammeln gehen. So sehr hatte ich mich in den Alltag der Bauern eingelebt, daß diese Ausrede ganz natürlich klang, und ich wollte nicht gerne zugeben, daß ich nur einen Spaziergang im Sinn hatte.

Ich bog in einen Feldweg ein, spazierte an ordentlich aufgeschichteten Holzstücken vorbei, über ein Feld, das in der Vormittagssonne heiß dampfte, und dann war ich in der Kühle und Stille des Waldes. Im Zwielicht zwischen den Bäumen schimmerten mir Pfifferlinge wie gelbe Flecke entgegen, und bei dem Gedanken, wie sehr sich Frau Muckle freuen würde, wenn ich ein markenfreies Abendessen mitbrächte, begann ich wie von selbst meine Konservendose zu füllen. Ich erreichte eine Lichtung, die im Sonnenschein lag, und setzte mich hin – froh, in der warmen Sonne zu sitzen und, an einen umgestürzten Baumstamm gelehnt, von Bienen umsummt, den Duft von Heidekraut und Kiefernnadeln einzuatmen.

In den letzten Wochen hatte ich nur gerade das tägliche Leben bewältigt, nicht mehr. Seit jenem Julivormittag – oder war es ein Nachmittag? –, als das Koppe Wiebli, das wie immer die Neuigkeiten zuerst wußte, aus seinem Häuschen gestürzt war und mit hochrotem Kopf gerufen hatte: „Macht das Radio an, macht's

Radio an, sie haben eine Bombe auf selle Hitler geworfen." Ich war wie angewurzelt am Ausguß stehengeblieben, die Kanne in der Hand. „Ja und – weiter?" Ich versuchte, nicht zu schreien, „und was ist passiert? – Ist's ihnen gelungen?"

„Ich weiß nicht, aber im Radio kommt alles." Frau Kopp hatte sicherlich den größten Erfolg seit Jahren. Ich rannte durch die Küche in die Gaststube, und sie folgte mir keuchend auf den Fersen. Mit pochendem Herzen wartete ich, bis der alte Kasten warm wurde und mich aus der qualvollen Spannung erlöste. Goebbels redete – nein, nicht Goebbels, aber die gleiche verbindliche, weiche Stimme – das sagte genug. Sobald ich die Stimme hörte, wußte ich, daß es gescheitert war. Das Radio meldete, einige Generäle, die mir nur dem Namen nach bekannt waren, hätten einen Anschlag auf das Leben des Führers verübt; nur bei dem Namen Stauffenberg schlug eine Glocke an, eine sehr nahe Glocke. Und dennoch konnte ich kaum hoffen, daß es sich um eine isolierte Aktion handele und daß die, die ich kannte und liebte, nicht beteiligt seien; ohne daß mir ganz bewußt war, was ich tat, drängte ich mich wie blind durch die kleine Menge, die sich mit erschrecktem Gesicht in der Küche eingefunden hatte, und rannte hinüber zu Kerns Laden. Eine halbe Stunde vorher hatte ich einen Brief an Adam aufgegeben – den ich gottlob zurückerhielt, und keinen Augenblick zu früh, denn gerade war die Post gekommen und mit ihr ein Brief von Peter, an Tante Ulla adressiert. Ich riß ihn auf – riß ihn fast mitten auseinander, so zitterten meine Hände.

„Liebe Ulla, Chris hat mir erzählt, daß Du immer auf die Kinder aufpaßt, wenn sie nicht da ist. Nun möchte ich Dir dafür herzlich danken und Dich bitten, die Rolle der Ersatzmutter weiter zu spielen. Vor allem halte ich es für klug, unsere Habseligkeiten bei zuverlässigen Bauern unterzubringen. Es kann sein, daß sich schon sehr bald vieles verändert. Momentan ist alles etwas undurchsichtig. Kümmere Dich bitte um meine Familie."

Der Brief trug keine Unterschrift. Ich schaute auf Datum und Poststempel – 14. Juli, aufgegeben in Graudenz –, und einen Augenblick lang war mir, als hätte mein Herz zu schlagen aufgehört, als wäre ich starr, fast gelähmt in einen kalten, unnachgiebigen Schraubstock gespannt.

Was sagte Hitler später an jenem Abend im Radio, als er krächzte, die Vorsehung habe ihn gerettet, damit er seine Aufgabe weiterführen könne? Ich konnte mich nicht erinnern. Ich hatte nur in der schwachen, lächerlichen Hoffnung zugehört, die vorhergehende Erklärung aus dem Propagandaministerium werde vielleicht nicht wahr sein.

Von diesem Augenblick an hatte ich mein Tagewerk wie im Traum getan, und die Sonne war aufgegangen, und die Sonne war untergegangen, während Schritt um Schritt, angekündigt durch knappe Verlautbarungen im Radio oder in den Zeitungen, die Gefahr näher heranzog und mir allmählich mit voller Wucht das ganze Unheil bewußt wurde.

Einige Tage nach jener Erklärung im Rundfunk, eine Woche später vielleicht, wurde eine erste Liste von ‚Verschwörern' veröffentlicht. Es waren sämtlich Offiziere des Heeres, unter ihnen auch die Namen von der Schulenburg, Peter Yorck und von Haeften. Nickys Geburtstag – keine Nachricht. Am 8. August eine Postkarte aus Berlin, ohne Unterschrift: „Adam wurde am 25. verhaftet. Kann mir nicht vorstellen warum. Grüße und gute Wünsche Euch allen." Danach – nichts, und so waren vier lange Wochen vergangen. Ich hatte Peter drei Briefe geschickt, ihn angefleht, doch zu schreiben, da die Luftangriffe auf Berlin immer heftiger wurden. Ich hatte telegrafisch um Geld gebeten. Ich hatte an Herrn Seiler, Peters Chef, geschrieben – keine Antwort. Es war, als wäre jenseits des runden Horizonts unserer Berge eine echolose Leere. Und zwei Tage zuvor waren nun die Namen der wichtigsten zivilen ‚Verschwörer' veröffentlicht worden, jener Männer, die nach Hitlers Tod die Regierung hätten übernehmen sollen. Unter den acht war auch Adam – sie sollten gehängt werden. Ja, das haben sie gesagt: gehängt werden. Wie körperliche Schmerzen ein Stadium erreichen können, da der Körper nichts mehr aushält und das Bewußtsein verliert, so gibt es auch für seelische Qualen eine Grenze, nach der eine barmherzige Fühllosigkeit einsetzt.

‚Fehlgeschlagen' – ‚Fehlschlag', auf Schritt und Tritt verfolgten mich diese Worte, und ihre schreckliche Bedeutung ließ mich nicht los. Ich hatte irgendwann einmal von einer Französin gelesen, die ihren innig geliebten Mann verloren hatte und von dem Wort ‚seule' nicht mehr loskam. Sie hatte es in Kissenbezüge und Vorhänge sticken, in ihre Teppiche weben lassen: ‚seule' – allein. Fehlschlag, gescheitert, fehlgeschlagen: Auch ich konnte diesen Worten nicht entrinnen, nicht einmal in der Stille des Waldes.

Wie war es denn gescheitert? Warum war es gescheitert? Konnte es sein, daß Gott, wie es im deutschen Sprichwort heißt, immer auf der Seite der Stärkeren steht? Ich wies diesen Gedanken von mir, aber angesichts dessen, daß Adam vielleicht schon tot war und Peter vielleicht auch nicht mehr lebte und daß Hitler, die Verkörperung des Bösen, samt all seinen Schergen und Komplizen, weiterleben durfte, angesichts dessen fiel es schwer, weiter an das Gute zu glauben.

Nirgends war Trost. Die Schlagzeilen der Zeitungen: „Ich werde mein Werk fortführen, da die Vorsehung mich beschützt hat." Die Glückwunschtelegramme – ekelerregende Stiefelleckerei: „Ich kann nicht schlafen, mein Führer, wenn ich denke, wie nah die Verräterhand ..." Der englische Rundfunk – Churchills selbstgefällige Genugtuung, daß „Deutsche Deutsche töteten"; oder die munteren Knaben vom ‚Soldatensender Eins', über die man oft lachen mußte und die nun ahnungslos Nägel in Särge hämmerten, indem sie jeden, der ihnen nur einfiel, mit dem ‚Friedenskomplott', wie sie es nannten, in Verbindung brachten. Danebenstehen und zuhören müssen, als Dr. S., ein Wichtigtuer, dessen Kinder bei Frau Kopp untergebracht waren, übers Wochenende aus Straßburg kam und verkündete, er habe dort mit zahlreichen Persönlichkeiten an verantwortlicher Stelle gesprochen, und sie seien einhellig der Meinung, es wäre eine Tragödie für Deutschland gewesen, wenn der ‚Führer' am 20. Juli umgekommen wäre.

Warum, o warum nur war es gescheitert? Wie konnte es scheitern? Vermutlich gab es einen Grund, irgendeinen Grund, den ich nicht begriff, aber ich konnte nicht denken, es gab nichts zu denken; außer daß ich wohl lernen mußte, wieder zu denken, mich zurechtzufinden, vielleicht sogar wieder zu lachen und irgendwie weiterzuleben, in einer Welt, die allen Sinn verloren hatte.

Die Sonne stand schon tief im Westen, und lange Schatten dämpften die Farbenglut des Heidekrauts auf meiner kleinen Lichtung. Der herbstliche Nachmittag war kalt geworden. Ich fröstelte ein bißchen, nahm meine Dose mit den Pilzen und machte mich auf den Heimweg zum ‚Adler'. Das schwache Gebimmel von Kuhglocken aus den Ställen, an denen ich vorbeikam, sagte mir, daß es schon spät wurde und daß das langbeinige Vieh bald auf die Weiden gelassen würde. Die Kinder mußten schon längst von der Schule zurück sein.

Nicky saß in der Ecke über seinen Hausaufgaben, als ich die Tür zur Nebenstube öffnete; er hatte das Buch gegen seine Schulmappe gelehnt, die vor ihm lag. „Hast du nicht mittagessen wollen, Mammi? Es hat Blaubeeren mit Milch und Pfannkuchen gegeben." „Nein, danke, Liebling." Ich wollte meine Pilzbüchse auf das Spinett stellen, da sah ich den Brief; Briefe waren in jenen Tagen eine Seltenheit. Ein kleines, quadratisches weißes Kuvert; Frau Dr. Bielenberg, Gasthaus zum Adler, Rohrbach im Schwarzwald. Poststempel Berlin, 25. August 1944. Ich erkannte die Schrift nicht. Ich setzte mich aufs Sofa und schlitzte den Umschlag auf, und was ich las, war beinahe eine Erleichterung, die Wiederholung einer längst bekannten Geschichte, tausendmal beim Schlafengehen gedacht, beim Erwachen am Morgen – seit drei Wochen hatte ich gewußt, daß es kommen mußte. Es war Mabel Harbottles Schrift. „Liebe Chris, ich muß Dir leider mitteilen, daß Peter am 6. August in Graudenz verhaftet wurde. Wir hörten davon erst gestern. Natürlich glauben wir bestimmt, daß er bald wieder draußen sein wird, und senden Dir gute Wünsche. Sobald wir weitere Nachrichten haben, lassen wir es Dich wissen."

Nickys Feder kratzte über das rauhe Papier seines Schulhefts, die alte Wanduhr tickte Sekunde um Sekunde, ein paar Kühe kamen auf dem Weg zur Weide am Fenster vorbei, und der kleine Hirt ließ seine Peitsche über ihren Rücken knallen; ein dumpfes Stöhnen neben mir ließ mich hochfahren. Komisch, ich dachte, ich sei mit meinem Brief allein gewesen. Ich hatte nicht bemerkt, daß Tante Ulla hereingekommen war und sich über meine Schulter beugte. „O nein, Chris, o nein", schluchzte sie, „zuerst mein Albrecht und jetzt Peter, o nein, o mein Gott, nein." Ich erwachte plötzlich zum Leben und warf einen Blick auf Nicky, dessen Feder zu kratzen aufgehört hatte und der uns beide mit einem erschrockenen Blick anschaute, die Augen in seinem braunen Gesicht waren plötzlich leuchtend blau. „Gehn wir hinauf, Ulla", hörte ich mich murmeln, als ihr Schluchzen zu lautem Weinen zu werden drohte. „Gehn wir hinauf, komm ..." Ich führte sie behutsam die schmale Treppe zum Schlafzimmer im ersten Stock hinauf. „Schau, leg dich hin, liebe Ulla, es ist ja nicht so schlimm." Ich fingerte an den Flaschen auf meinem Frisiertisch, irgendeine Tablette suchend, die sie beruhigen könnte – ein Aspirin, ganz egal was. Dann setzte ich mich auf mein Bett und hielt ihre Hand, dankbar, daß ich ihre Hand halten konnte, bis ihr Schluchzen nachließ und sie mit einem leeren Blick zur Decke starrte.

Als ich in die Nebenstube zurückkam, sah ich meinen Jungen zuerst nicht. Er hatte den Kopf hinter den Armen vergraben, und die Schulmappe verbarg sein Gesicht. Als ich durchs Zimmer kam, schaute er auf, und es traf mich plötzlich, daß er nicht mehr wie ein Kind aussah. Sein Gesicht war klein geworden, sehr klein, fast zusammengeschrumpft, und er kämpfte gegen ein hartes, trockenes, krampfhaftes Schluchzen an, das ihn schüttelte wie Fieber. „Ist Pappi tot?“ flüsterte er, als ich neben ihm stand, die Hand sanft auf seine magere kleine Schulter gelegt. „Nein, er ist nicht tot“, sagte ich, „er ist im Gefängnis.“ Er machte plötzlich einen Ruck und stand auf, sein Kopf reichte mir bis zur Schulter. „Im Gefängnis? Pappi im Gefängnis – warum denn?“ Ich zögerte einen Augenblick, da ich erkannte, daß ich zu der Lüge stehen mußte, die ich jetzt sagte. „Weißt du“, sagte ich zögernd, „Pappi hat droben in Graudenz einen Feind, einen Feind, der es darauf abgesehen hatte, ihn hereinzulegen. Er hat Pappi aller möglichen Sachen beschuldigt und so ist es ihm gelungen, ihn ins Gefängnis zu bringen.“ „Ja, aber was ist mit der Polizei? Pappi hat nichts Böses getan, warum hat dann die Polizei nichts dagegen gemacht, daß Pappis Feind ihn ins Gefängnis gebracht hat?“ Ich machte es nicht sehr gut. Hinter Nickys direktem, fragendem, irgendwie erwachsenem Blick dämmerte ein leichter Zweifel. „Die Polizei, ja, die Polizei. Nun ja, sobald sie herausfinden, daß die Anschuldigungen falsch sind, lassen sie ihn natürlich heraus.“ Mit einem Takt, den ihm vielleicht sein neues Erwachsensein eingab, blickte Nicky zur Seite, seufzte kurz auf und wandte sich ab. Mit dem Rücken zu mir schaute er zum Fenster hinaus. Er glaubte mein Märchen nicht, das sagte mir schon seine Haltung. „Jedenfalls, das ist meine Geschichte, Nick, und dabei bleibe ich“, sagte ich, so leicht wie möglich, vielleicht in dem Versuch, dieser einsamen, kleinen Gestalt am Fenster irgendwie näherzukommen. Nicky rührte sich nicht, drehte sich nicht um, aber plötzlich brach es in klarem Deutsch, ohne eine Spur von badischem Dialekt, aus ihm heraus: „Ich will nicht in Deutschland bleiben, wenn der Krieg vorbei ist. Ich will nach England zurück. Ich will Engländer sein, Mammi, hörst du? Ich will Engländer sein. In England schickt einen die Polizei nicht wegen Sachen ins Gefängnis, die man nicht getan hat. In England" – die Stimme versagte ihm – „in England ist es einfach anders."

Auch ich war fast an der Grenze meiner Kraft, und es fiel mir nichts Besseres ein, als mich zu ihm ans Fenster zu stellen. Bald spürte ich eine nasse, tintenbekleckste Hand sich in die meine schieben, und wir standen da, ein wahrhaft unglückliches Paar, und schauten hinüber zu den grünen Hängen und bewaldeten Hügeln auf der anderen Talseite. Man hörte ein schwaches Jodeln, und ich sagte: „Hol jetzt deine Peitsche, Nick, Martina wartet sicher mit den Kühen." Er kletterte durchs Fenster, sprang ins Gras und verschwand um die Hausecke, ohne sich noch einmal umzudrehen oder ein Wort zu sagen.

Als ich am Abend die Jungen zu Bett brachte, zeigte sich, daß John von der Neuigkeit gehört hatte. Seine Augen funkelten mich über das riesige Federbett an. „Ich hab grade gehört, daß Pappi im Gefängnis ist", sagte er. „Ja." „Und daß er einen Feind hat, der ihn ins Gefängnis gebracht hat." „Ja, das stimmt." „Au wei, da möcht ich aber sehen, was mit Pappis Feind passiert, wenn Pappi aus dem Gefängnis herauskommt, du nicht auch, Mammi? Der wird aber was abkriegen. Knall, bums – Pappi wird Kleinholz aus ihm machen." Er schüttelte sich vor Freude und versetzte seinem Federbett einen Boxhieb, daß Christopher, der zwischen den Stangen seines Kinderbetts die Szene gespannt beobachtete, in ein helles Lachen ausbrach.

Später war ich allein in der Stube – allein mit Frau Muckle, die hinter dem Ofen schlief. Im Herrgottseck brannte das Licht, und das alte Gasthaus schlief, still bis auf das Geräusch der Wassertropfen, die in den Trog vor dem Fenster fielen und auf die Blumen in den Kästen, die leise gegen die Scheiben klopften, vom Wind bewegt, der seufzend das Tal heraufkam.

Bumm, bumm, bumm-bumm: das englische Zeitzeichen im Radio. Ich hörte mir die Zehn-Uhr-Nachrichten an, und dann wußte ich plötzlich, was ich zu tun hatte. Bumm, bumm, bumm-bumm, ich hatte keine Zeit zu verlieren, denn trotz jeder möglichen Fehlinformationen konnte es keinen Zweifel geben, daß die Alliierten wirklich vorankamen. Ihre Panzereinheiten stürmten vorwärts – Brüssel, Antwerpen, Verdun. Vielleicht würde der Rhein sie kurze Zeit aufhalten, aber eine Armee, die den Kanal überquert hatte, ließ sich nicht lange hinhalten. Sie mußten wissen – baut auf Churchill –, ja, sie mußten wissen, denn sogar ich wußte es, daß sie Berlin vor den Russen erreichen mußten. Nicht wissen konnten sie, daß die Gefängnisse voll waren von Menschen, die bereits verurteilt waren oder noch auf ihren Prozeß warteten. Menschen, die gebraucht werden würden, wenn der Krieg vorbei war, und deren einzige Chance zu überleben von der Geschwindigkeit der vorrückenden Panzer abhing. Wie gern hätte ich irgendeinem Aufklärungsflugzeug, das hoch und unbeteiligt über uns summte, die Nachricht hinaufgefunkt – ‚Nichts, überhaupt nichts versperrt euch den Weg. Man sieht kaum einen Nazi mehr. Die meisten Spenden für die letzte Kleidersammlung des Winterhilfswerks bestanden aus braunen Uniformen. Die Ratten verlassen das sinkende Schiff, und ihr habt nur noch alte Männer und Schuljungen als Gegner. Macht voran, macht bitte voran, aber bevor ihr uns alle überrennt, gebt mir noch vierzehn Tage, vielleicht drei Wochen, damit ich nochmal nach Berlin fahren kann und dann wieder zurück zu den Kindern ...‘

Anscheinend hatte der Brief, trotz seines schrecklichen Inhalts, mich aufgerüttelt; vielleicht hatte die quälende Ungewißheit meine Energie gelähmt. Schließlich war Peter ja noch am Leben. Auch Adam, soweit ich wußte, auch Carl und Helmuth und die andern – aber Peter mußte irgendwie aus Graudenz weg. Die Graudenzer Gestapoleute, diese gräßlichen Masken, die ich dort durch den Rauchdunst gesehen hatte – wenn er in ihren Händen blieb, lief er Gefahr, ohne Verfahren liquidiert zu werden. Ich wußte, daß ich nach München fahren mußte, um Herrn Seiler zu sprechen, und dann nach Berlin. Vielleicht war es jetzt, da das Ende des Krieges bevorstand, eher nützlich als hinderlich, daß ich aus England stammte. Das Reisen, hatte ich gehört, sei zur Zeit nicht mehr riskant, weil die Alliierten alle ihre Flugzeuge in Frankreich einsetzten. Auf einmal war ich hellwach, war mein Kopf voll halbfertiger Pläne, und ich wußte, daß ich keinerlei Zeit mehr verlieren durfte, daß ich schon am nächsten Tag nach München und Berlin aufbrechen mußte.

Ich kam erst am Nachmittag des folgenden Tages in München an. Das Bankhaus Seiler war nicht mehr so leicht zu finden, da die Frauenkirche ausgebrannt war und die Gebäude ringsum zumeist in Trümmern lagen. Einer dieser Schutthaufen, stellte ich fest, war mit blühenden Kartoffelstauden bedeckt, und ich erinnerte mich von meinem letzten Besuch, daß hier früher ein

Gemüseladen gewesen war. Das Bankhaus selbst war unversehrt und sorgsam mit Sandsäcken verbarrikadiert. Ich hatte den Eindruck, daß der Angestellte, dessen ergrauendes Haar aus irgendeinem Grund am Hinterkopf sorgfältig gescheitelt war, mich besonders freundlich anschaute, als er mich nach oben, zu Herrn Seilers Privatbüro führte. Von Herrn Seiler konnte ich das nicht sagen. Er stand nicht auf, bat mich auch nicht, Platz zu nehmen, sondern blieb steif und aufrecht hinter seinem Schreibtisch sitzen. Ein junger Mann mit fliehendem Kinn, glattem Blondhaar und germanischem Schädel flatterte um ihn herum, räusperte sich und sortierte Papiere und Akten.

„Was kann ich für Sie tun? Warum sind Sie hier?“ – die Worte, mit denen ich begrüßt wurde, verhießen keinen sehr glücklichen Anfang, aber als ich gerade zur Antwort ansetzte, stolperte der junge Mann über den Papierkorb, und die Akten, die er auf dem Arm getragen hatte, flogen auf den Boden; das gab mir ein paar Augenblicke Zeit, meine Gedanken zu sammeln. Ich wußte, daß man in Deutschland Aggressivität am besten immer mit einem sofortigen Gegenangriff beantwortete.

„Ich bin aus sehr gutem Grund hier“, antwortete ich nicht ohne Schärfe. „Ich möchte wissen, warum mein Mann im Gefängnis ist und warum ich um alles in der Welt erst gestern davon erfahren habe.“

„Ich kann die zweite Frage leichter als die erste beantworten. Ich hatte keine Zeit, es Ihnen mitzuteilen, Frau Bielenberg. Was den Grund betrifft, weshalb Ihr Mann im Gefängnis sitzt, so kennen Sie ihn vermutlich besser als ich.“ Das Gespräch wurde offensichtlich schwieriger, als ich gedacht hatte.

„Wieso soll ich das besser wissen?“ sagte ich. „Ich habe die letzten anderthalb Jahre im Schwarzwald gelebt, und wir haben einander kaum gesehen.“

Herr Seiler blickte auf seine Uhr. „Ich habe nicht viel Zeit, Frau Bielenberg“, sagte er, wandte sich dem jungen Mann zu und ersuchte ihn, hinauszugehen und den stündlichen Luftlagebericht abzuhören. „Ich will mal offen mit Ihnen reden“, fuhr er dann fort. „Fünf meiner Mitarbeiter sind im Gefängnis, darunter ihr Mann. Ich habe mit keinem Mitleid. Ich besitze zwar einigen Einfluß, aber ich kann unmöglich für alle eintreten, beabsichtige es auch nicht. Ich werde zwei aussuchen und sehen, was sich tun läßt. Die andern müssen sich selber helfen.“

Ich versuchte rasch zu überlegen, wen er wohl gemeint haben könnte: Peter, Carl Langbehn, möglicherweise Schniewind, Bayer – ich wußte nicht, wer verhaftet worden war und wer nicht.

„War Ihr Mann mit irgendeinem der Hauptverschwörer befreundet?"

„Nun ja", sagte ich zögernd, „das wohl schon – mit Adam von Trott zum Beispiel."

„Von Trott? Der ist ja nun gehängt worden", gab er kalt zurück und schaute wieder auf die Uhr.

Ich spürte, wie mir die Lippen trocken wurden, und einen Augenblick lang verschwamm mir alles vor den Augen. Herrn Seilers nichtssagendes Gesicht schwankte vor mir umher, und nur unter Aufbietung aller Kraft konnte ich mich auf den Beinen halten.

„Oh – ich verstehe, Herr Seiler, ich verstehe, daß es Ihnen eilig ist, aber bevor ich gehe, möchte ich Sie noch eines fragen. Falls Sie entscheiden sollten, daß mein Mann einer von denen sein wird, für den Sie sich verwenden wollen, würde ich Sie bitten, Ihren Einfluß geltend zu machen und ihn von Graudenz nach Berlin verlegen zu lassen. Sie wissen vermutlich, daß er sich wegen der Betriebsleistung in den Flugzeugwerken bei den dortigen Gestapoleuten Feinde gemacht hat. Wie die Dinge im Augenblick liegen, könnte er – könnten sie ..." Ich war mir nicht ganz sicher, wie ich den Satz zu Ende bringen sollte.

Herr Seiler war aufgestanden und ordnete seinen Schreibtisch. Ich bemerkte, daß seine Hände nicht allzu ruhig waren, und dachte mir, daß er vielleicht doch nicht so unzugänglich sei, wie er sich gab. „Höchst unwahrscheinlich nach meiner Meinung", unterbrach er mich, „aber ich werde sehn, was ich tun kann."

Hieß das, daß Peter einer der zwei sein sollte? Sollte ich den Versuch machen, die Waage zu seinen Gunsten anzustoßen und Herrn Seiler zu überreden, einen andern Kandidaten, der es genauso verdiente, im Stich zu lassen? Meine Antwort kam heraus, bevor ich Zeit zu überlegen hatte, nicht gerade die Antwort eines Heiligen, wohl eher die eines sterblichen Menschen, der plötzlich und unvorbereitet um ein Leben kämpfen muß.

„Danke, Herr Seiler", sagte ich, „vielleicht kann ich es Ihnen irgendwie vergelten, wenn der Krieg vorbei ist."

Der junge Mann führte mich nach unten und verließ mich auf dem Gehsteig vor der Bank mit einer eleganten Verbeugung. Es war Abend geworden, bereits dunkel, und nun fiel mir ein, daß ich nicht wußte, wo ich die Nacht verbringen sollte. Ich blieb einen Augenblick unschlüssig stehen, schaute umher und hätte es in der Frauenkirche versucht, wenn die Portale nicht mit Brettern vernagelt gewesen wären. Da klopfte mich jemand sachte auf den Arm, und neben mir stand der freundliche alte Bankdiener.

„Frau Bielenberg?"

„Ja."

„Mein Kollege und ich haben Nachtdienst in der Bank. Wir haben gedacht, vielleicht haben Sie keinen Platz zum Schlafen. Möchten Sie in unseren Luftschutzkeller kommen?"

„Sehr freundlich von Ihnen, das tue ich wirklich gern", sagte ich, und er geleitete mich zurück in die Bank und führte mich ein paar Stufen hinab in einen winzigen, tadellos ordentlichen Raum, der nur mit zwei Liegen, einem Tisch, zwei Stühlen und einem kleinen Ofen eingerichtet war. Das einzige Bild, das die Wände schmückte, war ein ziemlich verblichenes Daguerrotyp des Kronprinzen Rupprecht; und die einzigen Waffen zur Verteidigung der Bank waren zwei gewaltige Pickel und ein paar wassergefüllte Eimer.

„Augenblick", sagte mein Begleiter. „Ich muß den Chef hinausbegleiten, und dann können wir es uns ein bißchen gemütlich machen."

Wie freundlich und feinfühlig waren diese beiden alten Männer, als sie später wieder in den Keller kamen, ihre Aktentaschen öffneten, ihr kärgliches Abendbrot auf dem Tisch ausbreiteten, Kragen und Krawatten abnahmen und ihre Hausschuhe anzogen. Sie telefonierten nach Rohrbach und bestellten Ellen, einer Berliner Freundin, die mit ihrer kleinen Tochter auch in unserem Schwarzwaldtal lebte, seit ihr Mann nach Straßburg versetzt worden war, daß ich irgendwann am nächsten Nachmittag durch Triberg kommen werde. Die Männer stellten das Radio an, und wir beglückwünschten einander, daß es nicht so aussah, als würde es in dieser Nacht einen Angriff geben. Nur ein paar Aufklärer waren über dem Reichsgebiet, und wenn etwas Größeres für München geplant gewesen wäre, dann hätten sich die Bomberverbände bereits auf den Weg gemacht. Als wir unser Mahl beendet hatten, stellten wir fest, daß wir noch immer sehr hungrig waren, und in diesem Augenblick fiel mir plötzlich die Ruine des Gemüseladens nebenan ein.

„Aber natürlich, Sie haben recht, Frau Doktor, sie sind vielleicht klein, aber es müssen Kartoffeln drunter sein."

Mein Gastgeber hatte zuerst Skrupel, die Bank zu berauben, und zögerte, die glänzenden Messingschäufelchen zu benützen, die bisher zweifellos nur für Mark- und Pfennigstücke verwendet worden waren. Sein Kollege aber war bereit, alle fünfe grad sein zu lassen, und so machten wir uns zu dritt auf, bewaffnet mit Linealen und einigen Luftschutzgeräten, und kehrten kurz darauf mit zwei Leinen-Geldsäckchen zurück, die bis zum Rand mit jungen Kartoffeln angefüllt waren. Der kleine Ofen wurde angezündet, etwas Wasser aus den Löscheimern geschöpft, der Stahlhelm meines Gastgebers diente als Kochtopf, und wir fanden alle drei, daß uns noch nie Kartoffeln so gut geschmeckt hatten.

Ehe ich einschlief, mußte ich einen letzten Blick auf den Mann werfen, der mir seine Pritsche abgetreten und darauf bestanden hatte, sich auf den Boden zu legen. Es war mir unvorstellbar, wie er es fertigbrachte, daß das Haar an seinem Hinterkopf so ordentlich gescheitelt blieb. Des Rätsels Lösung: Er schlief mit einem breiten Leinenband um den Kopf, und im Dämmerlicht sah er aus wie Suzanne Lenglen als Grabfigur.

Am nächsten Tag lief mein Zug pünktlich um halb fünf Uhr nachmittags in Triberg ein. Die Eisenbahn funktionierte überraschenderweise normal, sobald sie sich etwas von den Luftangriffen erholen konnte. Ellen und Nicky standen nebeneinander auf dem Bahnsteig und beobachteten gespannt die Wagenfenster, die an ihnen vorbeikamen. Sie waren zu Fuß von Rohrbach herübergekommen und hatten mir Verpflegung und noch ein paar Sachen zum Anziehen mitgebracht. Während Nicky die Pakete in meinem Abteil verstaute, erzählte ich Ellen rasch die Nachricht über Adam; ich konnte es selber noch immer nicht glauben. Ellen jedoch schien andere Sorgen zu haben.

„Ich weiß nicht, ob du fahren sollst, Chris. Hans ist gestern unerwartet gekommen und hat gesagt, sie treffen Vorbereitungen zur Räumung von Straßburg. Wenn es so weitergeht, kann der Krieg nicht viel länger als eine Woche dauern. Ich werd mich natürlich um die Kinder kümmern, so gut ich kann, aber im Augenblick sehe ich nicht, was du in Berlin ausrichten willst." Ellen hatte nicht so unrecht; im Augenblick wußte ich es selbst noch nicht recht, aber die Gesichter dieser Graudenzer Gestapo-Leute gingen mir nach – und ich wußte, ich mußte fahren.

Berlin empfing mich mit einem Donnerschlag oder vielmehr mit einer ganzen Reihe von Donnerschlägen. Nach einer scheinbar endlosen Fahrt von zwei Tagen und zwei langen Nächten hielt der Zug in Potsdam. Er blieb stehen und schien entschlossen, sich nie mehr von der Stelle zu rühren. Wir Fahrgäste wirkten nicht sehr elegant im hellen Morgensonnenschein. Wir saßen wie betäubt im Abteil. Der Mann mir gegenüber, der starr aus dem Fenster geblickt hatte, klopfte mir plötzlich aufs Knie.

„Gnädige Frau", murmelte er, „haben Sie nicht gestern gesagt, Sie wohnen in Dahlem und es pressiert Ihnen? Wenn Sie nämlich hier aussteigen und mit der S-Bahn nach Zehlendorf fahren, sind Sie im Nu in Dahlem. Sie könnten einen Bus nehmen oder sonst was – sogar zu Fuß gehn. Wir sitzen hier vielleicht stundenlang fest."

Mein Entschluß war sofort gefaßt. Ich war plötzlich hellwach, arbeitete mich durch den Gang, sprang auf den Bahnsteig und kam zurück zu unserem Fenster. Mein Nachbar reichte mir meinen Rucksack herunter, und ich machte mich auf den Weg. Kaum hatte ich jedoch die Treppe zur Bahnsteigunterführung erreicht, da bereute ich meinen jähen Entschluß, denn der Zug, aus dem ich ausgestiegen war, erwachte wieder zum Leben und setzte sich ohne eine Ankündigung in Richtung Berlin in Bewegung. Ach was, dachte ich, ich werd wohl nicht lange auf die S-Bahn warten müssen, und in einer Stunde oder so bin ich in Falkenried.

Aber ich hatte nicht mit den Amerikanern gerechnet. Die Bahnsteige der Stationen auf dem Weg nach Zehlendorf wirkten immer menschenleerer.

„Sieht aus, als ob wir einen Angriff bekommen", sagte der Mann, der mir gegenübersaß, schaute auf seine Uhr und dann zum Himmel. „Punkt zwölf, wie immer auf die Minute." Er wandte sich wieder seiner Zeitung zu.

In Zehlendorf sprach der Beamte auf dem Bahnsteig gerade ins Telefon. „Wie lange? Zwei Minuten? Danke; übrigens – wie viele? Fünfzehnhundert? Aha, danke Ihnen." Er legte auf und lief von Waggon zu Waggon. – „Alles aussteigen! Alles aussteigen! Gleich kommt Alarm."

Ich war den übrigen Fahrgästen ein bißchen voraus, aber kaum hatte ich das Ende der Treppe erreicht, begannen über mir die Sirenen zu heulen. Obwohl ich Zehlendorf gut kannte, fand ich nicht einen Orientierungspunkt. Seit ich zum letztenmal hier gewesen war, hatte sich jedes Haus, jede Straße verändert. Mit Brettern vernagelte Fenster, Trümmerhaufen, nach innen, nach außen gestürzte, zerfetzte Mauern. Wie bei Puppenhäusern ohne Vorderfront gewährten sie plötzlich einen intimen Einblick auf die Inneneinrichtung.

Ich raste im rechten Winkel in Richtung Dahlem los und versuchte möglichst viel Abstand vom Bahngeleise zu gewinnen; meine Schritte hallten in den stillen, menschenleeren Straßen wider. Ich rannte, bis ich in der Ferne ein dumpfes Dröhnen hörte; der äußere Flakring, wie gut ich mich an dieses Geräusch erinnerte. Ein lauteres Grollen, der zweite Ring, und dann über dem Krachen der Geschütze das hohe, gleichmäßige, zielbewußte Summen, das ich so gut von Rohrbach kannte – die dicken Brummer, nur war ich diesmal leider Gottes im Zielgebiet. Das Brummen wurde zu einem gnadenlosen Brüllen. Ein Pfeil ‚öffentlicher Luftschutzraum' wies in eine Seitenstraße, und ich lief auf einen schmalen Graben mit Betonwänden und einem Blechdach zu, der in einem Hof angelegt worden war. Ein paar rauhe Stufen nach unten, vor denen ich stehenblieb, um meinen Rucksack abzuschnallen, der nicht durch den engen Eingang paßte. Ein langgezogenes, schrilles Pfeifen, eine gewaltige Detonation und plötzlich ein Windstoß von hinten – ich weiß nicht, wie ich die Treppe hinunterkam und auf dem Schoß einer kleinen Person landete, die sich bemühte, das Gleichgewicht auf der schmalen Bank zu halten, indem sie sich mit Händen und Füßen gegen die Wand gegenüber stemmte. „Allmächtiger Gott, o Heiland!" stöhnte sie, „und Schnucki ist ganz allein in der Wohnung."

„Verzeihn Sie bitte, es tut mir so leid", sagte ich, während ich mich aufzurappeln versuchte. Leid, daß Schnucki nicht bei ihr war, leid auch, daß ich sie beinahe platt gewalzt hatte, vor allem leid, daß ich nach Berlin gekommen war. Der ganze Splittergraben schwankte hin und her wie ein leichtes Boot auf stürmischer See, und bei dem Höllenlärm, dem Pfeifen und Krachen draußen und weil ich von der ersten Detonation noch etwas taub war, konnte ich nicht verstehen, was mein Opfer sagte. Plötzlich sagte sie laut und fest: „Acht! Jetzt ist Ruhe, bis die nächste Welle über uns ist." Tatsächlich beruhigte sich unsere Zufluchtsstätte, und sie nahm die Füße von der Wand gegenüber. „Acht? Was hat acht damit zu tun?" Ich fragte mich, ob sie wohl eine Zauberformel gefunden habe. „Acht Bomben in jedem

Bombenschacht", erläuterte sie mir mit der Genauigkeit des Fachmannes, „und wir waren offensichtlich direkt in der Ziellinie."

Im staubgeschwängerten Zwielicht sah ich, daß mein Rucksack den Eingang unseres Unterstands blockierte. Ich holte ihn rasch und setzte mich dann neben meine Bunkergenossin auf die Bank an die Wand. „Was glauben Sie, wie lange wird das noch dauern?" Ich sah sie mit einigem Respekt an. Sie war keineswegs mehr jung und trug eine bunte Mischung recht gut geschnittener Sachen, gekrönt von dem obligaten strengen runden Hut mit hochstehender Krempe und einem breiten grünen Band – ‚chapeau de rigueur' des bayrischen Landadels und, sehr zu dessen resigniertem Groll, ‚chapeau d'adoption' bei Preußen des gleichen Standes. Sie sah einer Wachsabbildung von Königin Victoria, die seit Monaten nicht abgestaubt worden war, recht ähnlich. „Nicht lange", sagte sie präzise, „eine Stunde, vielleicht zwei. Ein amerikanischer Bombenteppich. Sie schicken hochfliegende Pfadfindermaschinen voraus, die ‚Christbäume' abwerfen. Nachts sieht man sie besser. Sie markieren damit ein großes Quadrat – eins, zwei, drei, vier" – sie zeichnete mit ihrem abgetragenen Knöpfstiefel ein Quadrat in den Staub auf dem Boden. „Dann, liebes Kind, kommen die schweren Bomber und werfen alles, was sie bei sich haben, in das Quadrat. Reizend, nicht?" Während unserer Unterhaltung schien das Dröhnen und Krachen etwas ferner gerückt zu sein, aber nun kam das Brummen am Himmel anscheinend wieder näher. Meine Schicksalsgenossin spitzte die Ohren. „Ja, da kommen sie wieder – eins, zwei..." Die fünfte Detonation war so nah, daß die Mauern um uns erbebten, als würden sie im nächsten Augenblick zusammenstürzen. Plötzlich lagen wir einander in den Armen, Königin Victoria und ich. Das war das Ende – ein sechs würde es für uns nicht mehr geben. Aneinandergeklammert wie Ertrinkende zogen wir unter dem krachenden Orkan den Kopf ein. „O Gott", betete ich, „paß auf Peter auf, paß auf die Kinder auf, paß..." Sechs – der Schutzgraben wackelte noch immer, und über die Treppe hatte sich eine Wolke von Sand und Staub herabgewälzt. Keuchend, prustend, eine den Kopf an die Schulter der anderen gepreßt, hörten wir, wie das Krachen sich wieder entfernte. Wir lebten noch! Ich fing plötzlich zu weinen an – die Tränen verwandelten den Staub auf meinen Händen und auf meinem Gesicht in einen schmierigen Brei. Meine Gefährtin weinte ebenfalls; ich war froh, denn es machte sie menschlicher. Schrecklich, dachte ich recht hysterisch, wenn sie unbewegt dagesessen und jenes berühmte ‚We are not amused' ihres königlichen Vorbilds gesprochen hätte. Aber nein – „So nah dran war ich noch nie", sagte sie zwischen Hustern und Schluchzern, „so nah noch nie." Dann nahm sie sich plötzlich zusammen, rückte ihren Hut zurecht und fügte hinzu: „Eine höchst kostspielige Methode, uns umbringen zu wollen, nicht wahr?"

Der Rest des Luftangriffs war dagegen fast nichts. Manchmal schien es näher zu kommen, dann war es wieder weiter weg. In dem engen Eingang glühte es rot und gelb und wieder rot, als die Brände um sich griffen, aber unser Refugium hielt stand. Meine Gefährtin verbrachte die Zeit bis zur Entwarnung damit, den Inhalt ihrer Handtasche zu säubern und abzustauben; die Handtasche einer alten Dame, angefüllt mit einem Kunterbunt von Wertstücken ihrer Vergangenheit. Sie war gerade dabei, von einem kleinen Pelzkragen, der auf den Boden gefallen war, den Staub abzuschütteln, als ihr plötzlich ihr Schnucki einfiel. Ich konnte sie nur mit Mühe überreden, den Splittergraben nicht auf der Stelle zu verlassen. „Wer ist Schnucki?" „Schnucki ist mein Hund – nie wieder gehe ich ohne ihn einkaufen, das weiß ich." Sie kramte in ihrer Handtasche und holte die vergilbte braune Fotografie eines Dackels heraus, der auf einer breiten Steintreppe vor einer eleganten messingbeschlagenen Tür saß. „Ihr Zuhause?" „Ja, mein Zuhause – das heißt, das war es. Ostpreußen, die Russen werden wohl bald dort sein. Meine Kinder haben gemeint, ich soll nicht warten, bis die Russen kommen. Reiner Unsinn – das zeigt nur, daß man nie auf seine Kinder hören sollte." Sie wollte das Gespräch nicht fortsetzen, sie wollte nach Hause, und ich hatte mich längst daran gewöhnt, keine unnötigen Fragen zu stellen.

Nach der Entwarnung, als auch keine Gefahr von Zeitzünderbomben mehr drohte, standen wir einen Augenblick auf der Treppe, die Köpfe über dem Boden, und musterten den Schauplatz, vom flammenden Horizont bis zu dem, was einmal das Omnibusdepot gewesen sein mußte. Es war zu einem wirren Haufen verbogener Metallteile geworden, und die Fahrzeuge lagen wie weggeworfenes Spielzeug umher. Wir schüttelten einander die Hand und nahmen oben auf der Treppe des Splittergrabens Abschied, und ich schaute ihr nach, wie sie sich zwischen dem rauchenden Schutt und den gewaltigen Bombenkratern hindurch ihren Weg suchte. Der Wind, der unnatürliche Wind nach einem Angriff, umwehte sie, und sie mußte ihren Pelzkragen und auch ihren Hut festhalten; aber sie zeigte große Würde, diese staubbedeckte kleine grande dame, und ich hoffte von Herzen, daß Schnucki am Leben geblieben war, um an weiteren Einkaufsexpeditionen teilzunehmen.

Ich ging zum Falkenried, durch die offene Gartentür und um das Haus herum. Da schaute ich durch die Flügeltür des Wohnzimmers. Mabel, die gerade irgend etwas bügelte, erschrak, als sie meine Stimme hörte. Einen Augenblick lang schien sie mich nicht zu erkennen, dann – „Chris, meine liebe Chris." Sie stellte ihr Bügeleisen ab und schaute mich betroffen, fast verlegen an. „Komm herein, komm herein und setz dich; ich wußte nicht, wann ich mit dir rechnen sollte – komm." Sie nahm mich am Arm und führte mich zum Sofa; sie behandelte mich wie eine vertrottelte alte Frau. „Komm, ich mache dir einen Tee." Sie nahm vom Heizkörper ein Blatt Papier, das mit Teeblättern bedeckt war. Als sie zur Tür ging, wandte sie sich noch einmal um und warf mir ein merkwürdiges, geängstigtes Lächeln zu.

Ich ging ins Badezimmer, um mir die Hände zu waschen, und als ich in den Spiegel sah, schaute mich eine Fremde an – eine weißhaarige Fremde mit großen, schwarz geränderten Augen und puderbedeckten Lippen. Einen Augenblick war ich selber entgeistert, und Erzählungen von Leuten, die über Nacht weißes Haar bekommen hatten, gingen mir durch den Kopf. Ich schaute näher hin, nahm dann die Handbrause und beobachtete ziemlich erleichtert, wie der Staub und Dreck in den Abfluß rannen.

Im Wohnzimmer erwartete mich Mabel mit zwei Tassen heißen Wassers, das eine leichte gelbe Färbung hatte. „Es tut mir leid, Chris, aber wir haben die Teeblätter schon zweimal verwendet", sagte sie ohne aufzublicken. Dann, als ich mich neben sie setzte, blickte sie mich scheu an, und plötzlich brach sie in ein lautes Lachen aus. „Lieber Himmel, Chris, es tut mir leid", sagte sie, „aber du hast mir einen solchen Schrecken eingejagt. Ich hab dich wahrhaftig nicht erkannt. Wo bist du denn bloß gewesen?"

Ich erzählte ihr von dem kleinen Zwischenspiel in Zehlendorf, und sie sagte nachdenklich, sie denke, dieser Teil von Berlin habe das Schlimmste abbekommen. Sie selbst sei nicht in den Luftschutzkeller gegangen, sondern habe sich ihre ganze Bügelwäsche vorgenommen, weil der Strom stärker werde, wenn die Fabriken für die Dauer des Angriffs die Maschinen abstellten. Als wir unseren Tee tranken und ich ihr Gesicht betrachtete, ging mir plötzlich durch den Kopf, wie seltsam wir zwei Engländerinnen uns hier ausnahmen. Mabel hatte sogar einen englischen Paß, aber eine deutsche Mutter, soviel ich wußte, und war dadurch irgendwie um die Internierung herumgekommen. Ich kannte sie nicht sehr gut, aber wir sprachen die gleiche Sprache, und so dauerte es nicht lange, bis ich sie fragte, was sie über die Umstände von Peters Verhaftung wisse. Sie sagte zuerst, sie wisse auch nicht viel mehr als ich. Er sei am 28. Juli nach Berlin gekommen und einige Tage geblieben. Weder sie noch Arnold hätten viel von ihm gesehen und er habe auch mit ihnen beiden nicht viel gesprochen. Er sei anscheinend ständig unterwegs gewesen; unmittelbar nach seiner Rückkehr nach Graudenz sei er dann verhaftet worden.

Als ihre recht dürre Geschichte zu Ende war, schien sie zu zögern, und dann legte sie rasch ihre Hand auf die meine und fuhr fort: „Es hat keinen Sinn, Chris, ich kann es nicht für mich behalten. Zwei Tage vor seiner Abfahrt schien er hohes Fieber zu haben; er zitterte und schwitzte, und ich brachte ihm etwas Heißes zum Trinken auf sein Zimmer. Ich weiß nicht, ob er wirr gesprochen hat oder was sonst war, aber plötzlich ist er damit herausgeplatzt; Trott hatte am 15. Juli per Fernschreiben angefragt, wann er nach Berlin komme, und Peter hat ihm per Fernschreiber geantwortet, er werde am 28. kommen. Wie du weißt, gibt es jetzt einen Führerbefehl, daß mindestens ein Direktor Tag und Nacht in der Fabrik sein muß – und sämtlichen Direktoren droht die Todesstrafe, wenn eine Nachlässigkeit vorkommt. Sein Mitdirektor war verreist, und er hat im Büro übernachten müssen, so konnte er nicht vor dem Achtundzwanzigsten weg; und dann kam er zu spät, um von Trott vor dessen Verhaftung zu sehen. Er sagte, er werde nicht zulassen, daß Trott in Haft bliebe. Man hatte die Tageszeit herausgebracht, zu der Trott, von Oranienburg war es, glaube ich, in die Prinz-Albrecht-Straße gebracht wurde, und er wollte nach Graudenz zurückfahren, um aus dem Fabrikarsenal ein Maschinengewehr zu holen. Er und ein Freund wollten Trott den Weg frei schießen. Er wollte das Firmenauto mitbringen und Trott in der Tucheler Heide verstecken, einem großen Wald- und Sumpfgebiet bei Graudenz, das noch in der Hand von polnischen Partisanen ist. Er hat mich gebeten, dir das zu erzählen, falls es ihm mißlinge. Er war sicher, daß du das verstehen würdest."

Sie sprach so leise, daß ich kaum hören konnte, was sie sagte. „Ich hab Arnold nichts davon gesagt", fuhr sie fort, „und du kannst sicher sein, daß Arnold sein Äußerstes für Peter tut. Aber nachts läßt mich die Frage nicht los, ob er verhaftet wurde, bevor oder nachdem er diese Maschinengewehre geholt hat, oder ob er einem Unzuverlässigen von seinem Vorhaben erzählt hat."

Das Läuten des Telefons ließ uns beide hochfahren. Ich steckte den Stecker in die Dose, ging zum Schreibtisch und nahm den Hörer ab. Ein ungewöhnliches schwirrendes Geräusch begrüßte mich, und Mabel, die meinen erstaunten Blick sah, nahm rasch ein Stück Papier. ‚Wird abgehört' schrieb sie darauf und schob mir den Zettel unter die Nase. „Oh, hallo –" Es war Arnold. „Bist du das, Chris?" Seine Stimme klang munter und sachlich. „Ich muß sagen, ich bin froh, daß du gut angekommen bist. Du hast natürlich einen andern Zug genommen. Was, nicht? Aber das ist doch unmöglich, der Zug aus München ist von Schmargendorf bis zum Potsdamer Bahnhof mit Bomben und Bordwaffen angegriffen worden. Drei- oder vierhundert Opfer. Du warst in diesem Zug? Du bist was? Du bist in Potsdam ausgestiegen und hast die S-Bahn genommen? Mein Gott – na, ich komme bald nach Hause. Auf Wiedersehen."

Während ich sprach, hatte ich in Gedanken die Papiere auf meinem Schreibtisch umgedreht. Ein bestimmter Umschlag, der am Tintenfaß lehnte, lenkte meinen Blick auf sich; ein viereckiges grünes Geschäftskuvert, die Telefonrechnung; aber es war nicht der Aufdruck, der meinen Blick auf sich zog. An der rechten unteren Ecke stand unser Name in Tinte geschrieben – in Adams Schrift. Ich legte den Hörer auf und öffnete den Umschlag. Er war nicht mehr zugeklebt, und in der Rechnung befand sich ein kleiner Zettel. „Alles Liebe Euch beiden, A." Mir war, als ob mich plötzlich ein heftiger Schmerz durchführe. Ich mußte ganz still stehen. In diesem Augenblick wurde mir, glaube ich, zum erstenmal unwiderruflich bewußt, daß Adam nicht mehr lebte. Ich fragte Mabel, wie der Umschlag auf meinen Schreibtisch gekommen sei. Sie wußte es nicht. Ich fragte sie, ob das Haus durchsucht worden sei, und sie sagte nein. Ich fragte nicht weiter. Es schien, daß die Zeit der Wunder, kleiner Wunder wenigstens, noch nicht ganz vorbei war.

Arnold kam etwa eine Stunde später, und die echte Wärme, mit der er mich begrüßte, ließ mich froh sein, daß er Peters Freund war. „Meine liebe Chris, du hättest natürlich nicht kommen sollen, aber da du nun doch da bist, ist es wunderbar, dich zu sehen." Er sprach englisch und sprach es ausgezeichnet. „Es gibt einen ganzen Haufen zu bereden. Ich bin äußerst optimistisch; aber warte, bis ich mir die Hände gewaschen habe. Mabel, was ist mit diesen Teeblättern?" Ich hatte vergessen, das Telefon auszustöpseln; er zog den Stecker heraus und sagte: „Seit Peters Verhaftung wird es abgehört, wir müssen also ein bißchen aufpassen." Er kam ins Wohnzimmer zurück, sauber und frisch, und setzte sich vor die Tasse heißen Wassers, ‚Tee' genannt. Ich betrachtete sein straffes Gesicht und merkte, daß er sehr verändert war, seitdem ich ihn zum letztenmal gesehen hatte, etwa zwei Jahre zuvor. Er war schlank und schien körperlich in guter Verfassung, aber sein Gesicht hatte jene durchsichtige Blässe, besonders um die Augen, wie alle Menschen sie zu haben schienen, die in dieser belagerten und bombardierten Stadt leben mußten.

„Die Zeit der Wunder ist nicht vorbei", sagte er, als könnte er meine Gedanken lesen. Ich dachte einen Moment, er meine Adams Zettel, aber sein Gesicht hatte sich gespannt. „Wenn man bedenkt, daß du in Potsdam aus diesem Zug gestiegen bist; ich bin nämlich zum Bahnhof gegangen, weil ich dachte, du würdest mit dem vielleicht kommen. Während des Angriffs habe ich mich in der U-Bahn aufgehalten und kam herauf, als sie gerade die Opfer wegbrachten. Reihen um Reihen von Bahren auf dem Bahnsteig. Männer, Frauen und Kinder, und Suchende sind noch mit einem Blumenstrauß in der Hand von Bahre zur Bahre geeilt." Er schüttelte sich. „Es tut mir leid, Chris, ich weiß, man wird uns nach dem Krieg alle möglichen Greueltaten vorwerfen, aber ich kann mir nicht helfen, ich sehe nicht, wo eigentlich der Unterschied liegt."

Sein heißes Wasser war lauwarm geworden; selbst Arnold brachte den ‚Tee' nicht hinunter. Er trank einen Schluck und schob die Tasse weg. „Nun, liebe Chris, zu unserem Piet" – er benützte die Hamburger Form. „Im Augenblick, glaube ich, ist es gar nicht so schlecht für ihn, wo er ist. Von den Luftangriffen ist er weg, und vom Zentrum des Geschehens sozusagen auch. Bis sein Fall zur Verhandlung kommt..." Er machte eine Pause. „Chris, ich will völlig offen mit dir reden. Ich bin nicht einverstanden mit dem, was am 20. Juli geschehen ist. Ich glaube, ich habe einmal zu Peter und auch zu Trott gesagt, daß ein Versuch, dieses Regime zu beseitigen, so hirnverbrannt wäre, wie wenn man eine Hochspannungsleitung mit nassen Handschuhen anfaßte. Aber wie dem auch sei, ich bin absolut sicher, daß Peter nichts damit zu tun hatte." Vielleicht lag es an dem raschen Blick zum Telefon und der Art, wie er die Stimme hob, daß ich mir sagte, er hätte auf das ‚völlig offen mit dir' verzichten können. Zumindest im gegenwärtigen Zeitpunkt war sicher, daß Arnold und ich nicht völlig offen miteinander reden können würden. Im Gegenteil, wir mußten wohl immer so tun, als stünden Gestapobeamte hinter der Tür. „Ich stimme ganz und gar mit dir überein; wir brauchen nicht einmal darüber zu sprechen", sagte ich in festem Ton, „aber in einem Punkt kann ich nicht zustimmen, und deshalb bin ich nach Berlin gekommen. Peter muß so schnell wie möglich von Graudenz weggeholt werden."

Ich schilderte, was ich von seinem Verhältnis zu den dortigen Gestapoleuten wußte, und bei dem Gedanken an jenes brutale Gesicht, mit dem Peter seine ‚besonderen Schwierigkeiten' hatte, versagte mir die Stimme. „Er hat keine Chance dort, nicht die geringste Chance. Sie bringen ihn um, wenn sie es nicht schon getan haben, ehe er vor ein Gericht kommt."

„Na, na, Chris, so schlimm ist es nicht", sagte Arnold und sprang auf. Ich konnte mich gerade noch zurückhalten, ihm zu antworten: „Du weißt ganz genau, wie es ist." Aber sein Auf-und-ab-Gehen sagte mir, daß meine Worte gewirkt hatten. Unvermittelt blieb er vor mir stehen, ebenso unvermittelt sprach er nun deutsch.

„Hör mal, Chris", sagte er in ernstem Ton, „du kennst mich, und du weißt, wie ich zu Peter stehe. Er ist mein Freund. Ich kenne ihn seit unserer Studentenzeit, und ich wohne in seinem Haus. Du kennst auch einige der Auseinandersetzungen zwischen uns, Piet und mir. Wir waren nicht immer einer Meinung, aber das hat unsere Freundschaft nicht beeinträchtigt. Es war damals, es ist auch heute noch meine Ansicht, daß dieses Regime die letzte Karte war, die wir damals in Deutschland spielen konnten; sonst wäre dieses Land kommunistisch geworden, und das wieder hätte bedeutet, daß Peter und ich, und du übrigens auch, uns auf eine hübsche Sibirienreise hätten gefaßt machen müssen. Glaub mir, ich kenne die Kommunisten. In England, trotz der elenden Zustände, die ich in Nordengland sah, schien mir der Marxismus selten mehr als ein Unterhaltungsspiel zu sein; die Dozenten und Debattierer, so brillant sie auch waren, so zerstörerisch brillant, möchte ich sagen, hätten es nie geschafft, auch nur einen einzigen kommunistischen Abgeordneten ins Parlament zu bringen – na ja, einen einzigen vielleicht. Hier aber war es ganz anders."

Ich wußte, daß es in Deutschland anders gewesen war, und ich wußte auch, daß Arnold als Student in den letzten Monaten der Weimarer Republik und in den ersten der nationalsozialistischen Ära im dichtesten Getümmel gestanden hatte. 1933 hatte er sogar in der Hamburger Universität eine Studentenversammlung organisiert, um gegen die willkürliche Entlassung jüdischer Universitätsprofessoren zu protestieren. Schon als Schuljunge war Arnold Mitglied des ‚Jung-Stahlhelms' gewesen, ein junger Patriot also, obwohl er in einem ‚roten' Viertel wohnte, wo er und die anderen – die ‚Rotfront', das Reichsbanner und schließlich noch die Nazis – erbittert auf den Straßen miteinander gekämpft hatten, bis es Hitler gelang, alle seine Gegner mundtot zu machen, und er ihnen, als Trostpflaster, die verschiedensten Belohnungen zuteil werden ließ; die Arbeitslosen bekamen Arbeit, die Militanten ein stolzes Heer, und für alle gab es eine Schar von Sündenböcken als Zielscheibe der mannigfaltigsten Ressentiments – nicht zu vergessen die Konzentrationslager für diejenigen, die an seinen Methoden etwas auszusetzen fanden. Wie aber hatte Hitler manche der Intelligenteren für sich zu gewinnen vermocht, diejenigen, die persönlich noch integer waren? Hatte er ihnen sonst noch etwas Besonderes gegeben, das sie seiner Führung Erfolg wünschen ließ, trotz der immer offener zutage tretenden Verderbtheit seines Regimes? War es vielleicht das Gefühl der nationalen Identität, das er mit solcher Meisterschaft beschwören konnte? Das Gefühl, irgendwohin zu gehören, das in England etwas ganz Natürliches, aber nach meinem Empfinden unter Deutschen seltener und zweifelhafter war. Doch einerlei, ich war plötzlich sehr müde von dieser gezwungenen Unterhaltung. Ich wußte, daß Arnold auf meiner Seite stand, und das war die Hauptsache.

„Hör mal", sagte ich, „es hat keinen Sinn, daß du und ich darüber streiten, wer recht hat. Ich wäre eben um ein Haar von meinen sogenannten amerikanischen Vettern umgebracht worden, und ich bin selber völlig durcheinander. Nur sagt mir einfach mein Instinkt, daß Graudenz der falsche Ort für Peter ist. Wenn es möglich ist, ihn nach Berlin verlegen zu lassen, dann müssen wir es, glaube ich, tun, trotz der Tatsache, daß einige unserer Freunde in diese Verschwörung vom 20. Juli verwickelt waren." Arnold schien mir nicht zuzuhören. Ohne aufzublicken sagte er plötzlich: „Von Trott ist nach dem Zwanzigsten zweimal hier gewesen, ja, er war noch am Abend vor seiner Verhaftung hier."

„Er war hier – und?" Vielleicht war mein Ton etwas zu heftig. „Ach, nichts weiter eigentlich. Wir haben ziemlich lang miteinander gesprochen. Er hoffte wohl Peter zu sehen." Eine kurze Pause, dann fuhr er seufzend fort: „Ein prächtiger Mensch, würde ich sagen. Er hat nicht übermäßig besorgt gewirkt, ist nur im Zimmer umhergegangen und hat sich umgeschaut. Dann ist er in den Garten hinausgeschlendert und verschwunden, wie er gekommen war."

Arnold starrte nachdenklich seine Teetasse an, und einen Augenblick lang war mir fast, als wären wir nicht mehr allein im Zimmer. ‚Du wirst einmal ein Buch schreiben müssen, Chris. Life amongst the Huns. Wie wär's damit? Ich bedaure nicht einen Augenblick, daß ich meinem Land nicht den Rücken gekehrt habe – wir müssen alles selber in Ordnung bringen, bevor die Alliierten es für uns tun müssen – ich weiß, es gibt Menschen dort draußen, die die gleiche Sprache sprechen.'

‚Im Zimmer umhergegangen und hat sich umgeschaut.' Ich sah ihn vor mir, wie er am Sofa vorbeiging, zum Bücherregal, beim Telefon stehenblieb, sich an den Kamin lehnte, mit halbgeschlossenen Augen und einem plötzlich jungenhaften, sehr persönlichen Lächeln; er fragte, bohrte, machte Vorschläge, hörte aufmerksam zu und strahlte unbewußt seinen Zauber aus. Er war entschlossen, jedem Rückschlag und aller Gefahr zum Trotz dafür zu sorgen, daß die Fäden, die die Freunde und Gleichgesinnten aneinanderbanden, hielten und den Sturm überdauerten. Obwohl Hitlers Armeen vom Golf von Biskaya bis zur Krim standen, hatte Adam nur ein Europa vor Augen, das nicht von einem Tyrannen beherrscht wurde, sondern in gegenseitiger Achtung geeinigt war. Während die Konzentrationslager sich füllten, war er voller Vertrauen in die innere Gesundheit seines Volkes, überzeugt, daß es in der, wie er glaubte, von Rußland und

Amerika beherrschten Nachkriegswelt die Aufgabe zu übernehmen habe, die heikle Balance zwischen Ost und West zu bewahren.

Sogar mich, die eingefleischte Britin – „britisch bis auf meine irischen Knochen“, sagte er immer – überzeugte er, daß die Pax Britannica, das Britische Empire, die englische Seemacht, all die Eckpfeiler meiner recht unklaren politischen Überzeugung, nicht mehr halten würden, wenn die kriegführenden Nationen erst zu ihrer friedlichen Tätigkeit zurückkehrten. „Nichts kann nach diesem Krieg sein wie zuvor. Mach kein trauriges Gesicht, Chris. Deine kleine Insel wird eben ihre Rolle wechseln müssen. Sie wird nicht mehr so wichtig sein, vielleicht nicht mehr so selbstgefällig. Sie wird die Zügel lockern müssen, wird mit dem Ausbeuten aufhören und zu erziehen beginnen und diesen rosaroten Flecken auf der Landkarte erlauben müssen, jede Farbe anzunehmen, die ihnen gefällt. Ich könnte mir denken, daß es mit Eleganz geschehen wird; England hat sich immer meisterhaft darauf verstanden, die Zeichen der Zeit rechtzeitig zu erkennen, und ich könnte mir auch vorstellen, daß alle reicheren Länder ihm helfen werden, den ärmeren unter die Arme zu greifen, damit sie ihre nationale Einheit erlangen. Das ist kein christlicher Liebesdienst; es ist nicht nur unmoralisch, sondern auch gefährlich, in einer armen Welt reich zu sein.“

‚Im Zimmer umhergegangen und hat sich umgeschaut.‘ Ich glaubte allmählich zu verstehen, warum Arnold so nachdenklich blickte und auch, warum Peter sich getrieben fühlte, Adams Rettung zu versuchen, ohne an die Konsequenzen, ohne an mich, ohne an die Kinder zu denken. Nahe am Tod zu leben, ich wußte es, war erhöhtes Leben. Adam war uns mehr als ein Freund, er war ein Symbol gewesen, ein leuchtendes Symbol des Möglichen, dessen, was hätte sein können; er war in gewisser Weise unsere Zukunft und auch unser Gewissen. Peter hatte daher vielleicht ein Stück von sich selbst retten wollen, etwas worauf wir unsere Hoffnungen gesetzt hatten und das wir um keinen Preis verlieren durften. Es hatte unserem Leben einen Sinn gegeben, der uns das Recht auf dieses Leben gab, und wir mußten die Hoffnung haben, daß wir, trotz aller äußerlichen Kompromisse, die wir mit einem schändlichen Regime geschlossen hatten, im entscheidenden Augenblick fest und unerschütterlich auf der Seite der Guten standen.

Ich muß sehr müde gewesen sein, denn ohne daß ich es merkte, hatte Arnold seine Teetasse genommen, das Zimmer verlassen und die Tür hinter sich geschlossen. Ohne daß ich es merkte, war es dunkel geworden, und ohne daß ich es merkte, war ich ganz allein.

In den fünf kurzen Tagen, die ich in Berlin war, kam Peters Schwager Reinhard Vogler aus Hamburg und brachte einen tröstlichen, frischen Hauch von Solidität mit. Er hatte beschlossen, im Justizministerium sein Glück zu versuchen und dort ein gutes Wort für Peter einzulegen. Ich wußte, daß er sich als echter Hamburger in Berlin wie ein Fisch auf dem Trockenen fühlte, aber als die Amtsbürokratie ihm eine grobe Abfuhr erteilte, versicherte er mir, er fühle sich als Richter in der Atmosphäre des jetzigen Justizministeriums besonders unglücklich.

Auch andere, wenngleich nur wenige Freunde waren noch da: Hannes, Freda, Werner Traber, Lexi. Aber ich dachte mir, daß sie selbst gefährdet waren und auf einen Besuch von mir verzichten konnten. Ich zerbrach mir den Kopf, ob ich nicht jemanden wüßte, der politisch unverdächtig war, und plötzlich fiel mir von Brösigke ein, ein gutaussehender, lebensfroher Offizier der Reiter-SS, der in den Laden bestimmt nur eingetreten war, weil ihm die Uniform so vorzüglich stand. Für ihn waren Nazis und Nazigegner alles nur einfach nette Kerle. Trotz seiner Uniform war er eine Natur, die von keinem Menschen etwas Schlechtes denken konnte, ein glänzender Unterhalter auf Partys, so unschuldig, könnte man sagen, wie ein frisch gelegtes Ei. Seine Gutartigkeit hatte ihn dazu gebracht, vielen, die in Schwierigkeiten waren, zu helfen, und er hatte oft Erfolg, weil man einen so aufrichtigen und liebenswerten Menschen einfach nicht enttäuschen mochte. Ich rief ihn an, und er reagierte, wie es von ihm zu erwarten war. Ohne daran zu denken, daß das Telefon überwacht wurde, gab er seiner Entrüstung laut Ausdruck.

„Was, Peter im Gefängnis, das ist ja unmöglich! Um Himmels willen, was ist denn da überhaupt los? Noch nie so einen Unsinn gehört. Kann ich irgend etwas tun? Warten Sie, gnädige Frau, wir müssen uns sehen."

Er erzählte mir, er sei eben damit beschäftigt, ein Jagdschlößchen, irgendwo im Osten von Berlin, das er geerbt hatte, neu herzurichten. Er bat mich, hinauszukommen, es mit ihm zusammen anzusehen und ihm vielleicht ein paar Ratschläge zu geben.

Zu einer Zeit, da die Russen dicht vor Warschau standen und mit unglaublicher Schnelligkeit westwärts drängten, konnte ich mir viele sinnvollere Unternehmungen denken, aber Brösigke schien mir ein wertvoller Bundesgenosse zu sein.

Das Jagdhaus war so reizend und der Enthusiasmus des Besitzers so ansteckend, daß ich ihm tatsächlich Ratschläge gab, deren Verwirklichung es, wie mir später bewußt wurde, in ein typisches englisches Herrenhaus verwandelt hätte.

Am Bahnhof erwartete uns ein Wagen mit zwei kräftigen Pferden. Ein Kutscher übergab die Zügel, bedeckte unsere Knie mit einer schweren Pelzdecke, und los ging die Fahrt über das flache, neblige Land. Wir wanderten durch die kalten, verstaubten Räume, und ein alter Diener, sichtlich voller Freude, daß der junge Herr wieder zu Hause war, zog die schweren Vorhänge zurück, holte das Silber heraus und servierte uns vor einem prasselnden Kaminfeuer Tee und belegte Brote.

Brösigke war ein charmanter Gastgeber und zeigte mir später Alben mit Fotografien seiner Familie: verblichene Aufnahmen von Picknickgesellschaften, Damen mit gewaltigen Hüten und junge Männer mit Strohhüten, die Westen mit schweren Uhrketten geschmückt. Massenweise Pickelhauben, und das alte Haus als Hintergrund für Jagdszenen; stattliche Jäger, das Gewehr in der Hand, und Wildschweine, die reihenweise in der Auffahrt ausgestreckt lagen. Dann Hochzeitsbilder, einen lächelnden Hitler, der sich unter seine Gäste mischte. „Was für ein fröhliches Fest das war“, seufzte Brösigke sehnsüchtig, „der Führer war in so guter Form.“ Und die Braut sah auch sehr hübsch aus, der Bräutigam liebevoll, die Gruppen der Hochzeitsgäste wirkten sehr zufrieden mit sich selbst, als sie einander zutranken, zweifellos mit Champagner. Ich schaute auf das Datum und den Ort – Obersalzberg, 1943. Die Bäume standen in voller Blüte, es war Frühling, wie ich sehen konnte, also – man vermochte es kaum zu glauben – nur kurz nach Stalingrad.

Ehe er mich zum Bahnhof brachte, versprach Brösigke, Peter zu besuchen, sobald er in ein Gefängnis näher bei Berlin verlegt sei. „Unerhörter Unsinn“, sagte er wieder, „Peter im Gefängnis. Zum Teufel, was ist überhaupt überall los? Ich werde Ihnen sagen, was ich tue. Ich besuche ihn in voller Uniform. Da werden sie Augen machen. Ich kann Ihnen versichern, gnädige Frau, es wird mir ein Vergnügen sein, ich bin allergisch gegen Polizisten.“

Irgendwie glaubte ich, daß er sein Versprechen halten werde, denn bei seinen Worten glühte ihm das Gesicht mit unschuldigem Eifer.

Ich kehrte gerade rechtzeitig nach Rohrbach zurück, denn als ich die Talstraße vom Bahnhof entlangpilgerte, überholte mich eine Beiwagenmaschine. Das war ein ungewohnter Anblick, und die Leute auf den Feldern ließen ihre Arbeit ruhen und schauten dem Motorrad nach, wie es zum Haus des Bürgermeisters hinunterfuhr. Es war vielleicht nichts sonderlich Drohendes an der Gestalt mit dem grünen Hut, die steif aus dem Beiwagen kletterte und in die gute Stube des Bürgermeisters verschwand. Der Bürgermeister aber schien es sehr eilig zu haben, als er aus der Tür gerannt kam, sein Fahrrad packte und es den steilen Weg zur Straße hinaufschob. Sein Gesicht zeigte auch eine gewisse Verlegenheit und zugleich einige Erleichterung, als er an mir vorbeiradelte und murmelte: „Grüß Gott, Frau Doktor, wieder zurück?“

Ich war auf der Straße erst ein kleines Stück weitergekommen, da kam er schon wieder, gefolgt von Sepp, der strampelte, was seine alte Mühle nur hergab. Ja, da war ganz bestimmt etwas im Gange, denn kaum hatte ich den ‚Adler‘ erreicht und war von meiner Familie mit Freudenrufen, Umarmungen und Küssen empfangen worden, kam Sepp am Fenster vorbei, auf dem Rückweg zu seiner Werkstatt. Der Schweiß lief ihm übers Gesicht, und er nahm sich nicht die Zeit zu einem herzlichen Gruß, wie er es immer hielt.

Am Abend dann erschien er vor dem Fenster. „Kann ich einen Augenblick mit Ihnen sprechen, Frau Doktor?“ fragte er. Sein freundliches Faltengesicht sah betreten und unglücklich aus.

„Natürlich, kommen Sie nur herein.“ „Nein, reinkommen tu' ich nicht“, sagte er, „draußen ist's besser.“ Als ich draußen war, gingen wir ein paar Schritte die Straße hinunter, bis wir vor neugierigen Blicken sicher waren. „Ich möcht Ihnen jetzt was sagen, was Sie wissen sollten, wie der Bürgermeister und ich meinen“, sagte er. „Dieser Kerl mit dem Motorrad ist aus Donaueschingen gekommen. Er ist von der Sicherheitspolizei. Er hat Sie unter unsere Aufsicht gestellt – Sie stehen unter ‚Hausarrest‘, hat er gesagt, Frau Doktor. Das heißt, daß Sie das Dorf nicht verlassen dürfen. Er hat alles über Sie wissen wollen, ob Sie mit uns überhaupt über Politik geschwätzt haben, und Sie dürfen mir glauben, daß wir Ihnen das beste Zeugnis ausgestellt haben. Ich hab ihm erzählt, wie sie mit den Bauern Steine von den Kartoffeläckern aufsammeln, wie Ihre Kinder beim Kühehüten helfen, und daß Sie sich fast mehr deutsch als englisch fühlen. Mein Gott, haben wir dem Kerrli was in die Ohren gesetzt."

„Das war nett von Ihnen, Sepp", sagte ich, „wirklich sehr nett von Ihnen. Er hat wohl nicht erwähnt, warum mein Mann im Gefängnis ist?"

„Nein -- nein", antwortete er zögernd, „er hat nur was von Hochverrat gesagt – übrigens, Frau Doktor, dabei fällt mir ein: wir sollten Ihnen keine Einzelheiten erzählen, was er uns gesagt hat." Er lachte kurz auf. „Als ob nicht das ganze Dorf sofort gewußt hätte, wer er ist, als dieses Motorrad auf der Talstraße erschienen ist. Jedenfalls hat er gesagt, wenn wir Ihnen außer dem Hausarrest irgend was erzählen, werden wir erschossen. Der Untere Beck, der Ärmste, hat einen Mordsschreck bekommen, aber wir haben es beredet, wie er fort war, und gefunden, es geht ihn gar nichts an, wem wir was erzählen. Der dumme Flachländer! Jedenfalls, so steht die Sache, und sagen Sie eben keinem, daß wir's Ihnen gesagt haben, und wenn Sie nach Furtwangen oder sonst wohin zum Einkaufen wollen, dann geben Sie uns halt vorher Bescheid. Gut' Nacht jetzt, Frau Doktor. Übrigens, ich soll Ihnen von meiner Frau bestellen, morgen gibt's vielleicht ein bißchen Weißmehl auf Marken, wenn Sie vorbeischaun wollen, und die Schuhe vom John – ich werd zusehen, daß die morgen auch fertig sind."

Russisches Zwischenspiel

(Herbst 1944)

1944 kam der Schnee sehr früh, und kurz nach den ersten schweren Schneefällen erschienen die Kosaken. Plötzlich waren sie da, kleine, aufrechte Gestalten mit buschigen runden Pelzmützen, auf ihren munteren Pferdchen mit den langen Steigbügeln, die Gewehre quer über den Sattelbogen gelegt und die Patronengürtel kreuzweise über den Uniformrock geschnallt. Genau wie Wlassows ukrainische Freiwillige waren sie typisch für jene Russen, die sich 1942 auf die Seite der Deutschen geschlagen hatten, weil sie sich unter Hitler ein besseres Los erhofften als unter der Herrschaft Stalins. Ihr deutscher Offizier, der ihnen voranritt und nur an der Feldmütze von seinen Leuten zu unterscheiden war, hob den rechten Arm, und die lange graue Kolonne kam vor dem ‚Adler' zum Halten. Ein Trompetensignal ertönte, und sofort brach ein Höllenspektakel los. Ein Umhergetrappel, Rufen und Lachen, die einen sprangen vom Pferd, die anderen stampften sich im Schnee die Füße warm; sie schienen überall zu sein – requirierten Futter für ihre Pferdchen, Quartiere für die Reiter.

Unseren sparsamen Bauern wurde sehr bald klargemacht, daß dies kein Scherz war. Achtzehn Mann sollten im ‚Adler' untergebracht werden. Frau Muckle war in Tränen aufgelöst; sie konnte das Heu nicht entbehren. Da auch ich in diesen Dingen noch ein Neuling war, machte ich mich auf die Suche nach dem Offizier, der die Kosaken befehligte, um mich für meine Wirtin zu verwenden. Ich fand ihn bereits in Fräulein Vöhrenbachs bestem Schlafzimmer einquartiert. „Gnädige Frau", sagte er ruhig, nachdem er mich gebeten hatte, Platz zu nehmen und ich festgestellt hatte, daß er ohne seine Mütze viel jünger und sehr müde aussah, „gnädige Frau, wir haben Krieg. Ich bin für meine Jungens verantwortlich, seit sie sich uns auf der Krim angeschlossen haben. Als es zurückging, hieß es, daß ihre Dörfer verbrannt und ihre Angehörigen nach Sibirien geschickt wurden. Ich habe mit ihnen in Frankreich gekämpft, und dreien von ihnen verdanke ich das Leben. Nun müssen sie wieder an die Ostfront zurück. Wir wissen alle, was sie dort erwartet. Gefangene werden nicht gemacht. Sie brauchen warme Unterkunft und Futter für ihre Pferde, und meine Aufgabe ist, dafür zu sorgen, daß sie es bekommen." Er lächelte mich matt an. „Nur eines, gnädige Frau, wenn man hier im Dorf auf Sie hört, sorgen Sie bitte dafür, daß sie keinen Tropfen Alkohol bekommen. Ich hab diese Jungen gern, sie sind tapfer und treu, ich bin der einzige Deutsche unter ihnen, und sie achten mich. Aber wenn sie Alkohol bekommen, können sie außer Rand und Band geraten, und dann kann ich für die Folgen keine Verantwortung übernehmen."

In den ‚Adler' zurückgekehrt, sagte ich Frau Muckle, sie solle ihren Weinkeller abschließen. Weinkeller war eine Übertreibung – sie gab mir den Schlüssel, und ich sperrte das Gelaß ab, das, soviel ich sehen konnte, nur ein paar Kisten mit leeren Limonadeflaschen enthielt. Als ich wieder in die Küche kam, brodelten bereits große Suppenkessel auf dem Herd. Martina, der zwei stämmige Kosaken beim Holz- und Wasserholen behilflich waren, wirkte geradezu kokett. Die Kinder hielten sich in der Gaststube auf und schauten fasziniert zu, wie die Soldaten ihre Schlafsäcke entrollten und ihre Waffen an die Wand lehnten, während Christopher, umgeben von Bewunderern, rittlings auf dem Knie eines lachenden Burschen saß, der ihm offenbar das erste Wort Russisch beigebracht hatte. Jedesmal, wenn er etwas gefragt wurde, erwiderte mein Jüngster „Da", und jedesmal antwortete ihm ein brüllendes Lachen. Ich machte gar nicht erst den Versuch, zu erraten, was für Fragen ihm gestellt wurden.

Die Kosaken blieben drei Tage bei uns, und wir gewöhnten uns bald an das Getrappel und die durchdringenden Zurufe und Schreie, mit denen sie ihre Pferdchen in einem scharfen Stakkato-Galopp an unseren Fenstern vorbei und die vereisten Wege hinauftrieben, wobei sie oft genug ein lachendes, rotwangiges Kind vor sich auf dem Sattel sitzen hatten. Dann verschwanden sie, wie ein Schwarm Zugvögel, ebenso rasch, wie sie gekommen waren. Sie waren zum Abmarsch bereit und vor dem ‚Adler' versammelt, als einer von ihnen eine Mundharmonika herauszog und ein fröhliches, beschwingtes Lied anstimmte. Sofort sprangen zwei Kosaken vor, um zu tanzen, und trotz ihrer schweren Stiefel und groben Uniformen verwandelte sich vor unseren Augen der eine in ein verlegenes Mädchen und der andere in einen liebeskranken Burschen. Es war ein kunstvoller Tanz, der alles enthielt: Werbung, scharfe Zurückweisung, Abkehr des Verschmähten, die kokette Aufforderung zu neuer Werbung und schließlich, während die Musik immer rascher wurde, das wirbelnde Finale Arm in Arm, wozu das Paar die Mützen schwenkte, auf- und niedersprang und mit den schweren Stiefeln den Schnee hochwirbelte. Ein Trompetensignal unterbrach unseren Beifall, und einer der Tänzer, der ein paar Brocken Deutsch konnte, trat noch etwas keuchend vor, und nahm Frau Muckles Hand in die seine. „Mütterchen", sagte er, „wir müssen jetzt gehen und singen für dich unser Abschiedslied." Die Trompete ertönte wieder. Schon saßen sie auf ihren Pferden, der Offizier salutierte, und die lange graue Kolonne zog die Straße hinab. Als sie am Volksburehof vorbeikamen, erklangen ihre prachtvollen Stimmen in vollkommener Harmonie stark, klar und sehnsuchtsvoll durch die frostkalte Luft. Ehe sie um die letzte Straßenbiegung verschwanden, winkten einige zurück, und ihr Abschiedslied hallte durchs Tal zu uns zurück wie das Summen Tausender von Bienen.

Es war still im ‚Adler' an diesem Abend nach dem Abzug der Kosaken. Der Bürgermeister kam auf eine Runde Schwarzer Peter, und der Lehrer Lorenz saß mit seiner Frau bei einer Flasche Limonade friedlich in einer Ecke der Gaststube.

Frau Muckle war schweigsam und in sich gekehrt. Das hatte seinen Grund nicht nur in ihrer Müdigkeit – schon oft an den vergangenen Abenden waren ihre Gedanken nicht bei dem Spiel gewesen. Kurze Zeit vorher war sie zum Friedhof gegangen, um die Vorbereitungen für Allerheiligen zu treffen, und hatte dabei eine Krähe aufgescheucht, die auf dem Grabstein ihres verstorbenen Mannes saß. Als sie ans Grab trat, stieg die Krähe in die Luft und flatterte schwerfällig über die Friedhofsmauer. Frau Muckle ließ sich nicht ausreden, daß das Krächzen des Vogels ein unheilvolles „Zu spät! Zu spät!" gewesen sei. Niemand hatte sie von der Überzeugung abbringen können, daß Ernst im fernen Rußland etwas Schreckliches zugestoßen war. Sie wartete auf keinen Feldpostbrief mehr und sprach von ihrem Sohn nur noch in der Vergangenheit.*

* Tatsächlich muß Ernst in jenem Herbst gefallen sein. Frau Muckle erhielt niemals eine amtliche Benachrichtigung von seinem Tod, aber er kam nicht mehr nach Rohrbach zurück.

Auch Martina war ungewöhnlich schweigsam und wäre es zweifellos geblieben, wenn nicht irgendwie das Gespräch auf die Milchablieferung gekommen wäre. Der Bürgermeister, der Ärmste, hatte einige Tage vorher bei seinen widerspenstigen Bauern die Runde machen und sie drängen müssen, mehr Milch in die Molkerei zu schicken, und Martina hatte sich entschieden geweigert, auch nur einen Tropfen mehr herzugeben. Sylvi sollte doch in einem Monat kalben, und Bemi hatte ein geschwollenes Euter, hatte Martina sich beklagt, und sie war immer noch gekränkt, weil der Bürgermeister so wenig Rücksicht nahm. „Also, Martina“, sagte der Bürgermeister, während er die klebrigen Karten mischte und wieder verteilte, „was ist mit der Milch, hä?“ Und ich bemerkte nichtsahnend: „Ich glaube, nicht einmal der Führer persönlich würde aus ihren Kühen einen Tropfen mehr herausholen.“ Martina schwieg, schaute grimmig in ihre Karten, und legte dann plötzlich los: „Wenn der Hitler, der Saukerrle, hierher käme, dann würd ich ihn in den Abort schmeißen und den Deckel drauftun.“ Totenstille. Frau Muckle und ich hielten das Lachen zurück, und der Bürgermeister warf, sichtlich tief betroffen, einen Blick auf den Lehrer Lorenz und dessen Frau, die ihre Limonade mit einem entrückten Blick betrachteten, als würden sie jeden Augenblick seekrank. Sie verließen still die Gaststube, und der Bürgermeister packte seine Karten ein und folgte ihrem Beispiel. O Gott, was für eine verrückte Welt, die treffendste Bemerkung des Tages, und wir mußten uns alle aufführen wie schuldbewußte Schulkinder.

Frau Muckle und ich eilten durch die Küche und fanden den Bürgermeister vor der Hintertür unschlüssig im Schnee stehen. Er räusperte sich. „Adlerwirtin“, sagte er, „ich hab nicht gehört, was die Martina da grad gesagt hat, aber ich verlaß mich drauf, daß Sie ihr einschärfen, sie soll so was nie wieder sagen.“ Ein mutiger Entschluß, wenn auch die Art, wie er ihn mitteilte, sich ein wenig irisch anhörte.

In der Gaststube fand ich Martina beim Schrubben der Tische. Sie scheuerte, als ginge es um ihr Leben. „Martina“, sagte ich so streng wie möglich, „von uns hat keiner gehört, was du vorhin gesagt hast, aber wenn du das noch einmal und vor anderen Leuten sagst, kann es sein, daß du in fürchterliche Schwierigkeiten kommst. Du kannst ins Gefängnis abgeführt werden, und niemand wird wissen, wo du bist, und du kommst vielleicht nie wieder heraus." Martina zeigte weder Furcht noch Reue. „Schon recht, Frau Doktor", antwortete sie, „wenn Sie es sagen – aber denken kann ich mir immer noch, was ich will!" Ja, ja, Martina, denken kannst du dir, was du willst, aber das hilft uns nichts, das hat uns auch bisher nichts geholfen.

Ich wußte, was sie über diese Russen dachte, die sie geneckt, die mit ihr gelacht und sie wie ihresgleichen behandelt hatten, und wie ich ihr so zusah, als sie ein letztes Mal ingrimmig über den Tisch wischte, bevor sie durch die Tür in die Küche verschwand, kamen mir beinahe die Tränen.

Wieder nach Berlin

(Winter 1944)

Am 24. Dezember 1944 trat ich eine zweite Reise nach Berlin an. Arnold hatte fünf Tage vorher telefoniert, die Gestapo habe die Genehmigung erteilt, daß ich Peter in Ravensbrück besuchen dürfe. Mit dem Geräusch des Abhörgerätes im Hintergrund hatte er mir natürlich nichts Näheres über diese plötzliche Entscheidung gesagt, aber er hatte mich gedrängt zu kommen, und ich sah eigentlich nur zwei Gründe für eine so ungewöhnliche Anwandlung von Menschenfreundlichkeit. Entweder gestattete man mir einen Abschiedsbesuch, oder Arnold hatte alle Fäden gezogen und die Gestapo hatte den Besuch in einem Anfall müßiger Neugier genehmigt. Wollen wir mal sehen, wie seine Frau, die Engländerin, aussieht, vielleicht ein ungewöhnliches Exemplar. Ich hegte wenig Zweifel, daß die erste Möglichkeit die wahrscheinlichste sei. Sepp und der Bürgermeister versuchten zwar, mir Mut zu machen, aber ich wußte, daß sie meine Befürchtungen teilten, denn sie meinten zuerst, sie sollten wohl schriftliche Weisungen abwarten oder sich zumindest mit Donaueschingen in Verbindung setzen, besannen sich aber plötzlich anders, ließen ihre Vorsicht fahren und mich auf ihre eigene Verantwortung reisen.

Am Morgen, an dem ich Rohrbach verließ, weckte Frau Muckles Wecker mich um drei Uhr. Er führte seinen üblichen Tanz auf dem Nachtkästchen auf, fiel auf den Rücken und verstummte grollend. Ein Blick durchs Fenster zeigte mir, daß es nicht schneite. Der Himmel war klar und mit Sternen übersät. Ich schlüpfte in sämtliche warmen Sachen, die noch in einem Stück waren, zog die Skihose an, nahm Rucksack und Anorak und schlich, die Stiefel in der anderen Hand, hinaus auf den Flur. Bei jedem Schritt, den ich machte, knarrte und ächzte das alte Gebälk des Hauses. Ich blieb einen Augenblick vor dem Zimmer der Kinder stehen, machte dann leise die Tür auf und ging hinein. Nick und John lagen ausgestreckt auf dem Rücken, ihre dichten Schöpfe umrahmten die schlafenden Gesichter. Der eine dunkel, der andere blond. Nick drehte sich im Schlaf um und murmelte etwas. Ich deckte ihn behutsam zu und ging zum Kinderbett, das in der Ecke stand. Aus dem dicken, rot-weiß karierten Federbett lugte von Christopher nur ein Büschel Haare heraus. Dabei ging mir durch den Kopf, daß ich ihnen ja die Haare hatte schneiden wollen, bevor ich fuhr. Aber das war jetzt gleichgültig. Die Nachthemden waren ihnen viel zu klein; die lustigen kleinen stupsnasigen Gesichter waren braun und strotzten vor Gesundheit. Peters und meine lange Trennung und das viele freudlose Alleinsein hatten sich gelohnt, wenn wir wenigstens das erreicht hatten. Sollten sie ohne uns weiterleben müssen, so konnten sie jedenfalls auf dieser prachtvollen Gesundheit aufbauen.

Ich schloß leise die Tür und ging hinunter in die Küche. Zu meiner Überraschung stand Frau Muckle am Herd. Sie hatte ein schwarzes Umschlagtuch über ihr Flanellnachthemd geworfen und darüber hing ein dünner, kurzer Zopf. Als ich eintrat, setzte sie rasch ihr Gebiß ein und begann Speck in die Pfanne zu schnitzeln.

„Das hätten Sie wirklich nicht tun sollen, Frau Muckle", sagte ich, „es tut Ihrem Rheuma gar nicht gut, wenn Sie hier in der Kälte stehen." „Ach was, mein Rheuma, Sie gehen mir nicht auf diese lange Reise, ohne etwas im Magen zu haben." Zu meinem Schrecken schlug sie ein Ei nach dem anderen in die Pfanne. Ihr Glaube, daß ein voller Magen über alle Schwierigkeiten hinweghelfe, kannte keine Grenzen. „Und ich bin auch an die Büchse gegangen", sagte sie und schaute mich verschmitzt an: „Nur ein paar Böhnchen, Frau Doktor, ein Täßchen Kaffee – nur für uns zwei." ‚Die Büchse' spielte in unserem gesellschaftlichen Leben im ‚Gasthaus Adler' eine nicht unbeträchtliche Rolle. Jeden Sonntag nachmittag wurden vier oder fünf Kaffeebohnen, Restbestand meiner Bemühungen auf dem schwarzen Markt, feierlich gemahlen und dem üblichen Gebräu beigegeben. Auf diese Weise gab es jedesmal ein kleines Fest. Wir pflegten um den alten Küchentisch zu sitzen, plaudernd und lachend, Frau Muckle tischte uns aus ihrer Erinnerung saftige Skandalgeschichten aus Rohrbach auf, und danach taten wir dann die halbe Nacht kein Auge zu.

Sie eilte geschäftig umher, redete, schimpfte vor sich hin und deckte den Tisch, während ich im Sitzen meine Skistiefel festschnürte. Sie gab sich alle Mühe, so zu tun, als wäre es ein ganz gewöhnlicher Morgen, doch ohne es anscheinend selbst recht zu merken, hatte sie ihre besten Tassen mit dem Blumenrand herausgeholt. Die vier Eier, die im Speck schwammen und der Laib selbstgebackenen Brotes waren eine unerhörte Verschwendung und zeigten mir, daß sie, ebenso wie ich, dachte, wir würden uns vielleicht nie wiedersehen.

„Den Brief an meine Eltern haben Sie, Frau Muckle?" fragte ich. „Ja, natürlich hab ich ihn, liebe Frau Doktor, und gut versteckt, in Ernsts Zimmer, hinter den Balken. Da findet ihn kein Mensch. Im letzten Krieg hab ich auch alles mögliche dort versteckt, es ist ganz sicher, und ihre Adresse ist in der Kakaobüchse unter dem dritten Johannisbeerstrauch links." Sie sagte ihr Sprüchlein wie ein Schulmädchen auf. „Und hier hab ich noch ein kleines Päckchen zum Mitnehmen. Ernsts Lieblingswürste. Ich hatte ein paar aufgehoben für die Zeit, wenn er heimkommt. Dafür braucht man gute Zähne, und vielleicht können Sie dem Herrn Doktor ein paar davon geben." Sie schaute mich mit ihren alten, weisen Augen sanft an. „Grüßen Sie ihn bitte von mir und sagen Sie ihm, ich bin eine alte Frau und ich schäme mich – aber vielleicht können Sie das nicht sagen."

Ich gab mir alle Mühe, die Eier aufzuessen, die sie mir auf den Teller geladen hatte, aber ich schaffte nur zwei. „Frau Muckle, vielleicht geben Sie den Rest den Kindern zum Frühstück. Es tut mir wirklich leid, aber ich kann einfach nicht mehr – aber ich fühle mich wunderbar gestärkt, und der Kaffee war eine großartige Idee."

Ich stand auf, schnallte meinen Rucksack um, setzte die Mütze auf und zog meine Handschuhe an. Nun, da es soweit war, konnte ich es nicht abwarten, mich auf den Weg zu machen.

Frau Muckle stand vor mir, und ich sah, daß ihr Kinn zitterte und daß ihr Tränen in den Augen standen. Ich schloß sie in die Arme, gab ihr einen Kuß und sagte: „Weinen Sie doch nicht, liebe Frau Muckle. Ich komme ja wieder. Ich kann Ihnen nicht sagen, wieviel es mir bedeutet, daß ich die Kinder in Ihrer Obhut zurücklassen kann. Ich werd Ihnen das nie vergessen."

Als ich eben das Zimmer verlassen wollte, eilte sie, über Martina, diesen dummen ‚Stockfisch' schimpfend, zum Büfett und kehrte mit einer Bierflasche zurück. Sie bat mich, den Kopf zu senken, benetzte einen Finger und machte das Kreuzzeichen auf meine Stirn. Als ich um die Ecke des Gemüsegartens bog, drehte ich mich um und winkte zurück. Ich sah sie in der erleuchteten Haustür stehen, in der einen Hand die Flasche mit Weihwasser, die andere unbewußt zu einer segnenden Gebärde erhoben.

Die Luft war kalt und rauh, und unter meinen Stiefeln knirschte der Schnee. Zu beiden Seiten der gewundenen Talstraße stiegen die weißen Felder steil zum Wald hinauf. Das Tal lag in tiefer Stille, nur gelegentlich war ein dumpfer Ton zu hören, wenn von einem Dach oder Ast Schnee auf die Straße fiel. Der gewaltige Umriß des Duffnerhofs mit seinem steilen Dachgiebel ragte neben mir auf. Hinter einem der oberen Fenster brannte Licht, und ich erinnerte mich, daß Frau Duffner jeden Tag ihr drittes Kind erwartete. Neben der Haustür lehnten Skier. Der Arzt schien bereits dazusein. Ich zögerte einen Augenblick, war drauf und dran, hineinzugehen und nach ihr zu fragen, aber ich mußte den Wunsch unterdrücken. Diese Dinge gehörten irgendwie schon der Vergangenheit an.

Als ich an dem alten Schulhaus mit seinem wackligen Glockenturm vorbeikam, stieß die Glocke ein schwaches Husten aus, was mir zeigte, daß es Viertel nach vier war. Nun bog die Straße in einem weiten Schwung nach links. Ich wandte mich zurück, um einen letzten Blick auf Rohrbach zu werfen. Der Anblick war mir so vertraut, daß es mir leicht fiel, mir vorzustellen, wie es dort lag und schlief, angeschmiegt an die weißen Hügel; die großen, kauernden Häuser mit den steilen Dächern, die zuweilen fast bis zum Erdboden herabreichten, der schlanke Kirchturm, die Straße, die sich wie ein Band in die Hügel dahinter emporwand. Im ‚Adler' brannte noch ein Licht, und ich sah Frau Muckle vor mir, wie sie in der Küche saß und unseren Kaffee zu Ende trank. Einen Augenblick wanderten meine Gedanken in den ersten Stock, zu den drei Betten und den drei kleinen Köpfen unter den dicken rot-weiß karierten Federbetten. Doch sie verweilten nicht lange bei dem Bild. Ich hatte Abschied genommen.

Als ich so dahinschritt, wurde mir warm, und die reine, kalte Luft und der ungewohnte Kaffee schienen mir einen wunderbar klaren Kopf zu machen. Es war eine wahre Erleichterung, endlich etwas zu tun nach Wochen hilfloser Sorge, nach Wochen, in denen ein unerwarteter, zensierter Brief Peters aus einem Berliner Gefängnis und dann ein zweiter aus einem Konzentrationslager die einzigen Zeichen waren, daß er noch lebte. In Berlin hoffte ich ein etwas klareres Bild zu gewinnen, wie die Dinge standen, und wenn sie so schlimm standen, wie ich fürchtete, würde ich meinen Plan ins Werk setzen und um ein Gespräch mit Kriminalrat Lange nachsuchen, der Peters Verhöre führte. Sepp und der Bürgermeister hatten mir gesagt, die Gestapo glaube, ich habe sehr einflußreiche Verwandte in England. Das würde ich mir zunutze machen. Ohne in irgendeiner Weise Peters Schuld zuzugeben, würde ich Lange andeuten, daß ich glaube, der Krieg werde bald zu Ende gehen, und daß ich angesichts dessen vielleicht ein Tauschgeschäft mit ihm abschließen könnte. Er sollte Peters Akt verlegen, unterdrücken oder zumindest eine Entscheidung darüber hinausschieben, und ich würde sehen, was ich nach dem Krieg für ihn tun konnte. Es schien einfach und den Versuch wert – obwohl eine gewisse Möglichkeit bestand, daß Lange es für angebracht hielt, mich ebenfalls verhaften zu lassen.

Seltsam war, daß es mir, obwohl die Alliierten schon am Rhein standen, nicht allzu schwer gefallen war, die Luftangriffe, den Krieg, militärische Bewegungen, die mich von den Kindern zu trennen drohten, aus meinen Berechnungen herauszuhalten. Ich war nicht tapfer genug, um bewußt mehr als einer Gefahr auf einmal ins Auge zu sehen. Einige Dinge mußte ich Gott überlassen, und das einzige, was mir an meinem Plan nicht gefiel, war, daß ich mit meiner Fahrt nach Berlin ein Peter gegebenes feierliches Versprechen brach, niemals, was auch geschehe, die Kinder allein zu lassen.

Ich erreichte den Bahnhof zehn Minuten zu früh und setzte mich draußen auf die Bank. Der Bahnhofsvorsteher war in seiner Küche auf der Rückseite seines Holzhäuschens beschäftigt. Als er mich sah, kam er heraus. Durch die offene Tür drang der köstliche Geruch gebratenen Specks. „Grüß Gott, Frau Doktor, Sie sind früh dran“, sagte er, „aber Sie haben eine lange Fahrt vor sich. Nach Berlin soll's gehen, hör ich...“ Da ich offiziell unter Hausarrest stand und der Bürgermeister persönlich die Verantwortung für meine Reiseerlaubnis übernommen hatte, galt meine Reise beinahe als Staatsgeheimnis; aber wie üblich blieb in Rohrbach nichts lange verborgen. „Na, dann bestellen Sie denen dort droben“, fuhr er fort, „wenn sie mit diesem Krieg nicht bald aufhören, wird zwischen Furtwangen und Donaueschingen kein Zug mehr fahren.“ Er lachte und stampfte mit den Füßen in den Schnee. „Kein Brennstoff, gar nichts mehr; als er gestern die

Steigung zwischen Vöhrenbach und Schönebach heraufgezuckelt ist, haben alle aussteigen müssen! Das sind Sachen; na, da kommt er ja – bergab geht's besser."

Er klemmte sich hinter seinen Schalter und gab mir eine Fahrkarte nach Donaueschingen. „Weiter geht er nicht." Dann hob er meinen Rucksack in eine Wagentür, die stolz mit ‚Erster Klasse' beschriftet war; ein Unterschied zu anderen Klassen war allerdings nicht zu bemerken. Als er die Tür hinter mir schloß, beugte er sich zu mir her. „Das sind schon komische Leut' da oben in Berlin. Mir scheint, die merken nicht einmal, wenn das Spiel verloren ist – aber erzählen Sie nur nicht meiner Frau, was ich grad gesagt hab, sie glaubt nämlich noch an den Weihnachtsmann!" Er eilte in seine Küche zurück und rüttelte im Vorbeigehen an seiner Bratpfanne. Dann erschien er wieder, mit roter Mütze, den Signalstab mit dem roten und dem grünen Licht in der Hand. Ich öffnete das Abteilfenster und lehnte mich hinaus. Es schien mir etwas heiß im Abteil, und ich fühlte mich plötzlich nicht mehr sehr tapfer. Es wäre so einfach gewesen, die Tür zu öffnen und die Bergstraße hinaufzugehen, zurück in das friedliche Leben all der vergangenen Tage.

Der Bahnhofsvorsteher stand vor dem Fenster. „Gute Reise und viel Glück, Frau Doktor", sagte er, trat dann zurück, hob seinen Stab, rief „Abfahrt", und quietschend und schnaubend setzte sich der Spielzeugzug in Bewegung, das Tal hinab und hinaus in die Welt.

In Tuttlingen mußte ich in den Schnellzug nach Berlin umsteigen, der vom Bodensee kam. Er hatte jedoch infolge von Luftangriffen und Reparaturarbeiten an der Strecke unbestimmte Verspätung, und so schlenderte ich in das saubere, schmucke Städtchen. Jedenfalls gab es hier keine Bombenkrater. Auf den Straßen drängten sich die sonntäglich gekleideten Menschen und trugen säuberlich mit Silberband verschnürte Päckchen in der Hand. Obwohl Nahrungsmittel knapp waren und es seit Monaten auf die Kleiderpunkte nichts zu kaufen gegeben hatte, wirkte die Menge, zumeist Frauen und Kinder, ordentlich und warm gekleidet. Ich war immer sehr beeindruckt von der Tüchtigkeit deutscher Frauen und ihrem unerschöpflichen Talent zum Improvisieren. Sie flickten und flickten wieder, wendeten und stopften, und das Endprodukt war ein Denkmal ihrer Geschicklichkeit und ihres Einfallsreichtums. Obwohl ich sorgfältig erzogen worden war, konnte ich nie eine anscheinend angeborene irische Schlamperei ablegen. Löcher in Kleidern betrachtete ich fatalistisch. Sie kamen mir immer wie Naturereignisse vor, gegen die man nichts tun, mit denen man sich nur abfinden kann, bis sie schließlich ärgerlich oder sogar peinlich werden – und dann fort mit Schaden. Im Lauf des Krieges hatte ich mich zwar etwas gebessert, aber es niemals dahin gebracht, daß jedes Kleidungsstück bis an sein Lebensende sauber und solide aussah.

Es war spät am Nachmittag, und alle Leute schienen es eilig zu haben. Natürlich, es war ja Heiliger Abend. Wir hatten in Rohrbach einen Tag früher gefeiert. Für Christopher gab es ein kleines Holzspielzeug, das unser Pole, der Josef, geschnitzt hatte und für Nick und John zwei kostbare Taschenmesser, die ich aufgehoben hatte, seit sie Outram im vergangenen März über die schwedische Botschaft geschickt hatte. Auch einen Baum hatten wir, von Nick aus dem Wald geholt. Wir hatten ihn mit den Stanniolstreifen geschmückt, mit denen jedesmal die Felder bestreut waren, nachdem die alliierten Bomber, auf dem Weg nach München oder Augsburg über uns hinweggedröhnt waren. Es hieß, sie sollten die Funkverbindung stören. Vielleicht taten sie das auch, für Weihnachten jedenfalls kamen sie gerade recht.

Es war noch zu früh für die Verdunkelung, und ich konnte durch die fröhlich erhellten Fenster die geschäftigen Weihnachtsvorbereitungen sehen und die weihnachtliche Musik hören.

Ich vertrieb mir die Zeit damit, mir nach den unterschiedlich geschmückten Christbäumen ein Bild von den Leuten zu machen, die in den Wohnungen lebten. Ich kannte die Vielfalt der deutschen Weihnachtsbäume gut. Aber als ich genauer hinsah, bemerkte ich, daß selbst die Bäume ein einheitlicheres Aussehen angenommen hatten. Verschieden lange Kerzen, Stummel, die vom vergangenen Jahr übriggeblieben waren. Kein Zuckerzeug; das Lametta, sofern nicht die Stanniolstreifen der Alliierten die Situation gerettet hatten, zerzaust und glanzlos; die Geschenke nicht sehr zahlreich und auch nicht besonders eindrucksvoll.

Ich begann mich recht einsam zu fühlen, so von allem ausgeschlossen, und als sich ein Fensterladen nach dem andern schloß, tat ich mir selber ein bißchen leid. Ich ging zum Bahnhof zurück und in den Wartesaal. In einer Ecke war ein dürftiger Christbaum aufgeputzt worden, und die Kellnerin, die hinter der leeren Theke stand, hatte das Radio angedreht, aus dem gefühlvolle Weihnachtslieder erklangen, ‚O Tannenbaum' – ‚Süßer die Glocken nie klingen' – ‚Stille Nacht'. Ein großes, grelles Ölgemälde des ‚Führers' – zweifellos das Werk eines ortsansässigen Velasquez – hing neben dem Radioapparat an der Wand und starrte griesgrämig auf die Kaffeemaschine herab.

Der einzige weitere Insasse des Wartesaals war ein Soldat, der, den Kopf auf die Arme gelegt, sich auf dem Tisch ausgestreckt hatte. Er schien fest zu schlafen. Seine kriegerischen Utensilien waren um ihn verstreut: Rucksack, Gürtel, Stahlhelm und eine merkwürdig aussehende Sammlung von Büchsen und Bechern.

Das Musikprogramm wurde unterbrochen, und gemeldet, daß sich einige Feindmaschinen über dem westlichen Deutschland befänden. Der Soldat hob den Kopf und sagte: „Nicht mal am Heiligabend lassen sie uns in Ruhe, die Scheißkerle." Er schien eigentlich nur vor sich hingesprochen zu haben, aber zu meiner Überraschung antwortete die Kellnerin hinter dem Schanktisch: „Na ja, Heiligabend ist eben nicht Weihnachten für die, soviel ich weiß."

„Nein, ich glaube nicht", sagte ich.

„Fahren Sie weit?" Sie schob ihre Ellbogen auf der Theke entlang. „Machen Sie sich keine Gedanken", fügte sie mit gedämpfter Stimme hinzu. „Er muß an die Ostfront, sein Urlaub ist ausgerechnet heut zu Ende, der arme Kerl! Frau und drei Kinder daheim. Ach was, Sie fahren nach Berlin? Bin ich froh, daß ich da nicht hin muß. Muß furchtbar dort sein." Sie schaute gedankenvoll zum Radio hin. „Ich wollte, die würden mit dem Krieg Schluß machen, Sie nicht auch?"

„Ich weiß nicht", sagte ich vorsichtig, „vielleicht haben sie doch eine Wunderwaffe, die alles ändern wird. Was meinen Sie?"

„Ich weiß es auch nicht", antwortete sie, „aber diesen Berlinern hab ich nie getraut – zu vorlaut alle miteinander."

„Ja, aber die Berliner sind nicht die einzigen, die den Krieg führen."

„Vielleicht nicht, aber die Regierung sitzt dort, oder nicht?"

Unser Gespräch wurde durch den Lautsprecher über der Tür unterbrochen – „Achtung, der Schnellzug nach Berlin läuft auf Bahnsteig vier ein." Ich packte meine Siebensachen zusammen und bezahlte meine Suppe, oder vielleicht war es Kaffee gewesen – der Geschmack war dazumal nicht so leicht zu unterscheiden. Das schreckliche Hitlerbild schien mir nachzublicken, als ich zur

Tür ging; ich fand, er sah aus, als habe er sich den Magen verdorben.

Der Schnellzug dampfte herein, Lokomotive und Wagen unter einer dicken Schneekruste. Die Waggons am Ende schienen nicht geheizt zu sein, denn ihre Fenster waren mit Eis bedeckt und einige auch zerbrochen. So wanderte ich nach vorn und bestieg den ersten Wagen hinter der Lokomotive. Hielt man sich in der vorderen Hälfte des Zuges auf, bestand der einzige Nachteil darin, daß man sich der Gefahr, die von ‚Jabos', Jagdbombern, drohte, aussetzte. Manche alliierten Piloten hatten es in der Lokomotiven-Jagd zu wahrer Meisterschaft gebracht. Eine Attacke im pfeifenden Sturzflug, ein Feuerstoß, und die durchlöcherte Lokomotive kam zum Stehen, während aus den Einschußlöchern zischend der Dampf entwich. Andere trafen ihr Ziel nicht so genau, und dann mußten sich die Fahrgäste in den vorderen Wagen mit einem Sprung neben den Bahndamm retten. Schutzsuchend liefen sie dann wie die Hasen kreuz und quer über die Schienen oder versuchten, hinter dem Zug Deckung zu finden. In der Nacht aber glaubte ich, vor dieser Gefahr sicher zu sein. Ich war müde, im Wagen war es warm, und der Zug hatte den Bahnhof noch nicht verlassen, da war ich in meiner Ecke auch schon eingeschlafen.

In Stuttgart schien es einen Angriff gegeben zu haben, denn mehrere Gebäude brannten noch. Während ich schlief, hatte sich der Waggon gefüllt, und auch der Gang schien mit Soldaten vollgepfercht. Vermutlich war im ganzen Zug nur unser Wagen geheizt. Der Mief nahm einem den Atem. Ich drängte mich durch den Gang zur Toilette, fand sie aber von zwei schlafenden Soldaten besetzt. Einer ihrer Kameraden im Gang rief: „He, Franz, eine Dame", worauf die beiden mir anscheinend ohne wach zu werden nur den Rücken zudrehten. Als ich in mein Abteil zurückkehrte, saß auf meinem Platz eine Frau, die vom Gang hereingekommen war. Sie wirkte völlig erschöpft und schien schon halb zu schlafen. Ich fühlte mich wieder ganz frisch und war mir bewußt, daß ich, verglichen mit den anderen Fahrgästen, braungebrannt und geradezu unanständig gesund aussah. So beschloß ich, mir im Gang einen Platz zu suchen. Dort spielten ein paar Soldaten Skat und benützten die Tür zum Ankreiden. Weiter vorn saß ein lustiger Berliner auf seinem zusammengerollten Militärmantel und unterhielt die ganze Gesellschaft mit einer Schilderung seiner

Rolle beim Rückzug durch Frankreich. „Jelaufen – nischt wie jelaufen", sagte er gerade. „Nie in meinem Leben bin ich so schnell jelaufen." Er wandte sich zu mir und lächelte mich an. „Nehmen Se Platz, Fräulein – nein, Moment, warten Sie, bis ich die Kissen glattgestrichen und das Sofa abgebürstet habe." Er sprang auf, in seiner viel zu großen Uniform und seinen Riesenstiefeln fast verschwindend, und bot mir einen Platz auf seinem Mantel an. Dann setzte er seine Erzählung fort.

„Sie haben sicher noch nie eine Armee davonlaufen sehen – der komischste Anblick auf Gottes Erdboden, kann ich Ihnen sagen. Wenn eine Armee einmal zu laufen anfängt, gibt's kein Halten mehr. Zuerst haben wir unsre Feldflaschen weggeworfen, dann die Helme, Gürtel und die Munition – schließlich sogar die Gewehre. Und dann sind wir nur noch getürmt!" Er lachte laut auf. „Ich seh sie noch, wie sie uns gejagt haben. Wenn wir über den einen Hügel rannten, waren sie gerade auf dem hinter uns. Amerikaner, wissen Se, mit denen war's nicht so schwer. Jedesmal, wenn wir ‚Scheiße!' gebrüllt haben, sind sie in Deckung gegangen. Sie haben sich Blasen an den Füßen gelaufen, genau wie der arme Jupp hier – he, Jupp!" Er gab einem Soldaten mit einem Gesicht wie ein Posaunenengel, der leicht schwitzend an der Tür auf seinem Tornister saß, einen Stoß. „Aber wir haben's geschafft, was, Kamerad?" Jupp lächelte ihn gutmütig an und nickte; er schien halb zu schlafen.

Es war offensichtlich, daß der kleine Berliner der Witzbold der Gruppe war, und vermutlich trug er meinetwegen auch ein bißchen dick auf.

„Wohin geht die Reise jetzt?" fragte ich ihn. „Keine Ahnung", antwortete er, „wir müssen uns in Magdeburg melden. Aber eines kann ich Ihnen sagen, Fräulein, ich bin auf ein Eisernes Kreuz nicht scharf; und ich werd mich auch ranhalten, daß ich kein hölzernes kriege. Ich hab's so weit geschafft, und wenn der Krieg vorbei ist, will ich wieder in Berlin sein, bei meiner Alten und hinter meinem Gemüsestand." Sein Tonfall hatte sich verändert, und ich warf ihm einen raschen Blick zu. Erkannte ich in diesem Durchschnittsgesicht plötzlich einen Anflug von Trotz und Zorn? – Ja doch! – Wir sahen uns an, der kleine Berliner und ich, und hatten einander, ohne weitere Worte, verstanden. Wir wurden beide herumgestoßen, das wurden wir wirklich. Wir waren in eine unbarmherzige, unlenkbare Maschine geraten, aber bei Gott, wir würden uns nicht erdrücken lassen – dazu waren wir beide fest entschlossen.

Mir fiel ein, daß ich in meinem Rucksack eine Flasche Kirschwasser hatte. Sie war eigentlich ein Geschenk für Arnold, aber was tat's. Ich zwängte mich wieder in mein Abteil und kehrte mit der Flasche unterm Arm zurück – ein voller Liter. Ich hatte sie auf einer recht verwegenen Hamsterfahrt an den Rhein gegen eine silberne Teekanne eingetauscht. Beim Anblick der Flasche wurde unsere kleine Gruppe auf wundersame Weise größer, selbst die Skatpartie schien sich aufzulösen. Irgend jemand holte ein Taschenmesser heraus, entkorkte die Flasche und reichte sie mir mit einer Verbeugung zurück – „zum Wohl, Gnädigste."

„Auf nächste Weihnachten – zu Hause!" sagte ich und verschluckte mich beim ersten Zug ein bißchen. Es war guter, kräftiger Kirsch, direkt vom Bauern und viel stärker als sonst üblich. Die Flasche machte die Runde, die Soldaten wischten sie am Ärmel ab und murmelten: „Weihnachten – Heimat" – und als Jupp an der Reihe gewesen war, fummelte er in seiner Tasche und brachte eine Mundharmonika zum Vorschein. Er klopfte sie gegen das Knie und setzte sie an die Lippen. Die ersten Töne jenes wehmütigsten aller deutschen Soldatenlieder erklangen, zuerst etwas zaghaft, aber dann gewannen sie an Kraft und übertönten das Rumpeln des Zuges – „In der Heimat, in der Heimat, da gibt's ein Wiedersehn."

Wir summten leise mit, jeder von uns seinen eigenen Gedanken nachhängend. Peter in Ravensbrück, der Schwarzwald, England – wo waren meine Brüder? Und meine Schwester in Kanada? Ein blonder Junge im Hintergrund ging mühelos in die zweite Stimme über. „In der Heimat, in der Heimat ..."

Ich trennte mich in Magdeburg nur schwer von meinen Freunden. Wir hatten die ganze Nacht hindurch, bis in den Morgen, geredet und die Flasche Kirschwasser geleert. Einmal hatte Jupp, der in München Kellner gewesen war, sich mir zugewandt und gewispert, man merke, daß eine Dame anwesend sei, weil seine Kameraden sich so gewählt ausdrückten. Da jedes zweite Wort ein deftiges Schimpfwort war, fragte ich mich in meinem leicht benebelten Zustand, welche Ausdrücke sie wohl gebraucht hätten, wenn ich nicht dabeigewesen wäre.

Sie hätten jeder Armee auf der Welt angehören können, diese Landser in meinem Zug. Von der launischen Willkür höherer

Autorität umhergestoßen, nach Osten, nach Westen und jetzt wieder nach Osten. Sie hegten keinen Haß, keinen Groll gegen jemand Bestimmten, keinen besonderen Ehrgeiz, sie wollten nur am Leben bleiben und zu den Ihren zurückkommen – wenn auch manche von ihnen keine Ahnung hatten, wo ihre Familien waren. Heini, der kleine Berliner, mit jenem Galgenhumor, wie er nur in Großstädten gedeiht, hätte fast ebensogut ein Londoner Cockney sein können.

Als er Abschied nahm, reckte er seine schmalen Schultern, schlug die Hacken zusammen, hob den rechten Arm und sagte: „Für jeden, der es noch hören will, ‚Heil Hitler' und so weiter, und so weiter." Mit einer einzigen absurden Geste brachte er es fertig, das ganze elende Theater zu karikieren.

Nach Magdeburg siedelte ich in einen der hinteren Wagen über, die zwar nicht geheizt, aber sicherer waren. Jede Station, die wir passierten, war mit Flüchtlingen überfüllt; geduldige Gruppen von alten Leuten, Frauen und Kindern, umgeben von ihren Habseligkeiten in Bündeln und Säcken. Sie schienen auf Züge zu warten, die nach Westen und Süden gingen. Trotz des klaren Himmels waren anscheinend keine feindlichen Flugzeuge in der Nähe, und am Spätnachmittag kamen wir in Berlin an. Die trostlosen grauen Ruinen der großen, unbezwingbaren Stadt nahmen uns auf. Waren die Trümmerhaufen seit dem September zahlreicher geworden?

„Wenn sie noch mehr Ziele treffen wollen, müssen sie sie selber mitbringen", hatte mein kleiner Berliner gesagt. Ich verstand, was er gemeint hatte.

Berlin

(Winter 1944)

Es war schon spät am Nachmittag und bereits dunkel, als ich im Falkenried ankam. Die trüben Straßenlampen beleuchteten den grauen Schnee, und die Villen standen finster und unnahbar hinter ihren Gartenzäunen. Ich konnte nicht erkennen, ob einige nicht überhaupt fehlten. Unsere Gartentür schwang auf ungeölten Scharnieren quietschend hin und her. Vermutlich gab es niemanden mehr, der den elektrischen Türöffner reparieren konnte, den man vom Haus aus bediente. So suchte ich meinen Weg im Dunkeln und klopfte an die Haustür. Ich mußte eine Weile warten – damals ließ man sich mit dem Öffnen Zeit –, und dann kam von drinnen Mabels Stimme: „Hallo, wer ist da?" „Chris!" Die Tür flog sofort auf, ein Lichtstrahl fiel kurz auf den Schnee, sie zog mich hinein und schloß rasch hinter mir zu. „Chris, du Gute, willkommen. Komm rein, komm rein, wir haben uns schon gefragt, wann du wohl erscheinen wirst."

Die Tür zum Wohnzimmer ging auf, und Arnold kam in die Diele. „Herzlich willkommen, Chris, schön, daß du da bist." Er trat mit einem jungenhaften Lächeln auf mich zu und nahm meine Hand. Eine Sekunde lang legte er die andere Hand auf die Lippen und warf mir einen raschen Blick zu. Dann sprach er schnell weiter: „Du wirst müde sein, du hast sicher eine anstrengende Fahrt hinter dir. Komm herein, setz dich und trink einen Kaffee, echten Bohnenkaffee. Oder möchtest du lieber in dein Zimmer gehn? Wir haben alle rausgesetzt, und es gehört jetzt wieder dir. Warte einen Moment." Er nahm meinen Rucksack, ging mir voraus und stieß die Tür unseres Schlafzimmers auf. Sauber und aufgeräumt, warm und gemütlich, auf dem Toilettentisch stand sogar eine Azalee. Es war unser Zimmer, wie Peter und ich es verlassen hatten.

Ich wusch mir die Hände, machte mich ein bißchen zurecht und holte meine kargen Gaben aus dem Rucksack. Ein Laib Hausbrot, ein Pfund Butter, ein Stück Rauchfleisch. Ich hatte ein schlechtes

Gewissen wegen der Flasche Kirsch, und angesichts der Azalee fügte ich dem bescheidenen Häuflein zwei von Frau Muckles Würsten hinzu.

Im Wohnzimmer saßen Mabel und Arnold vor einem prasselnden Feuer am Kaffeetisch. Als ich eintrat, standen sie rasch auf und ich spürte, daß sie etwas verlegen waren. Mir lag daran, eine entspannte Atmosphäre zu schaffen, denn sie waren ja Freunde, und ich war um sie froh. „Das Haus steht also noch, wie wunderbar", sagte ich, „keine einzige Fensterscheibe kaputt. Was sagt Ihr zu meinem Spionagedienst? Ich hab natürlich eine besondere Verbindung zu Bomber Harris, aber Spaß beiseite, wie habt Ihr denn das fertiggebracht? Alles sieht so unwahrscheinlich heil aus."

„Nun, wir tun, was wir können, Chris. Die Doppelfenster werden mit Kissen ausgepolstert, sobald es Alarm gibt, und irgendeiner hält immer nach Brandbomben Ausschau."

Sie erzählten mir, daß bis jetzt nur eine das Haus getroffen habe. Sie sei durch Dach und Speicher gefallen, habe ein Loch in die Decke geschlagen und sei auf dem Sofa gelandet. Zum Unglück sei es eine mit Sprengsatz gewesen, und gerade als Ton, der im Splittergraben auf Wache stand, mit einem Sack über den Rasen rannte, sei sie losgegangen, habe meinen Schreibtisch beschädigt und den Heizkörper durchlöchert, so daß das Wasser durch das ganze Zimmer gelaufen und auch irgendwie unters Parkett gesickert sei. Daher der merkwürdige Buckel neben der Tür. Ich hatte schon von diesen explodierenden Brandbomben gehört: eine besonders niederträchtige ‚Waffe', offensichtlich erdacht, um den Tollkühnen, der ein paar seiner irdischen Güter retten wollte, zu töten oder zum Krüppel zu machen, vielleicht ein Beispiel dafür, daß die Deutschen nicht allein Meister der wohlberechneten Grausamkeit waren.

Ich legte meine Geschenke auf den Tisch und war von dem lauten Beifall, den sie fanden, fast beschämt. „Du liebe Zeit, echte Butter. Aber das kann doch nicht wahr sein, und Rauchfleisch – wann hab ich zum letztenmal Rauchfleisch gesehen?" Plötzlich fiel mir ein kleines Glas Erdbeermarmelade ein, das ich mehrere Jahre vorher, bei Kriegsausbruch, im Keller in einem Eimer versteckt hatte. „Wartet einen Augenblick", sagte ich, lief die Kellertreppe hinunter, vorbei an den lächerlichen Luftschutzgeräten, und kam triumphierend zurück. „Und jetzt", sagte ich, „ran an die Bouletten." Es machte Spaß, ihnen beim Futtern zu-

zusehen. Der Kaffee schmeckte ganz ähnlich wie der in Rohrbach – einige wenige Bohnen auf einen Liter Wasser –, aber er half uns ein bißchen über unsere Verlegenheit hinweg. Die Unterhaltung hatte sich dahingeschleppt, entweder redeten wir alle zugleich oder wir schwiegen, aber nach dem Kaffee kam das Gespräch in Gang, obwohl wir noch immer das Hauptthema, den Grund meiner Reise nach Berlin, sorgfältig vermieden.

Als der Laib Brot bis auf den letzten Krümel aufgegessen und wir mit Kaffee angefüllt waren, als das Marmeladenglas geleert und in die Butter ein gewaltiges Loch gemacht worden war, gab Arnold das Zeichen, den Tisch abzuräumen. Mabel trug das Teegeschirr hinaus; als sich hinter ihr die Tür geschlossen hatte, wandte ich mich sofort Arnold zu, der mir gegenüber in Peters Sessel saß. „Ich weiß, ich weiß, Chris, du kannst es kaum erwarten.“ Er stand auf, ging durchs Zimmer und zog den Telefonstecker heraus. „Du willst natürlich hören, wie es mit Peter steht.“ Er zögerte kurz und fuhr dann fort: „Ich sage es dir am besten gleich, ich bin nicht allzu glücklich über den Lauf der Dinge und daher froh, daß du hier bist. Mach dir keine unnötigen Gedanken“, fügte er rasch hinzu, „es ist nichts Definitives geschehen. Das ist es eigentlich, was mich beunruhigt.“ Er lehnte sich im Sessel zurück, schob das Kinn vor, machte die Augen halb zu und fuhr in perfektem Englisch fort. „Nun, wie ich dir bei deinem letzten Besuch schon gesagt habe, ich weiß, daß Peter überhaupt nichts mit der Geschichte vom 20. Juli zu tun hat. Nachdem du damals weggefahren warst, habe ich alle Hebel in Bewegung gesetzt, um ihn von Graudenz nach Berlin zu schaffen. Es gelang mir, einen Gesprächstermin mit Kriminalkommissar Lange, dem für den Fall 20. Juli zuständigen Abteilungsleiter bei der Gestapo, zu bekommen. Ich fuhr mit deinem Schwager Vogler hin. Wir hatten verabredet, daß er sofort meinen Chef im Rüstungsministerium verständigen sollte, falls ich nach Ablauf einer Stunde noch nicht von meiner Besprechung mit Lange zurück wäre. Lange ist nicht der angenehmste Zeitgenosse, er ist ein erfahrener Vernehmer und hat es auf etwas Bestimmtes abgesehen. Wir kommen nicht um die Tatsache herum, daß Peter Freunde, viele Freunde hatte, die sehr maßgebend an der Verschwörung beteiligt waren, wenn auch die meisten von ihnen tot sind, was für ihn ein Glück ist.“ Ich blickte ihn an: meinte er es ernst oder hielt er sich nur an die Spielregeln, nach denen er zu handeln beabsichtigte? Sein Ausdruck war unergründlich und so beschloß ich, was immer er im Sinn haben mochte, mich auch an diese Spielregeln zu halten.

„Nach meiner Meinung", fuhr Arnold fort, „hat die Gestapo nichts Spezifisches gegen Peter, aber ich möchte wetten, daß er bei ihr persönliche Antipathie erweckt hat. Ich glaube nicht, daß seine Vernehmungen sehr glücklich verlaufen sind. Lieber Himmel, Chris, er ist zu groß und zu arrogant, um nicht ihren Haß zu erregen." Er warf mir rasch ein Lächeln zu. „Ich kann mir so gut vorstellen, daß er sie alle wie Dreck behandelt, du nicht? Und das paßt ihnen natürlich nicht. Das Zweite, was seine Vernehmungen erschwert, ist der Umstand, daß er vom Tode Trotts und Langbehns womöglich nichts weiß. Als ich ihn in Ravensbrück besuchte, habe ich zwar versucht, es ihm mit Mundbewegungen und Zeichen anzudeuten, aber es ist möglich, daß er es nicht verstanden hat und sie daher noch zu decken versucht."

Es war das erste Mal, daß ich von Carls Tod hörte, und ich war noch nicht gegen solche Dinge abgehärtet. Ich wollte etwas sagen, wollte fragen, ob er es sicher wisse, ob es denn wahr sein könne – aber ich brachte kein Wort heraus. Vor mir stieg das Bild einer kleinen, geängstigten alten Dame mit einem riesigen Stahlhelm auf, ‚Muttl', die tapfer die Luftangriffe durchgestanden hatte, um ihrem Sohn bis zuletzt nahe zu bleiben. Irmgard, hochgewachsen, dunkel, zurückhaltend, ihre Heiterkeit und Wärme hinter einer scheuen Maske der Passivität verborgen.

Arnold schien meine Frage zu ahnen. „Ich würde es dir nicht erzählen, wenn ich es nicht sicher wüßte", sagte er. „Wie gesagt, Peter versucht vielleicht, sie in irgendeiner Weise zu decken, und nun kommst du dran. Du mußt übrigens am Achtundzwanzigsten um zehn Uhr vormittags in Ravensbrück sein, das ist übermorgen. Du wirst nur ungefähr zehn Minuten mit ihm sprechen können, aber in dieser Zeit mußt du versuchen, ihm irgendwie klarzumachen, daß seine Freunde nicht mehr am Leben sind. Sie können ihn nicht belasten und brauchen keinen Schutz mehr."

„Ich werde mein Bestes tun, Arnold", war alles, was ich zu sagen vermochte, und dann dankte ich ihm für alles, was er getan hatte.

Er stand auf, und ich betrachtete ihn neugierig. Was mochte er wohl jetzt denken? Er war viel zu gescheit, um nicht zu wissen, daß Peter ebenfalls ‚bis zum Hals' in dieser Sache steckte. Er ging zum Telefon, aber bevor er es wieder einstöpselte, wandte er sich um und schaute mich sehr freundschaftlich an. „Ich habe nichts für Drückeberger übrig“, sagte er. „Ich bin selber keiner und du, glaube ich, auch nicht.“ Er öffnete die Tür und rief nach Mabel. Dann sagte er lächelnd: „Nun werden wir einen heben. Mabel, bring die Gläser. Trinken wir darauf, daß wir Peter bald wieder bei uns haben.“ Er verfiel ins Hamburgerische. „Der gute Schunge, er fehlt mir sehr.“

Bevor ich schlafen ging, stieg ich noch zum Kinderzimmer hinauf, um die holländischen Jungen zu besuchen. Sie bereiteten mir einen stürmischen Empfang. Ton schwenkte meinen Arm auf und nieder, bis es weh tat, und Gerd machte eine Verbeugung und küßte mir die Hand. Sie waren nicht mehr allein und machten mich mit ihrer Schwägerin und einem anderen Mädchen bekannt, das, zumindest offiziell, als ihre Kusine galt. Das Zimmer sah aus wie ein Zigeunerwohnwagen. Nicht ganz allerdings, da die Wände mit einem komplizierten Netz von Drähten verziert waren, die eine Unmenge kostspielig aussehender elektrischer Geräte miteinander verbanden. In der Ecke stand ein Kochherd, dessen Rohr durchs Fenster ins Freie führte. Neben dem Herd stand ein Sack, der anscheinend braune Bohnen enthielt. Die jungen Holländer sahen gutgenährt aus, eigentlich besser als Mabel und Arnold, und als ich Ton wegen der Drähte fragte, erklärte er mir fröhlich, daß sie praktisch alles im Zimmer bei der UFA geklaut hätten. „Aber das ist noch gar nichts gegen das, was wir im Splittergraben haben“, sagte er, „dort haben wir Telefone und Detektoren, Licht natürlich auch, und eine Klimaanlage. Wenn der Krieg noch lange dauert, werden wir sogar ein Privatkino haben.“ Ich war verblüfft über seine Geschicklichkeit nicht nur als Elektriker, sondern auch als Dieb. Einige der Gegenstände waren so groß, daß ich nicht verstand, wie er sie unbemerkt hatte hierherbringen können. Er sagte mir, er habe sie stückweise herausgeschmuggelt und abends dann wieder zusammengebastelt. Ich beglückwünschte sie auch, daß das Haus noch stand und in so gutem Zustand war, und Gerd antwortete, sie wüßten nicht wohin, wenn dem Haus etwas geschähe. „Wer weiß, was die Wärter im Lager mit uns anstellen, wenn das Ende kommt?“ sagte er. Dann merkte er anscheinend, daß seine Bemerkung vielleicht nicht ganz angebracht war, und er setzte etwas schüchtern hinzu: „Ton und ich und die andern im Lager haben's nicht so sehr mit dem Beten, aber seien

Sie versichert, wenn Gebete überhaupt helfen, dann kommt Dr. Bielenberg heil und gesund heraus."

Ich ging in die Küche, um mir eine Wärmflasche zu füllen, und während ich wartete, daß der Kessel auf der winzigen Gasflamme, die überhaupt keinen Druck zu haben schien, zum Kochen kam, wanderte ich noch einmal ins Wohnzimmer zurück. Ich machte kein Licht, sondern ging zu der Flügeltür, zog die Vorhänge zurück und die Verdunkelungsrollos hoch. Draußen schneite es, große, weiße Flocken, die zerschmolzen, wenn sie die Scheiben berührten. Es war alles so unwirklich. Der Christbaum hinter mir im Zimmer gehörte nicht mit Watte behängt in die Ecke, sondern mitten ins Zimmer, mit Zuckerwerk und Lametta geschmückt, und müßte sich langsam, ein bißchen ruckartig auf dem alten Silberuntersatz drehen, wie er es schon getan hatte, als Peters Großvater noch ein Kind war. Das Zimmer sollte nicht ordentlich aufgeräumt sein und nach Zigarren riechen, sondern mit Weihnachtspapier besät, und vom würzigen Geruch von Lebkuchen und Kerzenwachs erfüllt sein, jenem Duft, der für jedes deutsche Kind Weihnachten bedeutet.

Ich erinnerte mich an ein besonderes Weihnachten – 1941 –, als Peters alte Eisenbahn der Clou des Abends war. Das Weihnachtsessen war damals kein großer Erfolg, denn Peter hatte einige Monate vorher eine Fahrt aufs Land gemacht, von der er mit drei jungen Gänsen zurückkehrte: Sie fraßen meinen ganzen Kohl auf und verunstalteten den Rasen, wurden aber auch in den Kreis der Familie aufgenommen und begrüßten uns jeden Morgen durch die Flügeltür, wenn wir beim Frühstück saßen. Als für eine von ihnen das letzte Stündlein geschlagen hatte, schob Peter den traurigen Augenblick so lange wie möglich hinaus, bis schließlich seine Würde auf dem Spiel stand. Nachdem er fast eine ganze Schachtel Zigaretten geraucht hatte, schlich er sich, bewaffnet mit einem Beil, grün im Gesicht, aber finster entschlossen, hinter das Haus und vollbrachte die Tat. Wir hatten es vor den Kindern verheimlicht, und als unser Weihnachtsmahl, knusprig und braun, mit Äpfeln gefüllt und mit Rotkohl garniert auf den Tisch kam, fanden Clarita und ich nicht, daß es noch viel Ähnlichkeit mit unserem ehemaligen Hausgenossen hatte. Nicky ließ sich jedoch nicht täuschen. Er hatte sich beherrscht, bis sein Teller gefüllt war, dann warf er das Besteck hin, brach in Tränen aus, rannte aus dem Zimmer und rief weinend: „Man kann doch nicht Freunde essen!" Danach war keinem von uns recht wohl zumute. Die Eisenbahn stellte das Gleichgewicht wieder her. Peter und Adam lagen auf dem Teppich, miteinander wetteifernd, wie sie die Gleise möglichst einfallsreich auslegen könnten, während die Jungen gebannt zuschauten. John kauerte mit hochgezogenen Augenbrauen und halb geschlossenen Luchsaugen entrückt über der Lokomotive, und ich wußte, er wartete nur darauf, daß die Luft rein war, um die Gleisstücke auseinanderzunehmen und nach seiner eigenen Vorstellung wieder zusammenzubauen. Clarita und ich saßen wie behäbige Glucken auf dem Sofa. Sie erwartete Adams Sohn und ich Peters Tochter, die im März und Mai 1942 auf die Welt kommen sollten. Daß es eine Tochter für Adam und Clarita und für uns ein weiterer Sohn wurde, war vielleicht im ersten Augenblick eine Enttäuschung, doch gereichte es schließlich zu unser aller Zufriedenheit – o Gott, diese Erinnerungen.

Später hatten Adam und Peter, die Beine zum Feuer hingestreckt, entspannt, satt, zufrieden dagesessen. Ein gewaltiger Rülpser Adams, ein Trick, den er in China gelernt hatte, wo das Rülpsen, wie er uns versicherte, nach einem guten Essen als Höflichkeitsausdruck erwartet wurde, und der zu seiner Befriedigung niemals ohne laute Proteste hingenommen wurde. Clarita: „Adam, aber wirklich!" Chris: „Nun mach mal einen Punkt!" Peter: „Adam, du bist ein unverbesserliches Schwein!" Und die Geschichten, von anderen Weihnachten, Jahre zuvor, die wir einander erzählt hatten; der kleine Adam, wie er ganz allein durch seine verschneiten hessischen Wälder wanderte und nach dem Weihnachtsmann suchte; Clarita und Peter, Kinder ehrbarer Hamburger Bürger, wie sie still und verzaubert die Weihnachtsmesse in der Michaeliskirche erlebten oder an gewaltigen Familiengelagen teilnahmen – Karpfen mit Meerrettichsauce, Gänsebraten und Rotkohl. Die Nacht, in der ich ein unmißverständliches Rascheln vor der Tür des Kinderschlafzimmers vernahm und mein Verdacht endlich Gewißheit wurde, als ich meinen Vater flüstern hörte: „I hope to God they're asleep, Girl, because I want to get to bed."

Der Schnee fiel nun dichter. Weiche Flocken sammelten sich an den Fenstern, schmolzen, rutschten an den Scheiben herab und in die Dunkelheit des Gartens. Ich ging zum Kamin und stocherte mit dem Fuß in der Asche, sie glühte schwach auf, und dann wurde auch sie dunkel.

In diesem Zimmer waren zu viele Erinnerungen lebendig, und ich mochte nicht länger bei ihnen verweilen, weil ich den Gedanken nicht ertragen konnte, daß vielleicht alles nur zu einem Schauspiel gehörte. Die Kulissen waren noch die gleichen, aber die Schauspieler hatten gewechselt, und nur ich war noch von der ursprünglichen Besetzung übriggeblieben.

Lexi

(Winter 1944)

Am nächsten Tag besuchte ich Lexi. Mabel hatte mir gesagt, sie glaube, Lexi wohne noch immer in der Budapester Straße, allerdings sei ihr schleierhaft wo, denn das ganze Gebiet um den Zoologischen Garten sei ärger verwüstet als jeder andere Teil von Berlin.

Im neugefallenen Schnee wirkte der Falkenried sauber und frisch, und der Splittergraben in Langbehns Garten schimmerte wie ein gemütlicher Iglu. Der Himmel war zwar bedeckt, aber die wundertätige Luft Berlins erfrischend und anregend wie immer.

Ich überquerte die Straße, damit ich nicht an Langbehns Gartentür vorbeizugehen brauchte. Einmal würde ich Mutter Langbehn gegenübertreten müssen, aber ich war noch nicht dazu imstande.

Die Flakgeschütze der Domäne Dahlem trugen ihre Schutzhauben; sie schienen an diesem Tag nichts Unerfreuliches zu erwarten. Zwei Jünglinge in blau-grauer Uniform mit den roten Aufschlägen eines Flakregiments, warteten an der Omnibus-Haltestelle. Sie wirkten unglaublich jung, fünfzehn vielleicht, nicht älter, und der eine hatte beim Lachen sogar noch Schwierigkeiten mit dem Stimmbruch.

Der alte M-Omnibus – von seinen Stammfahrgästen Emma getauft – hielt im Schneematsch rutschend an und rollte dann mit uns weiter, die Cäcilienallee hinunter und an Adams Wohnung vorbei. Die Fensterläden waren geschlossen, und der Schnee bedeckte die toten Blumen in den Kästen um den Balkon. Ich erinnerte mich, wie stolz Clarita auf ihre Blumenkästen gewesen war, und seit sie mit den Kindern nach Imshausen übersiedelt war, hatte Adam die armen Gewächse jede Woche einmal treu und brav mit Wasser überschwemmt.

Als wir, an den neuen und den alten Ruinen vorbei, Halensee erreichten, beschloß ich auszusteigen und den Kurfürstendamm zu Fuß hinabzugehen. Vielleicht ging ich besser doch noch zum Friseur, ehe ich Lexi und, morgen, Peter besuchte. Ich war es leid, wie eine zu groß geratene Ausgabe der Jungfrau von Orleans auszuschauen. Außerdem hätte ich gern das nette Fräulein Lydia wiedergesehen und gehört, wie es mit ihren Heiratsplänen gegangen war. Sie war ein so hübsches, zuversichtliches Ding, und obwohl ihr Jürgen in Rußland im dichtesten Kampfgetümmel stand und sein Urlaub dreimal verschoben worden war, war sie immer überzeugt, daß er es heil überstehen werde. Fräulein Lydias Schwester war mit einem Engländer verheiratet, der auch Friseur war und einen Salon in der Nähe von London hatte. „Schorrerdisch" (Shoreditch) hatte sie den Ort genannt, und wir waren uns, als 1940 die Bomben auf London fielen, recht nahe gekommen, wenn wir einander im Schutz der brausenden Trockenhaube Trost zusprachen.

Fräulein Lydia war sehr überarbeitet, als ich sie im September wiedergesehen hatte, denn Herr Walter, der Besitzer des Damensalons, war einer Psychose zum Opfer gefallen, die nicht wenige Deutsche ergriffen hatte. Mit ihrem angeborenen Hang zur Gründlichkeit und ihrer unheimlichen Unkenntnis der – wie mir schien – einfachsten Regeln menschlichen Verhaltens hatten sie ein Luftwarnsystem ausgeklügelt, das es jedem, der wollte, möglich machte, jederzeit herauszufinden, wie viele feindliche Flugzeuge sich gerade über dem Reichsgebiet befanden, in welcher Richtung sie flogen und welcher Stadt ein Luftangriff drohte. Es ging das Gerücht, daß die Position der gewaltigen Verbände genau angegeben, ja sogar die anfliegenden Maschinen gezählt werden könnten, sobald sie die englische Küste hinter sich gelassen hatten. Man könnte sich über ihre Position informieren, indem man eine bestimmte Wellenlänge auf dem Radio einstellte und sich beschwingte Tanzmusik anhörte, die von Zeit zu Zeit durch Meldungen unterbrochen wurde: Achtung, Achtung, eine Luftlagemeldung – einhundert – zweihundert – eintausend – zweitausend schwere Bomber sind im Anflug über der Nordsee. Diese Nachricht wurde für die Berliner erst dann interessant, wenn der Ansager seine Hörer informierte, daß die ‚Spitze der feindlichen Verbände' den Raum nördlich der Elbe erreicht habe und südöstlichen Kurs halte. Ihr Ziel mochte dann zwar noch immer Hamburg sein oder Hannover oder sonst eine Stadt, die in der Richtung lag – oder eben Berlin.

Ich verspürte selten Lust, von dieser Gelegenheit, die aufreibende Warterei noch zu verlängern, Gebrauch zu machen; und tat ich es doch, so mußte ich beschämt erleben, daß ich unwillkürlich einen Seufzer der Erleichterung ausstieß, sobald sich herausstellte, daß eine andere Stadt als die, in der ich mich gerade aufhielt, zerstört werden sollte.

Herr Walter aber war dieser Psychose völlig erlegen, und er hing den größten Teil des Tages am Radio. Er hatte in dem Kämmerchen hinter der Kasse riesige Karten von ‚Großdeutschland' an die Wand genagelt und verfolgte den Kurs der Maschinen mit bunten Steckfähnchen. Manchmal, wenn der Luftraum über dem Reich nicht so belebt war, gerieten die Fähnchen mit den Lockenwicklern und den Wattebäuschchen in seinem Kästchen durcheinander; zu anderen Zeiten wieder schillerte seine Karte in den buntesten Farben. Ein Magengeschwür und eine endlose Liste innerer Leiden hatten Herrn Walter vom Militärdienst abgehalten. Vielleicht bot ihm sein Treiben eine gewisse Entschädigung und auch Befriedigung. Jedenfalls stürzte er in solchen Augenblicken herein und verkündete: „Meine Damen, Sie müssen sich beeilen." Seine Stentorstimme übertönte das Dröhnen aller Trockenhauben, ehe sie infolge des schwächer werdenden Stroms ohnedies nur noch leise summten. „Eintausend schwere Bomber sind im Anflug auf unsere Stadt, und wenn sie sich nicht entschließen sollten, ihre Ladung auf Hamburg oder die Leunawerke abzuwerfen, dann haben wir zwei Stunden lang nichts zu lachen. Beeilen Sie sich, meine Damen, beeilen Sie sich." Herr Walter war entschieden mehr am Luftkrieg als an den Nerven seiner Kundinnen interessiert, von denen manche womöglich gerade an ihren Dauerwellenapparat gekettet waren. Es folgte ein gespanntes Schweigen, während wir auf den Voralarm warteten. Fräulein Lydia machte sich ruhig und sachverständig ans Werk, polsterte die Fenster aus und gab den beiden verängstigten Lehrmädchen leise Anweisungen, während wir Damen nebeneinander dasaßen und der recht alberne Ausdruck prüfender Selbstzufriedenheit plötzlich von unseren Gesichtern wich, wenn wir uns fragten, ob unsere Frisur diesmal wohl fertig werden würde. Es war natürlich eine Glückssache. Warum ging man überhaupt noch zum Friseur? Vielleicht half es, die Illusion aufrechtzuerhalten, das Leben müsse normal weitergehen, denn wenn eine höhere Gewalt bestimmt hatte, daß ‚unsere Stadt' heute dran war, mußten wir natürlich alle, ob mit fertiger oder halbfertiger Dauerwelle, ganz oder halb gefärbt, wie wir eben waren, in den Luftschutzkeller, in dem oft genug alsbald alles voller Staub war. Wenn wir wieder nach oben gehen konnten, mußten Herr Walter und Fräulein Lydia und die beiden verängstigten Lehrmädchen mit unserer Verschönerung wieder von vorn anfangen.

Ich werde nie vergessen, wie eines Tages in der Kabine nebenan eine üppige germanische Erscheinung saß, deren schwere blonde Zöpfe zu einer Gretchenfrisur aufgesteckt waren. Fräulein Lydia verriet das Geheimnis dieser Flechten nicht, sondern wickelte, als es in den Luftschutzkeller ging, ihrer Kundin ein Handtuch um den Kopf. Bei unserer Rückkehr aber standen die Vorhänge der Kabine offen, und welch ein Bild bot sich! Die schimmernden Zöpfe, Wahrzeichen deutschen Frauentums, hingen wie geräucherte Aale an der Trockenhaube. Fräulein Lydia und ich wurden von einem Lachanfall gepackt, als die Walküre gekränkt ihren ramponierten Ehrenkranz an sich riß und aus dem Salon hinausschritt, um wohl nie mehr wiederzukehren. „Sie war sowieso eine alte Nazisse", bemerkte Fräulein Lydia, und wir waren uns einig, daß es auf der ganzen Welt nichts Ekelhafteres als falsche blonde Zöpfe gebe.

Versunken in meine Erinnerungen an Fräulein Lydia, ihren Jürgen, Herrn Walter und seine Steckfähnchen, langte ich vor der Fassade von Nr. 175 an. Ich stand im Hauseingang und schaute nach oben, durch ein leeres Gehäuse in den Himmel. Im dritten Stock waren noch die rosaroten Seidentapeten und die verbogene Vorhangstange zu erkennen. Ein kleines Holzkreuz auf dem Schutthaufen vor mir zeigte an, daß darunter Tote begraben waren.

Hatte Jürgen seinen Urlaub noch bekommen? War er zurückgekehrt um dies vorzufinden? Ich schloß die Augen, bevor ich mich abwandte. Alle Fäden, aus denen das Tuch meines Lebens gewebt war, schienen rings um mich abzureißen. So viele Menschenleben so unvermittelt abgebrochen, wenn es doch noch so viel zu erzählen gab. Ein Blitz, ein ohrenbetäubendes Krachen und ein hölzernes Kreuz auf einem Haufen Schutt. Vielleicht würde schon bald auch der Hauptfaden reißen, würde auch ich abgetreten sein, denn es schien keinen besonderen Grund zu geben, warum gerade meine eigene Geschichte nicht ebenso ein jähes Ende nehmen sollte.

Als ich vor der zerbombten Kaiser-Wilhelm-Gedächtniskirche stand, fand ich mich von einem erstarrten Meer der Zerstörung umgeben. Noch nie hatte ich solche Verwüstung gesehen. In der Budapester Straße gab es nur noch ausgebrannte Ruinen, kein einziges Gebäude war stehengeblieben. Der Schutt war ordentlich beiseite geräumt und reichte bis zu den klaffenden Fensterhöhlen im ersten Stock. Eine dünne Schneeschicht, die die Gehsteige bedeckte, dämpfte meine Schritte. Vor mir war nur ein Hund über den Schnee gelaufen, was man an den Spuren sah. Das war das Zentrum Berlins, der Hauptstadt von Hitlers machtvollem Reich, das, wie er geprahlt hatte, tausend Jahre währen werde, und ich war allein in einer schweigenden Geisterstadt.

Ich ging bis dorthin, wo früher das Hotel Eden gestanden hatte, ehe mir klarwurde, daß hier unmöglich jemand wohnen konnte. Ich machte kehrt und blieb unschlüssig im Schatten der Gedächtniskirche stehen. Was sollte ich nun tun? Es fiel mir schwer, die Hoffnung auf ein Wiedersehen mit Lexi aufzugeben, denn ich brauchte sie dringend. Da bemerkte ich auf der anderen Seite des Platzes ein arg mitgenommenes Telefonhäuschen. Ich überquerte den Platz – das Telefon selbst schien intakt zu sein – und wählte Lexis Nummer. Zu meiner Überraschung funktionierte es, denn ich hörte ein Läuten, und ein paar Minuten später meldete sich verschlafen, aber unverkennbar Lexis Stimme: „Hallo, hallo, Moment, wer ist da bitte?“ „Hier ist die Dahlemer Wäscherei“, sagte ich, „ich spreche von einer Telefonzelle. Würde es Ihnen etwas ausmachen, herunterzukommen und Ihre Wäsche zu holen, ich kann Ihren Hauseingang nicht finden.“ „Es ist der dritte Trümmerhaufen nach der Ecke.“ Sie hörte sich noch immer gelangweilt und schläfrig an. „Nein, warten Sie einen Moment, ich komm hinunter und hol sie selber.“

In die Budapester Straße zurückgekehrt, zählte ich die Trümmerhaufen und versuchte mir zu vergegenwärtigen, wo der Eingang des Hauses gewesen war, in dem Lexi wohnte. Ich betrachtete von der anderen Straßenseite den dritten Haufen etwas genauer und glaubte fast so etwas wie einen schmalen Pfad zu entdecken, der nach oben führte. Einige Minuten später schwang sich ein langes, schlankes Bein, das in einem großen Soldatenfilzstiefel steckte, über ein Fensterbrett im ersten Stock, und Lexi kam den Schutthaufen herabgerutscht. Sie trug einen hervorragend geschnittenen ungarischen Schafspelzmantel, und mit ihren langen, leichten Schritten brachte sie es trotz der Stiefel fertig, ungewöhnlich anmutig und elegant zu wirken. Als sie herankam, wurde ihr Gesicht völlig ausdruckslos. „Guten Morgen, Frau Dr. Bielenberg", sagte sie mit einem raschen Zwinkern. „Heil Hitler, Frau Direktor", übertrumpfte ich sie. „Wäre es möglich, daß wir ein paar Worte miteinander sprechen?" „Natürlich , natürlich, ich weiß schon, weswegen Sie gekommen sind. Dieser Kleiderkoffer, den Ihr Mann in unserem Keller zurückgelassen hat. Aber wie Sie sehen...", sie blickte rasch die Straße auf und ab, „wie Sie sehen, hat er nicht viel Glück gehabt, trotzdem können Sie gern hereinkommen."

Obwohl keine Menschenseele in der Nähe war, setzten wir unsere absurde Unterhaltung fort, als sie mich durch den Haufen von Steinen und Mörtel lotste. „Es tut mir leid, Frau Dr. Bielenberg, daß ich Sie diesen Weg führen muß, es ist eigentlich meine Abkürzung zum Zoo-Bunker." Sie machte eine Armbewegung in Richtung eines großen, fensterlosen Betonklotzes, der kantig und häßlich hinter den zersplitterten Baumstümpfen des ehemaligen Zoologischen Gartens emporragte. „Der Herrschaftseingang ist um die Ecke, in der Kurfürstenstraße", sie sprach immer gedehnter, „das Ganze ist so mühsam, finden Sie nicht? Die Bomben und die Flugzeuge meine ich, sie müssen uns für ein militärisches Ziel gehalten haben, aber es heißt, unser Führer wird bald einen genialen Einfall haben. Irgendeine Wunderwaffe, verstehen Sie? Phantastisch wird das werden, ganz phantastisch."

Wir kletterten durch das Fenster und rutschten den Abhang auf der anderen Seite hinunter. Heizkörper hingen wie betrunken von den Wänden, und ringsum lagen Trümmer von Möbeln, aber Lexi steuerte unbeirrbar ihren Kurs durch Türen und Fenster, bis wir in einen Hof gelangten. Ja, das war ihr Hof. Ich erkannte den mißgestalteten Faun in dem mit Schnee angefüllten Brunnen. Die schwere Eichentür auf der anderen Seite wirkte heil und unbeschädigt. Lexi stieß sie auf und eilte mir voran die dunkle Treppe hinauf. Dann riß sie die Wohnungstür auf, war mit ein paar Schritten beim Telefon, zog die Schnur heraus und wandte sich mir mit einem strahlenden Lächeln zu – „Chrislein, Liebling, das ist wirklich zu schön, das ist ja wunderbar! Ich wollte fast meinen Ohren nicht trauen, als ich deine Stimme am Telefon erkannte. Wo kommst du denn her? O Gott, ich fühle mich gleich um Jahre jünger."

Wir fielen einander in die Arme, und dann traten wir einen Schritt zurück und schauten einander durch einen Schleier von Tränen an. Sie angelte ein Taschentuch aus einem ihrer Stiefel, wischte sich die Augen und gab es mir. „Komm", schniefte sie und nahm mich bei der Hand, „ich muß hören, was du zu meiner Wohnung sagst. Das ist die Diele natürlich, du erkennst sie, das ist das Wohnzimmer mit Fenstern, und hier ist mein Schlafzimmer ohne Fenster, und wenn du durch die Tür da gehst, fällst du direkt in den Keller. Aber es ist doch ganz gut, findest du nicht? Nett und auch nah am Bunker. Ich hab eine Heidenangst vor Luftangriffen. Es ist doch auch warm, oder? Ich habe einen Prachtofen in der Portierloge gefunden, als die in Flammen aufging, und massenweise alte Möbelstücke zum Verheizen. Auch unsere alten Akten brennen vorzüglich. Verrückt, daß das Telefon noch geht, was? Vor ein paar Tagen war es kaputt, da hab ich den Störungsdienst angerufen, und sie sind hergekommen und haben es repariert. Ich denke nicht einmal, daß es abgehört wird, denn kein Mensch glaubt, daß hier noch jemand wohnt, aber ich fühle mich sauwohl. O Gott, Chris, ich rede zuviel, aber es ist so eine Freude, dich zu sehn, und du siehst so wohl aus, so braun, wirklich unanständig wohl. Und ich? Scheußlich, was? Es war schlau von dir, daß du niemand besucht hast, als du das letztemal hier warst. Ich habe es erst erfahren, als du schon fort warst, aber ich hab zu Werner Traber gesagt, der ist übrigens noch da, wie schlau das von dir war. Wir können der Versuchung nicht widerstehen, einander zu sehen, wir wenigen, die noch übrig sind. Das ist ja nur menschlich."

Ich hatte sie betrachtet, während sie gespannt und aufs Geradewohl drauflos plapperte, wie jemand, der viel allein ist. Sie sah allerdings verändert aus, sehr dünn, sehr blaß unter der offensichtlich in aller Eile aufgetragenen Schminke. Aber trotz ihrer Blässe erkannte ich nun, da sich die Haut straff über ihr wohlgeformtes Gesicht spannte, zum erstenmal auch, wie schön Lexi in Wirklichkeit war. Das gewohnte Gebaren einer leicht gelangweilten Weltdame war von ihr abgefallen, und sie hatte in den saphirblauen Augen einen völlig neuen Ausdruck.

„Nein, ich finde nicht, daß du scheußlich aussiehst; im Gegenteil, du siehst sehr schön aus", sagte ich. „Aber du scheinst nicht genug zu essen."

„Ach, ich brauche nicht viel", antwortete sie, „und dann muß ich mich ja um so viele kümmern. Vater ist in der Lehrterstraße, mein Mann auch. Albrecht Bernstorff, Hänschen Oster und viele andere sind ebenfalls dort. Ich muß sie alle mitverpflegen." Als ich sie fragte, wie sie es denn überhaupt fertigbringe, für alle Lebensmittel zu beschaffen, lachte sie achselzuckend und warf mir unter ihren langen Wimpern den alten Lexi-Blick zu, halb amüsiert, halb unergründlich. „Ach, Chrislein, es gibt Mittel und Wege, aber was soll ich dir lang davon erzählen. Ich kenne die Gefängnisärzte, den protestantischen, den katholischen Pfarrer und viele von den Wärtern. Die Wärter sind nicht alle von der Gestapo, weißt du, einige sind normale Polizisten, manche Bibelforscher, die den Wehrdienst verweigern, und einige sogar kleine Gauner, die zufällig grade saßen, als die Flut hereinbrach. Ich halte mich viel in den Gefängnissen auf und mache mich nützlich, wo ich kann." Während sie sprach, führte sie mich in das Zimmer, das Peters Büro gewesen und nun anscheinend ihr Schlafzimmer war. Die Fenster waren ohne Scheiben, aber mit Pappkarton abgedichtet. Lexi machte Licht, und wir setzten uns auf ein schmales Bett, auf dem Decken lagen. Es war warm und behaglich. Ein kleiner schwarzer Eisenofen, um den eine bunte Mischung von Brennmaterial aufgestapelt war, bullerte in der Ecke vor sich hin. An der Wand gegenüber war der Aktenschrank, der ganze Stolz von Lexis Mann und Mittelpunkt seines Lebens; die Türen standen halb offen und enthüllten ein heilloses Durcheinander. „Dein armer Mann, er würde glatt aus seiner Zelle springen, wenn er das sehen könnte", sagte ich, und Lexi stand lächelnd auf, stieß ein paar nach vorne gerutschte Ordner mit dem Fuß wieder hinein und schloß die Türen.

„Ja, der Arme", sagte sie, als sie sich wieder hinsetzte, „ich sehe ihn praktisch jeden Tag, seine Zelle ist nie versperrt, und er hat sogar ein Radio." Sie zögerte kurz – „Aber jetzt, Chrislein, erzähl doch von Peter, er ist in Ravensbrück, glaube ich. Er war kurz in der Lehrterstraße, aber schon wieder verlegt, ehe ich davon hörte. Die Verpflegung soll in Ravensbrück besser sein, auch ist die Gefahr von Luftangriffen dort geringer, und ich glaube, Puppi Sarre hat es gedeichselt, eine Arbeit im Aufnahmebüro zu bekommen, was sicher eine Hilfe sein wird. Aber ich rede und rede und hab dich ja nicht mal gefragt, warum du hier bist." Sie sah mich plötzlich sehr direkt an. „Aus einem besonderen Grund, Chris? Ist mit Peter alles in Ordnung. Ich habe nichts..."

„O ja“, sagte ich rasch, und ich glaubte nun einen der Gründe zu erkennen, warum sie soviel und so schnell gesprochen hatte. „Es geht ihm noch einigermaßen – wenigstens ist er noch in Ravensbrück, glaube ich. Ich bin hergekommen, weil...“ Und ich erzählte ihr, was bei uns geschehen war, soweit ich es selber wußte. Von der Postkarte, die Tante Ulla am 18. Juli von ihm erhalten hatte, von seinem Besuch in Berlin Anfang August, daß er davon gesprochen hatte, Adam herauszuhauen, daß er sofort nach seiner Rückkehr nach Graudenz verhaftet worden war, und daß Arnold seine Verlegung nach Berlin zuwege gebracht hatte. Ich erzählte ihr auch, daß Arnold an der Verschwörung nie teilgenommen, sich aber trotzdem als Freund erwiesen hatte. Und ich erzählte ihr natürlich, daß ich am nächsten Tag nach Ravensbrück fahren würde, um Peter zu besuchen.

Sie hörte mir wortlos zu, und als ich geendet hatte, seufzte sie und sagte leise: „Eins steht fest, euer Arnold ist Goldes wert. Ein guter Freund und noch in wichtiger Position, solche Leute gibt's ja kaum. Aber selbst guten Freunden soll man nicht zuviel anvertrauen, denn sie können täglich verhaftet werden, und dann kommen die Verhöre. Manche können standhalten, manche können es nicht. Jedesmal, wenn bestimmte Leute verhört werden, gibt es eine neue Verhaftungswelle, während andere – und ich könnte mir denken, daß Adam und Carl Langbehn zu ihnen gehört haben – ihre Geheimnisse mit ins Grab nehmen.“ Ich fragte sie, wer noch am Leben sei, und sie nannte mir außer Oster und Bernstorff noch Helmuth Moltke, Schlabrendorff und einige andere. Die Gerichte seien derart überlastet, daß sie mit den Prozessen nicht nachkämen, aber Helmuth könne nun jeden Tag an der Reihe sein. Ich fragte sie auch, ob sie Adam nach seiner Verhaftung gesehen habe, was sie verneinte, aber eine Angestellte vom Auswärtigen Amt, die Dokumente ins Gefängnis bringen mußte, sei ihm auf einem Korridor begegnet. Das sei einige Zeit nach seiner Verhandlung gewesen. Er habe, so hatte sie berichtet, in sich zurückgezogen und unnahbar gewirkt, „als gehörte er schon einer anderen Welt“.

Ich stand auf und ging zur Tür. Es war erstickend heiß in dem kleinen Zimmer.

Auch Lexi erhob sich und trat neben mich. „Es hat keinen Sinn, Chris“, sagte sie, „wir leben alle so nah am Tod in diesen Tagen. Wenn man nicht verrückt werden will, darf man nur an die Lebenden denken – wart einen Augenblick, ich stecke noch schnell ein Tischbein in den Ofen und dann mach ich uns einen Kaffee."

Sie kehrte mit zwei Tassen ‚echten' Kaffees zurück und stellte sie auf den Boden. „Also, liebe Chris, du mußt morgen in Ravensbrück sein, sagst du. Nun, das mußt du ausnutzen. Euer Arnold hat dir gesagt, du mußt Peter beibringen, daß die meisten seiner Freunde tot sind und nicht mehr gegen ihn aussagen können. Er hat recht, natürlich mußt du das. Vielleicht hat er aber vergessen zu sagen, daß die Halunken durchaus fähig sind, ihm falsches Belastungsmaterial mit gefälschten Unterschriften vorzulegen. Es gehört ja zu meiner eigenen Aufgabe, wie ich dir nachher zeigen werde, Einzelheiten über Aussagen zu sammeln und weiterzugeben. Siehst du, es ist überaus wichtig, daß die Aussagen übereinstimmen. Und merk dir, diese Gestapo-Leute sind keineswegs allwissend. Schau, es ist fast nicht zu glauben, aber ich habe die Erlaubnis erhalten, meinen Vater nach seinem letzten Herzanfall zu besuchen. Der Vorwand war, daß er sein Testament machen wolle, und während er diktierte, hab ich aufgeschrieben, was er über seine Vernehmungen wissen mußte, und es ihm zum Lesen und Unterschreiben gegeben. Dann hab ich es an mich genommen. Diese Ochsen von Wärtern haben an ihren Schreibtischen gesessen, gelesen und waren sogar zu blöde, mich zu durchsuchen, ehe sie mich hinausließen!"

Ich blickte sie verblüfft an. Das war für mich so ungefähr der Höhepunkt an Kühnheit. Aber Lexi schaute mit ihren halb geschlossenen Augen vor sich hin und trank ihren Kaffee mit einem merkwürdigen, halb lächelnden, halb katzenhaften Gesichtsausdruck. Mir kam es vor, als sei sie in ihrem Element. „Natürlich ist Vaterchen ein hoffnungsloser Fall", fuhr sie fort, „er hatte seine erste Herzattacke bald nach seiner Verhaftung, und ich Schaf habe gedacht, er wird vielleicht keine weiteren Verhöre aushalten, und darum, nicht ohne Schwierigkeiten muß ich sagen, einen Laib Brot mit einer Giftampulle darin zu ihm hineingeschmuggelt. Ein paar Tage später bekomme ich einen Zettel von ihm, auf dem er schreibt, ich soll ihm wieder Brot schicken, wenn es geht, aber die lächerliche Füllung weglassen, weil er nicht weiß, wie er das Zeug loswerden soll."

Lexis Vater, dem ich nur ein- oder zweimal begegnet war, war allerdings ein ziemlich quichottischer Charakter. Er hatte in der Zeit vor Hitler ein bißchen seine Finger in die Politik gesteckt und einen reichen Schatz amüsanter und zuweilen fast unglaublicher Geschichten in seinem Repertoire. Als er als Reserveoffizier eingezogen und aufgefordert worden war, den Treueid auf Hitler abzulegen, hatte er sich geweigert. „Ein Alvensleben unterschreibt so was nicht!“ Niemand verstand so recht, warum er nicht schon Jahre vorher eingesperrt worden war – Narrenfreiheit vielleicht.

Aber die Zeit verging, ich durfte meine Gedanken nicht abschweifen lassen. In meinem Zufluchtsort im Schwarzwald hatte ich die letzten anderthalb Jahre ein relativ behütetes Leben geführt. In Rohrbach hatten das immer wiederkehrende Thema von Geburt, Leben und Tod und wieder Geburt, die auf- und untergehende Sonne, das Säen, Reifen und Ernten und der lange weiße Winter trotz allem meinem Leben einen friedlichen, gleichmäßigen Rhythmus gegeben. Ich hatte so vieles zu lernen über diese Welt außerhalb des Rechts, eine Welt der Kassiber und abgehörten Telefone, der Verhaftungen bei Nacht und Nebel, des unnatürlichen Todes, und wer konnte ein besserer Lehrmeister sein als Lexi, die seit Monaten tagtäglich selbst damit zu tun hatte.

„Lexi“, sagte ich, „du ahnst vermutlich gar nicht, wie wenig ich weiß. Ich habe Adam zum letztenmal im März und Peter zuletzt im Juni gesehen, und seitdem habe ich von dem, was in den Zeitungen stand, und vereinzelten Nachrichten von Peter aus dem Gefängnis gelebt und war im übrigen meiner Phantasie überlassen. Ich habe im September niemanden besucht, und du findest es gescheit, aber meine Liebe, daher hab ich auch nichts erfahren können. Ich mache mir keine Sorgen, daß ich nicht genauso lügen und Theater spielen kann wie jeder andere, aber irgendwie muß ich herausfinden, woran ich bin. Wie konnte es denn mißlingen? Was ist eigentlich passiert? Warum hat denn Adam, warum hat sich keiner von ihnen rechtzeitig in Sicherheit gebracht, als sie wußten, daß es schiefgelaufen war?“

Lexi lehnte sich an die Wand hinter uns zurück und schloß die Augen. „Ich kann dir nicht viel sagen, Chris“, sagte sie, „und ich finde auch, so wie die Dinge liegen, sollte ich dir nicht einmal soviel sagen, wie ich weiß. Es war ein so heißer, schöner Sommertag, der 20. Juli, heiß und still und eigentlich ganz normal – jedenfalls so normal wie jeder andere Tag. Vielleicht kann ich mir später einmal einbilden, ich hätte eine bestimmte Vorahnung gehabt, aber heute, glaube ich, wäre es nicht die Wahrheit. So oft schon hatte es falschen Alarm gegeben und jedesmal eine Enttäuschung – und dann, nun, du siehst ja selber diese Ruinen heute, aber während es geschieht, ich meine, wenn die Bomben fallen, wird es einem so schwer, an viel anderes zu denken – man räumt nur auf, versucht wieder zu leben und fragt sich, ob es sich überhaupt noch lohnt, denn vielleicht am nächsten Tag oder am übernächsten ––

Aber der 20. Juli, der Zwanzigste, o ja, den ganzen Tag über ist die Spannung natürlich immer mehr gestiegen, ich glaube sogar, daß sie sich immer mehr gesteigert hatte. Es war nicht das, was bestimmte Leute sagten, es war das, was sie verschwiegen; es gab keine Gerüchte, kein Gerede mehr, und doch war die Atmosphäre – nicht eigentlich aufgeregt, vielleicht war es mehr ein Beobachten, ein Abwarten, als ob alle den Atem anhielten – ich weiß nicht, ich kann es nicht beschreiben. Und dann am Zwanzigsten sah man im Lauf des Tages Soldaten, viel mehr Soldaten als gewöhnlich auf den Straßen, und sie schienen zielbewußt irgendwohin zu marschieren, und die Leute eilten dahin; trotz der Hitze blieben sie nicht stehen, um den vorbeimarschierenden Truppen zuzuschauen. Und dann am Nachmittag kamen Gerüchte auf – Gerüchte, daß die Regierungsgebäude in der Wilhelmstraße von Truppen umstellt seien, niemand schien zu wissen, warum oder welche Truppen, bis sich Gerüchte zu verbreiten begannen, daß etwas Ungeheuerliches im Gange sei, Gerüchte, daß Hitler verwundet, ja vielleicht sogar tot sei. Wie kommen solche Gerüchte eigentlich auf? Wie verbreiten sie sich? Ich weiß es nicht. Ich kann nur sagen, daß die Straßen plötzlich leer waren, nirgendwo sah man eine Menschenseele, alle müssen an ihren Radios gesessen, gehorcht und auf Nachrichten gewartet haben. Ich weiß noch, daß ich über die Bäume zum Brandenburger Tor hinübergestarrt habe – damals standen noch Bäume, und ich habe gebetet, Chrislein, habe flehentlich gebetet – und das ich! –, da ich ahnte, aber nicht wußte, was dort hinter dem Brandenburger Tor vor sich ging.

Dann kam die Nachricht, zuvor noch Musik, dann die Nachricht. Du hast sie vielleicht auch gehört und hast dich wahrscheinlich genauso wie ich geweigert, sie zu glauben. Ein heimtückischer Anschlag auf Hitler, ein paar Offiziere, aber Hitler hatte es überlebt – nur ein paar oberflächliche Verletzungen. Ich konnte es lange nicht glauben, bis er nach Mitternacht am Radio sprach, dann natürlich wußte ich es, niemand könnte diese Stimme nachmachen – und dann...“ Lexis Stimme versagte. Ich wartete einen Augenblick, ob sie fortfahren werde. Es gab noch so viele Fragen. Wie war es möglich, daß Stauffenbergs Bombe Hitler nicht getötet hatte? War sie zu schwach gewesen? Und selbst wenn er es überlebt hatte, war nicht trotzdem mehr zu erreichen gewesen? Eine Revolte, eine Rebellion, eine Revolution? Wie war es möglich gewesen, daß Goebbels im Radio sprechen konnte? Wie, daß Remer seine verhängnisvolle Rolle spielen konnte? Warum waren so unzuverlässige Glieder in der Kette? Aber als ich Lexi anblickte, vergingen mir all diese Fragen, schwanden sie einfach als unwesentlich dahin. Was spielte es für eine Rolle? Wozu mußte ich es eigentlich wissen?

„Und dann...“ Lexi schien zum Weitersprechen anzusetzen, aber dann stand sie langsam auf und stellte ihre halb geleerte Kaffeetasse neben den Ofen. Sie hockte sich davor nieder, und ich konnte ihr Gesicht nicht sehen. „Chris“, sagte sie, „danke deinem Schöpfer jeden Tag deines Lebens, daß du nicht zu meinem elenden, ja zu meinem elenden, unglücklichen, fluchbeladenen Volk gehörst.“ „Hör zu, Lexi“ – ich versuchte, ruhig zu sprechen, um sie irgendwie zu trösten, und meine Gedanken waren einen Augenblick lang zu dem kleinen Holzkreuz auf dem Trümmerhaufen am Kurfürstendamm gewandert – „ich weiß nicht, ob ich gerade jetzt so viel Grund habe, auf mein Volk so sehr stolz zu sein...“ Aber sie schien mir nicht zuzuhören, vielmehr schüttelte sie den Kopf und hielt sich die Hand vor die Augen, wie um sie vor der Glut des Feuers zu schützen. „Chris“, sagte sie leise, „sie haben sie langsam einen nach dem anderen aufgehängt, an Fleischerhaken – und sie haben sie gefilmt, während sie starben.“

Etwa eine Stunde später kämpften wir uns über die Schutthaufen zurück, und bevor ich durch das letzte Fenster kletterte, wünschte Lexi mir Glück für morgen und erinnerte mich noch einmal daran, nach dem Mikrofon Ausschau zu halten und mich, wenn möglich, neben Peter zu setzen, so daß ich seine Hand halten und ihm Zeichen geben könnte, wenn ich ihm etwas Wichtiges mitteilen wollte. Sie wandte sich zum Gehen und winkte mir aufmunternd zu. Ihre schlanke Gestalt stand einen Augenblick eingerahmt von der Tür, die früher einmal in ein Wohnzimmer geführt haben mochte. Ich winkte zurück; längst nicht so schlank und nur halb so tapfer, aber genauso eisern entschlossen, meine Gedanken auf die Lebenden zu konzentrieren, komme, was da wolle.

Besuch im Konzentrationslager Ravensbrück

(Winter 1944)

Die ‚feindlichen' Flugzeuge und das Wetter meinten es gut mit mir. Eine friedliche Nacht, und ich konnte schlafen. Ein langer, traumloser Schlaf, so daß ich, als um sechs Uhr der Wecker läutete, im ersten Augenblick meinte, es sei die Rohrbacher Kirchenglocke, die die Dorfbewohner zur Frühmesse rief. Aber ich war nicht in Rohrbach, ich war in Berlin, und die Geräusche aus der Küche – das mußte Mabel sein, die mein Frühstück herrichtete. Ich war plötzlich hellwach. Der Tag war gekommen. Draußen war es noch dunkel, und die Glühbirne meiner Nachttischlampe tat in der Küche Dienst, aber ich hatte gelernt, mich im Dunkeln zurechtzufinden und am Abend zuvor meine Sachen zum Anziehen auf Peters Bett ausgebreitet. Ich hatte die Skihosen beiseite gelegt und den Kleiderschrank nach meinen besten Kleidern durchstöbert. Mein Pelzmantel und die Kosaken-Pelzkappe – ich wollte mit fliegenden Fahnen erscheinen. Mabel hatte sich mit meinem Frühstück besonders angestrengt. Ein großer Teller Haferflockenbrei, eine Tasse starken, freilich recht schalen Tees, und als sie mich durch die Haustür in die graue Kälte hinausließ und mich bat, Peter herzlich von ihr zu grüßen, war mir fast heiter und fröhlich zumute. Unglaublich, aber wahr, und wenn die Welt in Trümmer ging – ich würde ihn heute wiedersehen.

Es war bitter kalt. Als ich am Bahnhof ankam, wirbelte es den grauen Schnee den Bahnsteig vor mir entlang. Aber im Zug war es behaglich warm. Außer mir saßen nur eine Frau und zwei kleine Mädchen im Abteil. Die Frau war eine peinlich saubere, sorgenvoll dreinblickende Hausfrau, der das Pflichtbewußtsein aufs Gesicht geschrieben stand. Sie war von Kopf bis Fuß in Beige gekleidet, aber zur Eleganz reichte es beim besten Willen nicht. Sie trug weiße Baumwollhandschuhe und war in ein Buch vertieft, das säuberlich mit einer Leinenschonhülle versehen war. Als ich in den Wagen kam, schaute sie hoch, murmelte „l' Hitler", warf einen Blick auf die Kinder und setzte ihre Lektüre fort. Ich mag mich getäuscht haben, aber eine rasche Bewegung ihrer rechten Hand schien mir einen Hitlergruß anzudeuten. Aha! „Heil Hitler!" antwortete ich entschieden, während ich den Mantel abnahm und mich in eine Ecke zurückzog. Die zwei kleinen Mädchen waren höchst unansehnlich mit ihren bleichen, dicken Mondgesichtern, blaßblonden Haaren und stechenden blauen Augen. Sie trugen knallrote Schottenkleider und weiße Strümpfe, den üblichen Sonntagsstaat kleiner Mädchen in Norddeutschland.

An jedem anderen Tag hätte ich vielleicht trotzdem mit den beiden, die alles, was ich tat, voller Neugier verfolgten, irgendein Gespräch angefangen, an diesem Tag aber war ich froh, daß ich ungestört in meiner Ecke sitzen und durch das Guckloch, das ich in die vereiste Scheibe gerieben hatte, hinausstarren konnte auf das endlose norddeutsche Flachland, wie es weiß und konturenlos vorüberzog.

Ich machte mir ein bißchen Sorgen. Lexi hatte mich zwar gut vorbereitet, trotzdem aber wußte ich nicht, was ich zu erwarten hatte, und hatte nicht vorausgeplant. Ich dachte bei mir, daß ich mir lieber etwas zurechtlegen sollte, statt mich nur der überschäumenden Vorfreude hinzugeben, die ich nicht unterdrücken konnte. Obwohl ich doch schon so lange in Deutschland gelebt hatte, wo alles, vom Picknick bis zum Staatsstreich, bis ins kleinste vorbereitet werden mußte, war ich mir nur allzu bewußt, daß ich einen unverbesserlichen Hang zum Improvisieren, eine Neigung hatte, mich in eine Situation zu stürzen, erst einmal zu sehen, wie die Dinge standen, dann herumzuwursteln und das Beste zu hoffen. Mit Gottes Hilfe kam ich damit meistens auch durch. Ein Wesenszug, der meinen armen Peter abwechselnd aufregte und faszinierte, denn für ihn waren Recht und Unrecht durch eine klare weiße Linie geschieden; was ihn zu einem großartigen Freund, aber auch zu einem unversöhnlichen Feind machte.

Während der Zug dahinzuckelte und ab und zu an einer kleinen Station hielt, drangen Gesprächsfetzen von der Bank gegenüber zu mir und unterbrachen meine Gedanken. Die zwei Mädchen hatten bald das Interesse an mir verloren und sich zwei große Tüten mit Keksen und Bonbons aus dem Gepäcknetz geholt. Von da an hatten sie ununterbrochen gefuttert und geplaudert, und ihre Mama, die weiterzulesen versuchte, hatte auf die endlosen Fragen der lieben Kleinen nur ab und zu eine zerstreute Antwort gegeben. Die drei taten mir fast leid, als ich eines der Mädchen – es war wirklich unglaublich häßlich – seine Mama fragen hörte, warum Pappi denn zu den Soldaten müsse. „Weil das Vaterland ihn braucht – sprich nicht mit vollem Mund, Edeltraut", lautete Mamas kurze Antwort. Natürlich Edeltraut, sie konnte ja nicht anders heißen. Die andere Göre hieß vermutlich Krimhilde, und es geschieht ihr ganz recht, dachte ich, als ich die Kleine beobachtete, wie sie in der anscheinend unerschöpflichen Tüte mit den Süßigkeiten herumstöberte.

Es schneite zwar nicht, als der Zug die Station erreichte, wo man nach Ravensbrück ausstieg, aber das kleine Holzgebäude des Bahnhofs, das mitten in einer gottverlassenen Gegend stand, knarrte und ächzte unter dem Ansturm eines eisigen Ostwindes, der über die Ebene pfiff und den Schnee vor sich hertrieb wie Wüstensand.

Ein großer, schwarzer Mercedes wartete vor dem Bahnhof; er war weit und breit das einzige Fahrzeug. Obwohl die Fähnchen auf den vorderen Kotflügeln in Schutzhüllen steckten, war es offensichtlich ein Dienstwagen, und der Chauffeur trug SS-Uniform. Jegliche Sympathie, die ich vielleicht für meine Reisegefährten aufgebracht hätte, wurde im Keime erstickt, als ich sah, wie sie in den Mercedes einstiegen, der, den Schnee aufwirbelnd, davonfuhr.

Meine Kosakenkappe war so ungefähr der einzige Teil meiner Aufmachung, der zu dieser leeren, kalten Öde paßte, und ich wünschte, ich hätte doch lieber meine Skihose angezogen. Wie ich so dastand und dem Mercedes nachschaute, der auf der einzigen Straße langsam entschwand, kam mir ein dramatisches Bild in den Sinn, das zu Hause in unserem Kinderzimmer gehangen hatte. Es stellte Captain Oates von Scotts Antarktis-Expedition dar, wie er sein Zelt verläßt, um draußen im Schneesturm den Tod zu suchen, damit Scott von ihrem restlichen Proviant noch etwas länger leben könne. Dieses Bild hatte mir immer großen Eindruck gemacht. Und den Kopf gegen den Wind gebeugt – achten Sie auf Ihren Weg, Mrs. Oates –, begann ich den Reifenspuren des Mercedes zu folgen.

Es schien mir ein langer Marsch, bis ich einen hohen Drahtzaun erreichte. Er war vom Schnee fast zugeweht und oben noch zusätzlich mit Stacheldraht versehen. Darüber erhob sich ein Turm, auf dem eine kleine Holzhütte stand und noch etwas, das sich von weitem wie ein riesiger Kaffeewärmer ausnahm. Als ich darunter vorbeikam, warf ich einen Blick hinauf und sah, daß der Kaffeewärmer ein Wächter in seinem Schafpelzmantel und daß das, was wie der Schnabel der Kaffeekanne ausgesehen hatte, ein Maschinengewehr war, das genau auf meinen Kopf zielte. Mir war nicht sehr wohl dabei, auch wenn das Gesicht, das zwischen einem hohen Pelzkragen herausschaute, breit zu mir herabgrinste, als ich vorüberging.

Ich passierte mehrere Wachttürme und Hunderte von Metern Stacheldraht, bis ich eine schwarzweißrote Schranke erreichte. Am Eingang wurde ich in eine lange, schmale Holzbaracke verwiesen. In der Baracke war es erstickend heiß und muffig, und es wimmelte von Menschen, die kamen und gingen. Ich wartete ein bißchen, um mein Gesicht auftauen zu lassen, und stellte mich dann an die Schlange am anderen Ende der Baracke an, wo zwei große Fahnen, das Hakenkreuz und ein SS-Banner, die Wand bedeckten und ein älterer Mann mit mildem Gesicht Auskünfte zu erteilen schien. Vor mir stand ein hochgewachsener, sehr gut aussehender junger Mann in Wehrmachtsuniform. Wir trugen beide ein Päckchen in der Hand, in meinem waren Frau Muckles Würste und ein Fotografienalbum und seines sah nach Zigaretten aus. Der Mann hinter dem Schreibtisch schaute ihn freundlich, fast väterlich an. „Ihr Vater ist hier in Haft, sagen Sie, und Sie haben keine Besuchserlaubnis? Ich fürchte, da kann ich Ihnen leider nicht helfen." „Aber ...", sagte der junge Offizier stockend, „sehen Sie, ich muß heute abend an die Ostfront. Ich will nur Abschied nehmen, es muß doch eine Möglichkeit geben ..." Der Mann hinter dem Schreibtisch zuckte hilflos die Achseln. „Warten Sie einen Moment", sagte er dann, „ich werd telefonieren, aber ich glaube nicht, daß es viel Sinn hat. Nehmen Sie doch bitte Platz!" Er wandte sich mir zu. „Und Sie?" „Ich bin angemeldet, ich soll meinen Mann, Peter Bielenberg, um zehn Uhr sehen." Der Wärter oder Portier, oder was er war, wirkte fast erleichtert. Er ging zum Telefon und kam wieder zurück. „Nehmen Sie Platz", sagte er, „Sie werden aufgerufen." An der Wand stand eine Reihe Stühle, und ich setzte mich neben den jungen Offizier. Er saß vornübergebeugt, die Ellbogen auf die Knie gestützt, Mütze, Handschuhe und sein Päckchen auf dem Stuhl daneben. Ohne Kopfbedeckung sah er noch jünger aus. Obwohl er, wie ich sah, Leutnant war, hatte er noch ein glattes Kindergesicht. Sein Ausdruck war eine Mischung von tiefem Kummer und ohnmächtigem Zorn. „Können Sie sich nicht irgendwie die Erlaubnis beschaffen?" fragte ich ihn im Schutz des allgemeinen Lärms. „Ich hatte keine Zeit", antwortete er, „nur drei Tage Urlaub, sehen Sie, und ich muß heute abend zurück." „Und wenn Sie den Zug verpassen und einfach warten, bis man Ihnen die Genehmigung gibt?" fragte ich. „Vielleicht kommt irgendein Vorgesetzter durch und gibt sie Ihnen." Es kam mir absurd vor, daß ich, eine Engländerin, die Erlaubnis erhalten hatte, während dieser junge Mann, der alles für sein Vaterland gab, abgewiesen wurde. „Den Zug verpassen? Aber mein Urlaub ist doch um." Er schaute mich in kindlicher, fast erschrockener Verblüffung an. „Nein – ja – ich verstehe", murmelte ich. Es hatte keinen Sinn, ich verstand es nicht, aber wie sollte ich es ihm erklären? Morgen würde er wieder an die Front fahren, um für ein Regime zu kämpfen, das wahrscheinlich seinen Vater umbringen würde und dem Sohn nicht einmal erlauben wollte, von ihm Abschied zu nehmen.

Von der Tür her wurde mein Name aufgerufen, ich mußte gehen. Der junge Mann sprang auf, und wir gaben uns die Hand. Er brachte es fertig, mich aufmunternd anzulächeln. „Hals- und Beinbruch! Viel Glück, gnädige Frau", sagte er. Dann zögerte er einen Augenblick und sagte noch: „Ich kann Ihnen sagen, es ist keine Strafe, wieder an die Front zu müssen. Dort ist die Luft sauberer – aber ich hätte gern meinen Vater noch einmal gesehen, bevor ich abfahre." Im Weggehen dachte ich, daß ich mich freuen würde, wenn meine Söhne eines Tages diesem Jungen ähnlich wären.

Der Wärter, der meinen Namen aufgerufen hatte, führte mich über den Platz zu einer zweiten Holzbaracke am anderen Ende des Geländes. Es war mir gar nicht klar, wo ich mich eigentlich befand. Es schien kein Konzentrationslager zu sein, so wie ich es mir vorgestellt hatte, sondern eher ein Militärlager, aber mit SS-Leuten bevölkert. Gruppen von SSlern marschierten schneidig umher, und andere schienen Leibesübungen zu machen. Scharfe, abgerissene Kommandos schallten durch die eisige Luft, und weiter weg, in einer Ecke der freien Fläche, die wie ein Paradeplatz aussah, sprangen und marschierten einige Reihen gedrillter Puppen in kurzen Hosen und Trikothemden mit den hölzernen Bewegungen von Marionetten umher. Der Wind hatte sich anscheinend gelegt, oder vielleicht schützten uns die Gebäude vor ihm. Eine fahle, rosarote Wintersonne bemühte sich nach Kräften, die Kälte etwas zu mildern.

Wir wurden zweimal angehalten, aber der Wärter zeigte meinen Passierschein vor, und wir durften weitergehen. Auf unserem Weg zum anderen Ende des Geländes kamen wir an einer Reihe erheblich besser gebauter Gebäude vorbei, und vor einem war der schwarze Mercedes geparkt. Vor uns war wieder der hohe Drahtzaun, und auf der anderen Seite standen weitere Baracken und ein fabrikähnliches Gelände mit zwei hohen rauchenden Schornsteinen. Nur noch zwei Baracken trennten uns von dem Zaun. Der Wärter, der den ganzen Weg kein Wort gesprochen hatte, blieb vor der letzten stehen, stieß die Doppeltür auf, ließ mich eintreten und ging dann, noch immer ohne ein Wort, hinaus und schloß die Tür fest hinter sich zu. Ich stand da und blickte mich um. Die Baracke war der, die wir verlassen hatten, ganz ähnlich, nur leer, und es roch nicht nach nassen Uniformen, sondern stark nach Karbol. Ich warf einen Blick durchs Fenster, um zu sehen, ob der Wärter weit genug weg war, und machte mich dann einigermaßen systematisch ans Werk.

Am einen Ende der Baracke stand ein Schreibtisch und am anderen ein einfacher Tisch, zu beiden Seiten von Bänken flankiert. Mir gegenüber befand sich eine zweite Tür. Die Wände waren mit großen Fotografien Himmlers, Heydrichs, Kaltenbrunners und anderer, unbekannter Nazigrößen geschmückt, die alle schwarze SS-Uniform mit silbernen Aufschlägen trugen. Manche waren mehr mit Orden überladen als andere. Himmler in einer sorgfältig einstudierten Pose, daß sich das Licht nicht in seinem Zwicker spiegelte und die täuschende Milde seiner blassen, stechenden Augen voll zur Geltung kam. Heydrich, der ein paar Tage vor Christophers Geburt in der Tschechoslowakei umgebracht worden war. Sein Bild war mit einem breiten, schwarzen Band verziert, zweifellos zum Zeichen der Trauer. Betrauert, von wem wohl, fragte ich mich. Während ich mir diese Verbrechergalerie wie eine Kurzsichtige betrachtete, hob ich sorgfältig jedes Bild etwas an, als interessierte ich mich dafür, wer die Aufnahmen gemacht hatte – hier jedenfalls war kein Mikrofon versteckt. Ich machte meine Handtasche auf und öffnete meine Geldtasche so ungeschickt, daß die Mark- und Pfennigstücke überallhin kollerten, über den Boden, unter die Heizkörper, den Tisch und den Schreibtisch. Ich mußte mich auf die Knie niederlassen, um sie einzusammeln. Das Mikrofon befand sich unter der Bank an der Wand.

Kaum hatte ich mich hingesetzt, um zu warten, da ging die Tür auf, und es erschien ein großer, dunkelhaariger, sehr geschniegelter junger Mann in der dunkelgrünen Uniform der Sicherheitspolizei, der eine pralle Aktentasche trug. Er stellte sich höflich als Kriminalkommissar John vor, drückte die Hoffnung aus, daß ich eine angenehme Reise gehabt habe, sagte, ich möge doch bitte sitzenbleiben, ich würde nicht lange zu warten brauchen. Er fragte mich nach dem Buch, das ich in der Hand hielt, und als ich sagte, es sei ein Fotoalbum, bat er mich höflich, es ansehen zu dürfen. Ich gab es ihm, zusammen mit dem kleinen Päckchen, in dem sich Frau Muckles Würste befanden, und er trug es zu seinem Schreibtisch und begann die Blätter umzuschlagen. Wir hätten zwei flüchtige Bekannte im Wartezimmer eines Zahnarztes sein können.

Einige Minuten später öffnete sich die Tür wieder, und ich spürte, wie sich mir die Kehle zusammenschnürte. Eine Gruppe von sechs oder sieben Männern schleppte sich an mir vorbei und ging durch die Tür rechts von mir wieder hinaus. Drei davon offensichtlich Gefangene, die übrigen Aufseher. Die Gefangenen schienen alle ältere Männer zu sein, bleich und mager, und ihre verknitterten Anzüge hingen schlotternd an ihnen. Alle drei hielten ihre Hosen fest und setzten schlurfend einen Fuß vor den andern; sie hatten weder Hosenträger noch Schnürsenkel. Als die Tür sich hinter ihnen schloß, warf ich einen Blick zu Herrn John hin, aber er schaute nicht von meinem Album auf.

Einige weitere Minuten vergingen im Schweigen, und dann kam ein hoher Schatten am ersten Fenster zu meiner Linken vorbei. Als er am zweiten Fenster vorbeikam, hörte ich mein Herz pochen und wußte, daß es Peter war. Herr John war aufgestanden und ging auf die Tür zu, die von außen aufgestoßen wurde. Zuerst kam ein kleiner, beleibter Wärter und hinter ihm, ein wenig hinkend, die hochgewachsene, aufrechte Gestalt; und ich wußte in diesem Augenblick, daß sie das einzige Stück von Deutschland war, das mich überhaupt interessierte. Ich sprang auf, als Peter mit ausgestreckten Händen auf mich zukam. Ein eindringlicher Ausdruck ging über sein Gesicht, als wir uns, einander an den Händen haltend, gegenüberstanden, und ich spürte, daß er mir einen kleinen, harten, eckigen Gegenstand in die rechte Handfläche preßte. Ich drehte Herrn John und dem Wärter den Rücken zu und ging zu dem Tisch, um meine Handtasche zu holen. Ich zog ein Taschentuch heraus, vorgeblich um mir die Augen zu wischen, und ließ dabei den Gegenstand in ein Seitenfach rutschen. Es war eine Streichholzschachtel. All dies war mit unglaublicher Geschwindigkeit geschehen. Ich drehte mich wieder um und schaute rasch zu Herrn John und dem Wärter hin, aber sie blickten nicht zu uns her und hatten offenbar nichts Ungewöhnliches bemerkt; ich konnte nur hoffen und annehmen, daß ein Überrest von natürlichem Taktgefühl sie bewogen hatte, wegzusehen, als Peter und ich einander begrüßten.

Der Wärter gab Peter ein Zeichen, er solle sich auf die Wandbank setzen, und ich nahm sofort neben ihm Platz und ergriff seine Hand, wie geplant. Nach kurzem Zögern setzte sich der Wärter uns gegenüber, und Herr John kehrte, nachdem er mir Album und Päckchen zurückgegeben hatte, an seinen Schreibtisch am anderen Ende des Raums zurück. So weit so gut. Da saßen wir nun, Peter und ich, einander so nahe, Hand in Hand – ein höchst schwaches Band, verglichen mit Stacheldraht, Steinmauern und all den grausamen Werkzeugen eines barbarischen Regimes, die uns auseinanderreißen wollten.

Ich schaute Peter an und war, ich weiß nicht warum, überrascht, wie normal er aussah. Ich weiß nicht, was ich erwartet hatte, aber in seiner grünen Tweedjacke und grauen Flanellhose, ja, sogar mit einem Halstuch im offenen Kragenausschnitt, wirkte er nicht wie ein Häftling. Er war sehr dünn, im Gesicht ziemlich aufgedunsen und grau, und ich sah erschrocken die ersten silbernen Strähnen in seinem dunklen Haar. Da er nie Hosenträger oder abnehmbare Kragen getragen hatte, war ihm die Entwürdigung der Männer, die welche trugen, erspart geblieben. Aber er hatte sich irgendwie verändert. Nur konnte ich es im Augenblick nicht genau definieren.

Es war keine Zeit zu verlieren. Wir hatten nur eine Viertelstunde, und ich mußte meine Botschaft anbringen. Wie immer, wenn ich nervös bin, fiel mir das Reden nicht schwer. Ich sagte, daß ich hoffe, er werde Kriminalrat Lange sagen, wie dankbar ich sei, daß er mir gestattet habe, hierher zu kommen, da wir so viele Familienangelegenheiten zu besprechen hätten; Dinge, die wirklich nicht warten könnten, bis er wieder frei sei. Peter schien zuerst kaum zuzuhören. Er hielt meine Hand in einem schmerzhaften Griff, ich fühlte den starken Pulsschlag in seinem Handgelenk, während seine Augen starr auf das Fotoalbum gerichtet waren. Später begriff ich, daß er, aus Einzelhaft kommend, von unserer Begegnung womöglich noch stärker überwältigt war als ich. Vielleicht hatte er nicht einmal gewußt, daß er mich sehen werde. „Ich hab dir soviel zu erzählen, Peter, daß ich gar nicht weiß, wo ich anfangen soll", sagte ich, und zugleich knöpfte ich meinen Mantel auf und schlug ihn über unsere verklammerten Hände, nahm einen seiner Finger und drückte ihn nach unten, so daß er unter die Bank deutete. Einen Augenblick lang fragte ich mich, ob er mein recht unbeholfenes Manöver wohl verstanden habe; aber ich hätte mich nicht zu sorgen brauchen, denn plötzlich sah er mich an, und da ging mir auf, wo die Veränderung an ihm lag – in seinen Augen. Der jungenhafte, direkte Blick war verschwunden, sie schauten mißtrauisch, wachsam und unergründlich.

Er hatte das mit dem Mikrofon verstanden, und er würde auch begreifen, was ich ihm mitteilen mußte. „Es gibt auch so vieles, was ich unbedingt wissen möchte, Chris", sagte er, „aber wie geht's denn den Kindern?" „Den Kindern geht's ganz wunderbar", antwortete ich, „sie laufen jeden Tag Ski, und Christopher spricht jetzt den herrlichsten Badener Dialekt ..." Und ich erzählte ihm von ihren Eskapaden, während ich mir den Kopf zerbrach, wie ich ihm zu verstehen geben sollte, daß Adam und Carl Langbehn nicht mehr lebten. Ich merkte an ihm eine gespannte Aufmerksamkeit, ein wachsames Warten. „Und Frau Muckle", sagte er, „geht's ihr gut?" „O ja, es geht ihr sehr gut", antwortete ich, und plötzlich überkam mich eine Welle der Erleichterung, denn ich hatte meinen Weg gefunden. „Nur aus dem Tal kommen traurige Nachrichten", sagte ich, „Frau Muckles Schwester, erinnerst du dich? Diejenige, die vier Söhne beim Heer hatte oder vielmehr drei beim Heer und einen bei der Luftwaffe" – ich drückte Peters Hand rasch einmal, zweimal – „nun, der älteste, Carl, und der dritte, Arnold – Adolf – wie hieß er wieder?" Ich wagte nicht Adam zu sagen, weil es ein ungewöhnlicher Name war, aber Peter drückte schnell meine Hand, er hatte mich verstanden. „Adolf, glaube ich", sagte er, „und?" „Nun, sie hat diesen Herbst die Nachricht bekommen", fuhr ich hastig fort, „daß sie in Rußland gefallen sind." „Gefallen?" fragte er, „oder nur als vermißt gemeldet?" „Nein, sie sind tot", sagte ich so fest, wie ich konnte,

„im Kampf gefallen." Einen Augenblick lang war Schweigen, dann seufzte Peter tief auf. „Ihre arme Mutter", sagte er und noch einmal, „ihre arme Mutter." Für Kriminalkommissar Johns Ohren und das Mikrofon fügte ich die Bemerkung hinzu: „Ach, ich glaube, in vieler Hinsicht muß sie stolz sein, sie liebt ihr Vaterland, und sie sind für Deutschland gefallen." Die arme Amalie aus Gutmadingen, Stolz war gewiß das einzige Gefühl, das sie nicht empfunden hatte, als sie erfuhr, daß ihr vierter und letzter Sohn vermißt war – der Sohn in der Luftwaffe, abgeschossen über Frankreich. Sie hatte mich gebeten, in der Dorfkirche eine Kerze für ihn anzuzünden und mit ihr zu beten, weil sie hoffte, dadurch könnte sich vielleicht herausstellen, daß er in englische Kriegsgefangenschaft geraten war.

Peter drückte rasch meine Hand und sagte mit ruhiger Stimme: „Hat es sonst noch viele Verluste im Tal gegeben? Ich höre hier nicht viele Nachrichten, aber die Westfront scheint standzuhalten, Gott sei Dank." „O ja, es hat viele Verluste gegeben", antwortete ich. „Der kleine Hel-ger" – ein rasches Signal – „der kleine Helger von Triberg drüben scheint einer der wenigen zu sein, die noch nach Hause schreiben, aber natürlich geht es bei der Post ein bißchen drunter und drüber, wo die Front im Augenblick so sehr in Bewegung ist. Es wird wieder besser werden, wenn sie sich festigt." Unsere verklammerten Hände funktionierten wie Geheimsender. Nun hatte ich Peter sogar von Helmuth Moltke berichten können. Ich hatte fast vergessen, was eigentlich der angegebene Zweck meines Besuches war. Was hatte Arnold nur gesagt? Ach ja, finanzielle Angelegenheiten, Geldknappheit. Nun, da ich meine Mission erfüllt hatte, fiel es mir überaus schwer, zu reden und doch nichts zu sagen. Ich hatte alles erzählt, was es von den Kindern zu berichten gab, und doch wagte ich nicht, eine Pause einzulegen, weil ich Angst hatte, man würde unser Gespräch beenden. Ich merkte Peter an, daß er unter der gleichen Belastung litt, da er begann, mir langsam und umständlich zu erklären, ich solle Seiler ersuchen, mir die Miete vorzustrecken, oder notfalls Geld von Arnold borgen, er werde es ihm zurückgeben, sobald er wieder frei sei. Unsere Spannung steigerte sich, nicht unähnlich einem Abschied auf dem Bahnhof, wenn man einen geliebten Menschen, der auf lange verreist, an den Zug bringt. Alles ist gesagt, es fällt einem nichts mehr zu sagen ein, die Wagentüren werden zugeworfen, und der Pfiff des Schaffners kommt fast als willkommene Erleichterung. Ich warf einen Blick auf meine Uhr und sah, daß wir schon mindestens zwanzig Minuten beieinandergesessen hatten. Es konnte nicht mehr lange dauern, bis ihn wieder die Mauern seiner Zelle umschlossen und ich meiner Wege ging, bis Welten uns wieder trennten.

Es hörte sich wie ein Peitschenknall an, als Herr John seinen Stuhl zurückschob und aufstand. Der Wärter stand gleichfalls auf und stellte sich neben Peter hin. „Es tut mir leid", sagte Herr John, „aber Sie haben bereits mehr Zeit gehabt, als offiziell erlaubt ist." „Das war sehr freundlich von Ihnen", brachte ich murmelnd heraus, und dann: „Auf Wiedersehen, lieber Peter, auf bald, auf sehr bald hoffentlich – vergiß das Album und die Würste nicht." „Nein, ich hab sie nicht vergessen." Er war nun auch aufgestanden. „Nein, ich hab sie nicht vergessen", sagte er und nahm Album und Päckchen an sich. Bevor er ging, lächelte er mich lange und unendlich zärtlich an. „Bless you, darling", sagte er und ging auf die Tür zu, ohne sich noch einmal umzuwenden. Er hinkte wieder ein wenig, aber sein Schritt war fest und leicht, und ich bemerkte, daß er sich die Schuhe mit zwei Stückchen Schnur zugebunden hatte. Irgendwie gaben mir diese improvisierten Schnürsenkel großen Mut. Keine Macht auf Gottes Erde konnte ihn dazu bringen zu schlurfen. Sie waren so bezeichnend für ihn, diese kleinen Banner der Freiheit.

Ich fragte Herrn John sehr höflich, ob er so liebenswürdig sein wolle, mir einen Passierschein zum Verlassen des Lagers zu geben oder vielleicht sogar jemanden mitzuschicken, da ich befürchte, nicht hinauszufinden. Als ich mich umdrehte, um meine Tasche vom Tisch zu nehmen, fiel mir plötzlich die Streichholzschachtel ein. Herr John schien entschlossen, den Kavalier zu spielen. „Aber sicher, gnädige Frau", sagte er und reichte mir einen Zettel. Dann geleitete er mich zur Tür und rief einen vorbeigehenden Wärter herbei, der einen Blechbecher und einen Teller trug und anscheinend gerade zum Mittagessen ging. „Heil Hitler, Herr Kriminalkommissar, und vielen Dank", sagte ich. „Heil Hitler, gnädige Frau, es war mir ein Vergnügen", antwortete er, verbeugte sich und schlug die Hacken zusammen.

Der Wärter schien ein harmloser Mensch zu sein und war überaus redselig. Er sagte, der nächste Zug nach Berlin gehe erst am späten Nachmittag, aber weiter oben an der Straße gebe es ein gemütliches Lokal, „wo wir alle hingehen", dort könnte ich mich solange aufhalten. Immerfort plaudernd brachte er mich reibungslos durch die verschiedenen Kontrollposten und verließ mich mit einem freundlichen Lächeln, als wir die lange weiße Straße, die zum Bahnhof führte, erreichten. Das gemütliche Lokal erwies sich als eine muffige Kneipe, und ‚wir alle' als ein Gewimmel von SS-Wächtern und Soldaten, die mich anstarrten, als hätten sie seit ewigen Zeiten keine Frau mehr gesehen. Besonders einer, bleich und mit Schmissen, hatte eines der brutalsten Gesichter, die ich jemals in meinem Leben gesehen hatte. In seinem Gürtel steckte eine Lederpeitsche, und ich fand, daß meine Streichholzschachtel und ich uns auf dem Bahnhof wohler fühlen würden. Selbst als ich ganz allein in dem Wartesaal neben dem Amtszimmer des Bahnhofvorstehers saß, wagte ich immer noch nicht, meine Handtasche aufzumachen, sondern hielt sie so fest umklammert, als könnte der kleine, eckige Gegenstand darin auf und davon fliegen.

Als ich im Zug allein war, konnte ich es nicht länger aushalten. Mit zitternden Händen machte ich die Schachtel auf, schüttete ein paar Zündhölzer auf den Sitz neben mir und holte ein kleines, zusammengerolltes Stück Papier heraus, Toilettenpapier vielleicht oder ein Stück Zeitungsrand. Darauf standen klar und unverkennbar in Peters Handschrift einige Wörter, die mir zunächst fast sinnlos vorkamen. Sie waren so klein geschrieben, daß ich, um sie zu lesen, aufstehen und den Zettel nahe an die Lampe halten mußte. Es war auf seine Art ein kleines Kunstwerk und sah meinem sonst so ungeduldigen Peter gar nicht ähnlich. „Selbst unpolitisch habe nichts zugegeben Adam enger Freund Hamburger Tagen Clarita Kindheit Langbehn nur Nachbar Chris Irin Moltke Anwalt Völkerrechtsinstitut Frau Hühnerfutter Peter Yorck ..." Wort folgte auf Wort, Name auf Name, Stückchen auf Stückchen Information, bis ich schließlich bei einem Wort unten in der rechten Ecke anlangte, das ich nicht zu entziffern vermochte.

Also das war es – ein kleines Nachwort zu unserer Begegnung; ich faltete das Zettelchen zusammen und steckte es wieder in die Zündholzschachtel. Fast mußte ich lächeln. Peter war nicht berühmt dafür, daß er lange, überschwengliche Briefe schrieb, aber dies war sicher die kürzeste und bündigste Nachricht, die er mir jemals hatte zugehen lassen.

Als ich wieder in Dahlem ankam, öffnete sich sofort die Tür. Mabel und Arnold erwarteten mich an der Schwelle. Sie waren derart gespannt, wie es mir ergangen war, daß sie mich kaum den Mantel ablegen ließen, ehe sie mich ins Wohnzimmer zogen. Als Arnold hörte, daß es mir gelungen war, Peter meine Nachrichten wissen zu lassen, war er voll des Lobes für mich. Als ich ihm von der Zündholzschachtel erzählte, starrte er mich verblüfft an und brach dann in lautes Lachen aus. „O nein – das ist ja wahnsinnig – das sieht aber Peter ähnlich – ein tolles Stück." Plötzlich aber wurde er ernst. „Aber Chris, mir wird angst und bange, wenn ich daran denke; du hättest ja durchsucht werden können. Komm, zeig mir den Zettel ..." Er nahm ihn zum Licht und prüfte ihn einige Minuten schweigend. Dann sagte er auf Englisch: „Kurz und bündig, eine Zusammenfassung seiner Vernehmungen; besonders hübsch, wo er schreibt ‚habe nichts zugegeben'. Nicht, daß er etwas zuzugeben hätte", ergänzte er rasch. „Genau", murmelte ich und schaute dabei zu Boden. Es folgte ein etwas betretenes Schweigen, und Arnold ging zum Kamin, lehnte sich mit dem Kopf auf dem Arm gegen den Sims und starrte ins Feuer. „Eine Sache versteh ich nicht, Chris, warum hat er es getan? Warum hat er dir diesen Zettel gegeben? Du bist dadurch in solche Gefahr geraten. Wenn du durchsucht worden wärest, würdest du jetzt nicht hier stehn. Irgendwie sieht es ihm nicht ähnlich. Aber vielleicht sollten wir nicht urteilen. Er ist lange in Einzelhaft gewesen. Die Versuchung, die Welt draußen zu erreichen, muß groß sein. Trotzdem, ich weiß nicht – es ist ihm irgendwie nicht ähnlich ..."

Ich war zu müde, um mich viel um das Warum und Wieso zu kümmern, aber mitten in der Nacht war ich plötzlich hellwach, und Arnolds Worte klangen mir in den Ohren. Warum hat er es getan? Warum hat er mir diesen Zettel gegeben? Ich knipste die Nachttischlampe an und betrachtete die Streichholzschachtel, die da so brav zwischen dem Wecker und einem Glas Wasser stand. Natürlich, aber natürlich, nun hatte ich es. Peter hatte mir den Zettel für den Fall gegeben, daß ich vernommen würde – unsere Aussagen mußten übereinstimmen. Ich war zwar bisher nicht vernommen worden, aber noch war nicht aller Tage Abend. Wenn ich Kriminalrat Lange anriefe und mich zu einem Verhör anböte, würde es mir möglich sein, den zweiten Teil meines Planes auszuführen. Am liebsten wäre ich sofort aus dem Bett gesprungen und hätte ihn auf der Stelle angerufen. Statt dessen ging ich ins Wohnzimmer und nahm eine Schaufel. Ich betrachtete meine Streichholzschachtel eine Zeitlang, drückte sie sogar kurz gegen die Stirn; dann legte ich sie auf die Schaufel und verbrannte sie samt ihrem Inhalt. Sie hatte ihr Geheimnis enthüllt, ich kannte ihre Botschaft auswendig, und ich konnte es mir nicht leisten, sentimental zu sein. Es schien mir nur merkwürdig, daß ich nicht früher darauf gekommen war.

Verhör in der Prinz-Albrecht-Straße

(Winter 1944–1945)

Ich verabredete mich für den 4. Januar zu einem Gespräch mit Kriminalrat Lange. Der Geburtstag meines Bruders John, vielleicht ein gutes Omen. Der Kriminalrat schien zuerst überrascht von meinem recht unorthodoxen Anerbieten, ihm bei seiner Untersuchung behilflich zu sein, aber schließlich erklärte er sich bereit, mich um elf Uhr vormittags in der Prinz-Albrecht-Straße zu empfangen. Als ich Arnold von meinem Vorhaben erzählte, war er nicht ohne weiteres einverstanden. Zwar sah er die Chance, die Gestapo durch die Übereinstimmung zwischen Peters und meinen Aussagen zu verblüffen, andererseits aber kannte er die Gefahr eines solchen Unternehmens nur zu gut. Als er selbst zu Lange gegangen war, hatte mein Schwager ihn begleitet, und vor dem Gebäude gewartet, um gegebenenfalls seinen obersten Vorgesetzten im Rüstungsministerium zu verständigen. In meinem Fall ließ sich die Dauer der Vernehmung nicht vorhersagen, und kein Rüstungsministerium würde sich für meine Befreiung einsetzen. Aus diesem Grund hielt er es für seine Freundespflicht, mir die Gegengründe aufzuzählen. Ich kannte sie selber nur zu gut. Ich hatte mein Peter gegebenes Versprechen gebrochen, die Kinder unter keinen Umständen zu verlassen, überdies bestand die Gefahr, daß ich selber verhaftet oder mißhandelt werden könnte. Man hätte in der Tat ein so grauenhaftes Bild dessen, was mich erwarten mochte, malen können, daß ich mich fragte, wie vernünftige Menschen jemals an einem solchen Regime ein gutes Haar hatten finden können. Letztlich aber war Arnold mit mir der Meinung, daß mein Schritt, wenn alles gut ging, nützlich sein konnte. Lexi war sofort Feuer und Flamme – sie fand die Idee ausgezeichnet.

Um mir die Zeit des Wartens zu vertreiben, entschloß ich mich zu einer Fahrt nach Hamburg, um meine Schwiegermutter in Aumühle zu besuchen, und in der kurzen Zeit, die wir miteinander verbrachten, kamen wir uns näher als je zuvor. Sie war in den vergangenen Monaten sehr gealtert, aber sie zeigte eine stoische Haltung und ein warmes, ganz selbstloses Mitgefühl, was mich tief bewegte.

Am Silvesterabend beging ich den Fehler, halbjüdische Freunde, die in der Nähe wohnten, zu besuchen. Es waren ziemlich viele Freunde und Familienmitglieder versammelt, und das Gespräch drehte sich in der Hauptsache darum, ob es sich wohl noch lohne, Geld in den besetzten Gebieten zu investieren. Eine Sojabohnenmühle in Polen war womöglich ein ganz interessantes Anlageobjekt. Es ging mir durch den Kopf, daß die Bezeichnung ‚verhinderter Nazi' nicht immer ganz abwegig war; daß sogar manche Juden, hätten nicht rassische Gründe sie gehindert, brauchbare Nazis abgegeben hätten. Um zehn Uhr verlangte der Herr des Hauses, daß das Radio angestellt werde. Hitler sollte seine übliche Neujahrsansprache halten. Vielleicht, wer weiß, hatte er doch noch etwas in petto. Man diskutierte allen Ernstes über die ‚Wunderwaffe' – von den Berlinern bereits ‚Wuwa' getauft und als Hirngespinst abgetan – als eine Möglichkeit, die den Verlauf des Krieges noch völlig ändern könnte. Wenn man bedachte, wie groß die Zerstörung war, wie zahlreich die halbverbrannten, verstümmelten Leichen, die unter den Trümmern begraben lagen, so daß ein Teil der Stadt wegen Typhusgefahr abgesperrt werden mußte, dann war es angesichts dieses Elends schwer zu verstehen, daß die Hamburger Kaufleute noch immer an ihrem Motto ‚Geschäft ist Geschäft' festzuhalten schienen. Sie waren die letzten, die sich dem Nazismus angeschlossen hatten, wohl auch die letzten, die von ihm abließen. Als die Fanfaren die ‚Führerrede' ankündigten, und die Gesellschaft im Salon in erwartungsvolles Schweigen versank, stand ich auf und verließ das Haus, ohne mich zu verabschieden. Ich hätte beinahe vergessen, meinen Mantel aus der Garderobe zu holen. „Deutsches Volk! Nationalsozialisten! Meine Volksgenossinnen!" O Gott, dieser abscheuliche Tonfall! Nur ein geringer Trost, daß die Worte so verschwommen klangen, die Stimme heiser, daß man sie kaum noch verstand. Er war am Leben und anscheinend noch immer imstande, seinen dämonischen Zauber zu üben.

Nach meiner Rückkehr nach Berlin schleppten sich die übrigen Tage sehr langsam dahin. Es fiel mir nicht leicht, meine ursprüngliche Gelassenheit zu bewahren. Ich schlief nicht allzu gut, und so war ich froh, als die Zahl drei auf der Wohnzimmeruhr, die außer den Stunden auch die Tage anzeigte, langsam verschwand und die Vier an ihre Stelle rückte. Der vierte Januar. Lexis gutem Rat folgend, kleidete ich mich sehr sorgfältig für die Rolle, die ich zu spielen gedachte. Lexi hatte mir versichert, daß die meisten Gestapoleute trotz aller Niedertracht im Grunde kleine Spießer mit kleinbürgerlichem Geschmack seien. Nach vollbrachtem Tagewerk räumten sie den Schreibtisch auf, legten ihre Peitschen und Totschläger säuberlich wieder in die Schublade und verwandelten sich in vorbildliche Familienväter. Ihre Untaten wurden mit ihren Akten weggeschlossen. Sie sahen ihre Frauen lieber ordentlich und sauber als elegant gekleidet, und Schminke wurde, wenn überhaupt, in nur ganz geringem Maß geduldet. Das Bild hätte echter gewirkt, hätte ich langes blondes Haar besessen, das sich zu einem riesigen Knoten schlingen ließ, und hätte ich anständig nähen können, so wäre ein sorgfältig geflickter Riß in einem meiner Handschuhe die letzte, überzeugende Note gewesen.

Lexi war eine Künstlerin in diesen Dingen. Als ich, ehe ich aufbrach, vor dem Spiegel in der Diele stehenblieb, um mich zu begutachten, war ich mit meiner Erscheinung recht zufrieden. Mein bester schwarzer Mantel, ein einfacher schwarzer Hut, mein graublaues Kleid, leicht abgetragen, aber im übrigen sauber und ordentlich, mein letztes Paar Strümpfe ohne Laufmaschen und schwarze Schuhe mit niedrigen Absätzen. Ich besaß zwar keine Einkaufstasche, jenes stattliche Wahrzeichen jeder deutschen Hausfrau, die auf sich hielt, aber ich fand, daß meine Aufmachung vertrauenerweckend war und Enthaltsamkeit gegenüber dem Schwarzmarkt andeutete. Das Gesicht war auch nicht so übel; runde Augen, Stupsnase, eindeutig arisch, und zu meiner Erleichterung stellte ich fest, daß ich auch nicht mehr so aufreizend gesund aussah. Unter anderem hatte auch die Ersatz-Kost – merkwürdige Gerichte, die sämtlich wie Sägemehl mit Curry schmeckten – ihren Tribut gefordert.

Das Hauptquartier der Gestapo in der Prinz-Albrecht-Straße war ein großes, düsteres, teilweise von Bomben beschädigtes Gebäude. Als ich die breiten Steinstufen hinaufstieg, erkannte ich, daß ich in meinem Eifer, meiner Rolle möglichst gerecht zu werden, einen Fehler begangen hatte. Mein Mantel war aus Zellwolle – sie sah wie Wolle aus, fühlte sich wie Wolle an, wärmte aber ungefähr so gut wie ein Netzvorhang. Als ich oben auf dieser breiten Steintreppe stehenblieb, begann ich etwas zu frösteln. Hier also fuhren täglich die grünen Minnas vor und spien ihre Opfer aus. Peter, Adam, Carl Langbehn, Helmuth Moltke, Haeften und all die anderen, sie alle waren diese Stufen heraufgestiegen, hoffend – hoffend, wo es kaum noch Hoffnung gab. Mich schauderte und ich trat eilig in das Gebäude. Ein Portier mit einem harmlosen Gesicht kam herbei und fragte, wohin ich wolle. Zimmer 525, Herr Kriminalrat Lange. Er sagte, ich solle die Steintreppe bis zum dritten Stockwerk hinauf- und den Flur entlanggehen, die vierte Tür links.

Als ich im dritten Stock ankam, war ich außer Atem und ganz starr vor Kälte. Meine Knie schlugen gegeneinander, und meine Hand auf dem Marmorgeländer zitterte wie im Schüttelfrost. Auf jeder Etage kam ich an der verriegelten Türe eines großen Aufzugs vorbei, der in die dunklen Kellergewölbe hinabführte. Die Atmosphäre dieses Gebäudes war fürchterlich, lautlos, widerhallend und kalt, kalt wie der Tod. Vor mir erstreckte sich ein langer, nur schwach beleuchteter Korridor. Nr. 527, Nr. 526, Nr. 525 – Vorzimmer Kriminalrat Lange. Ich klopfte an, und nach kurzem Warten wurde die Tür von einem Mann in SS-Uniform geöffnet. „Heil Hitler, sind Sie angemeldet?" „Ja." „Ihr Name bitte?" „Frau Bielenberg." „Treten Sie ein und nehmen Sie Platz", sagte er.

Ich betrat das Zimmer und war froh, daß ich mich setzen konnte. Das Herz schlug mir bis zum Hals, und meine Beine benahmen sich höchst sonderbar, sie konnten mich kaum mehr tragen. Ich hatte noch nie etwas Derartiges an mir erlebt und erkannte undeutlich, daß ich wohl einem Anfall äußerster, völliger Panik erlag. Ich saß eine Zeitlang da, mit geschlossenen Augen, sah nichts, dachte nichts – nichts, einfach gar nichts, bis ich irgendwo weit in der Vergangenheit und tief in mir auf einen Fluchtweg stieß, eine Gewohnheit, die ich mir in der Kindheit angeeignet hatte, wenn nebelhafte Ängste, unbestimmbare Schrecken mich so dicht zu bedrängen schienen, daß ich nicht mehr damit fertigwurde. Denk an was anderes, Chris, laß nicht nach, laß nicht nach, denk an was anderes. Komm nur, es ist ganz leicht, denk an den Garten in Nast Hyde und den Weg durch den Obstgarten, der an der zerbrochenen Schaukel vorbei zu den grünen Feldern führt. Es ist Frühling, und überall blühen die Narzissen, sieh nach, wie sie mit den Köpfen nicken und sich im Wind biegen, sieh nach, wie die Apfelbäume Knospen ansetzen, hoffen wir, daß kein später Frost kommt. Meine Kindergewohnheit wirkte, die Panik begann abzuklingen, mein Herz schien wieder dort zu schlagen, wo es hingehörte, und auch die Knie gehorchten mir wieder, von einem gelegentlichen Zucken abgesehen.

Ich begann von meiner Umgebung Notiz zu nehmen und stellte fest, daß ich in einem langen, schwach beleuchteten Saal an der Wand saß, gegenüber waren zwei hohe Türen und rechts von mir drei breite, zum Teil mit Holz vernagelte Fenster, durch die man auf ein Trümmermeer blickte. Vor den Fenstern standen vier gelbe Bürotische mit Schreibmaschinen, an denen, mit dem Rükken zu den Fenstern, vier Frauen saßen. Den Frauen gegenüber vier Männer, deren Gesichter im grauen Licht irgendwie ähnlich aussahen. Sie saßen in einer unnatürlichen Haltung da, der eine aufrecht, der andere vornübergesackt, und als mein Blick die Reihe entlangging, von einer Gestalt zur andern, sah ich, daß sie alle an Händen und Füßen gefesselt waren. Sie sprachen leise mit den Frauen hinter den Schreibmaschinen, ausgenommen der Mann, der mir am nächsten saß und einige Papiere durchlas. Hinter jedem der Männer stand eine reglose Gestalt in Polizeiuniform.

„Haben Sie gehört, was ich gesagt habe?“ Ich fuhr zusammen. Wie oft war meine kindliche Verträumtheit jäh von solchen Tönen unterbrochen worden. Die grelle Stimme klang aus nächster Nähe, sie gehörte der jungen Blondine mit dem harten Gesicht, und sie sprach deutsch.

„Sind Sie endlich fertig?“ fuhr sie den gefesselten, gebeugten Mann an, der ihr gegenübersaß, und dieser blickte auf und sagte ruhig: „Nein, noch nicht, aber fast.“

„Dann machen Sie gefälligst voran, ich kann nicht den ganzen Tag hier rumsitzen.”

„Sie müssen entschuldigen, aber dies ist schließlich sehr wichtig für mich“, sagte der Mann. „Ich unterschreibe nicht gern Papiere, die ich nicht gelesen habe.“ „Wollen Sie damit vielleicht sagen, daß ich irgend was geschrieben hätte, was Sie mir nicht diktiert haben?“ Sie sah gereizt aus. Ihr Gegenüber blickte nicht auf, sagte aber wieder ruhig: „Ich weiß es nicht.“

Plötzlich kam ein tückischer Ausdruck auf ihr Gesicht. Sie machte eine rasche Bewegung nach vorn und ohrfeigte ihn. „Das ist eine Beleidigung.“ Ihre grelle Stimme war in ein Kreischen übergegangen. Der Mann veränderte seine Haltung nicht, sondern warf dem Wächter hinter ihm einen Blick zu. Dieser schien das Benehmen der Tippse fast zu mißbilligen. „Lassen Sie ihn, Fräulein“, sagte er, „es dauert ja nicht mehr lange.“

Während dieses kurzen Zwischenspiels hatten die Schreibmaschinen auf den anderen Tischen weitergeklappert, die gedämpften Stimmen weiter diktiert. Niemand hatte sich gerührt, keiner hatte sich umgesehen; es war, als ob nichts Ungewöhnliches geschehen wäre.

Ich starrte die Frau, die da so nahe neben mir saß, empört an. Sie zog in aller Ruhe die Schutzhülle über die Maschine und brachte den Schreibtisch in Ordnung, während der Mann langsam und mit Überlegung seine Papiere ordnete und sich daran machte, jede einzelne Seite zu unterschreiben. Wie gerne hätte ich die Unterschrift gelesen, denn ich dachte mir, vielleicht könnte ich draußen einer Frau erzählen, daß ich ihren Mann – ihren Bruder gesehen hätte; fast hatte ich mir schon die traurige Lüge zurechtgelegt, wie gut er ausgesehen habe. Aber seine Ketten verdeckten seine Unterschrift. Er legte die Blätter ordentlich aufeinander und gab sie der Frau zurück, und als er den Kopf hob, sah man den roten Abdruck ihrer Hand auf seinem blassen Gesicht. „Danke, Fräulein“, sagte er, und mit einem Blick zu seinem Bewacher: „Kann ich jetzt gehen?“ Der Wächter nickte, und der Gefangene erhob sich mit einiger Mühe. Er trug so schwere Ketten, daß er kaum einen Fuß vor den anderen setzen konnte. Seine Schuhe waren ohne Schnürsenkel, und beim Aufstehen fiel er beinahe hin. Ich machte eine unwillkürliche Bewegung, ihm zu helfen, aber der Wächter winkte mich auf meinen Platz zurück. Ich blickte dem Gefangenen ins Gesicht, als er an mir vorbeikam, und versuchte ihm zu zeigen, wie stolz, voller Bewunderung und dankbar ich war, daß ein Mensch in einer solchen Situation so viel Haltung bewahren konnte. Es war kaum anzunehmen, daß er mich verstehen werde, aber er sah mich doch einen kurzen Augenblick an und ging dann mit einem Seufzer auf die Tür zu. Er schob die Füße über den Boden, einen vor den anderen, und kam nur langsam vorwärts, aber schließlich schloß sich hinter ihm die Tür.

Ich sah wieder die Frau an, die sich nun ebenfalls zum Gehen bereitmachte. Sie hatte die schwarzen Ärmelschoner abgenommen und hielt eine große Lackledertasche auf dem Schoß. Sie puderte sich die Nase, frisierte sich und musterte sich dabei mit einiger Befriedigung in einem Taschenspiegel. Über meine Gefühle in diesem Augenblick gab es keine Zweifel. Ich zitterte wieder, doch diesmal aus einem anderen Grund. Dies war kalter, tödlicher Haß, wie ich ihn niemals wieder in meinem Leben für jemanden empfinden möchte. Ich haßte sie aus tiefster Seele, und daß sie eine Frau war, steigerte diesen Haß womöglich noch, denn in ihm vereinten sich ohnmächtiger Zorn und tiefste Scham darüber, ihrem Geschlecht anzugehören. Vielleicht war mir mein Abscheu anzusehen, denn sie warf mir einen eigenartigen, fast verschreckten Blick zu, ehe sie ihre Sachen nahm und den Raum verließ. Mit ihrem Weggehen schwand mein Zorn keineswegs, im Gegenteil, er steigerte sich noch, falls das überhaupt möglich war.

Wie konnte so etwas geschehen? Wie konnte die Gestapo, wie konnte irgend jemand es wagen, einen anderen Menschen so zu behandeln? Und wie konnte man es wagen, mich zum Zeugen zu machen, als ob mein Dabeisein und mein armseliges Gewissen nicht zählten, nur weil ich nicht in der Lage war, das zu verhindern? Wieso mußte ich hier sitzen, umgeben von solcher Niedertracht? Eine Stunde, zwei Stunden, wie lange wartete ich hier schon? War es Absicht, meine Kraft mit so primitiven Mitteln zu untergraben? Vielleicht war mein Zorn so überwältigend, weil sie beinahe ihr Ziel erreicht hätten. Ich spürte, welch tiefen Dank ich dem unbekannten Gefangenen, ja sogar seiner Peinigerin schuldete, denn ohne sie wäre ich vielleicht in sehr schlechter Verfassung gewesen. Nun aber wußte ich, daß ich keine Angst mehr hatte. Heute, da ich im Schutze meiner weißen Hügel dies niederschreibe, möchte ich nicht den Eindruck erwecken, daß ich mich für besonders tapfer hielte, nur weil ich damals keine Angst hatte. Ich bin nicht tapfer. Niemand kann sagen, wie er sich verhalten wird, ehe er der wirklichen Gefahr gegenübersteht. Keine Angst zu haben, dafür muß man dankbar sein, und in meinem Fall war, weil ich diese Dinge gesehen hatte, ein anderes, ebenso primitives Gefühl an die Stelle der Furcht getreten.

„Frau Dr. Bielenberg." Eine der beiden hohen Türen am Ende des Raums hatte sich geöffnet, und ein Lichtstrahl fiel auf die Wand hinter mir. Von meinem Zorn getragen, ging ich vorbei an der Reihe der mit Ketten gefesselten Häftlinge – der letzte rauchte seltsamerweise eine Zigarre – und blieb unter der offenen Tür wie angewurzelt stehen. Einen Augenblick war ich völlig geblendet. Das Zimmer wirkte kleiner, es war warm und ungelüftet, und alles, was ich erkennen konnte, war der vage Umriß eines Schreibtisches in der Ecke. Anscheinend waren hinter dem Schreibtisch, irgendwo nahe an der Decke, Scheinwerfer angebracht, und sie waren auf die Tür gerichtet; es war recht töricht von mir, daß ich mit so etwas nicht gerechnet hatte, und ich fühlte, daß ich dieses Licht nicht sehr lange würde aushalten können.

„Heil Hitler, Frau Bielenberg, nehmen Sie Platz." Aus der grellen Leere redete mich eine hohe Männerstimme mit leicht sächsischem Tonfall an. Nun ging es auf Biegen oder Brechen.

„Heil Hitler, Herr Kriminalrat, ich würde sehr gerne Platz nehmen, wenn ich einen Stuhl finden könnte, aber das Licht blendet dermaßen, daß ich, ehrlich gesagt, überhaupt nichts sehen kann. Meine Augen sind ohnehin nicht besonders gut. Seien Sie so freundlich und drehen Sie die Lampen ab." Zu meiner Überraschung kam der letzte Satz mehr im Ton eines Kommandos als dem einer Bitte heraus. Einen Augenblick lang herrschte völlige Stille, dann hörte ich, wie er seinen Stuhl zurückschob, er knipste an einem Schalter, und die Lampen erloschen.

Nun konnte ich ihn erkennen. Es war nicht mehr nur eine körperlose Fistelstimme, sondern ein kleiner, untersetzter, noch jüngerer Mann mit einem birnenförmigen Kopf. Er hatte dunkles, schütteres Haar über einer hohen, schmalen Stirn, rundliche Backen und einen kleinen Mund mit wulstigen Lippen. Er war gewiß keine Schönheit, aber es war der Ausdruck seiner Augen, der ihn so grauenerregend machte. Sie lagen nahe beieinander, waren sehr klein, sehr blau, sehr kalt und starrten mich intensiv und wachsam an. Seltsam, dachte ich, als ich den Stuhl ein wenig rückte, um nicht direkt dem Fenster gegenüberzusitzen; seltsam, einen Augenblick schien es mir, als hätte ich diese Augen schon einmal gesehen. „Danke Ihnen, das war sehr freundlich", schon wieder klang meine Stimme zu meiner Überraschung mehr als sachlich. Er erwiderte nichts, und so nahm ich Platz und wir musterten einander über seinen lederbezogenen Schreibtisch hinweg, auf dem lediglich ein Behälter mit scharf gespitzten Farbstiften zu sehen war.

Da ich ziemlich kurzsichtig bin, ist es mir schon immer leicht gefallen, anderen Menschen gerade in die Augen zu sehen. Schon als Kind blieb ich bei dem Spiel, wer länger den Blick des andern aushalten kann, mühelos Siegerin, da ich mein Gegenüber nie ganz scharf sehen konnte. Erbitterte Kinderfrauen, Erzieherinnen und Lehrerinnen hatten mich zu der Überzeugung gebracht, daß ich, wenn mir daran lag, den Eindruck lauterster Offenheit erwecken konnte.

Kriminalrat Lange schien nicht sprechen zu wollen, und da das Schweigen allmählich bedrückend wurde, brach ich es. „Ich schulde Ihnen Dank, Herr Kriminalrat", sagte ich. „Es war nett von Ihnen, daß Sie mich empfangen haben, obwohl Sie sicher sehr beschäftigt sind. Ich muß Ihnen auch für die Erlaubnis danken, meinen Mann zu besuchen. Ich fand, er sah gut aus." Er machte eine leichte Kopfbewegung und starrte mich noch immer an. Vorsicht – Vorsicht – mein Ton war noch längst nicht so, wie ich mir vorgenommen hatte – viel zu aggressiv, viel zu selbstbewußt. Meine einfachen Worte hatten fast wie eine Beleidigung geklungen. Schließlich war es in Deutschland der Papa, der im allgemeinen kommandierte, und es war weder die Zeit noch der Ort, eine Umkehrung der Rollen zu riskieren. So versuchte ich meinen Ton zu mildern und versicherte ihm, wie froh ich sei, daß er Peters Fall bearbeitete. Von dem Augenblick an, als ich hörte, daß Peter von Graudenz verlegt worden war, sei ich zuversichtlich gewesen, daß einem erfahrenen Mann wie ihm, Kriminalrat Lange, sehr bald klar werden würde, Peters Verhaftung sei ein Irrtum gewesen, und daß er ihn freilassen werde. Endlich brach er sein Schweigen und fragte:

„Warum glauben Sie, solches Vertrauen in meine Fähigkeiten setzen zu können?"

„Zwei Freunde meines Mannes" – ich nannte ihm die Namen – „haben mir gesagt, in besseren Händen könnte er gar nicht sein", erklärte ich. Vielleicht war der Wunsch der Vater des Gedankens, aber ich glaubte eine leichte Entspannung in seinem Verhalten zu entdecken. Es gab eine schwache Hoffnung, daß er eitel war. Ich zögerte einen Augenblick, versuchte den richtigen Ton, die richtigen Worte zu finden, die ihn dazu bewegen würden, mich durch die Mühle zu drehen.

„Herr Kriminalrat, ich möchte ganz offen mit Ihnen reden", sagte ich, „Sie waren vielleicht von meinem Anruf, über meine Bitte, hierherkommen zu dürfen, überrascht. Aber seit der Festnahme meines Mannes hat mich eine bestimmte Sache sehr beschäftigt, der Umstand nämlich, daß ich Ausländerin bin. Ich habe zwar das größte Vertrauen zu Ihnen, wie überhaupt in die deutsche Justiz, aber ich kann so schwer verstehen, warum mein Mann noch nicht freigelassen worden ist. Wäre es möglich" – ich zögerte wieder – „spricht es möglicherweise gegen ihn, daß er mit mir verheiratet ist?" Ich blickte auf meine Füße, um mich etwas von diesen kleinen blauen Augen zu erholen. „Sehen Sie", sagte ich, „ich muß mich in diesen Dingen auf mein Gefühl verlassen. Ich glaube, wenn so etwas in England passierte und ich Deutsche wäre, könnte es der Fall sein, und wenn ..." Ich fühlte, daß nun, trotz seines starren Blicks und seiner sphinxhaften Unbeweglichkeit, der Moment gekommen war, so viel Charme zu zeigen, wie meine biedere Aufmachung es zuließ. Ich blickte wieder auf und fuhr fort: „... und wenn es so wäre, wäre das für mich eine kaum zu ertragende Belastung, und allein aus diesem Grund schon wäre ich zu Ihnen gekommen. Ich war nämlich immer überzeugt, Herr Kriminalrat, daß mein Mann und ich über die Staatsgrenzen hinaus miteinander verbunden waren. Unsere verschiedene Nationalität hat in unserer Ehe nie eine Rolle gespielt. Ich habe einen Deutschen geheiratet, und Deutschland ist heute mein Heimatland, ich habe die Sprache gelernt, so gut ich konnte, und hier will ich unsere Söhne aufziehen." Ich kam langsam in Fahrt. „Ja" – eine Lüge, aber eine gute, fand ich – „sogar unsere Hochzeitstorte war mit der englischen Fahne und dem Hakenkreuz geschmückt und – vielleicht war das albern von uns, aber manchmal haben wir sogar gedacht, indem wir unsere beiden Länder vereinigten, verwirklichten wir einen der innigsten Wünsche des Führers. Ich muß Ihnen sagen, wir waren von einer grenzenlosen Mutlosigkeit erfüllt, als zwischen England und Deutschland Krieg ausbrach. Ich habe Wort für Wort die Reden des Führers verfolgt, als er meinem Volk wieder und wieder Friedensangebote machte und immer wieder nichts als schnöde Ablehnung erfuhr." Nun kam der ‚Völkische Beobachter' zu seinem Recht. „Ich kann Ihnen versichern, wenn es auf mich ankäme, wären unsere beiden Länder heute ebenso vereint, wie mein Mann und ich es sind."

Auf seinem schlaffen Gesicht ging eine merkwürdige Veränderung vor sich. Es war, als hätte unter diesen dicken Backen ein Erdbeben stattgefunden. Konnte es ein Lächeln sein?

„Das war eine sehr bewegende Ansprache, Frau Bielenberg, richtig zu Herzen gehend", sagte er. „Aber den Engländer möchte ich sehen, der, wenn es darauf ankommt, nicht in seinem innersten Herzen fühlt: ‚right or wrong my country'." Der alte Ladenhüter, der bei so vielen Diskussionen über den Nationalsozialismus immer wieder auftauchte – nur war Langes englische Aussprache so sonderbar, daß ich ihn nur mit einiger Schwierigkeit wiedererkannte.

„Das stimmt, Herr Kriminalrat. Ich wußte gar nicht, daß Sie Englisch sprechen." Ich versuchte auch ein Lächeln, versuchte dazu noch ein bewunderndes Gesicht zu machen. „Irgendwie trifft diese Redensart aber auf mich nicht zu, und das ist vielleicht ein Grund, warum es mir nicht schwerfällt, bei meiner Einstellung zu bleiben; sehen Sie, ich bin keine hundertprozentige Engländerin, sondern habe fast nur irisches Blut – und Blut läßt sich eben nicht verleugnen."

Einen Augenblick schien er etwas überrascht zu sein. Es war möglich, daß er ebenfalls Theater spielte, wahrscheinlicher aber, daß ihm die Wirrnisse der englisch-irischen Beziehungen ebenso unklar waren wie mir und der Mehrzahl der Anglo-Iren.

„Soviel ich weiß, sind Sie eine Nichte von Lord ‚Be-aferbruck' ",* sagte er. Ich hatte gehofft, er würde darauf nicht zu sprechen kommen. Das einzige Wort auf Peters Zettel, das nicht ganz deutlich geschrieben war. Hatte er geschrieben „glaubt Chris Nichte Beaverbrook" oder „glaubte"? Hatte er Lange in seinem Irrtum gelassen oder ihn aufgeklärt? Lord ‚Be-aferbruck' war englischer Minister für die Flugzeugproduktion, und falls ich Lange als Entgelt für die Vernichtung von Peters Akt Unterstützung nach dem Krieg anbieten wollte, war Beaverbrook die bessere Wahl. Andererseits sprach einiges für meinen Onkel Rothermere. Er hatte Anfang der dreißiger Jahre Hitler besucht, war von ihm tief beeindruckt gewesen und hatte sogar eine Zeitlang darauf bestanden, die ‚Daily Mail' unter dem falschen Banner ins Feld ziehen zu lassen. Besser war es natürlich, Verwandtschaft mit beiden in Anspruch zu nehmen, beide hatten sie Vorteile, aber was hatte ich doch vorhin gesagt? Blut läßt sich nicht verleugnen. Ich entschied mich für Rothermere – in meinem Eifer, einen guten Eindruck zu machen, sprach ich den Namen beinahe wie ‚Rossermier' aus – und fügte einen passend zurechtgestutzten Abriß seines politischen Fehltrittes hinzu.

* Beaverbrook war Besitzer des ‚Daily Express', Rothermere war Besitzer der ‚Daily Mail'.

„Und wieso betrachten Sie sich als Irin?"

„Die Familie meiner Mutter stammt aus Irland", begann ich und geriet dann in Fahrt. „Lord Rothermere wurde in der Nähe von Dublin geboren, und mein Vater stammt aus der Grafschaft Clare in Westirland, meine Großeltern, ja alle meine Ahnen seit langer, langer Zeit stammten aus der Grafschaft Clare. Sie waren große Patrioten. Die Großtante meines Vaters hieß Barbara Fitzgibbon, ich habe den Namen immer geliebt. Sie hat sich in den Union Jack eingewickelt und ist über Ireland's Eye (das ist eine kleine Insel im Irischen Kanal) hinausgeschwommen, um die verhaßte englische Fahne soweit wie möglich von der Küste Irlands zu versenken, oder, warten Sie, ich glaube, sie ist sogar unterwegs ertrunken. Mein Vater war jedenfalls sehr stolz auf seine Großtante Barbara Fitzgibbon. Meine Schwester heißt auch Barbara, nach dieser Tante. Ich selber bin in England erzogen worden – aber natürlich auch in Irland."

„Dann war Ihr Vater in der irischen Armee?"

„O nein, er war natürlich in der englischen Armee – das war im Ersten Weltkrieg, aber er war natürlich Ire. Meine Onkel väterlicherseits haben auch in der englischen Armee gedient, obwohl sie in Irland stationiert waren. Sie fühlten sich ebenfalls ganz als Iren. Sie konnten es nicht ertragen, woanders als in Irland zu leben. Ich habe auch Vettern in England, in einem irischen Regiment natürlich."

Nun hatte ich ihn völlig durcheinandergebracht. Irische Engländer, englische Iren, ich wurde selber ein bißchen wirr. So machte ich eine Pause, um Luft zu holen, und fand es angebracht, beruhigend zu sagen: „Es ist eigentlich gar nicht so kompliziert, wie es sich anhört."

„Welche Sprache spricht man in Irland?" fragte er etwas gequält. „Irisch", antwortete ich fest. Ich glaube, es muß das Wort „natürlich" gewesen sein, das ihn beunruhigte, und ich versuchte, meinen Vorteil auszunutzen.

„Herr Kriminalrat, zerbrechen wir uns nicht den Kopf über die Iren. Ich bin eigentlich gekommen, um Ihnen zu helfen. Ich weiß, Sie bemühen sich nur, die Wahrheit herauszufinden. Könnte ich Ihnen dabei nicht irgendwie behilflich sein? Sehen Sie, mein Mann und ich hatten keine Geheimnisse voreinander, und für mich liegt sein Fall sonnenklar. Er hat sich nie in seinem Leben für Politik interessiert. Dafür ist er ein viel zu unkomplizierter Mensch.

Aber vielleicht kann ich Ihnen einen Vorschlag machen: Wie wäre es, wenn Sie mich befragten? Schließlich haben mein Mann und ich, wie ich schon sagte, niemals Geheimnisse voreinander gehabt. Ich wäre jederzeit nur zu gern bereit, jede Frage zu beantworten, die Sie mir stellen wollen."

Er brauchte einen Augenblick, bis er sein Gesicht wieder geordnet hatte, warf mir einen langen Blick zu und nahm einen seiner sorgfältig gespitzten Bleistifte zur Hand.

„Na schön, Frau Bielenberg, ich werde Ihnen ein paar Fragen stellen, aber ich warne Sie: Sie spielen ein sehr gefährliches Spiel, wenn Sie nicht wahrheitsgemäß antworten."

Unvermittelt änderte sich seine Haltung, er beugte sich vor, und seine Augen wurden so blau, daß es fast schmerzte.

„Ihr Mann ist ein politisches Würstchen", sagte er, „ein Schafskopf, wie er im Buch steht, der sich in jedem Punkt verraten hat. Sehen Sie diese Akte an, die ist dick genug. Nun, ich kann Ihnen sagen, sie enthält nicht eine einzige Seite, die nicht irgendeinen Beweis für seine Dummheit und seine Schuld liefert. Ich kann jede x-beliebige Stelle aufschlagen; ach ja, hier kommt er in das Haus eines seiner Angestellten, eines ordentlichen Volksgenossen, der in seinem Wohnzimmer den Spruch ‚Der Führer hat immer recht' hängen hat. Und was sagt Ihr Mustergatte zu dem Angestellten? Er sagt: ‚Wie können Sie sich bloß so einen Quatsch einrahmen und aufhängen?' " Ich spürte, wie mein elendes Knie wieder zu zittern begann – die Veränderung war zu plötzlich gekommen. Genau das hätte Peter gesagt. Ich erinnerte mich an diesen Angestellten und auch, warum Peter in sein Haus gegangen war. Miksch hieß er. Seine Frau mußte ins Krankenhaus, und Peter hatte sie mit dem Werkswagen abgeholt. Kaum zu glauben, daß Miksch, der nicht einmal Parteigenosse war, nach Peters Verhaftung nichts Besseres zu tun gewußt hatte, als zur Gestapo zu laufen und seine lächerliche Anklage dem wachsenden Belastungsmaterial hinzuzufügen; nur einer der vielen niederträchtigen Denunzianten, die das Rückgrat dieses Schandregimes waren, ohne das es sich nicht halten und seine Abscheulichkeiten begehen konnte.

Lange blätterte die Akte durch. „Auch Sie, gnädige Frau, obwohl Sie sich doch so deutschfreundlich geben, hier lese ich, wie Sie Ihren Mann in Graudenz besuchen – und was tut er? Um Ihnen zwei lächerliche Stunden Bahnfahrt zu ersparen, nimmt er den

Wagen, ja, den Werkswagen, fährt sechzig Kilometer bis zum Bahnhof an der Hauptlinie und verschwendet damit kostbares Benzin, was sich das Vaterland jetzt wirklich nicht leisten kann. Ein schöner Patriot!"

Ich versuchte, meinen Zorn und auch eine gewisse Besorgnis zu unterdrücken, aber plötzlich kam mir mein Gedächtnis zu Hilfe. Jetzt wußte ich, wo ich diese Augen schon einmal gesehen hatte. Zwei unansehnliche kleine Mädchen im gleichen Abteil auf der Fahrt nach Ravensbrück. Die Ähnlichkeit war unverkennbar. Pappi sollte Soldat werden, natürlich, nun wußte ich, wer Pappi war und auch, warum er zu den Soldaten ging. Die feldgraue Wehrmachtsuniform war nach dem Krieg gewiß weniger hinderlich als die dunkelgrün-schwarze des SD.

„Ich finde nicht, Herr Kriminalrat, daß solche Bagatellen unbedingt auf mangelnden Patriotismus schließen lassen", sagte ich. „Als ich nach Ravensbrück fuhr, um meinen Mann zu besuchen, waren Ihre Frau und Ihre zwei kleinen Töchter in meinem Abteil. Sie sind am Bahnhof mit einem schwarzen Mercedes abgeholt worden. Ich erinnere mich so gut daran, weil ich zu Fuß gehen mußte. Sie sind hier der Chef, wie mein Mann es in Graudenz war. Ich kann weder an Ihrem noch an seinem Verhalten etwas Verkehrtes finden."

Ich fürchtete schon, ich sei vielleicht zu weit gegangen, und machte mich auf den nächsten Angriff gefaßt, aber statt dessen lachte er und wurde wieder etwas gnädiger. Er war sicher ein Schauspieler und spielte seine Rolle wie ich die meine.

„Sie sind gar nicht unbegabt", sagte er fast freundlich, „obwohl Sie mich glauben machen wollen, daß Sie ganz arglos sind. Ich habe hier eine Liste Ihrer Freunde, jeder einzelne ein Verräter, Trott zu Solz, Moltke, Yorck von Wartenburg, Langbehn, Haeften, Trotha, Einsiedel und so weiter. Sie werden mir doch nicht erzählen wollen, daß Sie mit ihnen keinerlei politische Gespräche geführt haben, wenn Sie bei ihnen eingeladen waren oder sie bei sich zu Gast hatten. Sehen Sie sich mit Ihren Antworten vor, wir haben Aufnahmen Ihrer Telefongespräche, und Ihr Mann hat uns in seiner Beschränktheit viel erzählt."

Gott segne Peters Zettelchen! Wort für Wort war mir ins Gedächtnis eingegraben. Nun bewährte es sich. Es war fast, als säße Peter neben mir, als hülfe er meinem Gedächtnis nach, als führte er mich sicher meinen Weg. „Habe alles bestritten – selbst politisch uninteressiert – Adam enger Freund, Langbehn Nachbar, Yorck dienstlich RWM Preiskommissar“ und so fort.

„Sie werden staunen“, antwortete ich, „aber genau das behaupte ich. Ich bin nicht an Politik interessiert, bin es nie gewesen und werde es nie sein, und Leute, die über Politik reden, ermüden mich einfach. Meinem Mann ging es genauso. Ich bin ein einfacher Mensch, und für mich ist der Patriotismus eine ganz unkomplizierte Empfindung. Mir kommt es absolut verrückt vor, daß in der heutigen Zeit, wenn jeder wehrfähige Mann sein Vaterland verteidigen sollte, mein Mann im Gefängnis sitzt und nichts tut. Deswegen bin ich zu Ihnen gekommen, aber wenn Sie mit mir über Politik reden wollen, dann kann ich Ihnen gar nicht helfen. Ich wüßte nicht einmal, wie ich es anfangen sollte. Sie fragen mich nach Adam von Trott – nun, ich würde sagen, er war der beste Freund meines Mannes. Wir haben vieles gemeinsam. Seine Frau Clarita kommt aus Hamburg, sie haben sich dort bei uns kennengelernt, und mein Mann ist Pate ihres ersten Kindes, aber das hat nichts mit Politik zu tun. Vielleicht ist es für intelligente Leute manchmal eine Erholung, mit unkomplizierten Menschen zusammenzukommen, wie wir es sind.“

„Sie hielten Trott für intelligent?“ Er spie den Satz geradezu aus. In diesen paar Worten war der ganze erbitterte Haß des kleinen Mannes enthalten.

„O ja, schon, ich ...“

„Er war ein Verräter, Frau Bielenberg.“

„Ja“, antwortete ich traurig, „es scheint so. Ich hätte es nie für möglich gehalten. Aber nach wem wollten Sie mich noch fragen? Dr. Carl Langbehn? Die Langbehns sind ja unsere Nachbarn in Dahlem.“

„Nach den Angaben Ihres Mannes mehr als Nachbarn.“ „Ich verstehe nicht ganz, was Sie meinen.“ „Ich habe Unterlagen. Dabei rede ich noch nicht einmal von dem, was Ihr Mann und natürlich Langbehn uns gestanden haben. Ich habe Aufzeichnungen von Telefongesprächen zwischen Ihnen und Dr. Langbehns Mutter, manchmal sogar tägliche Gespräche.“

Die arme Mutter Langbehn. Ich hatte mir etwas Sorgen wegen dieser Telefongespräche gemacht. Oft genug hatte ich sie unhöflich abgebrochen, war durch die Hecke geschlüpft und hatte sie gebeten, doch nicht mehr zu telefonieren. Aber sie stammte aus einer anderen Zeit. Zu ‚Kaisers Zeiten‘ waren Telefone eben nicht abgehört worden, hatte es solche ‚Gauner' wie Gestapobeamte nicht gegeben.

„Herr Lange, das ist vielleicht etwas, was Sie schwer verstehen werden. Sie sind ein Mann. Ich bin eine Frau und auch eine Mutter. Was meine Söhne auch täten und wie sehr ich es auch mißbilligte, ich wäre niemals imstande, sie zu verstoßen. Ich würde nicht aufhören, sie zu lieben. Frau Langbehn ist auch eine Mutter, und ich finde es nicht erstaunlich, daß sie mich oft anruft und mein Mitgefühl erwartet. Ich glaube, Sie sollten Ihre Frau danach fragen, denn nach dem, was ich im Zug von ihr gesehen habe, bin ich überzeugt, sie würde genauso reagieren wie ich."

Wenn Mutter Erde das übertrumpfen kann, dachte ich, dann ist sie eine bessere Frau als ich – und ich begann mich zu fragen, ob meine Gedanken nicht ein bißchen durcheinandergeraten waren.

Der kurze Winternachmittag ging in den Abend über. Im Fenster verblaßte das Tageslicht, und die vereinzelten Straßenlaternen begannen ihr flackerndes Licht über das Trümmermeer zu werfen. Hier ist in meiner Erinnerung eine gewisse Lücke. Ich war etwas benommen, vermutlich teils vor Hunger, teils aus Anstrengung und teils deswegen, weil die Luft in dem Zimmer so verbraucht war. Lange fragte mich nach Moltke, und ich gab ihm die automatischen Antworten. Ich kennte Moltke zwar nicht gut, fände aber seine Frau sehr nett; wir hätten öfters Hühnerfutter gegen Pflaumen getauscht, die in unserem Garten in Hülle und Fülle wuchsen. Ich ertappte mich, wie ich ihn allen Ernstes fragte, ob er Hühner halte, und als er es bejahte, schloß sich daran ein ziemlich lebhaftes Gespräch, wie schwierig es sei, sie zu füttern. Vielleicht hatte auch ihm die stickige Luft zugesetzt. Wir sprachen über die Vor- und Nachteile von Rhodeländern und Leghorn, und wenn das Gespräch noch lange gedauert hätte, wäre ich vielleicht in Versuchung geraten, ihm eine ausgezeichnete Schwarzmarkt-Adresse in Zehlendorf zu nennen, wo er so viel Hühnerfutter bekommen konnte, wie er wollte – falls er bereit war zu zahlen. Aber er kam wieder zur Sache.

„Ihre Aussagen waren sehr interessant", sagte er. „Interessant, weil sie in keiner Weise mit denen Ihres Mannes übereinstimmen."

Der elende Lügner! Wenigstens aber riß mich diese Feststellung aus meiner vorübergehenden Apathie. „Dann allerdings, Herr Kriminalrat", sagte ich, „war es dumm von mir, hierherzukommen, aber ich bin eben eine schlechte Lügnerin, und ich muß bei dem bleiben, was ich gesagt habe." Ich raffte den letzten Rest meiner Kraft zusammen, um ihm gerade ins Auge zu blicken.

„Wenn Sie wirklich wissen wollen, was ich denke", fügte ich mit der ganzen Entschiedenheit hinzu, die ich noch aufbieten konnte: „Ich finde, daß Sie und nicht ich hier auf meinen Stuhl gehören. Ich habe mich schließlich in dem Glauben gewiegt, der Führer sei in ganz sicheren Händen. Aber es hat einer Bombe bedurft, einer Bombe im Luftschutzkeller des Führerhauptquartiers, bis die Gestapo entdeckt hat, daß Feinde mitten unter uns waren. Ein grauenhafter Gedanke – sind Sie darüber nicht ebenso bestürzt wie ich, Herr Kriminalrat? Ich finde, man sollte es sein."

Herr Lange sprang auf und kam auf mich zu. „Gnädige Frau, unser Gespräch ist beendet. Ich habe mich zum Militär gemeldet, aber ich verspreche Ihnen, bevor ich gehe, werde ich mich um den Fall Ihres Gatten kümmern. Ich kann Ihnen das Endresultat nicht sagen, aber ich werde dafür sorgen, daß die Sache so oder so geregelt wird, ehe ich einrücke."

Ich dankte ihm und versicherte ihm, daß damit alle meine Wünsche erfüllt seien. Er nickte und hatte mir schon den Rücken zugewandt, bevor ich die Tür erreicht hatte.

Der Portier mit dem harmlosen Gesicht meinte, ich solle schnell nach Hause fahren, da es schon spät sei und die Tommys bald da sein würden. Ich schaute auf meine Uhr und konnte kaum fassen, daß ich in diesem Gebäude mehr als neun Stunden zugebracht hatte.

Der Fliegeralarm mußte gekommen sein, während ich in der U-Bahn war, denn als ich in der Station Podbielskiallee ausstieg, schossen die großen Flakgeschütze auf der Domäne Dahlem bereits aus allen Rohren. Um mich herum prasselten die Granatsplitter herunter, aber ich konnte mich nicht beeilen; es war, als wandelte ich im Schlaf. Ich stieß die Tür unseres Hauses auf, ging in unser Schlafzimmer und setzte mich auf mein Bett, neben das halb geöffnete, mit Kissen gesicherte Fenster. Das Haus war leer, anscheinend waren alle im Luftschutzkeller. In der Nähe mußten ein paar Phosphorbomben gefallen sein, denn von Zeit zu Zeit erhellte ein geisterhaft grünes, eigentlich wunderschönes Glühen den Garten. Einer der jungen Holländer kam aus dem Splittergraben und ging schnell wieder in Deckung. Es vergingen Minuten, vielleicht auch Stunden, ich weiß es nicht mehr. Ich hörte die

Entwarnung nicht, aber irgendwann tauchten die Jungen aus ihrem Bunker auf; sie rauchten, lachten miteinander und schleppten ihre Koffer mit sich. Sie stürzten ins Zimmer und steuerten auf die Fenster zu, hielten aber inne, als sie mich sahen. Ich muß wohl etwas sonderbar ausgesehen haben, wie ich mit Hut und Mantel auf dem Bett saß und in den Garten hinausstarrte, denn sie zogen sich zurück und schlossen leise die Tür hinter sich.

Rückkehr nach Rohrbach

(Winter 1944–1945)

Der Anhalter Bahnhof war zu einem Symbol der Auflösung geworden; sein großes, früher verglastes Kuppeldach zeichnete sich wie das Skelett eines Gewächshauses vom Himmel ab. Längs der Bahnsteige hingen die Propagandaplakate in roten und schwarzen Fetzen von den mit Splittereinschlägen übersäten Mauern. ‚Führer, wir danken dir.' ‚Mit unserm Führer zum Sieg.' ‚Nationalsozialistische Ordnung oder bolschewistisches Chaos.' Jeden Tag rollten die fensterlosen Eisenbahnzüge in den wenigen Stunden zwischen den Massenangriffen der Amerikaner am Tage und den sporadischen Attacken der Briten bei Nacht herein und wieder hinaus; sie beförderten ein Durcheinander von Soldaten, Zivilisten, Flüchtlingen und Evakuierten in die verschiedensten Richtungen, ungewissen Zielen entgegen.

Der Tag, an dem ich Berlin verließ, um nach Rohrbach zurückzukehren, bildete keine Ausnahme. Auf den Bahnsteigen drängten sich die Menschen hin und her und stapften durch den schmutzigen Schnee und die Glasscherben. Ein unverständlicher Lautsprecher schien die graue Menge ständig in Bewegung zu halten. Die Treppe hinab, durch die Unterführung, die Treppe hinauf zu Bahnsteig 3, die Treppe hinab, durch die Unterführung, wieder treppauf zum Bahnsteig 5, der Lautsprecher wußte anscheinend genausowenig wie die umherziehenden Menschen, wann und wo ein Zug einlaufen werde. Niemand sprach, der Ausdruck auf unseren Gesichtern veränderte sich nicht, nur die Kleidung gab uns noch einen Rest von Individualität. Ich kam auf meinen Wanderungen die Treppen hinauf und hinunter an einem Süßwarenautomaten vorbei und glaubte in dessen zerbrochenem Spiegel eines der starren, grauen Gesichter zu erkennen. Beim nächstenmal stellte ich fast gleichgültig fest, daß es ja mein eigenes war.

Nun schon zum zweitenmal auf Bahnsteig 5 lehnte ich mich gegen die Befehle des Lautsprechers auf, denn er wußte offensichtlich auch nicht besser als ich, was die Bahnbehörden im Sinn hatten. Ich überlegte, daß der Zug ebenso auf diesem wie auf einem anderen Bahnsteig einfahren konnte, fand einen Gepäckkarren unter einer trüben Lampe, nahm den Rucksack ab und setzte mich und wartete.

Während die Menschenmenge sich an mir vorbeischob, ziellos dahinwandernd, hierhin, dorthin, begann ich einige Gesichter wieder zu erkennen. Der hochgewachsene Mongole mit der Pelzmütze und seine kleine Frau mit ihrem schwarzen Umschlagtuch – vielleicht ein russischer Kollaborateur, dem die Vergeltung auf den Fersen folgte; ein geschäftiger Parteifunktionär, noch immer in brauner Uniform, der versuchte, die Ordnung aufrechtzuerhalten, als man weiter hinten zu drängen begann, und dessen Befehlston zu einem belanglosen Gemurmel herabsank, als seine Nachbarn ihn nur wortlos und feindselig ansahen; die Gruppe schweigender Kinder mit Namensschildchen um den Hals, von einer hageren, besorgten Frau in Rotkreuzkleidung bewacht; die Soldaten in ihren schlechtsitzenden Uniformen, manche noch Knaben; die hilflose Mutter, die ihr Mutterkreuz in Silber trug und mich gefragt hatte, ob wohl noch Züge nach Leipzig gingen – zwei ihrer Kinder waren mit der Schule dorthin evakuiert worden und sie hoffte sie noch zu finden, ehe die russische Flutwelle über sie hinwegging.

Ich kämpfte gegen düstere Verzweiflung an. Jeder Funke von Hochgefühl, den ich in mir hatte aufkommen lassen, jedes verstohlene Eigenlob, wie gut ich mich bei der Vernehmung gehalten hatte, war in den folgenden Tagen, als sich wieder undurchdringliches Schweigen über die ganze Episode legte, gründlich vergangen. Ich konnte nicht mehr und ich fühlte auch nichts mehr, außer daß ich völlig allein war, eine Fremde, eine Außenstehende, denn trotz des Spiegelbilds in dem Süßwarenautomaten wußte ich, daß ich nicht zu den besiegten Menschen um mich herum gehörte; einem Volk, das in seinem Innersten immer gewußt hatte, daß es geschlagen würde, das sich aber, einige großartige Monate lang, zu dem Glauben hatte verleiten lassen, diesmal werde es vielleicht doch gelingen. Der Sieg hatte schon so nahe geschienen; aber sie waren gescheitert, und nun war ihnen sogar das gleichgültig, waren sie nur noch von dem Drang erfüllt, nach Hause, zu ihren Familien zu kommen und dem Ende entgegenzuharren.

Wenige würden mit ihnen Mitleid haben, denn das Rad hatte

sich um 180 Grad gedreht. Waren sie ein paar Jahre zuvor verleitet von Propaganda und sinnlosem nationalem Stolz, so nahmen sie jetzt die Rache des Schicksals mit abgestumpften Sinnen hin. Das Hinschlachten der Besten der Nation rief keine Empörung hervor, kaum Anteilnahme. Konnte sich eine Nation solche Verschwendung leisten? Gab es eine Entschuldigung, würde es ihnen je verziehen werden? War dies die Strafe, Ruinen, Ruinen und nochmals Ruinen? Und als die Stunden vergingen und die Dunkelheit kam, schienen selbst die Sterne, die zwischen den verbogenen Träger des Daches hindurchschimmerten, böse auf sie herabzublicken.

Als ich Peter zehn Jahre zuvor geheiratet hatte, so grübelte ich müde vor mich hin, hatte ich nicht erkannt, daß ich mich an das Schicksal dieses unglücklichen Volkes ketten würde, dieses ‚Herrenvolkes', das auseinanderbrach, sobald der eiserne Griff der Tyrannei sich lockerte. Die Süddeutschen haßten die Preußen, und die Preußen verachteten den Süden, und die Bürger der Freien und Hansestadt Hamburg blickten voll Geringschätzung auf alle miteinander. Was war das eigentlich für eine Nation? Keine jedenfalls, wie ich sie kannte. Wie leicht hatten die Wickham Steeds und Lindley Frazers*, die sogenannten Experten, sich durch die Trommelwirbel, die Fahnen, die Marschierenden irreführen lassen. Der deutsche Nationalismus, glaubte ich gelernt zu haben, war ein zartes Gewächs, das beständig mit Erfolgen genährt werden mußte. Er hatte nichts gemein mit dem warmen, selbstverständlichen Gefühl, das ich für mein eigenes Land empfand. Vielleicht war in Wahrheit ich der Nationalist, weil ich niemals das Bedürfnis hatte, viel Worte darüber zu verlieren. Als die deutschen Truppen sprungbereit an der französischen Nordwestküste standen und die Luftangriffe auf London ihren Höhepunkt erreicht hatten, hatte ich dicht am Radio gesessen und Churchills aufrüttelnde Reden gehört, „Wir stehen allein" – „Wir werden jedes Stück Strand verteidigen ..." Wir, groß oder klein, reich oder arm, in Landschlössern oder in Slums, das waren meine Leute, zu ihnen gehörte ich.

An einem jener Tage, damals, 1940, hatte Adam mir ein Exemplar des ‚Daily Mirror' mitgebracht, mit einer Titelfotografie, die die ganze Seite einnahm, und der Überschrift ‚Doing the Lambeth

* bekannte englische Kriegspropagandisten

Walk'*. Vier Cockneys tanzten Arm in Arm auf einer von Ruinen umgebenen Straße daher. In der Mitte eine dicke Dame, die Haare auf Lockenwickler gedreht und einen Ausdruck unerschütterlicher Unbekümmertheit auf dem Gesicht. „Darf ich dich mit deiner Schwester im Geiste bekanntmachen", hatte Adam gesagt und gegrinst. Er hatte mir das Bild gezeigt, um mich aufzuheitern, und das war ihm gelungen. Ich richtete mich auf und mußte noch in der Erinnerung lächeln.

„Entschuldigung, Fräulein, sind Sie Engländerin?" Ich zuckte so heftig zusammen, daß das Buch, das auf meinem Schoß lag, zu Boden fiel. Ich hatte, solange es noch hell war, in ‚The Song Celestial' gelesen, einer Übersetzung der Vedas von Matthew Arnold, in der Hoffnung, darüber der Gegenwart zu entrinnen.

„Ja – nein – na ja, nicht ganz." Instinktiv versuchte ich, das Büchlein mit dem Fuß zu bedecken. Ein kleiner, rundlicher Mann im Lodenmantel stand neben mir und lächelte mich wohlwollend an. Er hatte eine breite karierte Mütze auf dem Kopf, zwei Koffer in den Händen, und hatte offensichtlich versucht über meine Schulter hinweg zu lesen. Er war völlig unbefangen.

„Nur keine Bange", sagte er. „Schaun Sie, ich hab grad zu mir gesagt, Sie sind der einzige vernünftige Mensch auf dem Anhalter Bahnhof – sofern man noch von einem Bahnhof reden kann. Sie rühren sich nicht. Dann hab ich Ihr Gesicht gesehen, das einzige heitere Gesicht auf dem ganzen Bahnhof. Da dachte ich mir, jetzt mußt du mal sehn, warum die so heiter aussieht. Ich schau also hin und lese die englischen Worte ‚The Sonk' und noch irgendwas. Dann denk ich mir, natürlich, da haben wir's, eine Engländerin, so vernünftig, so ruhig. Wir Deutschen haben's immer eilig, besonders wenn jemand Befehle gibt." Er warf mir einen raschen Blick zu. „Im Moment kommandiert der Lautsprecher." Er sprach eilig weiter und versicherte mir, daß er nicht wirklich englisch lesen könne. „Hemendeggs", soweit reiche es gerade bei ihm, ach ja, und natürlich seine Mütze. Er setzte seine Koffer ab, riß die Mütze vom Kopf und zeigte mir das Etikett innen. „Englischer Stil – Vorkriegsware. Ach ja, die Engländer mit ihren grauen Zylindern, ihrem grünen Rasen, so geborgen in ihren Traditionen. Aber Sie sagen, Sie sind keine Engländerin, wenigstens keine richtige?"

* damals ein moderner Tanz

Ich betrachtete ihn genau, während er im rheinischen Dialekt dahinplapperte. Mein Instinkt sagte mir, daß er ungefährlich sei, aber er war ziemlich dick und lebte bestimmt nicht nur von seinen Marken – ‚Hinter dem freundlichen Gesicht des Biedermannes lauert der Spion!', schoß es mir, in Erinnerung an ein Plakat, das an jeder Litfaßsäule hing, durch den Kopf. Ich hatte allen Grund, auf der Hut zu sein. Ich wußte, daß ich am besten daran tat, mich mit überhaupt niemandem zu unterhalten, nicht einmal mit einem dicken, harmlos aussehenden Männchen mit einer absurden Sportmütze im ‚englischen Stil'. Das Risiko war zu groß, wie sehr ich mich auch nach menschlichem Kontakt sehnen mochte.

„Meine Eltern sind Iren", sagte ich. „Ich bin in England aufgewachsen und mit einem Deutschen verheiratet." Dabei rutschte ich ein bißchen zur Seite, um ihm auf dem Karren Platz zu machen. „Ihr Mann ist an der Front?" „Nein, er ist in einem Konzentrationslager." Nun war es heraus, und er konnte ja weggehen, wenn er wollte.

Er schwieg einen Augenblick und sprang dann plötzlich auf, schlug die Hacken zusammen, vollführte eine tiefe Verbeugung und streckte mir die Hand entgegen. „Gestatten Sie, daß ich mich vorstelle, mein Name ist Lemke. Helmuth Lemke", sagte er. Ein merkwürdiger, geradezu heroischer Ausdruck ging über sein Gesicht, und ich fragte mich, ob er mit dieser Geste vielleicht einen Strich unter seine Vergangenheit gezogen habe.

„Ich heiße Frau Bielenberg." Ich stand gleichfalls auf. „Lemke–Bielenberg!" Wir schüttelten einander die Hand, ohne zu lächeln, und setzten uns wieder auf den Gepäckkarren. Er brach das etwas peinliche Schweigen und fragte mich, ob ich Kinder habe, und als ich ihm sagte, ja, drei Söhne, und daß sie im Schwarzwald seien und daß ich gerade versuche, zu ihnen zurückzukommen, zückte er sofort seine Brieftasche und holte zwei Hochglanzfotos heraus. Sein Gesicht strahlte voller Stolz, als er sie mir reichte. Ein etwas erstaunt dreinschauendes kleines Mädchen im obligaten Schottenkleidchen mit kurzen, abstehenden Zöpfen, und ein etwa vierzehnjähriger Junge in Hitlerjugend-Uniform, dessen Haar so kurz geschnitten war, daß die Ohren wie Türknäufe abstanden, Lieselotte und Klein-Helmuth. Mir war klar, daß wir nun die zweite Phase gesellschaftlicher Beziehungen dieser Art erreicht hatten – den Austausch von Fotografien der Kinder. Ich kramte in der Tasche meines Rucksacks und fand zwei recht verknitterte Aufnahmen. Ich steckte die hübscheste von Nick und Christopher wieder zurück, weil John die Zunge herausstreckte und schielte und damit den guten Eindruck einigermaßen verdarb. So reichte ich meinem neuen Bekannten ein Foto, das die drei auf der Bank vor dem ‚Adler' zeigte; Nick und John, mit zerzaustem Haar, lachten zu mir herauf, und Christopher saß unbeeindruckt zwischen ihnen und starrte, den Finger in der Nase, neugierig in die Kamera. Ich schaute bestimmt ebenso stolz drein wie Herr Lemke, der den Schnappschuß schweigend betrachtete und ihn mir dann mit einem Seufzer zurückgab. „Es wird nicht mehr lange dauern, dann können Sie sie nach England zurückbringen. Dort werden sie ihre Lederhosen nicht brauchen. Sie werden ihnen einen Zylinder aufsetzen und einen Cut anziehen, und dann können sie echte englische Gentlemen werden."

Ich warf ihm einen prüfenden Blick zu, aber er lächelte nicht; im Gegenteil, auf seinem gutmütigen Gesicht lag nun ein entrückter, fast sehnsüchtiger Ausdruck. Damit war für mich der Fall entschieden, Herr Lemke war ein rührendes Männchen, und ich überlegte sogar, ob es sich lohne, ihm zu erklären, daß ich der Meinung war, die Zeit des Zylinderhuts sei schon vor dem Krieg vorbei gewesen und sollte sie nach diesem Sturm nicht endgültig abgelaufen sein, würde mein Glaube an England und seine Mission ernstlich erschüttert werden. Ich könnte ihm vielleicht von Durham erzählen, mit seinen monotonen Häuserreihen, den stinkenden Aborten auf den Hinterhöfen und mitten in der Stadt die großen verriegelten Tore des Londonderry Besitzes, einmal im Jahr großzügig für die Öffentlichkeit geöffnet, damit die unteren Schichten nicht vergäßen, wie ein Grashalm aussieht. Davon hätte ich ihm auch erzählen können, denn schließlich war auch das England.

„Hören Sie, gnädige Frau." Er klopfte mir aufs Knie und sprach sehr langsam und deutlich. Entweder hatte er gemerkt, daß ich sehr müde war, oder aber er fragte sich allmählich, ob ich nicht doch sehr beschränkt sei. „Ein Zug nach Süden wäre schon vor ungefähr fünf Stunden fällig gewesen. Wenn er überhaupt noch kommt, bevor die Tommys erscheinen, stehn unsere Chancen hineinzukommen nicht sehr gut – sehn Sie sich diese Massen an. Wenn wir zu unsern Kindern heimkommen wollen, müssen wir planen! Hören Sie, planen! Wir haben einige Vorteile. Sie sind groß, ich bin klein, aber dank meiner Morgengymnastik stark. Wir haben diesen Karren. Wir schieben also den Karren an den Rand des Bahnsteigs und stellen die Koffer und Ihren Rucksack darauf. Wenn der Zug einfährt, rase ich zur nächsten Wagentür und zu dem Abteil, vor dem der Karren steht. Sie klettern dann auf den Karren, schmeißen das Gepäck durchs Fenster und kriechen danach selber hinein. Auf diese Weise kommen wir nicht nur in den Zug, sondern auch zu Sitzplätzen." Er rückte seine Mütze zurecht, räusperte sich und sah ganz aus wie ein kleiner Napoleon. Ich wollte ihn nicht fragen, was er zu tun gedenke, wenn der Zug auf einem anderen Bahnsteig einfuhr. Eine Mauer von Menschen jenseits der Gleise zeigte uns, daß die Massen geduldig auf einem weit entfernten Bahnsteig warteten; aber während wir hinüberschauten, schienen sie sich wieder in Bewegung zu setzen, und ein paar Vorboten kamen die Treppe zu unserem Bahnsteig herauf. Unter ihnen bemerkte ich, zum erstenmal, zwei Bahnbeamte. Es sah aus, als hätten wir Glück. Ich wurde plötzlich hellwach. Wir zogen unseren Karren an den Bahnsteig und hatten kaum unsere Stellungen eingenommen, da schnaubte auch schon die große Lokomotive in einer Dampfwolke an uns vorbei. Der Zug bremste scharf, und augenblicklich brach ein höllisches Durcheinander los; jedermann drängte auf die Waggontüren zu. Ich stand wie ein einsamer Gipfel auf meinem Karren da und beobachtete die brodelnde Menge. Herr Lemke winkte mir noch fröhlich zu, bevor er als einer der ersten durch die Tür sauste.

„Gnädige Frau, Frau Bielenberg, schnell, das Gepäck. Himmel, ich verliere meinen Platz!" Sein gellender Schrei der Empörung feuerte mich an. Durch das dunkle Fenster vor mir drang der Lärm eines hitzigen Streits. Eine typisch deutsche Auseinandersetzung, die sich im Crescendo bis zu Wutschreien steigerte und dann wieder zu einem ergrimmten Gemurmel von „Unerhört" und „Vollidiot" herabsank. „Ich komme!" rief ich und stemmte meinen Rucksack in die dunkle Fensteröffnung. Dann folgten Herrn Lemkes Koffer, und der Streit endete mit etlichen kurzen Grunzlauten, die die Koffer verursacht haben mußten. Ich spähte in das Wageninnere, und als meine Augen sich an das Dämmerlicht gewöhnt hatten, erkannte ich die Gestalt meines rundlichen Freundes. Er hatte seine Mütze verloren, aber wie durch ein Wunder die Koffer gerettet. Je einen unter einem Arm kämpfte er darum, zwei Plätze freizuhalten.

Der Abstand zwischen dem Gepäckkarren und der Fensteröffnung schien mir sehr breit, aber angespornt von Herrn Lemkes Anblick zog ich mich irgendwie über den Fensterrand und landete recht unsanft auf dem Boden des Abteils. „Donnerwetter, was ist denn das für ein Benehmen!“ stöhnte jemand an meinem Ohr, aber ich rappelte mich hoch, und einen Augenblick später saß ich neben Herrn Lemke auf der Bank. Wir schauten einander triumphierend an und schüttelten uns die Hände. Sein Plan war vollkommen geglückt, und wir waren uns einig, daß er allen Grund hatte, stolz auf sich zu sein. Unsere Freude währte jedoch nicht lange. Einen Augenblick stand die Zeit still, dann schien ein Windstoß durch das offene Fenster zu fegen, und das geisterhafte, entsetzliche Geheul der Sirenen zerschnitt die Dunkelheit. Jäh verstummten alle, während auf den Bahnsteigen die schwachen Lichter ausgingen und wir auf den letzten gespenstischen Heulton warteten. Dann brach zum zweiten Mal die Hölle los. „In die Bunker!“ „Komm!“ „Wo ist Hansi, Hansi?“ Eine kreischende Frauenstimme, das Wimmern eines Kindes. „Am besten zur U-Bahn. Wir haben nur zehn Minuten, wenn's die Tommys sind! Hat jemand das Radio gehört? Wird's ein Großangriff?“

Der Wagen leerte sich, aber Herr Lemke blieb ruhig auf seinem Platz sitzen. „Hören Sie, liebe gnädige Frau“, sagte er, „ich hab schon viele solcher Angriffe mitgemacht, denn Sie wissen ja, ich komme aus dem Ruhrgebiet. Wir können uns zu Hause über Angriffe einfach nicht mehr aufregen. Verlassen Sie sich darauf, was die Tommys auch glauben, sie können nachts nicht genau zielen, und wir sind in diesem Zug ebenso sicher wie irgendwo sonst. Es ist auch möglich, daß der Zug aus dem Bahnhof hinausfährt, bevor das Feuerwerk losgeht. Lokomotiven sind heutzutage rar, und sie können es sich nicht leisten, sie zu verlieren. Mein Rat ist, wir benehmen uns englisch und bleiben, wo wir sind.“ Herrn Lemkes Stimme mit ihrem rheinischen Schwung kam beruhigend aus dem Dunkel. Ich selber war zu müde, Entschlüsse zu fassen und nur allzu bereit, Herrn Lemke die Führung zu überlassen.

Wir saßen in der tödlichen Stille, die vor jedem Luftangriff einzutreten schien; ein unwillkürliches, fast feierliches Schweigen, ein Gedenken, ein flüchtiges Gebet für die, die bald der Tod erwartete. Außer einem gelegentlichen dumpfen Dröhnen war nichts zu hören, und Herr Lemke flüsterte aus dem Dunkel, er glaube, das sei noch nicht die Flak, das seien die russischen Kanonen von der Ostfront. Meine Landsleute lassen sich diesmal Zeit, dachte ich zerstreut; manchmal schienen sie etwas zu zögern, ehe sie sich auf ihre Beute stürzten. Dann hoben sich langsam, einer nach dem andern, die Suchscheinwerfer und begannen ihren rituellen Tanz am sternklaren Nachthimmel; das Empfangskomitee – nun konnte es nicht mehr lange dauern.

Und unvermittelt fuhr leise der Zug an. Langsam, fast zögernd zuerst, rasselte er über die Weichen, verließ das gewölbte Dach und nahm dann Fahrt auf. Herr Lemke jubelte. „Hab ich's nicht gesagt, gnä' Frau, hab ich's nicht gesagt? Deutsche Planung, englische Ruhe und irisches Glück zusammen könnten die Welt regieren. O je, ich muß lachen. Wie Mutti sich freuen wird, wenn ich ihr das erzähle. ‚Papi', wird sie sagen, ‚ich hab gewußt, daß du irgendwie zurückkommst.' Aber das muß ein bißchen gefeiert werden. Moment, ich hol die Gläser raus."

Er stand auf, suchte herum, tastete nach seinen Koffern und hatte anscheinend ganz vergessen, daß wir noch immer im Zielgebiet waren. Er schien seine Schuhe auszuziehen, und ich konnte mir beinahe vorstellen, wie er seine Hausschuhe anzog – ganz bestimmt waren es Filzpantoffeln. Ein Papiergeraschel, entweder kamen jetzt die versprochenen Gläser oder sorglich eingepackte belegte Brote. Es roch nach Geräuchertem – es waren belegte Brote.

Plötzlich erfüllte blendende Helligkeit das Abteil. Das Licht eines Scheinwerfers dicht neben dem Gleis leuchtete ein paar kurze Sekunden durch unser Fenster und ließ jede Einzelheit unserer kleinen Welt wie bei einer Blitzlichtaufnahme hervortreten. Pappi Lemkes Füße, in Strümpfen, ruhten ordentlich nebeneinander auf einer zusammengefalteten Zeitung, neben seinem offenen Koffer. Mein Rucksack, und darüber, am Gepäcknetz hängend, die übliche gelbschwarze Warnung ‚Achtung, Feind hört mit!' Helmuth Moltke hatte diesen Spruch in seinem Arbeitszimmer hängen. Freya hatte das Schild irgendwo mitgehen lassen und ihm zum Spaß geschenkt. Auf dem Gepäcknetz rechts über dem Schild lag aber eine schwarze Militärmütze, mit dem Totenkopf geschmückt und dazu ein Gürtel mit Schulterriemen, und in der Fensterecke mir gegenüber saß eine große Gestalt in schwarzer Uniform, die regungslos, wie eine Statue unverwandt zu mir herstarrte. Ich registrierte in diesem kurzen Augenblick kurzgeschnittenes blondes Haar, ein blasses, langes, ganz hübsches Gesicht und sogar ein merkwürdiges Zucken in der einen Wange.

Es zwang ihn, mit einem Auge zu zwinkern, das einzige Lebenszeichen, das er von sich gab.

Dann schwenkte der Scheinwerfer weiter nach oben, und das Bild versank wieder im Dunkel. Ich rutschte auf dem Sitz zurück, gab Herrn Lemke einen leichten Stoß und sagte ihm, wir sollten vielleicht unser Gepäck zusammenräumen, da wir nicht allein im Abteil seien. Für den Fall, daß er die Mütze auf dem Gepäcknetz gegenüber nicht gesehen hatte, malte ich ihm mit einem Finger das Hakenkreuzzeichen aufs Knie. Die Mühe hätte ich mir sparen können. Der arme Herr Lemke hatte die Mütze sehr wohl gesehen und zweifelsohne auch die Runen an der Uniform. Er räusperte sich anhaltend, und ich spürte fast, wie er im Sitzen Haltung annahm. „Gestatten Sie – mein Herr – dürfte ich Ihnen ein belegtes Brot anbieten?“ „Nein – Sie dürfen nicht“, kam in gedehntem, kränkendem Ton die Antwort. „Etwas Kognak vielleicht?“ „Nein.“ Es war entsetzlich, ich hörte, wie mein Gefährte sich unruhig in seiner Ecke bewegte – schließlich: „Aber Sie, Fräulein, gnädige Frau, vielleicht würden Sie mir das Vergnügen machen?“ Ich wäre ihm gerne zu Hilfe gekommen, da ich wußte, wie ihm zumute war, daß er sich jetzt verzweifelt fragte, ob er vielleicht etwas Verkehrtes gesagt hatte, und daß er sich verwünschte, weil er den Koffer mit dem verbotenen Kognak nicht wieder geschlossen hatte. Aber ich wagte nicht, ihm beizustehen. Ich hatte den ganzen Tag so gut wie nichts gegessen, und eine innere Stimme sagte mir, daß ich vielleicht einen klaren Kopf brauchen werde. „Es tut mir leid, Herr Lemke, aber jetzt lieber nicht.“ Herr Lemke räusperte sich wieder und murmelte, daß er seine Brotdose im Hotel vergessen habe. Ich hörte, wie er das Butterbrotpapier zusammenlegte und den Koffer verschloß. Dann schob er die Tür zum Gang auf und hinter sich wieder fest zu. Ein paar Minuten später kam er noch einmal zurück, um auch seinen zweiten Koffer zu holen. Er bewegte sich so lautlos, daß ich annahm, er trüge sogar seine Filzpantoffeln in der Hand. In seiner Aufregung vergaß er sogar, sich zu verabschieden.

Die Stille wurde durch ein kurzes Lachen von der Bank gegenüber unterbrochen. „Ein tapferes Männchen, unser ehemaliger Reisegefährte.“ Die Stimme war leise und kultiviert und hatte einen Akzent, den ich nicht bestimmen konnte.

„Ich denke mir, er wollte sich in einem Abteil für sich ausstrecken.“ Ehrlich gesagt, fühlte ich mich etwas im Stich gelassen, aber es erschien mir nur fair, wenigstens einen Rest Loyalität für ihn aufzubringen.

„Mit seinen erbeuteten Flaschen zweifellos."

Ich antwortete nicht und hoffte, er werde es dabei bewenden lassen, aber vergebens. „Fahren Sie weit, gnädige Frau?"

„Weit? Nun ja, nicht so weit eigentlich, es kommt ganz darauf an, was man weit nennt --" Die alte Technik: eine Antwort, die keine war.

„Es ist sehr kalt im Abteil, finden Sie nicht? Möchten Sie sich meinen Mantel über die Knie legen? Ich brauche ihn nicht, weil ich meinen Schafpelz habe."

„Das ist sehr nett von Ihnen, aber ich hab ja meine Skihose an, und bis jetzt geht es noch einigermaßen."

Wenn er mich doch nur in Ruhe ließe! Ich war so müde, ich konnte mich so schwer konzentrieren, aber seine nächste Frage ließ mich nun inständig wünschen, ich wäre Herrn Lemkes gutem Beispiel gefolgt und hätte auch das Abteil verlassen.

„Darf ich fragen, woher Sie kommen?"

Vermutlich hatte ich einen Fehler mit meinem Deutsch gemacht, aber es bestand immerhin die Möglichkeit, daß die Frage ganz arglos gemeint war, und so antwortete ich, er dürfe gern fragen, aber ob er es nicht erraten könne. Nach einer kurzen Pause sagte er, er könne es nicht sagen. Schweden? Vielleicht Holland? Aber nicht lange zuvor hätte ich eine Bemerkung im unverkennbaren Schwarzwald-Dialekt gemacht. „Ich lebe zur Zeit mit meinen Kindern im Schwarzwald", sagte ich. „Ich bin weder Schwedin noch Holländerin. Woher kommen übrigens Sie?" Um eine direkte Antwort zu umgehen, beschwor ich mit dieser Frage ein lästiges Gespräch herauf, aber ich war zu müde, um einen Ausweg zu finden.

„Ich? Aha!" Er stieß ein kurzes, etwas sprödes Lächeln aus. „Ich stamme aus Riga. Kennen Sie Riga? Eine schöne Stadt. Wir Letten sind ein sogenanntes Grenzvolk, das heißt, daß wir sehr oft ‚befreit' worden sind. Sie kennen vielleicht die Geschichte von dem jungen Elsässer, der 1942 zur Wehrmacht eingezogen wurde, und als man ihn gefragt hat, welche Seite nach seiner Meinung den Krieg gewinnen wird, hat er geantwortet, sein Urgroßvater habe anno 1870 für die Franzosen gekämpft und verloren, sein Großvater 1914 für die Deutschen und verloren, sein Vater 1940 für die Franzosen und verloren, und nun werde er für die

Deutschen kämpfen, und er wisse eigentlich nicht, was er denken solle. Bei uns Letten war es das gleiche, manchmal wurden wir durch die Polen ‚befreit', dann durch die Schweden, vor nicht allzu langer Zeit durch die Russen und schließlich durch die Deutschen. Wir waren froh, sogar sehr froh, denn die russische Besetzung war sehr hart. Mein Vater ist von den Russen umgebracht worden und meine Mutter vor Gram gestorben – ja, es war sicher Gram. Unsere Leute haben Kuchen gebacken und sich an die Straße gestellt und sie den deutschen Soldaten geschenkt, als sie durch unsre Dörfer marschiert sind. Die Truppen haben prachtvoll ausgesehen, deutsche Eliteregimenter, und jeder Soldat hatte eine Blume an der Mütze, und als ich sie ansah, wurde mir klar, daß ich nur den einen Wunsch hatte, sobald wie möglich eine solche Uniform anzuziehen und mit ihnen zu marschieren. Sehen Sie, ich dachte, das wäre die einzige Möglichkeit, mich an den Russen zu rächen, für das, was sie meiner Familie angetan hatten. So hab ich mich als Freiwilliger gemeldet, und da mein Kopf die korrekten arischen Maße besaß – Schultern, Brust, Nasenform, alles echt arisch, und Plattfüße hatte ich auch keine –, ist mir die besondere Ehre widerfahren, in die SS aufgenommen zu werden."

Er sprach nun schneller, und ich hörte, wie er sich im Dunklen bewegte. Er schien sich nach vorne zu beugen, denn seine Stimme klang näher, als er plötzlich fragte: „Aber woher kommen Sie wirklich, gnädige Frau? Sind Sie Deutsche?" „Nein", sagte ich, „meine Familie stammt aus Irland." „Ach, jetzt verstehe ich, die Iren, sie sind musikalisch, daher Ihre Stimme. Sie haben eine sehr sympathische Stimme, gnädige Frau. Vielleicht erzähle ich Ihnen diese Dinge wegen Ihrer Stimme – die Stimme und Ihr komischer Gesichtsausdruck, als Sie draußen vor dem Fenster auf dem Karren standen. Dann können Sie vielleicht ein bißchen verstehen, wie ich fühle. Ihr Land war ja auch besetzt, von den Engländern. Ihre Leute sind beleidigt, umgebracht worden ... Aber wo war ich stehen geblieben? Ach ja, mein arisches Aussehen, meine Hoffnungen auf Rache. Nun, sie haben uns gesagt, wir könnten uns an unseren Feinden rächen – und haben uns nach Polen geschickt. Nicht, um gegen die Polen zu kämpfen, o nein, die waren ja längst besiegt – sondern um Juden zu töten. Wir mußten nur das Erschießen besorgen, um das Verscharren haben sich andere gekümmert." Er holte mit einem tiefen Seufzer Luft. „Wissen Sie, was das heißt – Juden zu töten, Männer, Frauen und

Kinder, wenn sie in einem Halbkreis um die Maschinengewehre stehen? Ich war bei einem sogenannten Einsatzkommando – und darum weiß ich es. Was sagen Sie dazu, wenn ich Ihnen erzähle, daß vor einer solchen Erschießung ein kleiner Junge, nicht älter als mein jüngster Bruder, strammgestanden und mich gefragt hat: ‚Steh ich so richtig, Onkel?‘ Ja, das hat er mich gefragt; und einmal, als sie im Kreis um uns herumstanden, ist ein alter Mann vorgetreten, er hatte langes Haar und einen Bart, vermutlich irgendein Geistlicher. Kurz und gut, er ist langsam übers Gras auf uns zugekommen, Schritt für Schritt, und kurz vor den Gewehren ist er stehengeblieben und hat uns einen um den andern angesehen, mit einem geraden, tiefen, dunklen, furchtbaren Blick. ‚Meine Kinder‘, hat er gesagt, ‚Gott sieht zu, was Ihr tut.‘ Dann hat er sich umgedreht, und nach ein paar Metern hat ihn einer in den Rücken geschossen. Aber ich – ich konnte diesen Blick nicht vergessen, sogar jetzt brennt er noch in mir.“

Das Fenster, durch das ich geklettert war, wollte nicht richtig schließen, und eine lähmende Kälte kroch von den Füßen an mir hoch, aber die Stimme, nichts als eine Stimme aus dem Dunkel, sprach weiter und weiter, manchmal so leise, daß ich sie bei dem Ächzen und Poltern des Zuges fast nicht verstand, manchmal wieder laut und in einem beinahe hysterischen Ton. Er erzählte mir, daß er sich von den Todeskommandos weg und zur Waffen-SS gemeldet habe, und er erzählte mir, wie er den Tod gesucht habe, aber während seine Kameraden um ihn gefallen seien, sei er jedesmal, wie durch ein Wunder, am Leben geblieben. Jene mit den Fotos in der Brieftasche, die Furchtsamen und die mit den Zukunftsträumen, die seien umgekommen. Nur diejenigen, denen alles gleichgültig war, bekamen die Eisernen Kreuze. Nun gehe er an die Front, zu seiner Einheit, falls er sie erreiche, andernfalls irgendwohin, irgendwohin – ob ich höre –, wo er sterben dürfe.

Es war mir immer schwerer gefallen, seiner Erzählung zu folgen. Ich hatte den ganzen Tag so gut wie nichts gegessen, und im Abteil war es bitter kalt. Während ich gegen Welle um Welle der Erschöpfung ankämpfte, sank mir der Kopf immer wieder nach vorne, und nur die erschütterndsten Teile seiner Geschichte drangen durch den Nebel der Müdigkeit. Der kleine blonde jüdische Bub – der alte Rabbi. O Gott, hatte Adam für sie Buße tun müssen und nun vielleicht auch Peter?

Einige Jahre vorher war ich mit Nicky in der Straßenbahn gefahren, als eine ältere Dame mit dem Judenstern am Mantel aufstand, damit mein arischer Sohn sich setzen könne. Ich stand ebenfalls auf, und so standen wir drei da und schauten schweigend auf die leeren Sitzplätze. Ich war damals recht stolz auf meine kleine Geste gewesen. Und wie kläglich kam sie mir jetzt vor. Zuviel – zuviel. „Sie schweigen, gnädige Frau? Sie sind entsetzt über meine Geschichte?" Er schien ganz nahe zu sein. „Nein, nein", hörte ich meine eigene Stimme von weither sagen; sie schien mir nicht mehr zu gehören. „Ich bin nicht entsetzt, ich glaube, ich habe Mitleid mit Ihnen, denn Sie haben mehr auf dem Gewissen, als Sie durch Ihren Tod sühnen können."

Und plötzlich, eine Sekunde lang, schwanden die Nebel, und es war, als wäre Adams und Carls Sterben und Peters Haft etwas Großes, Strahlendes, Wirkliches, absolut notwendig und richtig. „Aber andere sind für Sie gestorben und werden noch für Sie sterben müssen", hörte ich mich murmeln. Der Zug ratterte gleichmäßig durch die Nacht. Totteridge, wo ich geboren wurde – eine Dorfkirche – eine kleine Chris, die ihren wöchentlichen Text im Kindergottesdienst abholt. Miss Osborne an der Orgel. „Er starb für uns, auf daß wir Frieden hätten. Er starb – er starb..."

Ich erwachte zweimal, ehe wir in Tuttlingen ankamen. Einmal, als der Zug auf einem halb beleuchteten Bahnhof ruckartig anhielt, merkte ich, daß mir wärmer war und daß mein Kopf auf etwas Hartem, Unbequemen lag. Der Mann hatte sich neben mich gesetzt, sein Mantel lag über meinen Knien, und mein Kopf war auf seine Schulter gesunken. Seine SS-Achselklappen hatten sich mir in die Backe gedrückt. Im schwachen Licht sah ich zum zweitenmal sein Gesicht: vielleicht hatte ich mich mit diesem nervösen Zucken getäuscht; nun sah es friedlich, fast kindlich aus. Seine Hand, mit dem Wappenring der SS, lag auf meiner, und als ich die meine wegziehen wollte, schloß sich seine mit einem geradezu verzweifelten Griff und lockerte sich dann. Ich legte sanft den Kopf wieder auf seine Schulter, um ihn nicht aufzuwecken, und schlief wieder ein. Als ich das nächstemal erwachte, war das Abteil leer, und der Zug fuhr. Ein grauer, kalter Morgen erhellte das Fenster. Ich schaute unwillkürlich zum Himmel und zu den niedrigen Schneewolken, die vorbeijagten. Kein sehr günstiger Tag für einen Luftangriff, dachte ich, und so bestand die Möglichkeit, daß ich vor Abend daheim in meinem Tal war.

Peters Rückkehr

(Winter 1945)

Wie begann der Tag? Ich muß versuchen, es ganz genau zu beschreiben. Es war nicht wie sonst, denn Nicky hatte Mandelentzündung, und ich hatte ihn zu mir ins Zimmer genommen. Dort war es wärmer, und ich brauchte nachts nicht über die eiskalten Flure zu ihm zu laufen. Es ging ihm schon besser, tagsüber saß er mit einem dicken Wollstrumpf um den Hals im Bett, ein bißchen schmal im Gesicht, aber er hatte kein Fieber mehr und begann sich schon etwas zu langweilen.

Aber der Anfang, der unvergeßliche Anfang. „Frau Doktor! Frau Doktor!" Draußen war es noch dunkel, als ich unter dem Fenster Sepps Stimme hörte und gleich darauf ein großer Schneeball gegen die Scheibe flog und sie beinahe zertrümmerte. „Frau Doktor!" Ich taumelte aus dem Bett – er durfte um Himmels willen Nicky nicht aufwecken. Es gelang mir, zum Fenster zu kommen und es zu öffnen, ehe Sepp Zeit hatte, den ‚Adler' ein zweites Mal zu bombardieren. „Kommen Sie herunter, kommen Sie herunter, Frau Doktor, ich habe gute Nachrichten für Sie." Sepps Stimme zitterte vor Aufregung. Ich zog geschwind Skihose und einen Pullover an, konnte meine Stiefel nicht finden, entdeckte aber die Skisocken unter dem Waschtisch und polterte, ohne daran zu denken, wie nötig Nicky den Schlaf brauchte, die Treppe in unser Wohnzimmer hinunter, durch die Küche und zur hinteren Tür hinaus in den Schnee. Sepp wartete am Eingang zum Kuhstall. Martina war bereits beim Melken, und im schwachen Licht vom Stall her sah ich, daß Sepp sich in der Eile genauso kunterbunt angezogen hatte wie ich. Pantoffeln, ein Paar alte Hosen und etwas, das wie ein gestreiftes Flanell-Nachthemd aussah. Er kam aus dem Schatten auf mich zu, und zeit meines Lebens werde ich den Ausdruck einfacher, strahlender Güte nicht vergessen, mit dem er mich anblickte, als das Licht aus der Küche hinter mir sein unrasiertes Gesicht beleuchtete. ‚Ich bring euch frohe Botschaft –' nein – „Der Herr Doktor hat in der Nacht angerufen", sagte er, „aus Berlin droben, er ist frei." Ein Augenblick Schweigen, dann „Sepp! Sepp!" Ich weiß nicht, wie es geschah, aber plötzlich lagen wir, gerührt vor Freude, einander in den Armen, und dabei weinte und lachte ich und benahm mich ganz so, wie es Leute in Romanen tun, während Sepp mir auf den Rükken klopfte, als hätte ich eine Gräte verschluckt. Ich konnte kaum atmen, so dicht war ich an sein kratziges altes Nachthemd gedrückt. Als ich ihn bat, mit in die Küche zu kommen, merkte ich, daß mir die Socken im Schnee festgefroren waren, so bitterkalt war es.

„Nein, Frau Doktor", sagte er, während er das Eis unter meinen Füßen wegschlug, „ich muß wieder zum Melken – rutschen Sie nicht aus, ich werd Ihnen alles nach dem Frühstück erzählen." Ich ging in die Küche zurück und setzte mich neben den Herd, der eben angezündet worden war. Abgesehen vom Prasseln und Knacken der Fichtenzweige, dem Klappern von Eimern und Martinas besänftigendem Gemurmel aus dem Kuhstall war der ‚Adler' unglaublich still. Nicky war nicht wach geworden und Frau Muckle vermutlich in der Frühmesse.

Frei – Peter war frei. Frei wie der Wind, frei – was für ein wunderbares Wort. Einen hatten sie freilassen müssen. Ich war völlig benommen. Warum aber Peter? Warum aber ich?

Martina kam durch die Tür gepoltert und brachte einen stechenden Hauch aus dem Kuhstall mit. „Grüß Gott, Frau Doktor", sagte sie, schüttete einen Eimer voll Milch in die Zentrifuge und begann zu kurbeln. Sie schien nicht im geringsten überrascht, mich so früh auf den Beinen zu sehen.

„Martina", sagte ich und schaute wie betäubt auf ihr stämmiges Hinterteil, „ich hab gerade eine wunderbare Nachricht bekommen. Mein Mann ist frei, ist freigelassen worden, er ist frei." Ich kam von dem Wort nicht los. Martina drehte sich nicht um, sondern bediente gleichmäßig die Kurbel weiter.

„Ich weiß", sagte sie. „Ich hab's gehört – wurde auch allmählich Zeit, find ich."

Sie machte ein sehr finsteres Gesicht, ein sicheres Zeichen, daß sie beeindruckt war, als sie mit der freien Hand eine Untertasse nahm und aus dem Eimer etwas Milch schöpfte. Sie stellte sie auf den Boden und schob sie für die Katze zum Herd hin.

Die nächsten beiden Tage vergingen im Trubel eines organisierten Durcheinanders. Ich räumte auf. Ich erlaubte mir nicht die beunruhigende Frage, ob mein jäher Drang, Ordnung in das Chaos der Schränke und Schubladen zu bringen, seine Ursache darin hatte, daß der deutsche Ehemann seinen Schatten vorauswarf, sondern entschied mich für die Erklärung, er müsse dem Wunsch entspringen, meiner Dankbarkeit gegen das Schicksal greifbaren Ausdruck zu geben. Mir war so viel geschenkt worden, ich mußte versuchen, mich zu bessern. Im Verlauf meiner Wühlarbeit fand ich eine Unmenge seltsamer Gegenstände, die ich schon ganz vergessen hatte, und fragte mich später oft, wie eigentlich ein Messer, eine Gabel und eine noch völlig brauchbare Fahrradpumpe in das alte Spinett geraten waren. Ich war gerade damit beschäftigt, die Krümel ungezählter Mahlzeiten unter der Matte im Wohnzimmer hervorzufegen, als ich in ein Gespräch gezogen wurde, an das ich am nächsten Tag erinnert werden sollte. Nick war unten auf dem Sofa, und John hatte sich meine freudige Stimmung zunutze gemacht und mir die Erlaubnis abgeschwatzt, mein Grammophon zerlegen zu dürfen. Er wollte eine Vorrichtung zum Aufrollen von Wolle daraus machen – meinetwegen hätte er eine Mondrakete daraus basteln können. Das Gespräch nahm etwa folgenden Gang:

Nicky: Wenn ich dieses Frühjahr wieder Kaninchen halten kann, Mammi, glaub ich, ich nehme nur Weibchen, weil ich dann haufenweise kleine Kaninchen bekomme, die ich entweder verkaufen oder gut eintauschen kann.

Ich: Schön, Liebling, du kannst die Weibchen haben, und Johnny die Männchen.

John: Nein, ich will auch Weibchen haben.

Ich: Na ja, aber einer von euch muß ein Männchen haben, sonst kriegt ihr keine kleinen Kaninchen.

Nicky: Wieso?

Ich: Weil es eben in jeder Familie einen Pappi und eine Mammi geben muß.

Nicky: Wieso?

John: (mit meinem Grammophon beschäftigt und ohne aufzublikken) Ach, du weißt doch, Nicky, wegen des Deckens, das gleiche wie beim Bullen vom Mesner. Das Männchen muß das Weibchen decken, sonst kann's doch keine kleinen Kaninchen geben.

Seine Zusammenfassung schien jeden zu befriedigen, und ich setzte meine Aufräumarbeiten fort.

Die Sonne schien von einem klaren, blauen Himmel herab, und jede Stunde meldete der Luftlagebericht neue Schwärme alliierter Flugzeuge über dem Reichsgebiet. Meine Gedanken waren bei einem Zug irgendwo zwischen Berlin und Rohrbach – bei einem Zug, der, Gott gebe es, stetig und ohne Unterbrechung südwärts rollte.

Als ein ganzer Tag vergangen war und es wieder Abend wurde – ein kalter Abend mit klarem Himmel –, ohne daß Peter mit dem Nachmittagszug in Schönenbach angekommen war, wurde ich unruhig. Was hatte Kern gesagt? Daß kampffähige Männer Berlin nicht verlassen dürften? Irgend etwas von einem letzten Verteidigungsversuch. Sepp war nicht sehr mitteilsam, ja fast unwirsch gewesen, als ich ihn in seiner Werkstatt aufgesucht hatte, um Näheres über sein Telefongespräch mit Peter zu hören. Vielleicht hatte seine gestrenge Alte unsere morgendliche Umarmung gesehen und die schlimmsten Schlüsse daraus gezogen. Der Abendzug hätte um sieben Uhr in Schönenbach eintreffen müssen, und nun war es halb neun und noch immer kein Zeichen. Die Jungen, mit frischgewaschenen Schlafanzügen ausstaffiert, mußten schlafen gehen. Ich brachte sie zu Bett und war mit den Gedanken gar nicht bei der Sache, als Nicky mir über sein Federbett hinweg eine Frage stellte – ein sehr direkter Blick aus seinen blauen Augen widerlegte seinen beiläufigen Ton.

„Mammi, diese Sache mit den Kaninchen ..." sagte er. „Wie geht das denn bei den Menschen?"

„Bei den Menschen?"

Ich blieb wie angewurzelt stehen – so wahr mir Gott helfe, nicht weil mir die Frage gestellt worden war, auf die sich vermutlich alle Eltern mit gemischten Gefühlen gefaßt machen. Das war es nicht, sondern ich hatte, wenn meine Ohren mich nicht trogen, einen schwachen, fernen Laut gehört; fast nicht einmal einen Laut, sondern eher eine Unterbrechung der Stille, vom Wind hergetragen. Ich stürzte zum Fenster, riß es auf und horchte gespannt in die Dunkelheit, ob es sich wiederholen werde. Da war es wieder, ich hatte mich nicht getäuscht. Es gab keinen Zweifel, von irgendwoher weit drunten im Tal hatte ich ein Jodeln gehört, „Haaaiti LaaausBu".

Peter! Wie oft hatte ich diesen wilden Jauchzer gehört, wenn er einen Skihang heruntergeschossen kam, voll überschwenglicher Freude über seine schnelle und mühelose Abfahrt. Ich schloß leise das Fenster und drehte mich um. Nicky, von seiner Krankheit noch etwas schwerhörig, hatte offenbar nichts gehört und schaute mich ein wenig überrascht an. Vielleicht fragte er sich, ob wohl seine Frage mich so überstürzt ans Fenster getrieben und ob ich in die Dunkelheit hinausgestarrt habe, weil ich von Gott mir eine Eingebung erhoffte.

„Hör zu, Nicky", sagte ich so ruhig, wie ich konnte, „ich muß dir das ein andermal erklären. Ich glaube, ich hab ein Jodeln aus dem Tal gehört, und ich glaube, das muß der Pappi sein."

Peter erzählt

Am nächsten Morgen um sieben Uhr saßen wir immer noch in der Nebenstube. Der Ofen war ausgegangen, und zwischen uns standen ein leerer Teller, ein paar leere Gläser und Frau Muckles größte Kaffeekanne. Bald nach Peters Ankunft und nachdem die Kinder wieder ins Bett gebracht waren, war sie mit einer großen Bratpfanne erschienen, in der es brutzelte. Zehn Eier, die in Unmengen gebratenen Specks schwammen, und ein Krug sauren Weins, nicht gerade eine Diät, wie der Arzt sie jemandem verschreiben würde, der monatelang gehungert hat. Aber Peter hatte neun Eier und den größten Teil des Specks verschlungen und das Mahl um Mitternacht mit einem unbekümmerten Raubzug gegen die Kaffeebüchse abgeschlossen. Wir waren beide hellwach. Die ganze Nacht hindurch war Peter im Zimmer auf und ab gegangen, ein bißchen humpelnd und nie von einer schnurgeraden Linie abweichend: Vier kurze Schritte zur Tür, Kehrtwendung auf dem Absatz, vier Schritte zurück zum Sofa, die genauen Maße seiner Gefängniszelle. Die ganze Nacht hindurch hatte er geredet und geredet, mit leiser Stimme, die keine Zuhörer mehr gewohnt war, seine zuweilen scheinbar unzusammenhängenden Erzählungen hatten sich zu einem Epos von fürchterlichem Ausmaß gesteigert. Ich hatte ihm zugehört, in eine Decke eingewickelt, geradezu hypnotisiert von seinem gleichmäßigen Aufundabgehen, und geahnt, daß ich seine Erlebnisse wohl nie wieder so ausführlich hören würde. Ich habe sie nie mehr gehört. Seine Erzählung ging etwa so:

„Ja, ich hab am 16. Juli ein Fernschreiben von Adam bekommen, in dem er mich nur gebeten hat, ihm mitzuteilen, wann ich das nächstemal in Berlin wäre. O ja, ich hab natürlich gewußt, was das bedeutete, wußte aber nicht, welches Datum man gewählt hatte – ich konnte nicht sofort weg – mußte warten, bis mein Mitdirektor aus der Tschechoslowakei zurück war. Stand auch die Todesstrafe drauf, wenn eine Fabrik ohne Direktor gelassen wurde, und wir waren nur zu zweien. Aber ich sollte am Achtundzwanzigsten in Berlin sein, ich hab Adam also gekabelt, um es ihn wissen zu lassen. Dann kam der Zwanzigste, und ich hab die Nachricht im Radio gehört – ja – die Nachricht im Radio, einfach so, als ich in der Kantine saß und irgendwas trank. Ich weiß nicht, was ich dachte, aber als ich wieder im Büro war, merkte ich, daß ich das Pfefferfaß in die Tasche gesteckt hatte, und ich hab es behalten und neben mein Bett gestellt – eigentlich sinnlos, aber ich tat's – ich brauchte es nicht, und ich fuhr am Achtundzwanzigsten nach Berlin – Adam war drei Tage vorher verhaftet worden. Ich ging natürlich sofort ins Auswärtige Amt, um zu sehen, ob ich etwas erfahren könnte – in der Informationsabteilung waren nicht mehr viele – Alex Werth – Leipoldt – Richter – sie haben getan, was sie konnten. Das letztemal hatten sie Adam durch das Fenster der Kantine gesehn – eines von diesen Souterrainfenstern, die gerade noch übers Pflaster herausschauen –, er war noch ein paar Minuten vorher mit ihnen zusammen gewesen und telefonisch in sein Büro zurückgeholt worden. Dann hatten sie das Trampeln von marschierenden Stiefeln auf dem Gehsteig gehört – sie hatten gelauscht, wie die näherkamen, und beobachtet, wie sie am Fenster vorbeigingen – zwei Paar Stiefel, haben sie mir gesagt, und dazwischen Adams langer Schritt – Adams Hosenbeine. – Natürlich, als sie ins Büro zurückkamen, war Adam weg. Aber sie haben rausgefunden, wohin er gebracht worden war – Oranienburg, kennst du Oranienburg – natürlich kennst du's nicht, woher auch – außerhalb von Berlin, es geht über eine ziemlich lange Strecke stiller Landstraße, ehe du dorthin gelangst. Und sie hatten rausgebracht, daß er jeden Morgen mit einer Limousine in die Prinz-Albrecht-Straße zum Verhör gebracht wurde – halb zehn jeden Morgen. Bismarcks Sekretärin wußte es, weil sie Papiere in die Prinz-Albrecht-Straße bringen mußte, und sie hatte sich dort rumgedrückt und die Augen offengehalten – es war nur ein Wärter dabei und der Fahrer. Als ich in Berlin ankam, meinten sie, für Adam stehe die Sache gar nicht so schlecht – er hat sich großartig verteidigt, aber das Belastungsmaterial hat sich wohl angehäuft, und drei oder vier Tage, ehe ich nach Graudenz zurück sollte, sah die Sache nicht gut aus. Es war offensichtlich, daß ich nur eine Möglichkeit hatte, und ich mußte mich beeilen – im Arsenal unserer Fabrik waren Maschinengewehre. Zu ihm hatte ich Zugang – ich hatte ein Auto und reichlich Benzin, und nicht weit von Graudenz, nur etwa sieben Kilometer, war die Tucheler Heide, ein großes Sumpf- und Heidegebiet, voll von Bäumen und Büschen und polnischen Partisanen – vermutlich jetzt noch – das Militär hatte mehrere kleine Vorstöße unternommen, hatte aber meistens eins aufs Dach gekriegt und Munition und Proviant dort zurücklassen müssen – oder war überhaupt nicht mehr rausgekommen. Ich dachte mir, Adam könnte sich dort zumindest ein paar Wochen halten – niemand hat geglaubt, daß der Krieg noch länger dauern würde. Ich brauchte natürlich einen Fahrer und rechnete auf Sybilles Halbbruder – du erinnerst dich: sieht wie ein Siegfried aus und ist in Wahrheit Halbjude – ich hab ihn nach Graudenz geholt, als ihm in Berlin der Boden zu heiß wurde – prächtiger Bursche, ich dachte, er würde mitmachen. Aber es sollte nicht sein – es sollte einfach nicht sein. Kaum war ich eine Viertelstunde in meinem Büro, da sind zwei Gestapoleute gekommen und haben mich aufgefordert, sie in die Gestapozentrale in der Stadt zu begleiten – sie wollten irgend etwas wegen der Sicherheit im Werk besprechen. Ich fand es ein bißchen merkwürdig, als sie sagten, ich brauchte den Wagen nicht zu nehmen, sie würden mich danach zurückbringen – aber ich glaube nicht, daß ich erkannte, was gespielt wurde, bevor ich dort ankam und sie die Tür hinter mir zumachten und ich in die Läufe zweier Revolver schaute – sie haben mich nach Waffen durchsucht und mich in den Keller geführt und in eine Zelle gestoßen, und da saß ich dann ...

Es gibt Augenblicke, die dauern eine Stunde, einen Tag, vielleicht ein ganzes Leben – ich glaube, der Moment, als die Tür zugeworfen wurde und der Schlüssel sich im Schloß drehte und ich allein in der winzigen Zelle war, war ein solcher Augenblick – nur diese Zelle, in der nur ein Eimer Wasser war – kein Bett, kein Hocker, nur vier Steinwände, ein Eimer Wasser, Peter Bielenberg und die Stille – ja – die Stille. Ich war natürlich sicher, daß mein Plan verraten worden war – Alex? – Leipoldt? – Richter? – die drei waren's nicht – oder etwa Bismarcks Sekretärin? Mir wurde heiß und kalt – ich zitterte. Ich kann kaum beschreiben, wie es war. Ich hatte früher nie gewußt, wie es ist, wenn man Angst hat – vielleicht hat es mit meiner Größe zu tun –, einfach Todesangst. Na ja, ich brauche es Dir nicht zu beschreiben – du hast es ja selbst durchgemacht. Ich kann nicht mehr sagen, wie lange diese Angstbeklemmungen andauerten – einen Tag? – eine Nacht? – zwei Nächte? – jedenfalls war ich plötzlich darüber hinweg. Ich saß in der Ecke meiner Zelle, und es war dunkel. Wovor hatte ich mich gefürchtet? Tod – Folterung? Ich buchstabierte mir die Worte ganz ruhig vor und begann dann über sie nachzudenken – Folterung und Tod, Schmerz, Vernichtung. Ich hab mir alles im einzelnen überlegt, und in der Vorstellung das Schlimmste ausgemalt und über mich ergehen lassen, und dann hat die zitternde Angst einfach aufgehört – und ich war ruhig. Es muß früh am Morgen gewesen sein, weil die Sonne beim Aufgehen immer durch mein Zellenfenster schien – nur ein bleistiftdünner Lichtstrahl, der die kalte Zellenwand herunterkroch, aber wieder weg war, bevor er den Boden erreichte. Ich hatte Glück, daß ich in diesen ersten vier Tagen nicht verhört wurde – die hätten es leicht mit mir gehabt – so merkte ich aber, daß sie nur sehr wenig wußten – einer von den Angestellten hatte sich große Mühe gegeben, ein paar läppische Anzeigen zu machen – und auch meine Sekretärin hat mir nicht gerade geholfen – sie hatte nichts Eiligeres zu tun als Adams Fernschreiben der Gestapo zu zeigen. Jede Befürchtung hinsichtlich Bismarcks Sekretärin war unbegründet – von meinem Plan, Adam zu befreien, war nicht die Rede – sie haben mich natürlich nach ihm gefragt, und ich habe ihnen gesagt, er sei einer meiner besten Freunde – erstens war's die Wahrheit, und zweitens schien eine gewisse Chance zu bestehen, auf diese Weise Zeit für ihn zu gewinnen – wir hätten einander gegenübergestellt werden können – alles, um Zeit zu gewinnen ...

Ich weiß nicht, wie lange ich allein in dieser Zelle war – einige Wochen jedenfalls... ich bekam nicht viel zu essen – ein Stück trockenes Brot und einen Becher Wasser am Morgen und am Abend wieder – das war alles. Und dann bekam ich Rippenfellentzündung oder so was – trockener Husten und Schmerzen in der Seite – der Steinboden war nicht ganz trocken, und ich mußte ja manchmal liegen und schlafen. Ich hab es dem Kerl gesagt, der mir das Brot brachte, und er hat es anscheinend gemeldet. Am Abend kam dann die Antwort, ich sei nicht in einem Sanatorium. Das stimmte allerdings. Aber es ist auch so vergangen. Dann eines Tages haben sie einen zweiten Häftling in meine Zelle gesteckt – armer Kerl – ein Pole aus unserer Fabrik – er war von einem Sondergericht zum Tode verurteilt worden – er konnte gut Deutsch. Ich werd es nie vergessen: Wir bekamen einen Haufen Bohnen zum Pahlen, er und ich – sie stammten aus dem Garten von einem der Wächter. Oh, ich hab vergessen zu erzählen, daß ich den Garten durch den Schlitz im Zellenfenster sehen konnte – wenigstens ein paar Quadratmeter davon – ein paar Rettiche und Salatstauden und den Anfang von einer Reihe Zwiebeln – ich kann nicht mehr sagen, wie viele Rettiche, aber ich hab's mal gewußt. Er hing sehr an seinem Garten, der Wärter – hat seine ganze freie Zeit darin verbracht. Ich konnte ihn zwischen den Beeten herumschlurfen hören, und manchmal kamen seine Stiefel am Fenster vorbei, und manchmal zogen seine Hände ein paar Rettiche heraus – sein Gesicht sah ich nie. Aber die Bohnen, wir waren nicht an den ollen Bohnen interessiert, höchstens, daß wir uns ausrechneten, wie viele wir davon essen könnten, ohne daß das Häufchen zu dürftig aussah. Aber die Bohnen waren in Zeitungspapier eingewickelt, und dadurch bekam ich meine ersten Nachrichten – die Alliierten hatten Paris besetzt – sie hatten Paris hinter sich gelassen und standen vor Verdun. Er konnte sich kaum beherrschen, der kleine Pole – Paris – Verdun – er sprang auf. Wir haben gewonnen, hat er gerufen. Er sah so glücklich aus – wir haben doch gesiegt. Ein paar Tage später haben sie ihn geholt, und der Wärter, der mir mein Abendbrot gebracht hat, hat mir gesagt, sie haben ihn erschossen.

Ich müßte hinfahren und meine Ritzer an der Zellenwand zählen, um sagen zu können, wie lange genau ich in Graudenz war – fünf – sechs Wochen vielleicht – ich weiß, daß ich mir allmählich überlegt habe, wie lang ein gesunder Mensch es mit Brot und Wasser aushalten kann. Es war kälter geworden, und ich mußte mir ein bißchen Bewegung machen – ich konnte nicht die ganze Zeit meine Kraft sparen. Die Alliierten schienen sich verflucht viel Zeit auf dem Weg nach Berlin zu lassen. Dann sind sie eines Tages gekommen und haben mich rausgeholt – ich wurde rasiert und an Händen und Füßen mit Ketten gefesselt, und als ich die Treppe hinaufgestiegen war, hoffte ich, daß ich so nicht mehr weit zu gehen brauchte. „Wenn Sie einen Fluchtversuch machen, gibt es einen Schuß in den Rücken", sagte einer der Kerle – mir war fast zum Lachen zumute. Wir fuhren mit dem Nachtzug nach Berlin – ja, in einem gewöhnlichen Waggon – o ja, es waren noch andre Leute im Abteil – nein, ich kann mich nicht erinnern, daß sie erstaunt gewesen wären, aber ich weiß noch, daß es sich – nach dem Boden meiner Zelle – auf der Holzbank ungeheuer bequem saß, trotz der Ketten. Wir gingen vom Bahnhof Lehrterstraße zum Lehrter Gefängnis zu Fuß – es ist natürlich nicht weit, hat aber ein bißchen gedauert, weil ich nur immer einen Fuß vor den andern setzen konnte – das war eine Prozession – die Wärter hinter mir, für den Fall, daß ich einen Fluchtversuch machte, wie sie sagten – bringt mich sogar jetzt noch zum Lachen. Meine Zelle im Gefängnis Lehrterstraße war ein Paradies im Vergleich zu Graudenz – sie war zwar verschmutzt, an den Wänden Flecke von zerdrückten Wanzen, aber sie hatte eine Holzpritsche, eine Strohmatratze, eine Art von Klosett in der Ecke, und ich erhielt dreimal am Tag zu essen – Suppe und auch Brot – manchmal schwamm in der Suppe sogar ein Fleischstückchen. Ich bekam auch zum erstenmal von draußen Nachricht, drei Zigaretten und ein paar Traubenzuckertabletten von Arnold, dem Treuen – natürlich hatte er viel mehr geschickt, aber wenn auch nur die drei ankamen, es war herrlich. Ich traf auch Schniewind – traf, ist gut gesagt – ich sah ihn durch das kleine Guckloch, durch das sie uns nachts beobachteten – wir mußten nämlich mit den Händen überm Kopf schlafen und den Puls zeigen – falls wir uns umzubringen versuchten. Schniewind hat nicht sehr gut ausgesehen, er kam gerade von einem Verhör – seine Zelle lag meiner gegenüber, und ich hab ihm eine Traubenzuckertablette hinübergeschickt, er schien hocherfreut – komisch, wegen einer Traubenzuckertablette. Ich wurde auch die ersten Male verhört, von Lange – am ersten Tag gab er mir eine Zigarette und sogar einen Schluck Schnaps – ich fand, daß ich mich ganz gut hielt, aber dann machte er Ernst. Wenn ich Lange heute begegnete, ich würd ihn umbringen – ich weiß, ich würde ihn umbringen müssen – langsam umbringen – so wie er die andern umgebracht hat. Die meisten Verhöre waren nachts in der Prinz-Albrecht-Straße, diejenigen, die danach noch gehen konnten, nun ja, die sind zurückgegangen – die andern wurden in einer Decke in ihre Zelle zurückgetragen – und einfach hineingeschmissen.

Du hast eben gesagt, wenn bestimmte Gefangene verhört wurden, haben draußen alle gezittert, weil auf ihre Vernehmung jedesmal eine Verhaftungswelle gefolgt ist. Kein Außenstehender kann solche Dinge beurteilen, weil er nicht weiß, welche Mittel angewendet wurden, um Dinge herauszubringen – ich kenne einige – nicht alle – und ich kann sie dir unmöglich sagen. Lange war kein Anfänger als Vernehmer – er wußte, was und wie er fragen mußte, aber ich glaube, daß mir zum erstenmal seit 1933 meine juristische Schulung geholfen hat. Ich habe Stunden damit zugebracht, mir seine Fragen und meine Antworten, so und so, einzuprägen, meine Antworten mußten immer die gleichen sein – eine schwere Arbeit nach den Verhören – schwer, sich wachzuhalten, meine ich. Natürlich gab es viele Luftangriffe, die Wärter gingen dann in die Luftschutzkeller – ein eigenartiges Gefühl, in eine Zelle im vierten Stock eines Gebäudes dicht neben einer Bahnlinie eingesperrt zu sein – aber man gewöhnt sich doch an die meisten Dinge. Eines Tages hat mir der Wärter, der das Mittagessen brachte, gesagt, ich soll freigelassen werden – er war nicht Wärter von Beruf – nur ein Kalfaktor – trotzdem hat er mich überrumpelt – ich hab es geglaubt und erst gemerkt, wie er mich reingelegt hat, als die Grüne Minna die Richtung aus der Stadt hinaus einschlug. Schniewind muß sich immerhin gefreut haben, denn bevor's wegging, hab ich ihm noch meine übrigen Traubenzuckertabletten und eine Zigarette rübergeschickt.

Es waren noch andere mit mir im Auto, die ich alle gekannt hab – drei Professoren von der Universität Freiburg – Lampe, von Dietze und Ritter, und ein kleiner Mann, den ich zuerst nicht erkannte. Max Unz, du erinnerst dich, wie schmuck er aussah mit seiner Rose im Knopfloch, die in einem winzigen Väschen hinter dem Revers steckte, ja, das war Max Unz. Wir kamen irgendwann am Abend in Ravensbrück an – meine Zellen wurden immer vornehmer, und durch diese lief ein Warmwasserrohr, und die Pritsche hatte ein Bettuch – Zelle Nr. 13. Nebenan logierte eine nette alte Dame – die Frau von Oberst Staehlin – kann mir nicht denken, warum sie dort war – kurzum, sie hatte eine Todesangst vor Luftangriffen, sogar die Sirenen haben sie in Panik gestürzt. Also hab ich Lieder auf das Heizrohr geklopft, und sie hat zurückgeklopft – während des Alarms, meine ich – ‚Hänschen klein, ging allein' und zurück kam ‚in die weite Welt hinein' – Kinderlieder, Weihnachtslieder, wir wurden immer besser, und es hat sie beschäftigt – sie ist gestorben, fürchte ich, wenigstens hab ich gehört, daß sie gestorben ist – ich war später oben in Zelle 45 – oben in Zelle 45, nahe dem Wärterzimmer. Hab ich dir erzählt, daß das Gebäude, in dem wir waren, der Strafblock für SS-Wachen war – was sie verbrochen haben müssen, um bestraft zu werden, das ahne ich nicht, da sie ja alle nur erdenklichen Verbrechen begingen – aber der Bau war auf allen Seiten von dem Frauenlager umgeben – und wenn ich mich mit den Armen hochzog, konnte ich durch die Lüftung auf das Lager hinausschauen. Manche dieser Frauen hatten wunderschöne Gesichter – viele von ihnen waren aus der polnischen Aristokratie – obwohl ihre Köpfe geschoren waren, wegen der Läuse – wunderschöne Gesichter. Aber unter meinem Fenster war eine Mauer – eine Art Strafmauer und den ganzen Tag lang mußten sich Frauen, die geschlagen worden waren, bis sie fast nicht mehr stehen konnten, in der bitteren Kälte an diese Mauer stellen. In meiner Zelle war es am Tag nicht eine Minute ruhig, und manchmal hörte ich nachts auch das Weinen, das Stöhnen und Wimmern dieser geprügelten Frauen – wie Tiere im Schmerz ... Man sollte denken, man wird verrückt, aber man wird es nicht. Einmal erhielt ich Leseerlaubnis – die übliche Taktik, Zuckerbrot und Peitsche – beim einen Verhör freundliche Behandlung und etwa Leseerlaubnis und Zusatzverpflegung – beim nächsten Brutalität, Brot und Wasser – jedenfalls, ich bekam die Erlaubnis und durfte mir aus einer kleinen Sammlung im Vorplatz ein Buch holen – du wirst nie erraten, was ich fand: ‚Pickwick Papers' auf Englisch – was für ein Fund. Ich habe es natürlich Wort für Wort genossen – und stell dir vor, ich hab lachen müssen, ich hab laut aufgelacht – ich habe die Geräusche vor meinem Fenster nicht gehört, ich kann sie nicht gehört haben, denn ich hab immer wieder laut aufgelacht. Du siehst, man wird nicht verrückt, man stellt sich darauf ein, man gewöhnt sich an alles. Eine bestimmte Wärterin – eigentlich keine Wärterin, sondern ein weiblicher Häftling, der zum Kapo befördert worden war – die war vielleicht ein Biest, sah nicht mehr wie eine Frau aus, eher wie ein Metzger – nie ohne Peitsche. Eines Nachts hörte ich Schreie und dumpfe Töne von Schlägen aus dem Hof, und dann die Stimme dieses Scheusals, wie es mit einem Mann sprach – ich konnte es nicht mehr ertragen. „Hört auf mit dem Lärm!" hab ich im Kommandoton gebrüllt und dabei gehofft, sie würden glauben, es käme aus dem Wärterzimmer in meiner Nähe. Es schien zu wirken. Ich hörte, wie dieses Vieh von Kapo sagte: „Schade, der hätt ich ganz gern noch ein paar gegeben", und der Mann lachte und ihre Stimmen entfernten sich – bald danach hat auch das Stöhnen aufgehört. – Dann, am Heiligen Abend, bin ich von anderen Tönen aufgeweckt worden, ein Chor aus dem Lager, der Weihnachtslieder sang. Herrliche Stimmen – ‚Stille Nacht' – Puppi Sarre, der

Schatz, hatte mir eine Kerze, einen Tannenzweig und ein Päckchen Zigaretten geschickt – und ich hörte diesem Gesang bei Kerzenlicht zu. Sie sangen noch einmal am ersten Feiertag, die Frauen, vor ihrer Baracke, und du wirst es nicht glauben, dieses Kapo-Scheusal führte den Chor an – sie hatte eine große, schöne Stimme, fast wie ein Engel. Ich habe auch fabelhafte Haltung unter meinem Fenster gesehen – Frauen, die kamen, um zu trösten, und Wasser brachten und wußten, daß sie dafür am nächsten Tag selber an der Klagemauer stehen würden, Bibelforscher – unglaublicher Mut.

Wie man sich in einem solchen Gefängnisleben zurecht findet? – Ein Gefängnis ist ein eigenartiger Laden, Chris. Natürlich kannte ich am Anfang nichts, aber Puppi, sie war schon seit Monaten dort – wohl über ein Jahr; sie hatte sich irgendeine Arbeit für das Sekretariat verschafft – ich war kaum ein paar Stunden dort, da hat sie mir schon eine Nachricht geschickt, mit der Warnung, ich sollte vor gefälschten Geständnissen auf der Hut sein. Sie wußte, welche Wärter bestechlich waren, sie kannte sich aus – mein Gott, bete nur, daß sie heil herauskommt. Sie hat jede Chance genützt. Es waren sechsundneunzig Zellen in dem Block und nur vier Häftlinge, die ich nicht kannte oder von denen ich nichts wußte. Wir durften uns einmal täglich im Hof bewegen, immer im Kreis herum, und ich erhielt die Erlaubnis, die anderen zu überholen. Im Vorbeigehen konnte ich hinter dem vorgehaltenen Taschentuch sprechen – wir konnten alle sprechen, ohne den Mund zu bewegen – man lernt das recht schnell. Es war übrigens eine Frau dort, die ich nicht kannte. Sie war irgendwie anders als die anderen, und einmal, als ich an ihr vorbeikam, hat sie mich auf Englisch gefragt, warum ich da sei – ich hielt sie für einen Polizeispitzel – sie hatte einen komischen Akzent, und ich hab sie bei der nächsten Runde gefragt, warum sie denn da ist, und sie hat mir gesagt, sie sei mit einem Churchill-Neffen verheiratet – Odette heiße sie – ihr Englisch hörte sich an, als ob sie Französin sei. Ich weiß nicht – vielleicht hat sie die Wahrheit gesagt. Ein anderer, von Husen, er war schlecht beisammen, er konnte die Verhöre nicht aushalten – wer konnte das? – er sagte mir, daß er ständig in Gefahr sei, sich zu verraten. Ich hab stundenlang gegrübelt, was man tun könnte, um ihm den Rücken zu stärken, wir hatten Zeit genug, über solche Dinge nachzudenken. Ich konnte ihm nur ein Paar Schnürsenkel wie meine machen – er trug sie einige Tage, sie halfen ihm auf den Hofgängen, aber dann verschwand er, und Puppi hörte, daß er vom Volksgerichtshof zum Tod verurteilt worden sei. Dann war Wilmovsky da, wie er es fertigbrachte, unter diesen Umständen solch eine Haltung zu bewahren, das hat mich verblüfft, aber er hat es fertiggebracht – gutaussehend und würdevoll. Und Schacht, natürlich frisch wie immer, in einem Mantel mit Pelzkragen. Seine Zelle lag gegenüber der meinen, und wenn sie die Klappfenster aufgemacht und das Essen durchgereicht haben, dann stand er da – der alte Schacht – wir haben versucht, eine Zeichensprache mit den Händen zu erfinden, aber es wurde zu kompliziert, wir konnten jedesmal nur ein paar Buchstaben signalisieren. Komisch, aber im großen und ganzen stehen Frauen solche Dinge anscheinend besser durch als Männer. Natürlich sahen wir alle recht jämmerlich aus, wie wir unrasiert in diesem Hof herumlatschten, und immer ohne Schnürsenkel oder Hosenträger – aber die Frauen, ja, die ließen sich alles mögliche einfallen.

Besuche waren ein Segen in langer Einzelhaft ohne Arbeit und ohne Lektüre. Zuerst kam Arnold, so was von Freundschaft, ohne ihn wäre ich wohl heute nicht frei – dann Heino, ja er kam ebenfalls und ungeheuer fesch in seiner Uniform – hat alle Wärter wie Dreck behandelt und mir drei Päckchen Zigaretten mitgebracht, die sie mir weggenommen haben, sobald er gegangen war. Auch Mutter kam – Arnold hat die Erlaubnis besorgt, daß sie mich an meinem Geburtstag besuchen konnte, ich finde, man hätte nicht zulassen sollen, daß sie kam, aber sie hat sich wunderbar benommen –, dann, nach Weihnachten, bist du gekommen, doch ich wußte, daß ich dich sehen würde, der Bursche, der mich rasiert hat, der hat es mir gesagt, und ich dachte natürlich, du wärst ebenfalls verhaftet worden oder würdest es werden. Ich habe den Zettel für dich geschrieben. Er hat die Nacht in der Matratze verbracht, und ich hab ihn in die Streichholzschachtel gesteckt, die Puppi mir zu Weihnachten geschenkt hat – es war natürlich ein Risiko, aber ein geringeres, fand ich, als daß du andere Aussagen machst. Mein Gott, ich hatte nie gedacht, daß du deine Vernehmung provozieren würdest – eben nur du konntest dir solch eine verrückte Idee einfallen lassen – aber es hat geholfen, o ja, es hat natürlich geholfen – ich kann mir vorstellen, daß es den Ausschlag gegeben hat. Du hast einen tollen Eindruck auf Lange gemacht, er hat mir ein paar Tage später gesagt, er könnte sich nicht vorstellen, wie ein solcher Schafskopf wie ich eine so intelligente Frau erwischen kann. Nein, ich glaube nicht, daß es deine verrückte Aufmachung war, oder weil zwei begeisterte Hühnerhalter sich gefunden haben, er hat es ehrlich gemeint, weil ich ihm bestimmt genauso zuwider war wie er mir. Ich konnte mich einfach nicht dazu bringen, aufzustehen oder sonst was zu tun, wenn dieser Hund in meine Zelle kam – alles war so verdammt erniedrigend – sogar als er kam und mir sagte, daß er, obwohl sie mir nicht trauten, meine Entlassung befürworten werde – ich konnte nicht anders, ich mußte auf meiner Pritsche liegenbleiben und zur Decke hinaufstarren, als existierte er überhaupt nicht. Aber ein paar Wochen darauf ist das Wunder wirklich geschehen – ich habe diese Zelle für immer verlassen – Lange hat mir gesagt, er entläßt mich zum Dienst in einer Bewährungskompanie – nun, eine Art Strafkommando, das unter Beschuß Minenfelder räumen und andere Dinge erledigen muß, so daß die Chance des Überlebens möglichst minimal ist – für mich hat sich das wie Ferien angehört, und ich hab's ihm nicht geglaubt. Mißtrauisch wie eine Ratte wird man da – ich hab es wohl erst wirklich geglaubt, als ich in Schönenbach aus dem Zug gestiegen bin und mir keiner gefolgt ist – der Zug ist hinausgedampft, und niemand stand da – ich bin die Straße entlanggegangen, und keiner war hinter mir.

Jedenfalls – da ist sie – vor vier Tagen hab ich meine Uhr – schau, da ist sie – und die paar Sachen zurückbekommen, die ich in den Taschen hatte, als sie mich verhafteten. Ich wurde in ein kleines Büro geführt – mit mir wurden noch zwei andere entlassen. Ich hörte, wie sie einem Schreiber ihre Heimatadressen angaben – irgendwo in Schlesien, und als ich dran war, sagte ich Donaueschingen. Wie lange ich brauchen würde, um dort hinzukommen? Ich sagte, fünf oder sechs Tage, und der Schreiber gab mir eine Handvoll Lebensmittelmarken, einen Entlassungsschein und eine Reisegenehmigung nach Schönenbach. Warum nicht zur Bewährungskompanie? Ich weiß es nicht, Liebling, ich weiß es einfach nicht. Einer der Fälle, wo die Organisation nicht klappt, oder aber ich war in den Händen einer Organisation, der SS, und wurde zu einer anderen, zum Heer, entlassen – und der kleine Schreiber hatte keine Vorschriften für diesen Fall, und so hat er das übliche getan und mich erst mal nach Hause geschickt. Natürlich habe ich mich gehütet, ihn aufzuklären. Ich habe keinen

Zweifel, daß mein Regiment benachrichtigt worden ist, und es wird nicht lange dauern, bis mir eine neue Einladung ins Haus flattert – aber darum werden wir uns kümmern, wenn es so weit ist. Ich habe mich noch nicht einmal zu fragen begonnen, warum ich freigekommen bin und nicht die andern – Arnold hat geholfen, Heino hat geholfen, du Gute hast geholfen, vor allem aber haben durch ihr Schweigen die geholfen, die nicht zurückkommen werden. Sie haben niemanden verraten. Es scheint mir nicht gerecht. Ich bin kein großer Held – nichts Besonderes – warum gerade ich? – es scheint mir einfach nicht gerecht. Aber ich kann nicht mehr denken, Chris, ich habe zuviel geredet – ich hab dir heute Nacht Dinge erzählt, von denen ich nie wieder reden will."

Peter hielt inne, kniete sich aufs Sofa, reichte zum Fenster hinüber und stieß es auf. Eiskalte Luft strömte herein. Er lehnte sich weit über das Fensterbrett hinaus und atmete tief ein. „Hier bin ich, Chris", sagte er, „und hier bleibe ich. Und wenn ich am Leben bleibe, dann wird nichts und niemand mich dazu bringen, dieses Tal zu verlassen."

Ich kniete mich neben ihn auf das Sofa. Die Sterne verblaßten schon. Die Wälder am fernen Horizont fingen an, sich wie eine feine Radierung vor dem ersten fahlen Licht des morgendlichen Himmels abzuheben. Talauf und talab gingen die Lichter in den Kuhställen an. Sie flackerten nicht. Ein neuer herrlicher Tag brach an.

Das Ende

(Frühjahr 1945)

Der Krieg ist vorbei, und ich muß über eine Zeit berichten, die weit in der Geschichte zurückliegt. Ist es eine Woche her oder gar zwei Wochen, als der letzte Sturm über uns hinwegbrauste und uns seltsam unbeeindruckt ließ? Ich weiß nicht, was ich erwartet hatte – nicht sehr viel. Ich hatte mir zwar nicht vorgestellt, daß ich wie eine etwas zerzauste Britannia an der Spitze meiner Rohrbacher den Siegern entgegenmarschieren, die englische Flagge schwenken und dabei trompeten würde: „Nicht schießen, wir sind Freunde!" Ein bißchen dramatischer hatte ich es mir aber doch gedacht, als ganz allein an der Straßenkreuzung in Schönenbach zu stehen, auf eine zerknüllte Schachtel ‚Lucky Strike' zu starren und dabei zu mir selbst zu sagen: „Jetzt ist es soweit. Es ist zu Ende – der Krieg ist vorbei." Die leere Schachtel lag neben der Straße, und ich wußte, daß alliierte Truppen vorbeigekommen sein mußten.

Leider hatte sich vieles verschworen, um zu verhindern, daß Peter in unserem Tal blieb. Kaum ging es ihm besser, kaum konnte er sich ohne Schmerzen bewegen, als auch schon eine Mitteilung von seinem Regiment eintraf, mit dem Befehl, sich unverzüglich in Mariendorf bei Berlin einzufinden. Das Schreiben war zehn Tage unterwegs gewesen, und nach einer angemessenen Frist schrieb Peter zurück, er sei bereit, der Aufforderung nachzukommen, sei aber leider ohne Geldmittel und man möge ihm einen Militärfahrschein schicken. Seine Antwort muß Flügel gehabt haben, denn schon vierzehn Tage später erhielt er die strenge Weisung, sich wegen eines Militärfahrscheins an den Bahnhofsposten zu wenden. Peter war der Ansicht, er würde mit einer weiteren Verzögerung davonkommen, und antwortete, es gebe leider am Bahnhof Schönenbach keinen Bahnhofsposten, und er erwarte weitere Befehle. Inzwischen war es Mitte März geworden. Zwar hatten die alliierten Truppen bei Remagen und auch bei Mainz den Rhein überschritten, aber noch lebten wir innerhalb der Grenzen des Dritten Reiches, und Deserteure, Nachzügler und solche, die keinen triftigen Grund für die Abwesenheit von ihrer Einheit angeben konnten, wurden standrechtlich erschossen; wir wußten daher, daß Peters Verzögerungstaktik nicht ewig fortgesetzt werden könne. Mittlerweile näherte sich der Krieg Rohrbach mit jedem Tag mehr, nicht nur der schon bekannte Luftkrieg mit all seinen Schrecken, sondern der Krieg der Wehrmachtsberichte, der Krieg der Soldaten – eine uns bis dahin noch unbekannte Angelegenheit. Die Kosaken waren die Vorboten gewesen. Als Hitler während der Ardennenoffensive seine letzten Reserven in den Kampf warf, war noch einmal eine Pause eingetreten, aber es ließ sich nicht bestreiten, daß sich nun die Flut heranwälzte, und irgendwann in naher Zukunft würden wir von der großen Welle der Eroberung überrollt werden und alles aufbieten müssen, um, wie der Phönix aus der Asche, auf der anderen Seite wieder aufzusteigen. Unser Lokalblatt veröffentlichte noch einen kaum lesbaren Verzweiflungsaufruf zum letzten, fanatischen Widerstand, der wie aus einer anderen Welt zu kommen schien, dann gab es den Geist auf. Kein Papier, keine Druckerschwärze, vielleicht auch kein Redakteur mehr, jedenfalls hatte der ‚Schwarzwaldbote' sein Leben ausgehaucht. Nur der Rundfunk erinnerte uns daran, daß irgendwo weit weg immer noch eine deutsche Regierung ihres Amtes waltete.

Über Ermahnungen aus England – Wickham Steed und Lindley Frazer, die anscheinend über das Mißgeschick der deutschen Teufel frohlockten – konnte ich nur lachen. Meine Gefühle und mein Denken hatten sich in einen dunklen Winkel meines Herzens zurückgezogen, und ich vermochte mich nur noch auf die Realitäten des Überlebens zu konzentrieren. Ich hatte meine Glanzstunde hinter mir. Meine Familie war am Leben, war sogar sehr munter; soweit es an mir lag, sollte sie es auch bleiben, und wenn ich für sie betteln, stehlen, lügen und jegliche Sünde begehen müßte, die von mir gefordert würde.

Das Dorf veränderte allmählich sein Aussehen, wenn auch kaum seinen Charakter, denn die Bauern ließen sich von dem nahenden Ungewitter nicht aus dem ruhigen Gleichmaß ihres Lebens bringen, dem einzigen gesunden Element in einer verrückt gewordenen Welt. Trotz der plötzlich vom Himmel herabstoßenden Jagdbomber und des fernen Geschützdonners rief die Kirchturmglocke noch immer zur Messe. Die Felder mußten bestellt, die Kühe gemolken, das Vieh gefüttert werden. Als Achtungsbezeugung vor den Jabos hob man neben der Straße ein paar Deckungsgräben aus, die sich bald mit Schnee und Schlamm füllten, doch schien niemand ernsthaft daran zu denken, in ihnen ein eiskaltes Bad zu nehmen. Der Lärm, das Treiben, das Hin und Her ankommender und wieder abziehender Soldaten schienen nichts als flüchtiges Schattenspiel vor den Kulissen ewiger Wirklichkeit.

Als das letzte Telegramm von Peters Regiment eintraf, war im Dorf eine Sanitätskompanie einquartiert. Er habe sich sofort zum Einsatz zu melden, sonst werde er als Deserteur betrachtet und als solcher behandelt werden. Wir hatten bislang dem Wirken der Sanitätskompanie wenig Wohlwollen gezollt, da ihre Angehörigen, nachdem sie Rotkreuzfahnen auf den Wiesen ausgelegt hatten, die schönsten jungen Fichten im Wald geschlagen hatten, um damit ihre Fahrzeuge zu tarnen. Da die Fahrzeuge weiß angestrichen waren und außerdem große rote Kreuze trugen, sahen wir wenig Sinn in diesen Vorkehrungen. Unsere Skepsis zeigte jedoch nur, wie wenig Ahnung wir noch von der Borniertheit militärischer Organisation hatten. Um zwölf Uhr gab es Mittagessen, und die Ordonnanzen wurden durch ein Trompetensignal zum Essenfassen gerufen. Komme, was da wolle – selbst ein- oder zweitausend schwere Bomber, begleitet von Hunderten von Jägern auf dem Weg nach München, Augsburg oder Wien –, das Trompetensignal ertönte pünktlich zur Mittagsstunde, und die Kompanie trat im Dorf an und marschierte munter im Gänsemarsch zur Feldküche im ‚Gasthaus zum Löwen' hinauf, fast einen Kilometer die Straße entlang. Sie konnte ihre Mittagspause nur zweimal ungestört genießen. Beim drittenmal war ihr Marsch zur Feldküche offenbar aus der Luft beobachtet worden, und weiter oben im Tal fielen Bomben. Sie richteten keinen ernsten Schaden an, denn sie fielen neben ein großes hölzernes Bauernhaus, das keineswegs wie ein Kartenhaus in sich zusammenfiel, sondern sich ganz ähnlich wie eine aufgescheuchte Glucke verhielt; es schüttelte sich mißmutig und ließ sich wieder auf seinen uralten Fundamenten nieder. Nicky wäre allerdings beinahe ums Leben gekommen, als einige Jabos zurückkamen, anscheinend um nochmal nachzusehen. Sie fegten in Wipfelhöhe das Tal herunter und erspähten ihn auf offenem Feld. Peter schrie: „Hinlegen!" und der Junge fiel wie ein Stein zu Boden. Die Maschinen respektierten die Rotkreuzfahnen und feuerten nicht, trotzdem aber genügte der Zwischenfall, um uns jeden Rest von Wohlwollen für die Sanitätseinheit auszutreiben.

Das Telegramm entzündete jedoch wieder ein gewisses Interesse an der Einheit, denn nun wußte Peter, daß er nur noch eine Karte zu spielen hatte. Obwohl er wieder äußerst gesund aussah, beschloß er krank und reiseunfähig zu sein, selbst wenn er sich zu diesem Zweck ein Bein brechen mußte. Um einer solchen Behauptung Glaubwürdigkeit zu verleihen, brauchte er einen Krankenschein, unterschrieben von einem Militärarzt. Wir hatten bald einen geeignet erscheinenden Kandidaten ins Auge gefaßt, der, dick und gemütlich von Aussehen, wie es schien, ganz nett durch den Krieg gekommen war. Beim Skat und einer Flasche Weinbrand hatte er Hans Eiche gestanden, er habe Zivilkleidung in seinem Gepäck und keineswegs die Absicht, in französische Kriegsgefangenschaft zu kommen. Einen Abend lang erörterten Peter und ich, welche Krankheit wohl am passendsten wäre. Wir versuchten sogar, uns eine narrensichere Methode für einen Beinbruch auszudenken, beschlossen aber schließlich, Dr. Guttenberg zu Rate zu ziehen, der kurz nachdachte und uns die Antwort gab. Malaria – er werde Peter eine Malaria-Spritze geben, die, zumindest für einige Stunden, seine Temperatur hinauftreiben werde. Wenn sie ihren Höhepunkt erreicht hätte, müßten wir den Militärarzt holen, und wenn er nur halbwegs guten Willens sei, würde er vielleicht den Krankenschein ausstellen.

Es hatte eine rührende Krankenbett-Szene gegeben, als Peter am nächsten Vormittag mit dem Fahrrad aus Furtwangen zurückkam. Er hatte sich abgestrampelt wie ein Besessener, um vor den Jagdbombern und ehe die Spritze wirkte, wieder in Rohrbach zu sein. Wie böse Geister hatten Ellen und ich ihn umschwebt, seine Temperatur gemessen und jedem Anstieg des Fiebers applaudiert. Achtunddreißig, neununddreißig, neununddreißigeinhalb, vierzig. Zu unserer hellen Freude begann er bei einundvierzig zu phantasieren, und das schien mir der geeignete Moment, den Arzt zu holen. Aber wie es manchmal so geht mit den schönsten Plänen: Nach langer Suche fand ich ihn, wie üblich beim Skat, und obwohl ich glaubte, aufgeregt genug auszusehen, schien er nicht sehr beeindruckt. Ja, er werde vorbeischauen, aber nicht sofort – später. Später? Ich hatte keine Ahnung, wie lange das elende Fieber vorhalten würde, und meine schlimmsten Befürchtungen bestätigten sich, als ich in den ‚Adler‘ zurückkehrte. Peter warf sich zwar noch immer höchst glaubwürdig im Bett umher, aber er begann schon zu schwitzen. Eine Stunde später schwitzte er immer noch, die Temperatur war wieder auf vierzig Grad angelangt, und der Arzt saß noch immer beim Skat. Ellen und mir sank das Herz, und es blieb nichts anderes übrig, als es noch einmal bei dem Medikus zu versuchen. Ich tauchte mein Taschentuch in Wasser und preßte es gegen die Augen, bevor ich hysterisch jammernd die Kartenrunde aufstörte. „Bitte, bitte, Herr Doktor!“ schluchzte ich, „kommen Sie doch bitte sofort, meinem Mann geht's ganz furchtbar schlecht!“

Ich hätte, durchaus wahrheitsgemäß, hinzufügen können, ich wisse nicht, wie lang er noch durchhalten werde, aber der Gedanke kam mir erst hinterher. Ich fand es immer erfreulicher, wenn zumindest ein paar von all den Lügen, die ich damals auftischte, ein winziges Körnchen Wahrheit enthielten. Das Skat ist ein ernsthaftes Spiel, das man nicht leicht unterbricht, aber die Runde hatte soeben einen Doppelbock beendet, ein passender Augenblick, das Spiel abzubrechen, und der Arzt stand zögernd auf. „Na schön, gnädige Frau, ich komme mit.“

Er leerte sein Glas und setzte seine Mütze auf, knöpfte die Jacke zu und machte sich gemächlich auf den Weg. Ich eilte vor ihm die Straße hinab, bot ihm ab und zu einen rührenden Schluchzer und traf in der Küche Ellen an, die eine Wasserkanne in der einen und eine Wärmflasche in der anderen Hand trug. Sie war dabei, zum allerletzten Mittel zu greifen und das Thermometer zu erhitzen. „Neununddreißig vier“, flüsterte sie mir verzweifelt zu.

Der dicke Arzt schaute Peter bedächtig in Hals und Ohren, beklopfte seine Brust und fühlte ihm den Puls. Er schüttelte das Thermometer sehr sorgfältig, steckte es unserem Kranken unter den Arm und betrachtete es dann mit leichtgerunzelter Stirn. Darauf räusperte er sich und lugte über seine Brillengläser hinweg den Patienten an. „Was wollen Sie denn von mir?“ fragte er schließlich, offenbar leicht verwirrt, aber doch so streng, daß es mir einen leichten Schreck gab. Peter, zweifellos noch etwas benommen und ohnedies nie ein großer Schauspieler, schaute ihm gerade ins Auge.

„Ich bin vor ein paar Wochen aus einem Konzentrationslager entlassen worden“, sagte er, „und muß zu einer Bewährungskompanie. Ich habe ein Telegramm bekommen, wenn ich mich nicht sofort in Mariendorf stelle, werde ich als Deserteur betrachtet. Ich will einen Krankenschein, von Ihnen unterschrieben, eine Bestätigung, daß ich nicht marschfähig bin."

Es folgte ein Augenblick tiefster Stille. Der Arzt sah noch einmal das Fieberthermometer an und klopfte damit leicht gegen seine Zähne. Ellen schaute zum Fenster hinaus, und ich blickte starr auf eine runde Staubflocke, die es unter dem Bett vorgeblasen hatte. Der Arzt steckte das Thermometer langsam, unerträglich langsam wieder in das Etui. Er knöpfte die Brusttasche seines Uniformrockes auf, holte einen Formularblock heraus, und bewies uns, daß wir aufs richtige Pferd gesetzt hatten.

„Na schön", sagte er. „Ihren vollen Namen und Dienstgrad?"

Ein paar Tage Gnadenfrist, aber von nun an wußten wir, daß Peter endgültig untertauchen mußte. Seitdem sein Regiment sich für sein Verbleiben zu interessieren begonnen hatte, hatte er nach einem Versteck in den Wäldern gesucht. Er war nur nachts unterwegs. Säcke, Bettzeug, Proviant; wir hatten damit gerechnet, daß er fliehen mußte, und wir hatten unsere Pläne geschmiedet. Unser Generalstab, aus Peter, Ellen, Hans, Frau Muckle, Martina und mir bestehend, hatte den Gedanken an eine Flucht in die Schweiz aufgegeben. Wir hatten wenig Chancen, mit den Kindern über die Grenze zu kommen. Ebenso hatten wir den Plan verworfen, uns am Berghang irgendeinen Unterstand zu bauen, um uns gegen etwaigen Artilleriebeschuß zu schützen. Martina hatte uns dieses Projekt ausgeredet und uns den Wind aus den Segeln genommen, mit ihrer Versicherung, wenn die Schießerei losgehe, werde sie ohnehin zu ihren Kühen gehen, weil die Angst bekommen würden. Wir waren zu dem Schluß gekommen, Peter solle sich allein im Wald verstecken, irgendwo oberhalb von Hans' und Ellens Quartier, damit er, wenn es zu kalt wurde, nachts herabkommen und in ihrem Heustadel schlafen könne.

Der Bürgermeister mußte eingeweiht werden, mit dem Versprechen, wir würden nach dem Krieg dafür sorgen, daß sein Parteiabzeichen mit einem nachsichtigen Auge betrachtet werde; und der unersetzliche Sepp war ohnedies ein sicherer Bundesgenosse. Wir beschlossen auch, unsere beiden Ältesten einzuweihen, und hatten es nicht zu bereuen, denn sie halfen bei unserem Versteckspiel mit einer natürlichen Begeisterung, die meine pädagogischen Bemühungen nicht eben im besten Licht erscheinen ließ. Kinder haben ihren eigenen Untergrund, und Nicky hatte sein Interesse vom Dorfleben auf die Wehrmacht verlagert. Es war sehr aufschlußreich für mich, meine Söhne zu beobachten, wie sie sich, hier mit einem ‚Heil Hitler', dort mit einem ‚Grüß Gott' – sie wußten genau zu unterscheiden – zwischen den Soldaten durchschlängelten und ihre Mission erledigten. Mit unschuldigem Gesicht machten sie sich über die Felder davon, beobachteten den Himmel, ob nicht ein Jagdbomber in der Nähe war, und schlüpften dann irgendwo, weitab von ihrem Ziel, in den Wald.

Das einzige Mal, da ich sie begleitete, hätte beinahe mit einer Katastrophe geendet, denn als wir über die Felder gingen, mit einem Korb bewaffnet, der Peters Mittagessen enthielt, bemerkte ich ein paar Jabos, die lässig über Furtwangen kreisten. Auf halber Höhe des Hanges sah ich, daß sie sich formierten und auf uns zuflogen. Wir rannten auf einen Holzstoß zu, die nächste Deckung, und ließen uns dahinter keuchend auf die Knie fallen, während direkt über uns ein Maschinengewehr losknatterte. Der Essenskorb stürzte um, während wir auf einer klebrigen Spur von warmer Erbsensuppe um den Holzstoß herumkrochen und die Maschinen immer wieder pfeifend zum Angriff herabstießen. Ich war der abwegigen Ansicht, daß zumindest mein kleiner John genau solche Angst hatte wie ich, und drückte darum seinen Kopf an meine Seite, damit er den Höllenlärm nicht so laut höre. Schon stieß er ein Schmerzensgeheul aus. Je mehr er schrie, desto heftiger drückte ich ihn an mich, und erst als alles vorüber war und die Flugzeuge verächtlich über die Hügelspitzen davongeschwebt waren, merkte ich, daß ich ihm einen Hornknopf gegen den Kiefer gedrückt hatte, und er nicht nur vor Schmerz geschrien hatte, sondern auch, weil ihm entgangen war, was sich abspielte. Als wir uns hochrappelten, meinte Nicky, sie hätten es wohl auf die Flakstellung abgesehen gehabt, die einige Tage vorher oberhalb des Mesnerhäuschens angelegt worden war. Während die Jungen die Erbsensuppe von ihren Ärmeln leckten, entschieden wir, daß es besser wäre, wenn ich mich in Zukunft um meine eigenen Angelegenheiten kümmern würde.

Meine eigenen Angelegenheiten waren anstrengend genug: aus täglich schmaler werdenden Rationen Dinge zusammenkochen, die nach nichts schmeckten, auf die Kinder aufpassen, das Durcheinander aufräumen, das unsere ungebetenen Gäste hinterlassen hatten. Ein normales Leben hörte langsam auf. Keine Seife mehr, kein Mehl, Nadeln aber kein Faden, kein Bleistift, kein Papier, Federn aber keine Tinte – es wurde immer einfacher. Auch ein Alleinsein gab es nicht mehr. Täglich stolperten müde Soldaten unangemeldet in unser Wohnzimmer, legten sich auf die Matten und schliefen ein – erschöpfte Jungen in viel zu großen Uniformen, die tödliche Waffen mit sich trugen, mit denen sie nicht einmal richtig umzugehen verstanden. Man konnte auf dem Frühstückstisch ebensogut eine Panzerfaust wie einen Becher Milch vorfinden. Mit allen Hunden gehetzt, einer Umzingelung nach der anderen entfliehend, immer nur nachts auf dem Marsch, unfähig zu verstehen, warum sie sich nicht ergeben durften – das war eine ganz andere Armee als die, welche fünf Jahre vorher so siegreich durch Europa gezogen war.

Ein Feldwebel mit grauem Gesicht und rot umrandeten Augen, der eines Abends in unserer Stube saß, rührte mich, als er auf seine schlafenden Schützlinge hinabblickte, sich plötzlich bückte und ein paar der Jungen mit ihren Mänteln zudeckte. „Diese Schweine da oben haben viele Schandtaten begangen“, sagte er, „aber wohl keine größere, als diese Kinder in den Krieg zu schicken. Man könnte fast glauben, die Amerikaner müßten Mitleid mit uns haben, wenn sie sie sehen.“

Frau Muckle war ebenfalls übermüdet und klagte beständig über das Rheuma in ihren ‚Arschbacken‘, und Martina, für die nach wie vor ihre Kühe der Mittelpunkt des Weltalls waren, machte die Sache auch nicht einfacher. Sie wusch ihnen mit unseren letzten Seifenflocken die Schwänze, und ich mußte dazwischentreten, damit Frau Muckle ihr nicht einen Eimer über den Kopf stülpte. Sogar Christopher sorgte für Aufregung, als er einem jungen Offizier in hellen Glockentönen mitteilte, daß sein Pappi sich im Wald versteckt habe.

„Hahaha! Im Wald!“ Ich stieß ein hohles Lachen aus und beförderte ihn schleunigst zum Zimmer hinaus; aber der junge Mann war mit seiner Rasur beschäftigt und warf uns im Spiegel ein müdes Lächeln zu; offensichtlich interessierte er sich für nichts mehr.

Vor dem letzten Sturm wurden uns ein paar relativ friedliche Tage geschenkt; nur die Gerüchte rasteten nicht. Wir sahen nichts, und wir hörten nichts – abgesehen von einem dumpfen Donnern im Norden und im Süden, im Osten und wieder im Westen. Wir waren anscheinend von allen Seiten umstellt und hörten so wenig, weil, wie uns Veteranen aus dem Ersten Weltkrieg erklärten, die Artillerie nun über uns hinwegschoß. Hans Bausch, unser Milchmann, war überzeugt, wir seien bereits amerikanisch; der Mann, dem die Schweinekontrolle oblag, und der es aus unerfindlichen Gründen noch immer für nötig hielt, seines Amtes zu walten, vertrat dagegen die Ansicht, nun sei der Augenblick gekommen, da die Wunderwaffe eingesetzt werde, und der Krieg werde mindestens noch zwei Jahre dauern, bis der Endsieg gesichert sei. Hans Bausch und der Schweinekontrolleur, beide hatten unrecht. Das Donnern im Westen stammte, wie sich ergab, von deutschen Geschützen. Es gab noch immer einiges Wild zu jagen, und eine höhere Gewalt hatte bestimmt, daß es unser Tal als letzten Fluchtweg wählen sollte.

Nach einer stürmischen Nacht, erfüllt vom gewohnten Lärm ratternder Räder und Kommandorufe, hob sich am nächsten Morgen der Vorhang vor einem Bild, das ich nicht so leicht vergessen werde. Über Nacht hatte sich das Dorf in ein bewaffnetes Lager verwandelt. Vor jedem Bauernhaus stand irgendein Militärfahrzeug, geschickt mit Fichtenästen getarnt; der Himmel war bedeckt, und im Schutz der Regenwolken rollten immerzu neue Ungetüme in unser Tal. Die schweren Geschütze wurden von Pferden und sogar Ochsen gezogen, und mit ihren großen, schornsteinähnlichen, mit Tarnnetzen umhüllten Rohren wirkten sie fast wie ältliche, neugierige Giganten, als sie über die Felder geschleppt wurden und mit der Nase im Wald verschwanden. Ihre ‚Betreuer' folgten auf Fahrrädern, Bauernkarren oder auf niedrigen bahrenähnlichen Leiterwagen, die von Schäferhunden gezogen wurden. Einige schleppten sich zu Fuß dahin und schauten nicht links noch rechts, auch nicht als zwei große Mercedes-Limousinen, die die Helden des Schauspiels beförderten, sie mit gebieterischem Hupen nötigten, in den Straßengraben zu stolpern.

Die Wagen fuhren vor dem ‚Adler' vor. „Jawohl, Herr General, sofort, Herr General." Hacken zusammen, Zack-zack. Drei steife Gestalten, deren Gesichter von den dicken Pelzkrägen ihrer Uniformmäntel fast verdeckt waren, entstiegen den Karossen. Rote Streifen an den Hosen und glänzend polierte Schuhe blitzten an mir vorüber, und dann entschwanden sie in die Gaststube. Warum mußte ich immer an eine lächerliche Geschichte denken, wenn ich solchen eilfertigen, die Hacken zusammenschlagenden Marionetten begegnete? Wie ging sie gleich wieder? Ein General sieht einen Zigarettenstummel, der den auf Hochglanz polierten Fußboden seines Quartiers verunziert. Der Krieg nähert sich seinem Ende, Zigaretten sind rar. „Wessen Kippe ist das?" brüllt er, und sein Adjutant schlägt zitternd die Hacken zusammen und antwortet zögernd: „Ihre, Herr General, Sie haben sie zuerst gesehen." Aber ich lachte nicht, ich starrte die Herren Generäle und ihr Gefolge mit der gleichen verdrossenen Gleichgültigkeit an wie die vorbeiziehenden Soldaten, und plötzlich sank mir das Herz in die wohlgeflickten Stiefel.

Frau Muckle in ihrer Küche war in viel besserer Verfassung. „Echter Kaffee, Frau Doktor", flüsterte sie mir zu, und ich merkte an dem Funkeln in ihren Augen, daß sie bereits eine Kostprobe genommen hatte. Kaffee, nicht als einzelne Bohnen sondern sackweise, Fleisch und geräucherte Würste, Speck und Mehl. Die Küche war mit Nahrungsmitteln vollgestopft, und ein stämmiger Offiziersbursche richtete bereits ein Tablett mit Frau Muckles bestem Geschirr her. „Kaffee für die Herren Generäle", sagte Frau Muckle und setzte mit ehrfurchtsvoller Miene, als böte sie die Hostie dar, die große Kanne neben die Tassen. Sie konnte einen gewissen Stolz, daß solch vornehme Gäste dem ‚Adler' und nicht dem ‚Löwen' die Ehre gegeben hatten, nicht ganz verbergen, aber ich hatte doch das Gefühl, daß ihr übertriebenes Ehrfurchtsgetue ebensosehr mit der Qualität und Quantität des Kaffees wie mit der Anwesenheit der drei hohen Herren in ihrer Gaststube zu tun hatte.

„Die brauchen wohl einen starken Kaffee, wenn sie uns aus diesem Schlamassel rausholen wollen", sagte der Bursche, ehe er ein ernstes Gesicht aufsetzte und in den Flur entschwand.

Frau Muckle und ich mußten mit den alten, angeschlagenen Emailletassen vorliebnehmen, aber der Kaffee war gut, und Martina hatte rasch noch die Milch abgerahmt, ehe sie unseren Gästen vorgesetzt wurde. So war es nicht verwunderlich, daß das starke Gebräu eine Wirkung auf mich ausübte, als hätte ich eine halbe Flasche Whisky geleert. ‚Schlamassel' hatte er es genannt, der muntere Bursche mit seinem kurzgeschorenen Hinterkopf, aber das Radio nannte es anders. ‚Ein Widerstandsnest', ein letztes Widerstandsnest – dieser beunruhigende Gedanke wollte mir nicht aus dem Kopf.

Was geschah mit diesen Widerstandsnestern? Wenn man den Deutschlandsender hörte, verteidigten sie sich fanatisch, hörte man die BBC, so wurden sie gesäubert und vernichtet. Der Gedanke, zusammen mit diesen drei Generälen ‚vernichtet' zu werden, stürzte mich in Panik. ‚Jawohl, Herr Gott, sofort, Herr Gott.' Sollte ich vielleicht in einem himmlischen Chor mitsingen, in ein ewiges ‚Jawohl' einstimmen? Der Kaffee war natürlich viel zu stark, das Herz pochte mir wie ein Schmiedehammer. Ich verlor den Kopf, ich mußte Peter sehen. Wenn wir vernichtet werden sollten, dann wenigstens wir alle zusammen, zusammen mit den Kindern, unter einem wolkenlosen Himmel, auf sprießendem Gras, umgeben vom Duft der Fichten. Diese Vorstellung war erträglich – das andere war einfach undenkbar.

Ich schaute durchs Fenster hinaus zu den jagenden Wolken am Himmel und nahm die Kinder an die Hand. Ich konnte es in diesen Tagen nicht ertragen, von ihnen getrennt zu sein, nicht einmal durch die Breite des Tals. Sie schliefen bei mir im Zimmer, und wir waren auch tagsüber eine unzertrennliche Gruppe. Wir machten uns auf den Weg, an Haufen von Munition und großen Stahltrommeln mit aufgerollten Gummischläuchen vorbei. Der mit Telefondrähten garnierte ‚Adler' sah allmählich wie eine Spinne in ihrem Netz aus. Wir stiegen den Hang gegenüber hinauf, und ich war überrascht, wie relativ ruhig es hier war, obwohl wir uns noch nicht weit vom Dorf entfernt hatten. Kleine Bäche sprudelten lustig durch die Wiesen, und ringsum blühten die Sumpfdotterblumen.

„Lauf zu Pappi hinauf, Nick", sagte ich, als wir Ellens Haus am Waldrand erreichten. „Sag ihm, ich muß ihn sehen, nicht heute, aber morgen. Sag ihm, was im Dorf los ist, und er soll sich auf keinen Fall rühren, nur in der Nacht. Ich bin morgen früh wieder hier – das heißt, wenn die Wolken so tief hängen wie heute."

Ich schaute ihm nach, wie er an dem Holzstoß verbeiflitzte, am Trog einen Augenblick verhielt und sich umsah, ob die Luft rein sei, ich schaute ihm nach, während er zu dem Feldweg oberhalb von Bauschs Häuschen hinaufrannte und hinter den schützenden Fichten verschwand. Ich wartete eine Stunde, dann hörte ich ein fröhliches Jodeln viel weiter oben im Tal.

„Er kommt heut nacht runter, Mammi. Entschuldige, daß ich so lange gebraucht hab, aber im Wald liegen Gewehre und alle möglichen Sachen herum. Ich hab mich ein bißchen gefürchtet."

Ich bereute meinen übereilten Entschluß, sobald ich wieder im ‚Adler' war; er war unsinnig. Peter war ohnedies schon unbedacht genug gewesen, seitdem er sich in den Wald abgesetzt hatte; nach Ravensbrück konnte er sich einfach nicht daran gewöhnen, daß selbst in einem Schwarzwalddorf Gefahren lauern konnten. Er tauchte zu jeder Tages- oder Nachtzeit unerwartet auf, und Ellen und Hans spielten stundenlang mit ihm Skat. Wenn sie nach dem Krieg jemals wieder Skat spielen müßte, hatte Ellen verkündet, würde sie den Verstand verlieren. Oben im Wald war er geborgen, und wenn die Wolkendecke aufriß, konnten wir uns immer noch irgendwo treffen, und ich brauchte mich doch nicht zu einer so törichten Verabredung hinreißen zu lassen.

Aber am Abend kam Ellen und meldete, daß Peter eingetroffen sei; er könne in ihrem Zimmer übernachten. Die Soldaten, die bei ihnen einquartiert waren, seien ungefährlich, sie schliefen wie Murmeltiere und seien tagsüber nie da.

Ich nahm am nächsten Morgen Nicky mit, und Peter erwartete uns in Ellens Wohnzimmer. Wie gewohnt beruhigte er meine Panikstimmung und beschwichtigte meine Ängste. Er versicherte mir, er habe nicht die geringste Absicht, sich vernichten zu lassen, und wäre der Himmel noch so wolkenlos; da mein sprießendes Gras sicher patschnaß sei, würden wir uns bei einem solchen Unternehmen bestenfalls Rheuma holen.

„Aber wenn es aufklart ...?"

„Pappi!" Nicky hielt am Fenster Wache, und ich sah, wie er erstarrte. „Pappi, der Bürgermeister kommt den Berg rauf, und er hat zwei Soldaten bei sich."

Peter verschwand wie der Blitz in der Küche im hinteren Teil des Hauses, und ich eilte ans Fenster und schaute über Nickys Kopf hinaus. Mit meinen schlechten Augen konnte ich kaum den Bürgermeister erkennen, aber Nicky hielt das Gesicht an die Scheibe gepreßt, und seine Augen waren nur schmale Schlitze. Plötzlich schaute er zu mir hoch, weiß und starr im Gesicht.

„Das sind keine Soldaten, Mammi, es ist Feldpolizei."

„Bist du sicher?"

Nicky kannte sich aus. „Ja, ganz sicher, ich erkenne sie an ihren Aufschlägen."

O nein, es durfte nicht wahr sein. So lange hatten wir ausgehalten, so viele Hürden überwunden, nur um jetzt – und alles meine Schuld, nur meine eigene verfluchte Schuld.

„Lauf schnell zu Pappi, Nick! Vielleicht muß er fliehen. Und behalt die hintere Tür im Auge! Ich werde die Leute möglichst lange aufhalten."

Der arme Kleine, er war erst neun; was ich alles von ihm verlangte! Er flitzte zur Tür hinaus, und ich hörte ihn die Treppe zum Speicher hinaufrennen. Ich ging zur Tür und lehnte mich an den Eichenpfosten; meine Beine zitterten ein bißchen. Ich beobachtete das Trio, wie es den gewundenen Pfad heraufstieg, und fragte mich, ob ich die drei hereinbitten oder draußen auf der Veranda empfangen sollte. Ich hatte noch die Zeit, einen Blick um die Hausecke zu werfen, und sah, daß Nicky seinen Posten an der hinteren Tür bezogen hatte. Er sah aus, als würde ihm gleich schlecht, und ich versuchte ihm ein aufmunterndes Lächeln zuzuwerfen. Der Bürgermeister kam laut schnaufend heran. Er wirkte nervös und verlegen.

„Grüß Gott, Frau Doktor", sagte er, „entschuldigen S' die Störung, aber diese beiden Herren möchten mit dem Herrn Doktor sprechen."

„Aber Herr Bürgermeister", sagte ich und starrte ihn so steinern an, wie ich konnte, „sie wissen doch, daß mein Mann nicht da ist; kann ich irgendwie behilflich sein?"

„Ja – nein", meinte der Bürgermeister stockend. „Das Dumme ist, sie wollen mit dem Herrn Doktor persönlich reden. Es handelt sich um eine wichtige Angelegenheit."

„Ja, aber wenn er nicht da ist, dann ist das nicht gut möglich, oder?" Ich mußte mir große Mühe geben, damit mir die Stimme nicht zu einem fast unhörbaren Flüstern absackte.

„Nein – natürlich –"

Ich räusperte mich und wandte mich den beiden Männern zu, die schweigend unter der Tür standen. „Kann ich Ihnen vielleicht behilflich sein? Es tut mir leid, aber mein Mann ist nicht da, er ist fort."

Einer der Feldjäger trug eine lederne Aktentasche. Er streifte einen Handschuh ab und schickte sich an, sie aufzumachen. Nun würde es kommen, wie würde es lauten? ‚Ich habe einen Haftbefehl für Ihren Mann, wegen …' Aber der Bürgermeister hatte sein Gleichgewicht wiedergefunden.

„Na ja", sagte er und schaute dabei von einem seiner Begleiter zum anderen. „Ich denke, die Frau Doktor kann das auch machen." Und zu mir gewandt: „Diese Herren sind nämlich beauftragt, Fahrräder zu beschlagnahmen, und der Herr Doktor hat, glaub ich, noch ..."

Seine Stimme verlor sich, und ich konnte mir wohl denken warum. Man muß es mir angesehen haben, daß ich mich wie auf den Kopf geschlagen fühlte.

„Fahrrad?" stotterte ich. „Fahrrad? Ach, ich verstehe. Ja – Fahrrad." Ich hatte mich auf weiß Gott was gefaßt gemacht und mußte jetzt schleunigst versuchen, wieder ein normales Gesicht aufzusetzen.

„Das Fahrrad meines Mannes! Aber natürlich", hörte ich mich sagen, „es ist drunten im ‚Adler'." Beinahe hätte ich noch gesagt: „Unterm Heu, genau wie alle andern Räder im Dorf", aber ich hielt noch rechtzeitig inne. Ich unterdrückte auch meinen Impuls, sie zu umarmen und ihnen zu sagen, sie könnten mein Rad, Tante Ullas Rad, die Räder der Kinder und obendrein noch einen Schnaps haben, wenn sie reinkommen wollten. Statt dessen aber sagte ich zum Bürgermeister, er solle Martina danach fragen, sie wisse, wo es sei. Die Feldjäger schienen sehr erleichtert, plötzlich sahen sie gar nicht mehr furchterregend aus. Ohne Zweifel war unser Fahrrad das erste, das sie bislang aufgestöbert hatten.

„Vielen Dank, Frau Doktor", sagten sie einstimmig. „Entschuldigen Sie die Störung. Sollen wir Ihnen die Empfangsbestätigung geben oder sie im ‚Adler' hinterlassen?"

Eine Empfangsbestätigung? Ach ja, wir konnten Entschädigung verlangen, natürlich, nach dem Endsieg – das also war in seiner Aktentasche, ein Quittungsblock.

„Bitte, lassen Sie sie im ‚Adler'", sagte ich, als das Trio sich zum Gehen wandte und die Böschung zum Pfad wieder hinabstolperte. Auf halbem Weg verabschiedete sich der Bürgermeister von den Feldjägern und kam zurück. Ich stand noch an der Tür.

„Tut mir leid, Frau Doktor, tut mir sehr leid." Er sah müde und ebenfalls mitgenommen aus. „Ich weiß nicht, was über mich gekommen ist – es passiert so viel, ich komm einfach nicht mehr mit."

„Macht nichts, Herr Volk, macht nichts. Sie sind nicht der einzige. Mir ist's genauso gegangen – ich hab auch den Kopf verloren. Es ist vielleicht gar nicht so erstaunlich." Und plötzlich fielen mir Peter und Nicky ein, und ich begann zu lachen, ein hohes, atemloses, schrilles Lachen. Dann taumelte ich wieder ins Haus.

„Peter, Nick, kommt wieder rein! Sie sind weg, Sie wollten dein Fahrrad. O Gott, Sie wollten nur dein Fahrrad!"

Peter, der nur in Strümpfen war, kam leise ins Wohnzimmer, und Nicky stieg langsam die Stufen von der Hintertür herauf. Er zitterte, ich zitterte, und plötzlich wurde nun mir ganz furchtbar schlecht. Wir hielten einander umschlungen, wir drei, und Peter sagte leise: „Wie gesagt, wenn es aufklart, kommst du mit den Kindern hier rauf. Ich komme dann auch her, und wir werden gemeinsam das Letzte über uns ergehen lassen."

Wir kehrten in den ‚Adler' zurück. Zwei weitere Tage vergingen langsam unter einem bewölkten Himmel. Kuriere auf knatternden Motorrädern fuhren vor dem Gasthaus vor und verschwanden wieder mit unbekanntem Auftrag. Die Generäle hielten in der Gaststube murmelnd Kriegsrat, und ich durfte unser Wohnzimmer daneben nicht betreten, damit ich das Ergebnis ihrer Beratungen nicht mithörte. Auch das Radio war bei den Generälen, und so wußten und hörten wir nichts, bis auf die gelegentlichen Brocken von Nachrichten, die wir von den Offiziersburschen oder hin und wieder auch von einem Adjutanten erhielten.

Skat war an der Tagesordnung. Nero geigte, während Rom brannte, Hitlers Legionen spielten Skat, während um sie herum das ‚Tausendjährige Reich' zusammenbrach; und gelegentlich setzte sich auch eine auf die Rolle eines englischen Phönix erpichte Dame, deren Augenbrauen durch zu häufigen Kaffeegenuß als permanente Fragezeichen in ihrem Gesicht standen, mit an den Kartentisch. Wenn du nicht weiter weißt, spiel Skat. Vermutlich saßen auch die Generäle in der Gaststube beim Skat, schließlich waren sie ja zu dritt, und es wäre nicht unangebracht gewesen in dieser grotesken Situation.

Doch eines Abends sollte uns vor Augen geführt werden, daß wir nicht an einem Karnevalstreiben teilnahmen, als die ehemals so stolze Wehrmacht, nun ein erniedrigtes, entehrtes, sterbendes Ungeheuer, noch einmal die Zähne zeigte. Zwei stumme Gestalten wurden an der Küchentür vorbei und hinein in die Gaststube geführt: ein blutjunger Soldat in abgerissener Uniform und ein Bauer in seinem Sonntagsanzug. Wir hielten die Skatkarten in der Hand, ohne sie anzusehen, saßen schweigend am Herd, von der unguten Ahnung erfüllt, daß etwas Schreckliches im Gange sei. Da wurde die Tür zum Hof aufgestoßen, und Sepp kam herein, weiß im Gesicht wie ein Gespenst.

„Der Vetter von meiner Frau aus Triberg", sagte er mit heiserer Stimme. „Der Elektriker Alois, sie haben ihm befohlen, herzukommen, damit er bei den Telefondrähten hilft, und er hat sich geweigert. Sonntags arbeite er nicht. O barmherziger Himmel, er war immer ein Starrkopf, aber fromm und fleißig. Er hat Frau und Kinder, drei Söhne. Sein Jüngster, der Hans, ist im Feld, und die andern ..."

Sepp setzte sich an den Küchentisch, vergrub den Kopf in den Armen, und seine breiten Schultern wurden vom Schluchzen geschüttelt.

„Und der andere? Der Junge?"

„Ein Deserteur, glaub ich."

Es dauerte nicht lange, bis die Tür wieder aufging, und der Elektriker Alois in die Küche gestoßen wurde. Er sah wie ein Schlafwandler aus, war einer Ohnmacht nahe, und ein Offiziersbursche fing ihn am Arm auf. Einer der Soldaten, die ihn bewachten, sagte mit rauher Stimme: „Holt den Pfarrer", und Sepp wankte zur Küche hinaus.

„Möchtest du irgendwas, Alter?" Ein blasser junger Soldat berührte ihn sacht am Ärmel. „Kann ich etwas für dich tun?"

„Nein – nein." Der Alois war wie vor den Kopf geschlagen. „Oder vielleicht doch, ich hätt ganz gern eine Zigarre."

Rasch wurde eine aus dem Stapel der Vorräte herausgeholt. Alois schien nicht zu wissen, was er damit anfangen solle. Der junge Soldat zündete sie an und steckte sie ihm zwischen die Lippen. Die Tür ging wieder auf, und Pfarrer Kunz blieb zögernd auf der Schwelle stehen, ein kleiner, hagerer Mann in seiner verblichenen Soutane. Er blickte in der Küche umher und ging dann zu Alois und nahm ihn bei der Hand.

„Komm, Alois", sagte er, „sie warten draußen auf dich. Ich begleite dich auf deinem Weg."

Wir standen da und schwiegen in tiefster Bestürzung, während das Geräusch marschierender Soldatenstiefel in der Ferne verhallte. Eine Rauchspirale stieg träge vom Herd zu den Deckenbalken hinauf; Alois hatte seine Zigarre liegenlassen. Plötzlich krachte vom Waldrand her ein Feuerstoß, eine zweite Salve, und einer der Offiziersburschen – er schien kaum zu merken, was er tat – drückte die Zigarre aus, drückte und drückte, drehte sie und drückte und warf sie dann ins Feuer.

Spät am Abend kam der Pfarrer noch einmal herein. Er suchte

Helfer, um die Gräber auszuheben und die Toten in geweihter Erde zu bestatten. Es schien mir, daß etwas von Christi Todesqualen am Kreuz sich in sein abgezehrtes, asketisches Gesicht geprägt hatte. Aber er war nicht Christus, nur ein einfacher Dorfpfarrer in seiner abgewetzten Soutane, müde und geschlagen.

„Dafür werden sie büßen müssen", sagte er und schloß die Augen, als wollte er dem entfliehen, was er hatte mit ansehen müssen, „sie werden dafür büßen. Der Junge hat im Sterben nach seiner Mutter gerufen, und der Alois hat kein einziges Wort gesagt." Ich sah ihm an, daß er in diesem Augenblick ebenso unfähig wie ich gewesen wäre, mit dem Satz zu schließen: „Vater, vergib ihnen, denn sie wissen nicht, was sie tun."

Ich möchte glauben, daß der abgrundtiefe Haß des ganzen Dorfes, die entsetzte, geballte Verachtung, die durch die geschlossenen Fenster, unter den Türen hindurch zu ihnen hineindrang, die Verachtung, mit der ihnen jede Mahlzeit aufgetragen wurde, diese Generäle schließlich aus unserem Tal vertrieben hat. Martina hätte ihnen am liebsten Rattengift in die Suppe geschüttet, und ich dekorierte ihren Kartoffelbrei mit Hakenkreuzen, jeden Tag, jede Mahlzeit mit drei grünen Hakenkreuzen aus gehackter Petersilie.

Die Stimmung in unserer kleinen Küchengemeinschaft änderte sich über Nacht. Wir sprachen nicht mehr mit den Soldaten, aßen nicht mehr mit ihnen, spielten nicht mehr Karten mit ihnen. Es war natürlich nicht fair, aber ihre Uniform identifizierte sie mit der Untat, und als sie das Signal zum Aufbruch erhielten, fühlten wir nichts als Erleichterung. Anscheinend war der Fluchtweg, den die Einheit hatte benützen wollen, nun versperrt; sie sollten einen anderen Weg versuchen. Diese Entscheidung ihrer Befehlshaber bedeutete für uns einen Aufschub, aber für sie, wie wir später erfuhren, die fast totale Vernichtung.

Der Aufbruch begann in der Nacht, und in der Frühe bewegte sich der schmutzig-grüne Zug die gewundene Straße nach Schönenbach hinunter. Die Ochsen, die Pferde, die schweren Geschütze, die Fahrräder, die Bauernkarren und die Leiterwagen. Sämtliche Kraftfahrzeuge waren auf die Felder geschoben, umgekippt und so liegengelassen worden, da der letzte Tropfen Benzin für die beiden Mercedes verwandt werden mußte.

In der Wolkendecke zeigten sich drohende Risse, hie und da kam die Sonne durch, und hoch am Himmel schwebten und kreisten, schwebten und beobachteten Aufklärer das Tal, ungestört und unbehindert. Sie hatten keinen Grund zur Eile, sie konnten warten, beobachten und warten, bis sie die Meldung weitergaben, daß der Augenblick gekommen war, über die Kolonne herzufallen.

Bevor die Generäle aufbrachen – ihre zwei großen Wagen waren schon draußen vorgefahren –, schlüpfte ein junger Adjutant herein, um sich zu verabschieden. Er wußte, daß ich Engländerin war. „Goodbye, gnädige Frau", sagte er, „alles Gute. Sie werden jetzt bald nach Hause kommen. Das wird ein Freudentag für Sie werden!"

„Hoffentlich kommen auch Sie bald nach Hause, vielleicht auch zu Ihrem Studium", antwortete ich. Er hatte Biologe werden wollen, war aber gleich nach dem Schulabgang eingezogen worden. Der Junge sah mich achselzuckend an, mit einem sehr alten Blick in seinem so jungen Gesicht. „Nicht sehr wahrscheinlich nach diesem Kommando", sagte er. Wir gaben uns die Hand, er salutierte und ging davon. Als der Abend kam, hatten die Soldaten uns auch verlassen. Die Nachhut befreite den ‚Adler' aus seinem Netz von Drähten und schleuderte Handgranaten und brennende Fackeln auf die zurückgelassenen Fahrzeuge.

Ich hatte die Kinder in ihre Zimmer gebracht und war im Begriff, zu Peter hinaufzugehen, als ich, auf dem Weg durch unser Wohnzimmer, einen sonderbaren Gegenstand auf dem Tisch liegen sah. Er gab ein merkwürdiges Knacken von sich und ein schnaufendes Schnarchen. Ich nahm ihn in die Hand und stellte fest, daß es sich um einen Kopfhörer und ein Mikrofon handelte. Das Ding hing an Drähten, die über den Boden, unter der Tür durch und die Treppe zu meinem Zimmer hinaufliefen. Das Schnaufen kam aus dem Kopfhörer, und ich stülpte ihn mir über.

„Na, na", sprach ich in das Mundstück. Das Schnaufen hörte einen Augenblick auf und wurde von Johns vergnügtem Stottern abgelöst.

„Hallo, Mammi, bist du's, hörst du mich?"

„Ja, ich hör dich."

„Du, Nick, Nick, sie ist dran, sie kann mich hören!" Sein Jubelschrei zerriß mir fast das Trommelfell. „Wart mal, Mammi, ich will probieren, ob die Nebenlinie funktioniert. Ich geb dir jetzt Nick."

Wieder eine Reihe von ohrenbetäubenden Geräuschen, dann

meldete sich Nicky. „Hallo, hallo, wer ist am Apparat? Hier spricht Oberst Bielenberg ..." Sein Witz kam ihm selber so komisch vor, daß er von einem Lachanfall übermannt wurde, der wie ein Donnerschlag aus dem Kopfhörer dröhnte. Ein bißchen überwältigt, wie rasch sie sich auf die Beutejagd gemacht hatten, sprach ich ohne die geringste Hoffnung, Gehorsam zu finden, in die absurde Röhre.

„Hört mal, ihr zwei", sagte ich, „ich geh jetzt auf die andre Talseite. Ihr bleibt mir im Bett, weckt Christopher nicht auf und legt euch sobald wie möglich schlafen!"

„Jawohl, Herr General, sofort, Herr General." Wieder ein helles Gelächter; Nicky, der geborene Imitator, redete durch die Nase und sprach es „Jawoll" aus.

Ich brauchte nicht bis zum Wald zu gehen. Auf halbem Weg und deutlich zu sehen im Licht der Feuer, die flackerten und flammten, soweit das Auge reichte, stand eine hochgewachsene Gestalt ruhig und einsam da. Ich stieg den Weg hinauf und stellte mich neben sie. Überall im Tal huschten tanzende Schatten, manche unverkennbar menschlich; leise und verstohlen trugen sie prallgefüllte Säcke, von Haus zu Haus, von Feuer zu Feuer – die Aasgeier waren schon am Werk. An der Stelle, wo das Tal eng wurde, bewegte sich eine große weiße Fahne träge an einer provisorischen Fahnenstange; die Frau des Schreiners hatte seit Wochen an diesem Bettuch geflickt.

„Ist das nicht ein bißchen voreilig?" flüsterte ich, nicht imstande, in dieser unheimlichen Stille lauter zu sprechen.

„Ach, ich weiß nicht. Ich glaub nicht. Es heißt, sie sind schon in Furtwangen. Die Franzosen, heißt es. Diese Jungens kommen bestimmt nicht zurück. Merkwürdig – ich habe ein paar von ihnen gesagt, sie sollen doch hierbleiben. Ich hab ihnen gesagt, es könnte nicht mehr länger als vielleicht einen Tag dauern – ich hätte mich um sie kümmern können, aber sie wollten nicht bleiben. Sie haben gemeint, sie seien schon so daran gewöhnt, mit ihrem Verein herumzuziehen, und einer hat sogar noch geglaubt, es könnte etwas an der Wunderwaffe sein ..." Peter seufzte und nahm meinen Arm. „Es mußte ja kommen, Chris. Gott sei Dank ist es vorbei, aber ich muß einfach immer an die armen Teufel denken, die heute abgezogen sind."

Der Kern des Sturms, das unbewegte Zentrum. Wo hatte ich von einer solch unnatürlichen Stille gelesen? Am Himmel hinter dem Hügel zuckte es fahl, wie von Wetterleuchten, und die flackernden Feuer warfen seltsame Schatten auf Peters braunes Gesicht. Regungslos und versunken sah er aus wie eine indische Gottheit hinter einem Opferfeuer.

‚Sie kommen bestimmt nicht zurück.' Nein, sie können nicht wiederkommen, sowenig wie die Pläne, die Hoffnungen, die Freundschaften. Da war er, der langersehnte Augenblick, und ich konnte nicht jubeln, stand nur schweigend da und beobachtete die Feuer, wie sie niederbrannten, rot glühten und eines um das andere talauf, talab erloschen.

Es dauerte ganze achtundvierzig Stunden, bis die Rohrbacher wieder die Zügel aufnahmen und zu dem Schluß kamen, daß das Leben weitergehen, daß die Frühkartoffeln ausgesät werden müßten, ob wir nun französisch oder amerikanisch waren oder in einem merkwürdigen Niemandsland lebten, das von den Mächten, die zu bestimmen hatten, noch nicht vergeben worden war. Das einzige sichtbare Zeichen, das auf eine gewisse Verwirrung unter uns hindeutete, war die ratlose Art, in der wir unseren wilden Drang zur Kapitulation zu zeigen versuchten, und unsere Ungewißheit, ob wir noch deutsch waren, mit allem, was eine solche Stammesbruderschaft mit sich brachte. Die Frau des Schreiners bereute bald ihren übereilten Entschluß und holte ihr Bettuch wieder ein; andere, die ebenso voreilig gewesen waren, folgten eilends ihrem Beispiel. Von da an erschienen und verschwanden Tisch- und Handtücher und hin und wieder auch weiße Schürzen, je nachdem, wie die herrschenden Gerüchte lauteten. Hinein und heraus, hinaus und herein, wie verschämte Gespenster vollführten sie ein bizarres kleines Ballett, was ungemein verwirrend war. Ich mußte die Absicht wieder aufgeben, einen großen ‚Union Jack' auf einen Bogen Papier zu malen und an der Tür des ‚Adler' zu befestigen, vor allem, weil ich keine Kreide besaß, aber auch, zu meiner Schande sei's gestanden, weil ich nicht mehr genau wußte, wie er eigentlich aussah.

Nachts ging es im Dorf wie in einem Bienenkorb zu. Es gab so vieles zum Wegschleppen. Lebensmittel, Zigaretten, schöne Lederriemen, Achsen, Reifen und Räder, alle möglichen brauchbaren Dinge, die unter dem Heu versteckt werden mußten. Versprengte deutsche Soldaten kamen nach Einbruch der Dunkelheit aus den Wäldern, bettelten um Essen und Zivilsachen und verschwanden vor Tagesanbruch wieder, in der Hoffnung, im Schutz der Wälder ein paar Meilen weiter in Richtung Heimat zu schaffen. Ich konnte mir nicht vorstellen, daß sie sehr weit kommen würden, denn in ihrer bunten Aufmachung aus abgelegten Kleidungsstücken: Bademänteln und Knickerbockern, Peters übriggebliebenen Anzügen und Hemden von Frau Muckles verstorbenem Mann, Gummistiefeln und Filzhüten – sahen sie mehr wie Zirkusclowns als wie brave Bürger aus. Wir hatten nicht viel zu vergeben, aber wir wünschten ihnen glückliche Reise, denn sie erzählten uns, sie seien die einzigen Überlebenden der Einheit, die uns zwei Tage vorher verlassen hatte. Und sie berichteten uns von ihrem letzten Gefecht. Unsere drei Generäle hatten zur Krönung ihrer Idiotie beschlossen, die im Zeitlupentempo dahinkriechende Karawane durch eine zwölf Kilometer lange enge Schlucht ziehen zu lassen, und alliierte Artillerie und Flugzeuge hatten geduldig gewartet, bis die Kolonne in der Falle saß, und ihr dann mit einem sorgfältig geplanten Sperrfeuer den Garaus gemacht. Damit jedoch verschwanden alle etwa noch vorhandenen Zweifel, wann es an der Zeit sei zu kapitulieren. Am nächsten Morgen flatterten aus jedem Bauernhaus makellos weiße Tücher, so daß es schien, als hätten wir alle an einem großen gemeinschaftlichen Waschtag teilgenommen.

Am Abend ging ich hinüber zum Ratszimmer, da ich Licht brennen sah und die Möglichkeit bestand, daß Sepp und der Bürgermeister dort wie üblich an ihrem Schreibtisch sitzen würden. Sie waren tatsächlich da, und ich bemerkte zu meiner Freude, daß ihr Verhalten mir gegenüber sich nicht geändert hatte; sie waren nicht weniger freundlich und auch nicht achtungsvoller als sonst – ich war eine der Ihren. Nach einiger Zeit beschlich mich aber das unheimliche Gefühl, daß irgend etwas – oder war es irgend jemand? – im Zimmer fehlte. Hinter ihren Schreibtischen, über ihren Köpfen war an der Wand ein großer, viereckiger, heller, leerer Fleck, und ich bemerkte zum erstenmal, daß die verschmierte Tapete einstmals gemustert gewesen war. Sepp und der Bürgermeister schienen zu spüren, wonach ich suchte, denn sie widmeten sich höchst geschäftig ihren Papieren.

„Wo ist er denn?“ fragte ich, nach einer ziemlich langen Pause.

Ohne den Kopf zu heben, nickte Sepp zu einem großen, eisernen Ofen hin, der in der Ecke vor sich hinbullerte und eine gewaltige Hitze ausströmte.

„Verheizt“ sagte er.

„Was – jetzt eben?“ Aus irgendeinem Grund war ich beinahe schockiert.

„Nein, gestern.“

„Gestern? War das nicht ein bißchen verfrüht?“

„Nein, das fanden wir eigentlich nicht.“

Ich schaute sie verblüfft an, und plötzlich ging mir ein Witz durch den Kopf. Und ebenso plötzlich ging mir auf, daß ich ihn nicht mehr für mich zu behalten brauchte, daß ich ihn jedermann laut erzählen, daß ich ihn laut ins Tal rufen, daß ich ihn in einem Brief niederschreiben, daß ich damit tun konnte, was mir gefiel.

„Kennt ihr schon die Geschichte, wie Hitler sein Bild anschaut?“ fragte ich. „Er hat es angeschaut und gesagt: ‚Ich frag mich, was mit uns beiden passieren wird, wenn der Krieg vorbei ist!‘ Und das Bild hat ihm geantwortet: ‚Ich frag mich das nicht, ich weiß es: Du wirst aufgehängt und ich werd abgehängt.‘ “

Einen Augenblick herrschte Schweigen, und dann begann irgendwo in der Gegend von Sepps oberstem Hosenknopf ein Grollen und Rumoren, das sich in einem brüllenden Lachen Luft machte. Er schlug sich auf die Knie und wippte so heftig auf seinem Stuhl hin und her, daß ich Angst bekam, die Lehne könnte abbrechen. Der Bürgermeister, der sich offenbar nicht so rasch von alten Gewohnheiten freimachen konnte, blickte vorsichtig nach rechts und links und brachte schließlich ein nervöses Kichern heraus, das aber bald in wiehernde Töne der Heiterkeit überging. Ich selber mußte derart lachen, daß mir die Tränen übers Gesicht liefen. Der Witz war eigentlich nicht so furchtbar komisch, aber was haben wir gelacht! Jedesmal, wenn einer von uns aus schierer Erschöpfung nachließ, steckte ein anderer uns wieder an. Worüber lachten wir eigentlich so? Dieser alte Hut von Witz war doch bestimmt nicht so erheiternd. Nein, es war, als ob eine Sprungfeder in uns, all die Jahre gespannt und unter Druck, plötzlich befreit worden wäre. Wir hatten uns nicht mehr in der Gewalt – instinktiv, impulsiv schleuderten wir Lug und Trug, Verstellung, Heuchelei, den ganzen furchtbaren Druck in einem einzigen stürmischen, geradezu hysterischen Ausbruch von uns. Ich mußte das Fenster aufmachen, weil ich fürchtete, Sepp könnte der Schlag treffen.

„Übrigens“, sagte er, nach Luft ringend, „irgendwer hat mir gesagt, im Radio ist gemeldet worden, der ist gestern verreckt.

Kämpfend bis zum letzten Atemzug, haben sie's genannt. Ich hatte zuviel zu tun, um es mir anzuhören..." Zuviel zu tun? Allerdings war er zu beschäftigt gewesen! Ich wußte, was ihn so beschäftigt hatte. Es hatte ihn viele Stunden gekostet, den Lastwagen, der wie ein hilfloser Maikäfer auf seinem Acker zurückgelassen worden war, in seine Bestandteile zu zerlegen.

Ich lachte noch immer, als ich die altersschwache Treppe hinunterstieg. Ich rieb mir die Augen, schneuzte mich und hatte ganz vergessen, warum ich eigentlich hergekommen war. Auf der Dorfstraße wäre ich beinahe mit einer unförmigen Gestalt zusammengestoßen, die mit dem Ansatz eines Lächelns nach oben starrte, und auf das Lachen und Prusten lauschte, das noch immer bald schwächer, bald stärker aus dem offenen Fenster des Ratszimmers drang. Die Frau hatte eine tote Henne unter einem Arm und platzte fast aus den Nähten etlicher Satinblusen, die sie übereinandertrug. Sie schien keine Zeit verloren zu haben, denn sie prunkte auch mit mehreren Armbanduhren und einer Lackledertasche.

„Brrrrr!" sagte ich, blickte zu dem Fenster hin, steckte mir einen Finger in das eine Ohr und drehte am anderen eine unsichtbare Kurbel, wie meine Kinder es taten, wenn sie sagen wollten, daß jemand den Verstand verloren hatte. „Brrrrr! Verrückt!" sagte ich.

„Ja, ja", meinte sie und entblößte ihre Silberzähne in einem breiten Grinsen, so freundlich, wie sie nur konnte, obwohl sie offenbar kein Wort verstanden hatte.

„Russki?" fragte ich. Ich hatte schon viele ihresgleichen gesehen, weniger schmuck herausgeputzt, wie sie brav auf den Feldern arbeiteten, neben unseren Bauern, von denen sie sich nur durch ihren stämmigen Körperbau unterschieden. „Ja, ja", sagte sie lächelnd und nickend und stieß mir mit einem breiten, schweren Finger gegen den Anorak.

„Du?"

Das war keine unangebrachte Frage. Ich hätte ihr wenigstens zwei Antworten geben können, die nur die halbe Wahrheit gewesen wären, und verstanden hätte sie keine von beiden. Die eine, daß ich viele lange Jahre in diesem Land zugebracht hatte und hier keine Fremde mehr war und ihr daher kein Kompliment über ihre zweite Uhr, die tote Henne oder ihre Schichten von Satinblusen machen konnte. Andererseits hätte ich mich ganz formell mit ‚Sehr erfreut. Eine Verbündete, wenn ich nicht irre?' vorstellen können. Doch es lag ohnedies schon genügend Irrsinn in der Luft, und so antwortete ich nur: „Meinen Sie mich? Ach, Ingelski – oder sonst was", und dies schien sie so zu erfreuen, daß sie wieder grinste, meine Hand in einen eisernen Griff nahm und herzlich schüttelte.

Während ich zum ‚Adler' zurückging, überkamen mich immer noch kleine Lachanfälle. Ich war mir bewußt, daß dieses Lachen in Wahrheit den Tränen sehr nahe war. Sie lachte, bis sie weinte, die Chris Bielenberg. Ja, wenn ich recht zurückdenke, sie wäre beinahe vor Lachen gestorben. Und so, ihre Freude und ihr Schmerz untrennbar verbunden, feierte sie am 2. Mai 1945 ihre Befreiung.